Siegfried Fischer / Otfried Nassauer (Hrsg.)

Satansfaust

Das nukleare Erbe der Sowjetunion

Aufbau-Verlag

Aufbau Sachbuch

Siegfried Fischer / Otfried Nassauer

(Hrsg.)

Satansfaust

Das nukleare Erbe der Sowjetunion

Aufbau-Verlag

Übersetzungen aus dem Russischen: Gabriele Fischer, Alfred Frank, Dieter Hollmann, Andreas Schön, Siegfried Walkowitz. *Übersetzungen aus dem Englischen:* Karin Eifert, Otfried Nassauer. *Endredaktion:* Sylvia Döbrich, Siegfried Fischer, Dieter Hollmann, Harald Kießlich-Köcher, Otfried Nassauer

Inhalt

Vorwort der Herausgeber

Am Anfang dieses Buches stand die Tat des letzten stalinistischen Aufgebotes in der UdSSR – der Putschversuch im August 1991. Er warf die Frage nach der Sicherheit des sowjetischen Kernwaffenarsenals auf, und der Aufbau-Verlag gab sie an uns weiter. Die Antwort sollte ein Sachbuch sein, das den Schleier der Geheimhaltung von den sowjetischen Nuklearwaffen ein wenig lüpfen würde.

Neue Zeiten, neue Gepflogenheiten: Bereits im November hatten wir einen Termin im berüchtigten grauen Haus an der Ljubjanka, dem Sitz des KGB. Warum zuerst beim KGB und nicht beim Generalstab der sowjetischen Streitkräfte? Der sowjetische Geheimdienst hat – anders als seine westlichen Gegenstücke – einen sehr wesentlichen Anteil an der Kontrolle und Lagerung des sowjetischen Atomwaffenpotentials. Und vor allem: den besten Überblick.

Der nach dem Putschversuch neuernannte Stellvertreter des KGB-Chefs, Generalmajor Stoljarow, willigte nicht nur ein, selbst als Autor an diesem Buch mitzuwirken und bereitwillig alle ihm verfügbaren Informationen einfließen zu lassen oder zur Verfügung zu stellen, er sagte auch den Zugang zu allen von uns gewünschten Produktions- und Lagerstätten sowie Stationierungsorten zu.

Zehn Tage später wurde die UdSSR zu Grabe getragen und mit ihr nicht nur der sowjetische KGB, sondern auch jene Idee von Glasnost, die eigentlich erst ein solches Buch ermöglicht hätte.

Der Streit um das nukleare Erbe der UdSSR, der sofort nach der Gründung des slawischen Dreibundes und seiner Erweiterung zur ›Gemeinschaft Unabhängiger Staaten‹ (GUS) einsetzte, ließ die ursprüngliche Frage nach der Sicherheit der Kernwaffen noch in einem viel schärferen Licht erscheinen. Ging es vor dem Putsch ›nur‹ um die Verhinderung technischer Katastrophen oder terroristischer Überfälle, so stand bald das Problem der Aufteilung des rund 27.000 Sprengköpfe umfassenden atomaren Erbes der verblichenen UdSSR im Vordergrund. Doch damit nicht genug: Wie weiter mit der atomaren Rüstungskontrolle? Ein neuer Ansatz für die Kernwaffenabrüstung? Eine neue Art nuklearer Außenpolitik? Und immer wieder: Wie die Kontrolle sichern, Proliferation verhindern?

Wurden im November 1991 von russischer Seite noch Vorschläge unterbreitet, notfalls NATO-Truppen zur Bewachung sowjetischer Atomwaffenlager heranzuziehen, so war davon im Frühjahr 1992 bereits keine Rede mehr. Im Gegenteil! Eine neue Welle der Geheimhaltung griff in Rußland um sich und betraf natürlich zuallererst auch die Nuklearproblematik.

Die Ursachen sind eindeutig; außer ihren Kernwaffen ist der UdSSR-Konkursmasse nicht viel geblieben, was in der großen konservativen Politik zählt. Nichts jedenfalls, das unter machtpolitischen Gesichtspunkten den Anspruch und die Mitsprache in der Rolle einer Weltmacht sichern könnte. Gar im ›inneren‹ Neuordnungsstreit der GUS-Staaten wurde auch deshalb der ›Besitz‹ von Kernwaffen politisch vermarktet. Damit konnte zum Beispiel Kasachstan den slawischen Dreibund Rußlands, der Ukraine und Belorußlands aufsprengen.

Unter diesen Auspizien versteht es sich schon fast von selbst, daß bereits im Frühjahr 1992 kein Geheimdienstler, kein Militär und schon gar kein Zivilist mehr den Mut hatte, seinen Kopf zu weit aus dem ›Fenster der Offenheit‹ zu stecken. Der Preis wäre der Verzicht auf einen Platz in der neuen militärischen und politischen Elite gewesen. Dennoch haben wir einige kritische Autoren gewinnen können. Andere Autoren dagegen präsentieren voller Selbstbewußtsein das politische Denken des neuen Establishments.

Da wir in diesem Buch offizielle Angaben über das nukleare Erbe der UdSSR veröffentlichen wollten, mit denen zum Beispiel die russischen Politiker und Militärs die Ernsthaftigkeit ihrer Sorge um die Sicherheit der Kernwaffen hätten aufzeigen und öffentlich unter Beweis stellen können, wandten wir uns direkt an den Oberkommandierenden der Vereinten Streitkräfte der GUS, Luftmarschall Schaposchnikow. Er verzichtete nicht nur auf eine Autorenschaft, sondern untersagte auch jenem General, den er uns ausdrücklich als Kontaktperson empfohlen hatte, bis heute jede

10

konkrete Auskunft über den Rücktransport der Kernwaffen auf russisches Territorium. Wie wir erfuhren, steckte dahinter ein ausdrücklicher Befehl Boris Jelzins. Der neue mächtige Mann Rußlands glaubte, diese Geheimhaltung für seinen Verhandlungspoker mit der Bush-Administration und den anderen GUS-Staatschefs zu brauchen. Und offensichtlich fürchtet er für sein neues, altes Rußland, wenn er mehr Offenheit zuläßt, als der konservativere Teil der Spitzenmilitärs für vertretbar hält. Dies aber war noch nie besonders viel.

Da waren sie also wieder, die Fänge und Zwänge klassischer Macht- und Geheimpolitik.

Dennoch legen wir Ihnen, verehrte Leser, dieses Buch mit gutem Gewissen vor. Es enthält eine Zusammenfassung von Informationen aus ›westlichen‹ und ›östlichen‹ Quellen, die es nach Umfang und Charakter bisher in deutscher Sprache nicht gibt. Es zeigt die verschiedenen politischen Standpunkte und die unterschiedlichen Denkstrukturen der Autoren aus West und Ost. Die von uns gewählte Mischung aus ›lebendiger‹ Geschichte und ›toten‹ Zahlen soll aufzeigen, daß das nukleare Erbe der UdSSR auch unser aller Erbe ist. Gerade in dieser Hinsicht sollte uns ein Wort Goethes zu denken geben: »WAS DU ERERBT VON DEINEN VÄTERN HAST, ERWIRB ES, UM ES ZU BESITZEN!«

Kluger Besitz aber erlaubt, sowohl einen klugen Nutzen zu ziehen als auch zu verzichten, sollte sich dies als klüger erweisen.

Berlin, im Juli 1992

Siegfried Fischer und Otfried Nassauer

Was du ererbt von deinen Vätern hast ...

Siegfried Fischer und Otfried Nassauer

Im siebenten Jahrzehnt ihres welterschütternden Lebens und 43 Jahre nach dem Verlust ihrer nuklearen Unschuld wurde die UdSSR zu Grabe getragen. Der Agonie des sowjetischen Gesellschaftssystems folgte zwangsnotwendig die Agonie des UdSSR-Militärs. Sie wurde durch die Reformunwilligkeit jener Vertreter des stalinistischen Militarismus beschleunigt, die die Perestroika überlebten und im Sommer 1991 zum kommunistisch-konservativen Augustputsch bliesen. Der ›nationalistisch-demokratische Gegenputsch‹ der Jelzin-Mannschaft konnte und wollte den Zerfall der UdSSR nicht aufhalten. Mit ihr zerfiel aber nicht lediglich ein großes Reich, wie schon des öfteren in der Geschichte, sondern erstmals eine atomare Supermacht.

Unter dem Eindruck der Agonie des Riesen einigten sich elf Nachfolgestaaten auf eine Erben-›Gemeinschaft Unabhängiger Staaten‹ (GUS). Wie verschiedene Insider glaubhaft versicherten, war den neuen Mächtigen zum Teil gar nicht genau bekannt, auf was für ein Erbe sie sich da eingelassen hatten. Schließlich gab es in der UdSSR kaum etwas Geheimeres als ihr Kernwaffenarsenal. Wen wundert es da, daß gerade im Herbst 1991 das Gerücht als mediengängige Neuigkeit über das atomare Horrorkabinett UdSSR zur Grundlage von Realpolitik wurde. Häufige und weltweit intensive Wiederholungen ersetzten Fakten, die die Verantwortlichen nicht liefern konnten oder wollten. Aus den zuverlässigsten verfügbaren Schätzungen ergibt sich die nachfolgende Übersicht des sowjetischen Nuklearpotentials:

Strategische Nuklearwaffen der ehemaligen UdSSR im September 1991*

	ICBM / SPK	SLBM / SPK	Bomber / SPK
Rußland	1035 / 4249	912 / 2776	83 / 413
Ukraine	176 / 1240	0 / 0	36 / 516
Belorus	72 / 72	0 / 0	0 / 0
Kasachstan	104 / 1040	0 / 0	40 / 360

* Quellen: US Arms Control and Disarmament Agency: START-Treaty, Washington DC, September 1991, aktualisiert durch: US-Department of Defense: Military Forces in Transition, Washington DC, 1991. Die Zahlen für die Bomber zählen wie START jeden nicht Marschflugkörper tragenden Bomber als einen Sprengkopf. Außer acht gelassen sind Bomber, die zum Zeitpunkt der Meldung nicht bei operativen Einheiten, sondern z.B. bei der Herstellerfirma waren.

Taktische Nuklearwaffen der UdSSR 1990/91*

	Land	Luft	See	Luftverteidigung
Rußland	2600	1725	2750	1450
Ukraine	930	1050	500	125
Belorus	270	575	150	125
Kasachstan	450	75	0	125
Armenien	120	0	0	75
Aserbaidshan	120	100	0	75
Estland	0	145	0	125
Georgien	120	125	0	75
Kirgistan	0	0	0	75
Lettland	0	60	0	125
Litauen	120	80	0	125
Moldowa	0	40	0	50
Tadshikistan	0	0	0	75
Turkmenistan	30	20	0	75
Usbekistan	30	0	0	75
DDR	334	166	0	0
CSFR*	0	0	0	0
Polen*	0	0	0	0
Ungarn*	0	0	0	0

* Die Nuklearwaffen aus Ungarn wurden bis Herbst 1989, aus Polen bis Frühjahr 1990, aus der CSFR bis Mai 1990 und aus der ehemaligen DDR bis August 1991 abgezogen.

Quellen: Angaben der Soviet Nuclear Weapons Data Book Working Group des Natural Ressources Defense Council. Nach: Bulletin of Atomic Scientists, Nuclear Notebook, November 1991, S. 48f. Für die DDR aus: Armed Forces Journal International, Dezember 1991, S. 30.

14

Der angstvolle Blick auf diese Kernwaffenhinterlassenschaft und die nicht zu übersehende Besorgnis der Weltöffentlichkeit führte den Regierungs- und Staatschefs der elf GUS-Mitglieder die Feder bei der schnellen Unterzeichnung eines ›Abkommens über die strategischen Streitkräfte‹ am 30. Dezember 1991. Darin heißt es:

»Die Mitgliedstaaten der Gemeinschaft anerkennen die Notwendigkeit eines vereinigten Kommandos der strategischen Streitkräfte und die Erhaltung einer einheitlichen Kontrolle über Atomwaffen und andere Waffenarten zur Massenvernichtung der Streitkräfte der früheren UdSSR. (Paragraph 3)

Bis zu ihrer völligen Vernichtung wird der Beschluß über die Notwendigkeit der Anwendung von Nuklearwaffen vom Präsidenten der Russischen Föderation in Übereinstimmung mit den Staatsoberhäuptern der Republiken Weißrußland, Kasachstan und Ukraine und nach Konsultationen mit den Statsoberhäuptern der anderen Mitgliedstaaten der Gemeinschaft gefaßt.

Für die Zeit bis zur völligen Vernichtung der Atomwaffen, die auf dem Territorium der Ukraine stationiert sind, stehen sie unter der Kontrolle des vereinigten Kommandos der strategischen Streitkräfte, damit sie nicht eingesetzt und bis Ende 1994 demontiert werden; für die taktischen Atomwaffen gilt das bis zum 1. Juli 1992.

Die Vernichtung der Atomwaffen, die auf den Territorien der Republiken Weißrußland und Ukraine stationiert sind, wird unter Teilnahme der Republiken Weißrußland, der Russischen Föderation und der Ukraine und unter gemeinsamer Kontrolle der Mitgliedstaaten der Gemeinschaft verwirklicht. (Paragraph 4)«[1]

Die offensichtlichen Lücken dieses Abkommens – es fehlen die Positionen Rußlands und Kasachstans zur Vernichtung der auf ihrem Territorium stationierten Kernwaffen – sind nicht nur der Kürze der damaligen politischen Entscheidungsprozesse geschuldet. Auch die nachfolgenden Querelen um die Implementierung jenes ›völkerrechtlichen‹ Schnellschusses verweisen darauf, daß das Kernproblem des Umgangs mit dem nuklearen Erbe in der innenpolitischen Instabilität der UdSSR-Nachfolge-Staaten besteht.

Die wirtschaftlichen, sozialen und innenpolitischen Krisen, die noch lange nicht ihren Tiefpunkt erreicht haben, wirken sich selbstverständlich auf die sicherheitspolitischen Entscheidungsprozesse aus. Noch gibt es keine relativ stabilen politischen Gruppierungen oder Parteien, die ihre mittel- und langfristigen Interessen definieren können. Nur aus deren Wechselspiel könnte man jene neuen staatlichen Interessen hinsichtlich der geerbten Kernwaffen herausfinden. Was in den gegenwärtigen Diskussionen, und damit auch in diesem Buch, als staatliche Interessen Rußlands oder der anderen GUS-Teilnehmer vorgestellt wird, geht in der Regel von idealtypischen geo- und machtpolitischen Konstruktionen aus. Idealisiert werden dabei nicht nur die inneren Verhältnisse in und zwischen den GUS-Mitgliedern, sondern auch die politische Interessenlage der früheren UdSSR-Gegner.

Es kann deshalb nicht verwundern, daß die in den Jahren des Ost-West-Konfliktes erworbenen Erfahrungen gegenseitig begrenzter Interessenfindung, -definition und -durchsetzung derzeit nicht für die Formulierung einer russischen Interessenlage angewendet werden können. Einerseits haben sich die politischen Rahmenbedingungen, für die diese Erfahrungen galten, verändert. Andererseits ist ein politischer Elitenwechsel im Gange. Insbesondere die reformkommunistische Führungselite um Gorbatschow und Schewardnadse konnte sich in den Irrungen und Wirrungen des Kalten Krieges der Grenzen einer nuklearen Supermacht bewußt werden. Die Hinwendung zu einem neuen, anti-nuklearen politischen Denken kam jedoch zu spät, da die realsozialistische Ideologisierung, Militarisierung und Administration die Wirtschaftskraft der UdSSR aufgezehrt hatten. Der Versuch einer gesteuerten Notlandung wurde durch den Augustputsch endgültig zunichte gemacht, und in der nachfolgenden Implosion des sowjetischen Imperiums gingen auch die zur Vernunft gekommenen Zentralpolitiker unter.

So kurios es klingt, so real ist es jedoch: Die sowjetischen Streitkräfte überlebten den Staat, der sie hervorgebracht hat. Das ist nicht so sehr im physischen Sinn gemeint; denn hier gab es natürlich nicht wenige Beispiele, daß sich sowohl einzelne Militärs als auch ganze Einheiten schon sehr früh auf die Seite der neuen Staatlichkeiten schlugen. Das geschah sicher auch mit dem Blick auf die zukünftige Gehaltzahlung. Das eigentliche Phänomen ist aber mehr politisch-psychologischer Natur und beruht darauf, daß Generationen von Soldaten und Offizieren wirklich die Staatlichkeit der Sowjetunion und nicht die der einzelnen Unionsrepubliken verinnerlicht hatten. Die Sowjetarmee war die Verkörperung der Sowjetunion, und nach deren Auflösung blieb sie zunächst die Heimat der in und mit ihr lebenden acht bis zehn Millionen Menschen in Zivil und Uniform.

Dieses Gemeinschaftsempfinden, dieses Gewohnheitsdenken, diese Sowjetnostalgie, aber auch das Sich-nicht-vorstellen-Können eines historisch einmaligen und unumkehrbaren Zerfalls retteten nicht nur das kopflose Imperium vor einem Bürgerkrieg, sondern zugleich die Streitkräfte vor einem unkontrollierten Auseinanderlaufen. Trotz aller Befürchtungen konnten so die zigtausend Kernwaffen der UdSSR unter technischer und militärischer, wenn auch nicht unter eindeutiger politischer Kontrolle gehalten werden. Mit dieser unbewußten Großtat eroberten sich die Militärs einen eigenen Platz in den neuen politischen Machtkämpfen und damit ein Mitspracherecht über den weiteren Umgang mit dem nuklearen Erbe der UdSSR.

Militärisches worst-case-Denken und Politik

Offiziell hatten sich die sowjetischen Militärs immer dem Primat der Politik zu beugen. Seit Trotzkis und Frunses Zeiten gab es weniger eine Auseinandersetzung um die Realisierung dieses Primats als vielmehr um die Qualität politischer Entscheidungen in Militärfragen. In diesen Kämpfen konnten Militärs maximal zu Beratern von Politikern aufsteigen, jedoch nie zu Politikern selber. Allzu selbstbewußte und politisch ambitionierte Militärs wie Tuchatschewski und Shukow wurden (1937 bzw. 1958) ausgeschaltet. Die Reihe der sowjetischen Verteidigungsminister nach Shukow ist Beweis genug; der Wechsel von den politisch blinden Nur-Militärs Malinowski und Gretschko zu Ustinow, dem politisch und militärisch blinden Spezialisten des Militärisch-Industriellen Komplexes, und dann zum einfältigen Personalchef Jasow war symptomatisch.

Politische Pseudo-Militärs wie Stalin, Chruschtschow und Breshnew orientierten mit Hilfe der sogenannten ›Militärdoktrin‹ die wirklichen Berufsmilitärs in ihrem Denken und Handeln auf den jeweils nächstmöglichen Krieg und dessen bestmögliche Vorbereitung. Ein über die Abschreckung hinausgehendes Nachdenken über die politischen Auswirkungen ihres Tuns und Lassens war nicht gefordert. Deshalb braucht es auch niemanden zu wundern, daß sich das sowjetische Militär mit einer Ernsthaftigkeit und Gründlichkeit auf die Führung eines Nuklearkrieges vorbereitete, die ihresgleichen suchen. Dafür stehen vor allem die Namen Ogarkow, Achromejew und Kulikow.

Dabei darf man natürlich nicht den Unterschied zwischen den Denkinhalten, Planspielen, Lehrbüchern und Vorschriften des Ost-Militärs einerseits und dessen realer Kriegführungswilligkeit und -fähigkeit andererseits verwischen. Diese im Westen durchaus verbreitete Praxis beruhte nicht immer nur auf Unkenntnis; vielfach war es Absicht im Bedrohungs-, d.h. im Begründungsritual für die eigene Rüstung. Vor allem die Behauptung, die Russen könnten in wenigen Stunden und Tagen tatsächlich ganz Westeuropa überrollen, stützte sich vorrangig auf die unrealistischen Kriegsspiele ebenso bornierter Sowjetgeneräle. Dazu mußte natürlich die Kampffähigkeit der NATO-Streitkräfte gegen diese ›russische Dampfwalze‹ untertrieben werden. Oder man unterschlug auf beiden Seiten die Tatsache, daß sich schon die riesigen Armeen der ersten Staffel des Warschauer Vertrages überhaupt nicht auf den Territorien der DDR und CSSR zu einem Angriff hätten entfalten können, ohne sich wegen des Platzmangels gegenseitig ins Gehege zu kommen. Und wie blind mußte man eigentlich sein, um die Pläne der Gegenseite für einen massierten Kernwaffeneinsatz in Zentraleuropa nicht nur für politisch gewollt, sondern auch noch für durchführbar zu halten oder gar die Auswirkungen der eigenen Atomwaffeneinsätze auf die eigenen Truppen außer acht zu lassen? Insofern unterschieden sich die Vorstellungen der sowjetischen Militärs über den Einsatz z.B. ihrer sogenannten Operativen Manövergruppen nicht von denen der Amerikaner über ihre Air Land Battle in Zentraleuropa.

Dennoch war die westliche Politik ein besseres Regulativ gegenüber eigener militärischer Borniertheit, als das im Osten möglich sein konnte. Die dortige Befangenheit im für beide Seiten typischen militärischen Effizienz- und worst-case-Denken führte in Kombination mit dem damaligen ideologischen Machtanspruch geradewegs in die Raketenkrise Ende der siebziger Jahre. Die militärisch begründete und vom Militärisch-Industriellen Komplex der Sowjetunion veranlaßte Stationierung der SS-20 in Mitteleuropa hatte ebensolche verheerenden politischen Auswirkungen wie der Abschuß des südkoreanischen Jumbo-Jets über Kamtschatka. Beide Ereignisse sind nur noch zu vergleichen mit der Beraterrolle Achromejews in der Frühphase der Gorbatschowschen Gipfeldiplomatie und seinen öffentlich erzählten Bedrohungsmärchen in den Haushalt-Debatten der Perestroika-Zeit.

Die sukzessive Zurückdrängung dieses erzkonservativen Militärklüngels aus der Politik war ein Ergebnis der politischen Kämpfe in der zweiten Hälfte der achtziger Jahre. Daß damit der Berufsstand des Militärs als solcher in Verruf geriet, war keineswegs nur dem neuen politischen Stellenwert der Abrüstung geschuldet, sondern vor allem der widersprüchlichen Rolle des Militärs in der realsozialistischen Gesamtentwicklung. Die eigene Position und die eigenen Interessen politisch öffentlich darzustellen wurde für die Angehörigen der sowjetischen Streitkräfte zur Überlebensnotwendigkeit.

War in den Zerfallsmonaten der UdSSR das Hauptthema der sich politisch zu Wort meldenden Militärs die unmittelbare soziale Absicherung ihres Berufsstandes, so ist es jetzt bereits die mittel- und längerfristige Existenzsicherung. Ging es zunächst um die Sicherung und Bewachung des riesigen Waffenarsenals, so steht heute bereits wieder die Definition der militärischen Zukunftsaufgaben im Mittelpunkt der Debatten. Es geht um die Reorganisation bzw. den Neuaufbau schlagkräftiger, modern bewaffneter und hochmobiler Streitkräfte.

Nachdem es Rußland mit westlicher Unterstützung gelungen ist, die Führung in der nuklearen Erbengemeinschaft zu übernehmen, muß natürlich die Haltung der russischen Militärs zu den Kernwaffen besondere Berücksichtigung finden. Was da allerdings unmittelbar nach Gründung des russischen Verteidigungsministeriums und der russischen Armee zutage tritt, ist vielfach nicht nur die Fortsetzung des bisher beschriebenen militärischen worst-case-Denkens, sondern auch politisch höchst befremdlich. Noch ehe überhaupt eine eindeutige politisch-militärische Führung etabliert war, legte der neue russische Verteidigungsminister Pawel Gratschow, der von sich behauptet, der ›Aufräumer‹ der Armee zu sein, das Projekt der Militärdoktrin Rußlands der Öffentlichkeit vor. Ohne Diskussion im Parlament, ohne Diskussion in der Regierung wurde der Aufgabenkatalog für die russischen Streitkräfte der Zukunft festgelegt:

»– Abschreckung eines potentiellen Gegners von einer Aggression;
– Abwehr eines überraschenden Flugzeug- und Raketenangriffs und Verteidigung der bedeutendsten politisch-administrativen und industriellen Zentren sowie anderer wichtiger staatlicher Objekte;
– Führen von Antwortschlägen, um dem Gegner die Möglichkeiten zu nehmen, seine großmaßstäblichen Kampfhandlungen weiterzuführen und seine Streitkräfte wiederherzustellen, und um sein militärökonomisches Potential zu schwächen;
– Abwehr eines Überfalls von Land, vom Meer und aus der Luft, Halten der wichtigsten Gebiete des Landes und Zerschlagung der eingedrungenen Gegnergruppierungen;
– Liquidierung der Folgen der Aggression und Wiederherstellen der Lage an der Grenze;
– Durchkreuzen von Versuchen der Erneuerung der Aggression.«[2]

Deshalb sollen die russische Armee und Flotte »unter effektivster Ausnutzung des Militärpotentials und der militärischen Infrastruktur der früheren UdSSR« aufgebaut werden, und zwar »hochmobil, gedeckt, überlebensfähig, professionell und mit den neuesten Errungenschaften der militärtechnischen Wissenschaft ausgestattet«.[3] Es ist völlig verständlich, daß ein solches Denken weder auf das Kernwaffenpotential der UdSSR noch auf dessen Modernisierung verzichten will und kann.

Die von Armeegeneral Gratschow Ende Mai einberufene Militärkonferenz in der Generalstabsakademie beschäftigte sich dann auch über weite Strecken mit imaginären Kernwaffenschlägen gegen die USA, um die Stärke des ›notwendigen‹ nuklearen Abschreckungspotentials zu bestimmen. Die Kernwaffen aufgeben, so die russischen Spitzenmilitärs, hieße Rußland aufgeben. Auch der frühere Verzicht der UdSSR auf den Kernwaffenersteinsatz – jüngst im Abkommen von Alma Ata zwischen den Republiken der ehemaligen UdSSR erstmals als völkerrechtliches Vertragsnovum festgeschrieben – sei politischer Nonsens gewesen; denn er habe dem Gegner einen Vorteil verschafft. Zu guter Letzt wurde auch die Idee der Minimal-Abschreckung angegriffen, weil die Größe des Kernwaffenpotentials einzig und allein von nationalen Kriterien abhänge. Wenn es – so die Folgerung – nicht mehr genügend Soldaten in Rußland gebe, und die Einberufungspraxis zeuge davon, dann müßten eben Atomwaffen die Verteidigung garantieren.

Möchtegern-Supermacht und Atomlobby

In den achtziger Jahren traten solchen militärisch borniierten Ansichten weitsichtige Außenpolitiker entgegen. Der Zerfall der geläuterten Supermacht UdSSR und die Geburt der Möchtegern-Supermacht Rußland aber hat die Anhänger eines neuen politischen Denkens, einer Sicherheitspartnerschaft und einer demokratischen Gestaltung der internationalen Beziehungen aus den wenigen Ämtern gedrängt bzw. sie gar nicht erst dorthin gelassen. Auch die klassischen Karriere-Diplomaten orientieren sich nun weniger an den aktuellen internationalen Trends, sondern mehr und mehr an den heimatlichen Tönen bzw. Tonangebern, die Rußland als europäisches Bollwerk gegen den Süden und Osten anpreisen.
Zu letzteren gehört zweifellos der Vorsitzende des Expertenrates beim russischen Regierungschef, Pjotr Korotkewitsch. Auf der bereits erwähnten internationalen Konferenz sagte er unter dem beifälligen Lachen des ersten russischen Verteidigungsministers, daß »die halbgebildeten Muselmanen« in Kasachstan nicht begreifen können, daß man heutzutage eben nicht mit der Atombombe unter dem Arm seine Bedingungen diktieren könne, wenn man keine Ahnung davon habe, wie der Kommando- und Kontrollmechanismus funktioniert. Auch mit der Ukraine gebe es deshalb nichts zu verhandeln. Die einzige Kompetenz in Nuklearfragen hat nach seiner Meinung der Generalstab, und selbst Schaposchnikow als Oberkommandierender habe davon keine Ahnung, geschweige denn von anderen Dingen. Es sei an der Zeit, Schluß zu machen mit der Einmischung in die Führung und den Aufbau der Armee, ganz egal ob es sich um Parlamentarier oder Nichtparlamentarier handele.[4]

Nur wenige Wochen vorher hatte das Präsidium des Obersten Sowjets der Russischen Föderation die Verfügung »Über die Prioritäten der Militärpolitik« verabschiedet, in der eine verstärkte Kontrolle des gesamten Militäraufbaus vorgesehen war. Danach sollte das Parlament das Budget, die Strukturen, die Personalstärke und sogar die Kaderpolitik in den Streitkräften und im Verteidigungsministerium kontrollieren.[5] Im anhängenden Präsidiumserlaß war auch die Ernennung eines zivilen Verteidigungsministers vorgesehen. Ernannt wurde jedoch – Zeichen der realen Machtverhältnisse – der nach seinen eigenen Worten »harte, aber gerechte« Armeegeneral und nur wenig später zum Marschall beförderte Gratschow. Nahezu zeitgleich vollzogen sich auch andere nicht unwichtige Veränderungen in der russischen Regierungsmannschaft. Mehr oder weniger entschlossene Wirtschaftsreformer wurden gegen gestandene Experten des Militär-Industrie-Komplexes ausgetauscht.

Seit der Herausbildung des MIK in den fünfziger Jahren ist der Dreh- und Angelpunkt seiner Existenz und seines Einflusses die staatliche Auftragsvergabe für die Forschung und Entwicklung. Ist hier der Startschuß z.B. für ein neues Waffensystem erfolgt, so gibt es eine Eigendynamik, die nach zehn bis fünfzehn Jahren die Entscheidung zur Produktion und zur Einführung in die Streitkräfte erfordert. Aus dieser Sicht sind ernsthafte Widerstände gegen eine Beschneidung der Forschungs-, Entwicklungs- und Testkapazitäten völlig normal, da diese am Anfang des Machtzyklus' stehen. So gesehen kann von seiten des MIK Abrüstung durchaus akzeptiert werden, wenn sie eine wissenschaftlich-technische Herausforderung ist, wenn sie nicht auf den Nullpunkt hinausläuft und wenn sie durch den MIK selber realisiert werden kann und soll.

Ende 1991 schlug jedoch die Atomlobby des MIK Alarm. In jenem Jahr waren die Mittel für Forschung und Entwicklung um 40 Prozent im Vergleich zum Vorjahr gekürzt worden, und das Budget für 1992 stand völlig in den Sternen. Dabei war gerade im Jahr zuvor eine Konzeption für ein Modernisierungsprogramm bis zum Jahr 2010 erarbeitet worden. Jährlich sollten 700 Millionen Rubel zusätzlich eingesetzt werden. Insgesamt waren geplant: 3 Milliarden für Personalsicherheit, Umweltschutz und Lagerung der Abfälle; 3 Milliarden für die Entwicklung der elektronischen

Datenverarbeitung; 2 Milliarden für Experimental-Diagnose-Geräte; 1 Milliarde für die Konservierung der Reaktoren zur Plutonium- und Tritium-Gewinnung; 1 Milliarde für die Lagerung der radioaktiven Materialien aus delaborierten Sprengköpfen.

Den Zwängen der Wirklichkeit gehorchend, wurden im Januar 1992 die auf russischem Territorium liegenden 80 Prozent des Ministeriums für Mittleren Maschinenbau der UdSSR im Russischen Ministerium für Atomenergie zusammengefaßt. Hier arbeiten mehr als eine Million Beschäftigte, davon 14 Prozent im unmittelbaren Atomwaffen-Produktionskomplex in 10 ›geschlossenen Städten‹ mit mehr als einer halben Million Einwohner.[6] Nahezu alle ›Atomschtschiki‹ haben die Entscheidung Boris Jelzins vom 27. Februar 1992 begrüßt, das Testgelände von Nowaja Semlja unter die Jurisdiktion Rußlands zu nehmen und für die Wiederaufnahme der Atomtests vorzubereiten. Nach ihren Vorstellungen sollen die Erprobungen ab 1995 minimiert und bis zum Jahr 2000 völlig eingestellt werden, vorausgesetzt, daß auch die anderen Atommächte mitziehen. Ebenso drängt die Atomlobby auf die Fortsetzung der sogenannten friedlichen Nuklearexplosionen; denn der nichtmilitärische Anteil des Atom-Ministeriums betrug 1991 – ebenfalls nach Angaben seines Chefs – bereits 25 Prozent und soll wesentlich erweitert werden.

Schon früher gehörte die Demontage und Entsorgung veralteter Kernsprengköpfe zum Aufgabenbereich der ›Atomschtschiki‹. Seit 1986 wurde daraus eine eigene Linie, die bis 1991 ungefähr 15 bis 20 Prozent des bisherigen Arsenals liquidierte. Für die nächsten 10 bis 20 Jahre sind bereits 50 Prozent des Bestandes zur Vernichtung in Auftrag gegeben. »Das sind ungefähr 15.000 Kernsprengköpfe plus-minus 10–15 Prozent.«[7] Indirekt opponiert Viktor Michailow, der russische Atomminister, sogar gegen die aus der Gorbatschow-Initiative resultierenden Vorgaben zur Abrüstung von Nuklearwaffen, weil er mit deutlichem Unbehagen beobachtet, daß die Ressourcen für die Modernisierung des verbleibenden Nuklearpotentials auf diesem Wege schrumpfen könnten: »Gorbatschows Vorschlag von Ende 1991, 18.000 Atomsprengköpfe zu zerstören, würde uns 1,5 bis 2 Milliarden Dollar kosten und 15 Jahre in Anspruch nehmen; wir delaborieren schon jetzt mehr Sprengköpfe als wir neu produzieren.«[8] Abrüstung bei gleichzeitiger Modernisierung – das ist die Zukunft, die sich der

MIK wünscht. Der letzte Trumpf Michailows: »Die laufenden Ausgaben des Kernwaffenkomplexes kosten jeden Mitbürger 10 Rubel im Jahr. Das ist der Preis für unsere Unabhängigkeit und Würde. Jeder von uns zahlt weniger als 1 Rubel im Monat für den Unterhalt des Kernwaffenpotentials des Landes.«[9]

Waren die Kernwaffenprobleme früher vorrangig im Streit zwischen den Außenpolitikern und den Vertretern des Militär-Industrie-Komplexes entschieden worden, so haben wir es jetzt mit einem Machtdreieck zu tun. Das bedeutet, daß weder von außen noch von innen eine annähernd genaue Prognose über die Zukunft des ehemals sowjetischen Nuklearpotentials möglich ist. Die Gründe liegen weniger in den Spielregeln eines solchen Machtpokers als vielmehr in den Qualitäten der Spieler.

Rußlands MILITÄR, AUSSENPOLITIK und MIK haben den aus der Vergangenheit herrührenden gemeinsamen Nachteil des realsozialistischen Realitätsverlustes. Während die Militärs und die Außenpolitiker kaum eine Ahnung von der wirtschaftlichen und sozialen Situation des Landes hatten und haben – weder von der früheren Kommandowirtschaft noch von der jetzigen ursprünglich-brutalen Marktwirtschaft mit Dritte-Welt-Charakter –, sind die MIK-Leute in ihrer ehemaligen Allmacht befangen und verkennen den bereits eingetretenen politisch-administrativen und sozialen Verfall.

Trotzdem: Die Karten des MIK sind besser, weil einerseits seine inneren, zentralisierten Wirtschaftsbindungen noch funktionieren und andererseits auch die alte Führungsriege im wesentlichen erhalten blieb. Dagegen hängen das Militär und die Außenpolitik einerseits am Finanztropf und haben andererseits im internen Personalkarussell die nicht nur in Rußland seltenen, wirklichen Geistes- und Charaktergrößen verdrängt oder vergrault.

Begründungslogik und Kernwaffensicherheit

Abgesehen von dieser momentanen instabilen Situation, in der kaum weitsichtige Entscheidungen getroffen werden können, hat jeder der daran Beteiligten seine eigene Begründungslogik. Sie hatte einst die Atomwaffen hervorgebracht und deren Entwick-

24

lung vorangetrieben, und sie wirkt natürlich auch heute, wo es um die Zukunft der Kernwaffen geht. Neu ist lediglich, daß alle Kernwaffenbefürworter plötzlich entdecken, wie sicher doch diese Waffen kontrolliert und bewacht werden können, solange sie sich bei der Truppe befinden. Das Paradoxon sieht so aus: Für die vielen Kernwaffen braucht man Militär. Das zahlenmäßig kleiner werdende Militär aber braucht Kernwaffen. Und Rußland braucht beides, um nicht zur Bedeutungslosigkeit abzusinken. Der Kernwaffenbesitz ist aus dieser Sicht eines der unausweichlich erforderlichen Symbole der neuen russischen Staatlichkeit.

Dabei ist die Sicherheit der Kernwaffen durchaus ein Problem geworden. Selbst wenn es stimmt, daß es beim Abzug der taktischen Kernwaffen aus den Staaten des ehemaligen Warschauer Vertrages sowie aus den nichtrussischen ehemaligen Unionsrepubliken keinen Überfall und keinen Unfall gegeben haben soll[10], so stehen doch die Probleme der Lagerhaltung, des Transports zur Delaborierung bzw. zum Austausch der Bombenmaterialien mit sehr kurzer Halbwertszeit in unveränderter Schärfe. Und ganz so unproblematisch scheint es um die Sicherheit der Nuklearwaffen doch nicht bestellt zu sein: In den stürmischen Umbruchsmonaten nach dem Augustputsch 1991 hat es Situationen gegeben, wo nach Aussagen führender russischer Militärs Startschächte von Interkontinentalraketen mit Beton versiegelt wurden, um terroristischen Übergriffen vorzubeugen.

Wenn von Kernwaffensicherheit die Rede ist, dann geht es zumeist um den politischen Command-and-Control-Mechanismus. Daß dieser völlig sicher sei, behauptet auch der neue russische Verteidigungsminister:»Solange sich die Kernwaffen auf den Territorien von vier GUS-Mitgliedern befinden, ist ein einheitliches Kommando der strategischen Nuklearkräfte notwendig. Heute befindet sich der ›Atomknopf‹ beim Präsidenten Jelzin, beim Oberkommandierenden Schaposchnikow und beim Chef des Generalstabes der Vereinten Streitkräfte, General Samsonow . . . Der Kernwaffeneinsatz kann vom Präsidenten Jelzin angeordnet werden, jedoch in Abstimmung mit den Präsidenten Weißrußlands, der Ukraine und Kasachstans.«[11]

Über die technische Implementierung dieser Verfügungs-Troika mit Beratungspflicht schweigt sich das Militär aber nach wie vor aus. Der Grund ist einfach: Es gibt sie nicht. Noch im April 1992 gab der belorussische Staatschef russischen Aussagen unumwunden recht, die bestritten hatten, daß die anderen drei Nuklearrepubliken auch nur ein Veto gegen einen russischen Einsatzbefehl an die Nuklearwaffen auf ihrem Territorium einlegen könnten: »Ein Veto gegen den Einsatz dieser Nuklearwaffen existiert nicht.«[12] Zwar erfuhren die frischgebackenen GUS-Bürger im Dezember 1991, in wessen Händen der ›Druckknopf des Krieges‹ sei und wie viele Zahlenchiffren zur Auslösung gebraucht würden[13], ja sogar, daß es sich bei dem berühmten Koffer mit dem Computer für die Freigabe der Atomsprengköpfe um einen westlichen der Marke ›Samsonite‹ handele, aber so richtig überzeugend und beruhigend klangen all diese Märchen nicht.

Sicherungstechnik und Risikofaktor Mensch

In der Tat ist es das Problem fast aller technischen Sicherungssysteme gegen den unbefugten Gebrauch nuklearer Waffen, daß sie letztlich vom Risikofaktor ›Mensch‹ abhängig sind. Zwar hat man versucht, dieser Tatsache mit technischen Mitteln Rechnung zu tragen, die nur durch das Zusammenwirken mehrerer Unsicherheitsfaktoren dieser Gattung umgangen werden können, doch räumt jeder Fachmann letztlich ein, daß hundertprozentige Sicherheit nicht erreichbar ist.

Die strategischen Interkontinentalraketen der ehemaligen UdSSR, Auslöser für bohrende Fragen nach dem Putschversuch im August 1991, gelten als gut und meist mit moderner Technik gesichert. Sie können nur eingesetzt werden, wenn zunächst über einen besonderen Befehl Erlaubnis eintrifft, in höhere Stufen der Alarmbereitschaft überzugehen. Ein mehrteiliger Freigabecode aus den ›Koffern‹ des Präsidenten, des Verteidigungsministers und des Generalstabschefs für den Sprengkopf ist zudem erforderlich. Und schließlich sind mehrere Beteiligte nötig, um die Trägerrakete starten zu können.

Permissive Action Links (elektronische oder elektromechanische Schlösser) sollen verhindern, daß eine Atomwaffe zur Explosion gebracht werden kann, ohne daß alle erforderlichen Einsatzbefehle aus den verschiedenen Befehlssträngen eingetroffen und auf Korrektheit geprüft worden sind. Auch Umweltsensoren dürften

26

inzwischen in modernere Sprengköpfe eingebaut sein, um zu verhindern, daß ein solcher Sprengkopf explodiert, wenn nicht seine spezifische vorgegebene Flugbahn eingehalten wird. Andernfalls würde die Rakete im Fluge zerstört.

Auch und gerade unter diesem Sicherheitsaspekt hat der damalige sowjetische Präsident Michail Gorbatschow als Antwort auf die Abrüstungsinitiative des amerikanischen Präsidenten Bush am 5. Oktober 1991 erklärt, vor allem jene strategischen Atomwaffen aus dem Alarmsystem herauszunehmen und zur Abrüstung vorzusehen, die aufgrund ihres Alters oder des Stationierungsortes mit größeren Risiken behaftet waren als andere.

Die Schwerpunktsetzung der Initiativen beider Präsidenten und auch der Erklärung Jelzins vom 29. Januar 1992 machte allerdings deutlich, daß sie übereinstimmend die Sicherheit der taktischen atomaren Waffen als das eigentliche Problem betrachteten. Dies hatte zwei wesentliche Gründe:

– Zum ersten waren die taktischen Atomsprengköpfe aufgrund der Einsatzgrundsätze der Sowjetarmee in der Nähe ihrer Einsatz- bzw. Trägermittel stationiert. Das aber waren die Grenzregionen des sowjetischen Imperiums und damit Gebiete außerhalb Rußlands. Mit den wachsenden Krisenerscheinungen in diesen Regionen hatte die sowjetische Regierung bereits 1989 begonnen, diese Waffen z.B. aus den kaukasischen und baltischen Republiken abzuziehen.

– Zum anderen waren zwar auch diese Waffen gegen einen unbefugten Einsatz technisch gesichert. Doch werden diese Sicherungen von Fachleuten vor allem bezüglich der älteren taktischen Atomwaffen bei weitem nicht für so zuverlässig gehalten wie jene der strategischen Atomwaffen.

Die Lagerung der taktischen Sprengköpfe erfolgte in speziell gesicherten, teilweise ›atomkriegssicheren‹ Bunkern und in speziell gesicherten Containern. Sie werden durch besondere Einheiten mit eigenem Befehlsstrang bewacht. Teilweise besitzen sie Permissive Action Links und andere Sicherheitsvorkehrungen, teilweise nicht. Ihr Einsatz konnte nur vom Befehlhaber der Teilstreitkraft oder des Kriegsschauplatzes nach der politisch-militärischen Freigabe des Atomwaffeneinsatzes befohlen werden. 1990/91 wurden zur Erhöhung der Sicherheit auch die Transporteinheiten, die die Sprengköpfe zu den Einsatzmitteln bringen sollten, organisatorisch abgetrennt. Etliche der Trägersysteme waren zusätzlich dadurch gesichert, daß sie nur im Zusammenwirken mehrerer, besonders autorisierter Soldaten gestartet werden konnten. Dennoch: Während vielfach das Command-and-Control-System der sowjetischen strategischen Nuklearwaffen sogar als sicherer beschrieben wurde als das vergleichbare System der USA, gab es bezüglich der taktischen Atomwaffen diese Einschätzung nicht.

Die scheinbaren oder realen Stärken des sowjetischen Kernwaffen-Sicherheitssystems machen jedoch zugleich dessen Schwäche aus. Jene Mixtur aus zentralisierter politischer Kontrolle, striktester struktureller Arbeitsteilung mit geheimen Prozeduren und technischen Sicherungsmaßnahmen vor Ort muß ja – legt man die indoktrinierte Kriegführungsorientierung aller Strukturen zugrunde – auch in Krise oder Krieg und selbst in den wenigen Minuten nach dem allseits befürchteten amerikanischen nuklearen Erstschlag noch funktionsfähig bleiben.

Seit Anfang der achtziger Jahre wurde deshalb – gerade mit den neuaufgestellten, hochsicheren, modernsten strategischen Atomwaffen – ein zentralisiertes Command-and-Control-System verbunden. Es sollte innerhalb der Flugzeit einer anfliegenden amerikanischen Interkontinentalrakete den Start der eigenen Waffensysteme ermöglichen. Mit diesem ›Start(freigabe) nach (Angriffs)Warnung‹ (launch on warning) genannten Verfahren konnten die Bedienungsmannschaften der neueren strategischen Systeme mit einer Startautomatik aus der Moskauer Zentrale übersteuert werden.[14]

Der Risikofaktor Mensch war also in zweierlei Hinsicht nicht auszuschalten:

– Bei älteren, technisch weniger gesicherten Systemen, z.B. taktischen Artillerie- und Raketenwaffen, bestand die Gefahr, daß sich relativ kleine Gruppen von Fachleuten Zugriff verschaffen konnten.

– Bei einem Teil der modernsten strategischen Systeme besteht dagegen das Risiko darin, daß sie aufgrund der hohen Zentralisierung des Command-and-Control-Mechanismus schon durch eine relativ kleine autorisierte politisch-militärische Führungsgruppe eingesetzt werden könnten.

Die Vielzahl der nuklearen Abrüstungsinitiativen der letzten Monate wird dazu führen, daß die Probleme mit den taktischen Atomwaffen weitgehend durch Demontage oder Deaktivierung bei zentralisierter Lagerung ausgeschaltet werden bzw. wurden. Dagegen werden die technisch gut gesicherten modernen, strategischen Atomwaffen eine wachsende Bedeutung erhalten. Damit konzentriert sich der Risikofaktor Mensch künftig zunehmend auf die politisch-militärische Führung in Rußland und darauf, ob diese rational handelt beziehungsweise demokratisch kontrolliert werden kann.

Politische Reaktionen im Westen

Mit dem Putschversuch in Moskau begann eine wohlorchestrierte, Besorgnis ausdrückende, westliche Debatte über die Sicherheit des nuklearen Erbes der Sowjetunion. Wie kann die Kontrolle über das ehemals sowjetische Atomwaffenpotential sichergestellt werden? Wie kann verhindert werden, daß vollständige Atomwaffen oder dafür nötige Teile auf den Waffenhändlerbasaren der Welt verscherbelt werden? Wie kann der ›Brain Drain‹, die Abwanderung des Nuklearwaffen-Fachwissens, aus der ehemaligen UdSSR verhindert werden?
Ebenso schnell und heftig wie diese Debatte im Herbst 1991 ausbrach, so schnell verschwand sie jedoch im Frühsommer 1992 wieder von den Titelseiten. Was war passiert?
Die US-Regierung hatte in Reaktion auf den Putschversuch fünf Politikziele formuliert, die den nationalen Sicherheitsinteressen der USA entsprachen und die als politische Kampagne, beginnend mit der Bush-Initiative vom 27. 9. 1991, verfolgt wurden. Nach den Worten des zuständigen Unterstaatssekretärs Reginald Bartholomew galt es erstens, »die Zahl nuklearer Waffen drastisch zu reduzieren«; zweitens, »sicherzustellen, daß alle ehemals sowjetischen Atomwaffen unter einem einzigen sicheren Oberkommando verbleiben, d.h. das Entstehen mehrerer unabhängiger Nuklearstaaten zu verhindern«; drittens galt es, die »physische Sicherheit insbesondere der kleineren, leichter zu transportierenden, weit verstreut dislozierten taktischen Nuklearwaffen schnell zu erhöhen«; viertens sollte sichergestellt werden, »daß diese Waffen schnell unbrauchbar gemacht und konsolidiert«, d.h. zentral eingelagert würden; und fünftens sollte »der Proliferation von Massenvernichtungswaffen und Raketen«, einschließlich des

»Transfers von Ausrüstungsgegenständen, Technologien und Know-how vorgebeugt werden«.[15]

Ende November 1991 verabschiedete der amerikanische Kongreß ein »Gesetz zur Reduzierung der sowjetischen Nuklearwaffenbedrohung«, das es der Administration ermöglicht, bis zu 400 Millionen Dollar aus dem US-Verteidigungshaushalt 1992 für die Unterstützung nuklearer Abrüstung in der ehemaligen UdSSR auszugeben. Diese 400 Millionen Dollar plus weitere 100 Millionen Dollar Transportkosten für Hilfstransporte in die ehemalige UdSSR blieben aus einem umfassenderen Vorschlag übrig, der vorsah, der UdSSR humanitäre und technische Hilfe in Höhe von 1 Milliarde Dollar aus dem US-Verteidigungshaushalt zu gewähren. Doch während die Experten beider Seiten langwierig darüber stritten, welche Hilfen zu welchen Bedingungen und für welche Zwecke gewährt werden könnten, wieviel Einblick den amerikanischen Geldgebern in die Geheimnisse des sowjetischen Bombenbaus zu gewähren sei und wofür das Geld ausgegeben werden solle, mußten in der ehemaligen UdSSR Lösungen gefunden und gehandelt werden.

Ende Januar – es war noch kein Dollar aus dem Hilfsfonds geflossen – waren die taktischen Nuklearwaffen bereits in den vier Republiken konzentriert, in denen auch strategische Waffen lagerten. Es ist bis heute unklar, ob Hilfsmittel aus den USA für den restlichen Rückzug der taktischen Nuklearwaffen nach Rußland noch zum Einsatz kamen. Bis zum Frühsommer 1992 aber konnten die USA sicher sein, daß die ersten vier ihrer politischen Ziele bald erreicht sein würden: Der Abzug aller taktischen Atomwaffen bis zum 1. Juli würde gelingen; Rußland würde – das war nach den Besuchen Krawtschuks und Nasarbajews in Washington vorläufig gesichert – alleine das nukleare Erbe der UdSSR antreten; und die russische Republik war auf den amerikanischen Vorschlag eingegangen, den größten Teil der nunmehr zentral eingelagerten taktischen Atomsprengköpfe nicht nur zur Delaborierung vorzusehen, sondern zwischenzeitlich bereits in nicht mehr einsatzfähigem Zustand zu lagern. Mit den Gipfelvereinbarungen zwischen dem russischen Präsidenten Boris Jelzin und George Bush konnte darüber hinaus im Juni 1992 gesichert werden, daß Rußland den USA langfristig gewisse numerische Vorteile im Bereich der strategischen Nuklearwaffen zugestand und alle, die USA besonders

beunruhigenden, Interkontinentalraketen mit Mehrfachsprengköpfen im Rahmen einer deutlich über den START-Vertrag hin-
ausgehenden strategisch-atomaren Abrüstung abbauen werde.
Die numerischen Vorteile haben angesichts der zugleich vereinbarten drastischen Verringerung der künftigen Nuklearpotentiale
beider Seiten ein wachsendes Gewicht.

Das Verfolgen der Ziele der vollständigen Delaborierung der
Sprengköpfe und der Verhinderung von Proliferation und ›Brain
Drain‹ waren nunmehr längerfristige Aufgaben, zu denen mehr
Zeit zur Verfügung stand. Die aus Sicht der USA wichtigen Eck-
pfeiler für eine günstige Ausgangsposition waren eingeschlagen.
Die Haltung der USA und der westlichen politischen Eliten in
diesem Prozeß weist aber aus russischer Sicht entscheidende und
wahrscheinlich langfristig schädliche Schwächen auf:
- Sie ist von tiefem Unverständnis der russischen Denk-, Debat-
ten-, Entscheidungs- und Politikkultur geprägt und wirkt zum Teil
verletzend.
- Sie hat es zu keiner Zeit verstanden, ihre Hilfs- und Koopera-
tionsangebote vom Geruch des geheimdienstlichen Aufklärungs-
interesses und des Wunsches nach Ausnutzung russischer Schwäche freizuhalten. Nicht ganz zu Unrecht betrachten russische
Kritiker diese Verhaltensweisen als Mittel der Durchsetzung nationaler amerikanischer Politikziele im Hinblick auf eine von den
USA dominierte ›neue Weltordnung‹.
- Sie ist zu keiner Zeit der Geschwindigkeit der Entwicklungen
und dem wirklichen Unterstützungsbedarf in der ehemaligen
UdSSR gerecht geworden.

Was tun?

Die ehemalige UdSSR - so hat es derzeit den Anschein - voll-
bringt noch in ihrem Niedergang und Zerfall eine Leistung, die
ihren Streitkräften wahrlich das Attribut ›ruhmreich‹ zuwachsen
läßt: Das Managment des Zerfalls einer nuklearen Supermacht.
Es ist durchaus nicht selbstverständlich, daß dieser Prozeß anscheinend so weitgehend reibungslos und ohne entscheidende,
irreversible Fehler verläuft. Noch ist trotz der wirtschaftlich mise-
rablen Lage im Lande keine der Insignien russisch-sowjetischer

Weltmachtgeltung auf dem neu entdeckten ›Markt‹ verscherbelt worden; noch haben sich die Spezialisten sowjetischer Bombenbaukunst weder durch Dollargehälter noch durch andere Verlockungen außer Landes werben lassen; noch funktioniert die Kontrolle über das weltweit größte Potential zur Menschheitsvernichtung erstaunlich gut.

Schlichtes Krisenmanagement kann aber nicht länger die alleinige Aufgabe in dieser Lage sein. Und die Suche nach längerfristig tragfähigen Lösungen sowie deren Finanzierung kann – auch wenn es viele vielleicht gerne hätten – nicht zu einer alleinig russischen Aufgabe deklariert werden.

Der Umgang mit den vielfältigen Problemen, die aus dem Zerfall der Nuklearmacht Sowjetunion folgen, kann auch als Chance begriffen werden, die zu neuem Wissen und neuen Problemlösungen mit globaler Bedeutung führt:

– Erstmals müssen Nuklearwaffen in großem Umfang zerstört und delaboriert werden – neues kollektiv nutzbares technisches Wissen entsteht.

– Erstmals muß das Problem der sicheren Langzeitlagerung waffenfähiger Nuklearmaterialien gelöst werden – es besteht die Chance, einen ersten Schritt in Richtung auf die internationale Kontrolle verbleibender Nuklearmaterialien und Atomwaffen zu tun.

– Erstmals müssen ökonomische, ökologische, finanzielle, soziale und politische Probleme nuklearer Abrüstung international miteinander verknüpft und mittel- bis langfristig gemanagt werden – ein besseres Experimentierfeld für ein globales Management der Nukleararüstung und deren demokratische Kontrolle gibt es nicht.

Die Sorge um Sicherheit, Kontrollierbarkeit und Abrüstbarkeit des ehemals sowjetischen und nun russischen Nuklearpotentials könnte allerdings – würde dies politisch gewollt – darüber hinaus auch als Chance begriffen werden, die alte Grundsatzfrage nach Sinn oder Unsinn der atomaren Bewaffnung neu zu stellen. Kann die Atomwaffe, das Symbol der Fähigkeit der Gattung Mensch, sich selbst auszurotten, wieder ausgerottet werden?

Ganz offensichtlich steht diese Frage nicht auf der aktuellen Agenda offizieller Politik. Zu schlagend ist die Kraft der aus traditioneller Machtpolitik geborenen, scheinbar einfachen und überzeugenden Argumente:

– Das Wissen um das ›Wie‹ des Atomwaffenbaus läßt sich nicht wieder aus der Welt schaffen.

– Ein weltweites Verbot atomarer Waffen ist weder kontrollierbar noch verifizierbar.

– Die waffenfähigen Nuklearmaterialien können nicht gänzlich sicher kontrolliert werden. Auf Grund ihrer Langlebigkeit werden sie zudem die Geschichte der Menschheit noch auf zig Jahrtausende begleiten.

In der Tat: Die meisten dieser Argumente sind im Kern zutreffend. Und doch läßt sich berechtigt die Frage stellen, ob ein weltweites Verbot atomarer Waffen nicht das Gebot der Stunde ist. Genauer: Die Frage ist sogar zwingend geboten.

Die Atomphysiker des Bulletin of Atomic Scientists entschlossen sich 1991, ihre berühmte nukleare Weltuntergangsuhr auf 17 Minuten vor zwölf zurückzudrehen. Seit dem Verlust der nuklearen Unschuld sei die Welt nicht mehr so weit von einem atomaren Krieg entfernt gewesen wie nun, nach dem Ende des Kalten Krieges. Die Wissenschaftler haben recht und zugleich wahrscheinlich doch unrecht. Der große, alles menschliche Leben auslöschende atomare Weltkrieg mag unwahrscheinlicher geworden sein. Aber ist es auch der kleine, regionale Atomkrieg? Jener, in dem nur ein, zwei oder vielleicht auch ein paar Dutzend Nuklearwaffen eingesetzt werden?

Dessen Wahrscheinlichkeit nimmt voraussichtlich zu. War in der Vergangenheit jeder Atomwaffeneinsatz aufgrund der Blockkonfrontation und der Einbindung fast aller Atommächte in die gleichen, wahrscheinlich nicht beherrschbaren Eskalationsrituale mit der Gefahr des atomaren Weltkrieges und damit der Selbstvernichtung behaftet, so gilt dies vermutlich künftig nicht länger. Die Wirksamkeit der Abschreckung läßt nach und die atomare Waffe wird einsetzbarer. Zwei Gründe sind dafür maßgeblich:

Zum einen gibt es keinen Staat, der sich verpflichten würde, eine nukleare Garantie für die ganze Welt abzugeben. Auch die fünf offiziellen Atommächte wären dazu kaum bereit. Und zu einer Unterstellung vorhandener Atomwaffenpotentiale unter internationale Kontrolle, z.B. einer reformierten UNO, sind die Besitzer nuklearer Waffen nicht bereit. Damit aber läuft, wer Atomwaffen einsetzen würde, nicht automatisch unkalkulierbar Gefahr, selbst vor der völligen Vernichtung zu stehen.

Zum anderen: Die Zahl derer, die sich selbst in Versuchung des Atomwaffeneinsatzes führen könnten, wird weiter wachsen. Solange Nuklearwaffen existieren, kann man nicht gänzlich ausschließen, daß diese auch eingesetzt werden. Die Sorge galt dabei auch bislang weniger den Super- oder Großmächten. Sie wurden schon in den vergangenen Jahrzehnten – trotz mancherlei irrationalen nuklearen Machtpokers – als rationale Spieler im atomaren Spiel erachtet. Die Sorge gilt hier vor allem den unerklärten Nuklearmächten (Israel, Indien und vielleicht Pakistan) sowie jenen Schwellenländern, die über kurz oder lang Nuklearstaaten werden könnten (z.B. Nordkorea, der Iran oder Brasilien). Die Zahl dieser Staaten wird in den nächsten zehn oder zwanzig Jahren zunehmen, unabhängig davon, ob es gelingt, atomare Exporte aus der ehemaligen UdSSR zu kontrollieren oder nicht. Dieses Problemfeld ist zugleich auch in anderer Hinsicht von Bedeutung. Im Jahre 1995 steht die letzte, im Atomwaffensperrvertrag vereinbarte Überprüfungskonferenz für diesen Rüstungskontrollvertrag an. Auf dieser Konferenz soll – so legt es der Vertrag fest – darüber entschieden werden, ob derselbe ein- und letztmalig für eine bestimmte Zahl von Jahren verlängert werden oder ob er unendlich Gültigkeit erlangen soll. Dies zwingt zu einigen Fragen:
– Ist es wahrscheinlich, daß der Vertrag unbegrenzt verlängert wird, wenn die Atommächte keine weitergehende Verpflichtung eingehen, ihre Atompotentiale in überschaubaren Zeiträumen gänzlich abzurüsten?
– Ist es überhaupt denkbar, daß ein völkerrechtlicher Vertrag ohne zeitliche Begrenzung den Unterschied zwischen Nuklearwaffenbesitzern und Nichtbesitzern festschreibt?
– Ist davon auszugehen, daß die nichtnuklearen Staaten bereit sind, sich zeitlich unbegrenzt zu diskriminieren bzw. diskriminieren zu lassen?
Es widerspräche aller historischen Erfahrung, würden die Nichtnuklearstaaten sich zeitlich unbegrenzt auf das Diktat der gegenwärtig gültigen, globalen atomaren Machtverteilung einlassen. Schon die Frage, wie sich die Bundesrepublik Deutschland, die sich schon beim Zustandekommen des Vertrages in die Rolle des Züngleins an der Waage begab[16], verhalten wird, dürfte der Brisanz nicht entbehren. Und während die Bundesrepublik im Rah-

men der Entwicklung einer gemeinsamen europäischen Außen- und Sicherheitspolitik zur Zeit noch auf die mittelfristige Europäisierung der Kontrolle über die britischen und französischen Nuklearwaffen setzen mag und deshalb zwei Optionen besitzt, stellt sich die gleiche Frage für die Weltwirtschaftsmacht Japan und andere in aller Schärfe. Gerade der Zerfall der Sowjetunion dürfte Argumente gegen eine zeitlos gültige Festschreibung heutiger militärischer Machtverteilung in Erinnerung und so ins Spiel rufen.

Doch damit nicht genug. Zugleich sind eine Reihe jener Länder, die entweder schon über Nuklearwaffen verfügen oder in den nächsten fünf, zehn oder fünfzehn Jahren über solche verfügen könnten, dem Vertrag nie beigetreten. Können sie ohne Aussicht auf ein weltweites Verbot nuklearer Waffen zum Verzicht auf die Atomwaffe überzeugt werden?

Auch für jene Staaten, die heute offiziell über Nuklearwaffen verfügen, könnten einige Argumente dafür sprechen, neu über einen Vertrag nachzudenken, in dem sie sich zur Aufgabe ihrer Nuklearwaffen innerhalb einer begrenzten Zeit verpflichten:

- Mit einer solchen Verpflichtung ist ein zeitlich unbegrenztes, weltweit gültiges Proliferationsverbot für nukleare Waffen, Technologien und militärische Kenntnisse auf jeden Fall erheblich leichter zu erreichen und verifizierbar durchzusetzen als ohne eine solche Verpflichtung.

- Eine solche Verpflichtung dürfte das allein wirksame Mittel sein, auch Schwellenländer oder nichtdeklarierte Atommächte in geeignete Verifikationsstrukturen einzubinden, um sie von einer Nuklearrolle Abstand nehmen zu lassen. Hier liegt die zuverlässigste Rückversicherung gegen das absehbare Entstehen weiterer Atommächte.

- Für die als risikoreich erachtete Übergangszeit, bis klar ist, daß verifizierbar kein Staat der Erde mehr über Nuklearwaffen verfügt und das Verbot verletzt, schrecken die großen Nuklearmächte einander und andere schon dadurch ab, daß sie allein binnen kürzerer Frist in der Lage wären, erneut ein kriegführungsfähiges Nuklearpotential aufzubauen. Wenn – so ist hinzuzufügen – sie diese Art indirekter Abschreckung wegen ihrer konventionellen militärischen Stärke überhaupt benötigen würden.

Es mag also in der Tat lohnen, neu die Frage zu stellen, ob die

Nuklearwaffe nicht doch verzichtbar gemacht werden kann. Dann hätte der historisch erstmalige Vorgang des Zerfalles einer nuklearen Supermacht doch auch sein Gutes gehabt: Die Menschheit wäre nicht länger die atomare Geisel ihrer selbst.

1 Frankfurter Allgemeine Zeitung, 2. Januar 1992
2 Wojennaja mysl, spezialny wypusk, Mai 1992, S.7
3 Vortrag des russischen Verteidigungsministers auf der internationalen Konferenz ›Demokratisierung der Gesellschaft und militärische Sicherheit‹ in Moskau am 1. Juni 1992. Stenogramm im Besitz der Autoren
4 Vortrag von P. Korotkewitsch auf der internationalen Konferenz ›Demokratisierung der Gesellschaft und militärische Sicherheit‹ in Moskau am 1. Juni 1992, a.a.O.
5 Verfügung des Präsidiums des Obersten Sowjets der Russischen Föderation, Dokument Nr.2637/I-1, Moskau, Haus der Sowjets Rußlands, 1. April 1992
6 Aus dem Vortrag des Ministers für Atomenergie Viktor Michailow auf der internationalen Konferenz ›Demokratisierung der Gesellschaft und militärische Sicherheit‹ am 1. Juni 1992, a.a.O.
7 Ebenda. Nach den Angaben dieses Vortrages hätte die UdSSR damit über rund 37 500 Atomsprengköpfe verfügt, rund 4500 mehr, als unabhängige westliche Quellen geschätzt haben.
8 IPPNW: Nuclear Weapons in the Commonwealth of Independent States, Boston, 24. 4. 1992, S.14
9 siehe Fußnote 6
10 Das versicherte der mit dieser Aufgabe betraute Generaloberst Jakowlew den Autoren in einem Gespräch am 5. 6. 1992
11 Interview mit General Gratschow, Nesawissimaja gaseta, Moskau, 9. Juni 1992
12 Vgl. IPPNW: Nuclear Weapons in the Commonwealth of Independent States, a.a.O. S. 17 f.
13 Argumenty i fakty, Moskau, Nr. 52/1991
14 Vgl.: Command and Control of Soviet Nuclear Weapons: Dangers and Opportunities arising from the August Revolution (Hearing des Unterausschusses für europäische Angelegenheiten des Auswärtigen Ausschusses des US-Senates), Washington, 24. 9. 1991 und die Arbeiten von Bruce Blair (Brookings-Institution) sowie Stephen Meyer (Harvard-University)
15 US Policy Information and Texts: Bartholomew Discusses Questions on CIS Nuclear Weapons, Nr. 17/1992, S. 15 f.; vgl.auch: Streitkräfteausschuß des US-Senates: Die Delaborierung der Nuklearwaffen der ehemaligen Sowjetunion, Anhörung von Reginald Bartholomew und Stephen Hadley, 5. 2. 1992. Stenogramm im Besitz der Autoren
16 Vgl. hierzu die dem bislang bekannten Wissensstand viele bisher unbekannte Facetten hinzufügende Arbeit von Matthias Küntzel: Die Deutschen und die Bombe, Frankfurt/Main (Campus-Verlag), 1992

Die Geburt der Satansfaust

Das Manhattan-Projekt des Ostens

Konstantin Sorokin

Manhattan-Projekt – unter diesem Codenamen ist bekanntlich die amerikanische Atombombe entstanden. Die inzwischen fünfzig-jährige Geschichte der sowjetischen Atombombe nahm unter der weniger prosaischen Chiffre URAN-PROJEKT ihren Lauf, und nach wie vor verbirgt sie sich unter einem Mantel der Geheimhal-tung. Doch hat diese Hülle in letzter Zeit genügend Risse und Löcher bekommen, die einen kurzen historischen Rückblick er-lauben.

Die eigentliche Wiege der sowjetischen Atombombe stand in Petrograd, wo bereits 1922 ein Radium-Institut gegründet worden war. In den dreißiger Jahren leitete der Physiker A. Joffe das Leningrader physikalisch-technische Institut mit dem Labor für Atomphysik, jene Forschungseinrichtung, in der auch Igor Kur-tschatow, einer der Väter der sowjetischen Atombombe, seine Wissenschaftlerkarriere begann.

In diesem Labor konnten die Physiker Fjodorow und Petrschak die Kernspaltung bei Uran-Atomen nachweisen und die Reso-nanzabsorption der Neutronen entdecken. Wenig später berech-neten die Mitarbeiter des Instituts für chemische Physik, Chariton und Seldowitsch, die Kettenreaktion und schlossen daraus auf eine kritische Masse von 10 kg Uran. Mit dieser Entdeckung wandte sich der Institutsleiter Semjonow an das zuständige Volks-kommissariat und empfahl, eine Superwaffe zu entwickeln.

Der Geheimdienst mischt mit

Aber auch andernorts gab es Anhänger einer militärischen Nut-zung der atomaren Wissenschaft. Schpinel und Maslow, zwei Mitarbeiter des Charkower physikalisch-technischen Instituts, schlugen bereits 1940 dem Volkskommissariat für Verteidigung den Bau einer Atombombe vor. Die dortigen Bürokraten ließen jedoch den Antrag, wohl in Verkennung seiner Bedeutung, bis 1946 in ihren Schubladen schmoren. Dennoch wirkte der zweite Weltkrieg wie ein kolossaler Beschleuniger auf die Geschichte der Atombombe in der UdSSR.

Anfang November 1941 erfuhr die sowjetische Aufklärung von den Versuchen der Engländer, die Kernspaltung von Uran-235 für eine Superbombe zu nutzen. Einen anderen Hinweis lieferte ein Mitarbeiter von Kurtschatow namens Fljorow, der bei Durchsicht amerikanischer Fachblätter bemerkte, daß dort seit dem Herbst 1941 keine Artikel mehr über die Uranspaltung erschienen waren. Er meldete seine Entdeckung der Akademie der Wissenschaften und dem Verantwortlichen des Staatlichen Verteidigungskomitees Kaftanow. Keine Resonanz! Daraufhin schrieb er im April 1942 direkt an Stalin, daß die Amerikaner vermutlich am Bau einer Atombombe arbeiteten.

Eine weitere Geheimdienstmeldung aus London über ein Uranprojekt und die atomare Zusammenarbeit mit den USA kam von dem deutschen Physiker Klaus Fuchs. Er war 1933 nach London emigriert und bot 1941 der sowjetischen Botschaft seine Dienste an. Fuchs lehnte ein Atomwaffenmonopol ab und setzte deshalb seine Geheimdiensttätigkeit auch nach seiner Versetzung in die USA fort. Von August 1944 bis 1949, d.h. bis zu seiner Verhaftung, übermittelte der Physiker aus Los Alamos Einzelheiten über Zündmechanismen und kritische Massen sowie Konstruktionszeichnungen.

Hartnäckig hält sich auch die Legende, im Frühjahr 1942 sei das Tagebuch eines an der Ostfront gefallenen deutschen Offiziers gefunden worden. Es habe Berechnungen zum Uran-235 und zum sogenannten schweren Wasser enthalten. Das galt als Beweis einer deutschen Atombombenentwicklung. Da jedoch von den Mitgliedern des deutschen Uran-Vereins, den tatsächlichen wissenschaftlichen Insidern, niemand an der Ostfront gefallen war, könnte es sich auch um einen Trick gehandelt haben.

Stalin hatte sich nämlich bis 1942 gegenüber all diesen Informationen offenkundig skeptisch verhalten, jetzt aber berief er eine Sondersitzung des Staatlichen Verteidigungskomitees ein, um ein eigenes Kernwaffen-Projekt zu starten. Der erste Chef des Unternehmens wurde Molotow, abgelöst allerdings bald vom ringsum gefürchteten NKWD-Chef Berija. Nur er hatte die Macht, den

Produktionskomplex ›Archipel GULAG‹ mit der Ausspähung des Westens und einer absoluten inneren Geheimhaltung zu verzahnen.

Berija ernannte Ende 1942 Igor Kurtschatow zum wissenschaftlichen Leiter des URAN-PROJEKTES. Ihm wurde im Jahr darauf in Moskau das zukünftige Institut für Atomenergie übergeben. Dorthin kam schließlich auch Chariton, um die Konstruktionsarbeiten zu leiten. Er ist übrigens noch heute im Atombombenkomplex von Arsamas-16 tätig.

Auch der Geheimdienst blieb nicht untätig. Parallel wurde die spezielle Aufklärungsabteilung ›T‹ innerhalb der Hauptverwaltung I des NKWD, also des Volkskommissariats für Innere Angelegenheiten, geschaffen. Sie hatte den Auftrag, alle nötigen Einzelheiten für den Atombombenbau aus dem Ausland zu beschaffen. Neben Klaus Fuchs wurde mindestens noch ein Physiker aus Los Alamos angeworben. In der Literatur taucht in dem Zusammenhang immer wieder der Name Arthur Fielding auf.

Unmittelbar nach Zündung der amerikanischen Atombombe 1945 wurde in Moskau der Aufbau einer ›Atomindustrie‹ beschlossen und unter Berijas Leitung ein Sonderkomitee beim Staatlichen Verteidigungskomitee (SVK) gebildet. Das SVK beschloß die Schaffung der Ersten Hauptverwaltung bei der Regierung der UdSSR unter der Leitung von Boris Wannikow. Aus ihr ging 1953 das bekannte Ministerium für Mittleren Maschinenbau (sprich: Atomindustrie) hervor.

Politische Großsprecherei und Realität

Dr. Chariton war es, der 1946 die erste konkrete Aufgabenstellung für die Fabrikation einer Uran-Bombe erarbeitet und dem Laboratorium N 2 im Konstruktionsbüro 11 übergeben hat. Am 9. Februar jenes Jahres konnte Stalin frohlocken: »Ich bin mir sicher, daß, wenn wir unseren Gelehrten alle notwendige Hilfe erweisen, sie schon in nächster Zukunft in der Lage sein werden, die ausländische Wissenschaft nicht nur einzuholen, sondern ihre Ergebnisse sogar zu übertreffen.«

Das Wechselspiel von großtuerischen propagandistischen Erklärungen und wissenschaftlicher Realität gehörte zum Ritual des gerade entfachten Kalten Krieges. Dem Test des ersten Versuchs-reaktors 1947 im Laboratorium N 2 folgte also die TASS-Mitteilung, es gebe nun kein Atombombengeheimnis mehr.

Begünstigt durch mancherlei Aufklärungsergebnisse, konnte von 1945 bis 1948 der erste atomare Produktionskomplex bei Tschelja-binsk aus dem Boden gestampft werden. Über 70.000 Häftlinge aus 12 NKWD-Lagern haben dort ihre Haut zu Markt tragen müssen. In jenen Jahren setzte auch der Aufbau des Nuklearkom-plexes bei Krasnojarsk ein. Der Ministerrat hatte den Atomphysi-kern das klare Ziel gestellt, die erste sowjetische Atombombe bis 1. Dezember 1949 fertigzustellen.

Bereits im Juni des Jahres zuvor wurde im Werk ›A‹ der erste Reaktor für die Plutoniumerzeugung in Betrieb genommen. Monate darauf produzierte das Werk ›B‹. Und am 29. August 1949 wurde im kasachischen Semipalatinsk die erste sowjetische Atom-bombe gezündet. Das Uranerz zur Plutoniumgewinnung stammte aus der Tschechoslowakei, mit der am 23. November 1945 ein entsprechender Vertrag geschlossen worden war. Ihm ›verdankte‹ die Umgebung der Stadt Jachimow ihre Umwandlung in eine riesige Sperrzone, in der zunächst 5.000 deutsche Kriegsgefan-gcnc arbeiteten. Sie wurden später durch politische Häftlinge der Tschechoslowakei ›ersetzt‹, die nach Angaben der ›Komsomol-skaja Prawda‹ vom 9. Mai 1991 zwei Eisenbahnzüge mit 1.200 t Uranerz pro Woche beladen mußten. Eine zweite Produktions-stätte für Uranerz lag in Ostdeutschland. Dort sorgte die Sowje-tisch-Deutsche Aktiengesellschaft (SDAG) ›Wismut‹ im direkten Auftrag der sowjetischen Atomindustrie für Nachschub und nach-haltige Umweltschäden.

Bis heute ist das genaue damalige Tempo bei der Herstellung der sowjetischen Atombomben nicht bekannt. Nimmt man die Zeit bis zum Entstehen des amerikanischen nuklearen ›Fließbandes‹ als Maßstab, so ergäbe sich ein Zeitraum bis zur Serienproduktion von etwa 4 Jahren. Tatsächlich sind die 2. und 3. Bombe erst 1951 zur Explosion gebracht worden. Aber 1953 begann die Testhäufig-keit zu steigen, bis sie schließlich 1959 auf ›stolze‹ 30 Kernwaffen-versuche pro Jahr kam.

1953 und 1954 wurden die ersten einsatzfähigen Kernwaffen an die Streitkräfte übergeben und deren Einsatzmöglichkeiten durchdacht. Im September 1954 zündete man sogar bei einem

Heeresmanöver eine Kernladung. Die Zahl der ›Trainingsopfer‹ ist niemals publik gemacht worden. Auf Vermutungen wäre man auch angewiesen, wollte man die tatsächliche Anzahl von Kernwaffen in den Streitkräften jenes Jahres bestimmen.

Konkurrenzkampf auf Moskauer Art

Eine Geschichte für sich ist die Entwicklung der *Trägermittel* für die Kernsprengladungen. Als erstes kamen selbstverständlich die Bombenflugzeuge in Frage. Noch während des Krieges, im Februar 1944, war der Startschuß für die Entwicklung von Strahltriebwerken für solche Flugzeuge gegeben worden. Die Ende 1945 gebildete Sonderkommission zur Überwachung der Luftfahrtindustrie drang auf die Serienproduktion von Bombern mit einer Geschwindigkeit von mindestens 800 km/h. Schon rumorte in den Köpfen der Gedanke an Überschallbomber.

Unter den führenden Konstruktionsbüros setzte augenblicklich ein scharfer Konkurrenzkampf ein, angeheizt durch die Angst, daß Erfolglosigkeit als Sabotage ausgelegt werden konnte. Die meisten Konstrukteure hatten, zu ›Volksfeinden‹ gestempelt, Mitte der dreißiger Jahre das Leben im ›Archipel GULAG‹ kennengelernt und dort zumeist in ihrer Branche weitergearbeitet.

Den ersten Auftrag für einen vierstrahligen Bomber erhielt 1946 das Konstruktionsbüro von Iljuschin. Im Sommer 1946 wurde die Maschine getestet und als Il-22 auf der Luftparade in Tuschino (Moskau) vorgestellt. Doch die Triebwerke brachten nicht die geplante Leistung. Das Projekt fiel durch, und das in Ungnade gefallene Iljuschin-Team entwickelte auf eigene Initiative ein anderes Fluggerät – die Il-28. Als dieser Entwurf Anfang 1948 fertig wurde, war aber der Auftrag für einen analogen *Frontbomber* bereits dem Konstruktionsbüro Tupolew erteilt worden (Tu-14). Beide Büros erreichten im ungeplanten Wettbewerb fast zeitgleich die Ziellinie. Stalin entschied sich im Mai 1948 für die Il-28, den besten Frontbomber seiner Zeit.

Das Konstruktionsbüro Tupolew erhielt hingegen die Order, sich ›Langstrecken‹bombern zu widmen. Sie sollten zumindest jedes beliebige Ziel in Westeuropa erreichen können. Bereits im Juli 1947 hatte Tupolew den ersten schweren Nachkriegsbomber öffentlich präsentiert. Seine Tu-4 blieb für längere Zeit der Standardfernbomber der sowjetischen Luftwaffe.

Beide Maschinen, Il-28 und Tu-4, wurden als erste mit Kernwaffen bestückt. Anfang der fünfziger Jahre gesellte sich der schwere Bomber Tu-16 zu ihnen. Nachdem die Fernfliegerkräfte bereits ein Jahr nach Kriegsende ihre organisatorische Selbständigkeit erhalten hatten, war nun eine strategische Formation einsatzbereit und der Anteil der Luftwaffe an den Streitkräften vergrößerte sich zwischen 1945 und 1953 um das Dreifache!

Nahezu parallel verlief die Entwicklung der *Raketen*, die schließlich zum Hauptkernwaffenträger avancierten. Ihre Wiege stand im damaligen Leningrad. 1933 gründete man dort das RNII, das Wissenschaftliche Forschungsinstitut für Raketenantriebe. Es wurde später in NII-3 und 1944 in NII-1 umbenannt. Hier wurden z.B. die Salvenwerfer vom Typ ›Katjuscha‹ entwickelt, die die deutschen Landser ›Stalinorgel‹ tauften.

Den Anstoß zur Schaffung ballistischer Großraketen lieferte 1944 ein Brief Churchills. Er bat darin Stalin um Mithilfe bei der Aufdeckung deutscher Raketenversuche im mittlerweile von der Roten Armee befreiten Polen. Noch vor den Engländern entdeckten die sowjetischen Raketenexperten Tschertok, Issajew und Bolchowitinow voller Erstaunen, daß die Deutschen unter Kriegsbedingungen Triebwerke mit über 20 Tonnen Schubkraft entwickelt hatten.

Alliierte Jagd in deutschen Gefilden

Damit setzte auch die alliierte Jagd nach deutschen Raketenspezialisten ein. Im Gebiet von Nordhausen, wohin nach der Bombardierung Peenemündes die Raketenproduktion ausgelagert worden war, fand sie ihren Kristallisationspunkt. Während die Amerikaner sich nahezu die gesamte Spitzenmannschaft um Wernher von Braun sicherten, blieb den sowjetischen ›Jägern‹ nur die zweite Garnitur. Immerhin holten sie jedoch über 200 deutsche Raketenexperten in Bleicherode zusammen und versuchten zudem, dem Konkurrenten einige Spitzenleute über die grüne Grenze abzuwerben. So kam u.a. Otto Gröttrup in den Osten. Noch ehe die Moskauer Führung das Projekt unter zentrale Kontrolle nahm, wurden aus fertigen Einzelteilen die ersten deutschen Raketen nachgebaut. Einem Kraken gleich, vereinnahmte das offiziell von General Gajdukow, in Wirklichkeit aber von dem Raketenspezialisten Sergej Koroljow geleitete ›Institut Nordhausen‹ die notwendigen ostdeutschen Zulieferbetriebe. Ein Vorgang, der nur durch die Sondervollmachten Berijas erklärbar ist. Neben dieser praktischen Raketenproduktion wurden aber auch alle deutschen Raketenphantasien und -pläne zusammengetragen, denn der Kalte Krieg warf bereits seine Schatten voraus und die USA wurden der neue Hauptfeind. Dazu gehörten: das Konzept einer Zwei-Stufen-Rakete mit einem Marschflugkörper als Endstufe, um New York zu bombardieren; der Einfall, New York mit Satellitenspiegeln in Brand zu stecken, sowie das Projekt einer Kombination von Fernbombern und Marschflugkörpern.

1946 wurde Berija die unmittelbare Grenznähe dieses strategisch bedeutsamen Wissenschafts- und Produktionskomplexes zu heiß, und er befahl kurzerhand dessen Verlagerung in eine rauhere, aber sicherere Region. Zusammen mit allen Dokumenten, Maschinen, Fertigteilen und Materialien gingen auch die über 200 deutschen Spezialisten mit ihren Familien und dem Hausrat auf die Fahrt nach Osten. Dort entstanden das NII-88, ein völlig neues, geheimes Wissenschaftszentrum in Podlipki nahe Moskau, und das Raketenversuchsgelände Kapustin Jar (Kohlschlucht) in der östlichen Wolgasteppe.

Sowjetische und deutsche Spezialisten starteten hier am 18. 10. 1947 um 10.47 Uhr die erste sowjetische, noch völlig aus deutschen A-4-Teilen zusammengesetzte Rakete R-1. Nun ging es Schlag auf Schlag. Zwei Tage darauf folgte der nächste Test, allerdings mit einer Zielabweichung von 180 km. 11 ›deutschen‹ Projektilen schlossen sich 1948 die ersten in ›rein‹ sowjetischen Werken nachgebauten R-1 an. Obwohl technologisch veraltet, sind sie 1951 an jene (5 Jahre zuvor gegründete) Raketensonderabteilung übergeben worden, die die Keimzelle der späteren Strategischen Raketentruppen bildete.

Hauptadressat der neuen Atomwaffen waren damals jedoch noch die Luftwaffe und – erst in geringerem Maße – das Heer. Da die Flotte nicht zurückstehen wollte und sollte, bereitete sie 1952 ein U-Boot und eine Fregatte für die Aufnahme – noch nicht vorhandener – Nukleartorpedos vor. Vorbereitet wurde ebenso das Versuchsmuster einer ballistischen Rakete für U-Boote.

Als die erste sowjetische Wasserstoffbombe im August 1953 detonierte und damit sogar die USA überflügelt wurden, setzte in der Führungsspitze der UdSSR eine wahre atomare Euphorie ein.

War das Wettrüsten zunächst durch die Erweiterung der konventionellen Streitkräfte bestritten worden (sie wuchsen von 2,875 Millionen Mann im Jahre 1948 auf 5,753 im Jahr 1955 an), so wurde jetzt eine Reduzierung auf 2,4 Millionen Mann bis 1960 ins Auge gefaßt. Allerdings verringerte sich der Verteidigungshaushalt dabei so gut wie gar nicht. Milliarden und Abermilliarden verschlang nun Jahr für Jahr der Atommoloch.

Dieser Trend hatte vielfältige Gründe. *Zum einen* orientierte sich die kommunistische Führungsmacht an der damaligen atomaren Euphorie in den USA. *Zweitens* führte das Dogma von der letzten Schlacht im Klassenkampf zur militärischen Leitlinie der Totalvernichtung des ›imperialistischen Feindes‹ im Krieg. *Drittens* sollte die mangelnde Treffgenauigkeit der damaligen Kernwaffenträger durch Masse wettgemacht werden. *Viertens* rechnete die sowjetische Führung damit, daß der Abschreckungseffekt proportional zu den kontinuierlich wachsenden Kernwaffenproduktionszahlen zunehmen werde. *Fünftens* spielten gewisse Rachegelüste gegenüber den USA wegen ihrer einstigen, auf das Atommonopol gestützten Politik eine Rolle. Und *letztlich* darf die Gigantomanie nicht übersehen werden, in der die sowjetischen Führer aller Zeiten schwelgten und mit der sie der Welt die unbegrenzten Möglichkeiten ihres Sozialismus demonstrieren wollten.

Superbomben und Raketen

Dem Schoß solcher Absurdität entsprangen folgerichtig jene strategischen Superbomben mit 50 und 100 Megatonnen TNT Sprengkraft, mit denen Chruschtschow dem ›Feind‹ mehrfach drohte. Bevor 1959 das sowjetische Teststoppmoratorium in Kraft trat, wurde schnell noch auf Nowaja Semlja ein derartiges 50-Megatonnen-Ungeheuer gezündet.

Der atomare Größenwahn hatte inzwischen sein neues Rückgrat in den *landgestützten strategischen Raketen* gefunden. Am 3. August 1957 brachte die sowjetische Interkontinentalrakete SS-6 den ersten Sputnik in den Weltraum. Obwohl diese Rakete manche

Mängel aufwies, dokumentierten die militärischen Tests doch, daß der Hauptgegner USA nunmehr ernsthaft verwundbar geworden war. 1959 verkündete Chruschtschow die Serienproduktion dieser ICBM, mußte aber nach Jahresfrist Produktionseinschränkungen zugeben. Auch die zweite Generation strategischer Raketen vom Typ SS-7 und SS-8 machte in der Serienfertigung noch bis Mitte der siebziger Jahre erhebliche Schwierigkeiten.

Mittlerweile gehörten auch die *Kurz- und Mittelstreckenraketen* zum Rüstungsprogramm. 1954/55 waren die ersten SS-3 und 1957 die ersten SCUD-A und FROG in die Bewaffnung übernommen worden. 1959 wurde die SS-4 und zwei Jahre später die SS-5 eingeführt.

Parallel ging die Entwicklung der *Luftabwehrraketen* voran. 1954 tauchten SAM-1 und 1958 SAM-2, die Kernsprengköpfe tragen konnten, in der Moskauer Luftabwehr auf. Wie der Abschuß des amerikanischen Aufklärungsflugzeuges U-2 am 1.Mai 1960 über Swerdlowsk bewies, machte auch die Leistungsfähigkeit der Luftabwehrraketen Furore.

Diesem Raketenboom war die traditionelle Luftwaffe auf Dauer nicht gewachsen. Der ›halbstrategische‹ Bomber Tu-16, der 1952 in Serie gegangen war und als erster Bomber in der Welt mit atomaren Marschflugkörpern bestückt wurde, wies nur eine Reichweite von 5.760 km auf. Da die Luftbetankung noch in den Kinderschuhen steckte, hätte er nur in einer Art Kamikaze-Aktion den USA schaden können. Wirkliche *interkontinentale Bomber* waren hingegen die Tu-95 und M-4 (bekannt als 201M), die 1954 bei der traditionellen Luftparade von Tuschino vorgeführt wurden. Die Demonstration ihrer Betankung in der Luft rief in Übersee den Entsetzensschrei von der ›Bomberlücke‹ hervor. Dieser Wirkung hatten die Generäle mit einem Trick nachgeholfen – sie jagten die gleichen Maschinen mehrfach über die Köpfe der Paradegäste.

Neben der zunehmenden Konkurrenz durch die Raketen ›litten‹ die Konstrukteure der Bomber auch an ihrer eigenen, typisch sowjetischen Konkurrenz. Tupolew z.B. hintertrieb dank guter Kontakte zu Chruschtschow sowohl die Produktion des neuen mittleren Überschallbombers Il-54 als auch des strategischen Bombers 201M, der 10 Weltrekorde vorweisen konnte. Gleichzeitig sicherte er sich damit den Bau *seiner* – bei weitem nicht so guten – Tu-95. Zu Beginn der sechziger Jahre gesellte sich der mittlere Überschallbomber Tu-22 hinzu.

Dennoch war es gerade Chruschtschow, der der strategischen Bomberflotte am liebsten den Garaus machen wollte. Seine Raketenvorliebe wurde allerdings durch drei Argumente gebremst. Erstens vermochten ihm die Militärs einleuchtend zu erklären, daß Bomber zur Vernichtung mobiler Ziele gebraucht würden, da Raketen nur gegen ortsfeste Ziel-Objekte geeignet seien. Zweitens waren die Superbomben mit 50 oder 100 Megatonnen TNT Sprengkraft für die Raketen damals noch zu schwer. Und drittens ließ sich das Tempo der Raketenentwicklung, das die USA ab 1961 einschlugen, nicht mehr durch Masse ausgleichen.

Gezwungenermaßen verkündete Chruschtschow also im Oktober 1961:»Auch streichen wir die Luftwaffe nicht, sondern werden sie weiterhin entwickeln und vervollkommnen.«[2] In Dienst gestellt wurden nun auch die ersten und auf viele Jahre einzigen kernwaffentragenden taktischen Jagdbomber vom Typ SU-7B.

Die *Nuklearbewaffnung der Marine* kam dagegen nur langsam in Fahrt. 1958 wurden die dieselgetriebenen U-Boote vom Typ Golf-1 und 1959 die atomgetriebenen U-Boote vom Typ Hotel-1/2 mit ballistischen SS-N-4 bestückt. 1960 traten sie ihren Flottendienst an. Die geringe Reichweite der SS-N-4 – es handelte sich um eine Version der landgestützten Kurzstreckenrakete SCUD – und die Kinderkrankheiten der U-Boote selbst hielten ihr strategisches Gewicht noch in engen Grenzen. Dagegen wertete die Einführung von Nukleartorpedos für U-Boote und von taktischen Marschflugkörpern für Über- und Unterwasserschiffe das Gewicht der Flotte gegenüber der US-Marine erheblich auf.

Im *Heer* zogen die taktischen Kernwaffen auf allen Ebenen bis hinunter zu den Haubitzen und Mörsern der Artillerie ein. Da aber die nuklearen Ladungen in diesen frühen Jahren noch gewaltige Ausmaße hatten, waren die Mörser schwer, unbeweglich und kaum zu tarnen. All das machte diese ›kleinen‹ Atomwaffen eher zu einer die eigene Truppe gefährdenden, ›schmutzigen‹ Bewaffnung.

Last but not least begannen damals schon die Arbeiten an einem atomar bestückten Raketenabwehrsystem, das nach Chruschtschows Worten ›eine Fliege im Kosmos treffen würde‹.[3] Unter dem Druck der Kuba-Krise wurden atomar bestückte Raketen-

Abwehr-Raketen überstürzt rund um Moskau stationiert und um Leningrad getestet. Sie sollten anfliegende amerikanische Raketen durch Kernwaffendetonationen in der Luft oder im Weltraum außer Gefecht setzen. Aus der 1964 geplanten ›Talliner Raketenabwehrlinie‹ ist jedoch nichts geworden. Allein der Abwehrgürtel um Moskau ist erhalten geblieben.

Der atomare Wahnsinn wurde, beginnend mit den sechziger Jahren, somit in allen Teilstreitkräften zur Methode. Er setzte sich bis in die neunziger Jahre mit zahllosen Modernisierungen und Ergänzungen fort.

Moskau, Mai 1992

Zahlenmäßige Entwicklung der strategischen und taktischen nuklearen Gefechtsladungen der UdSSR (1945–1989)

Jahr	Menge	Jahr	Menge	Jahr	Menge
1945	0	1960	1700	1975	17.900
1946	0	1961	2450	1976	19.100
1947	0	1962	3100	1977	20.200
1948	0	1963	4000	1978	21.300
1949	1	1964	5100	1979	22.500
1950	5	1965	6300	1980	23.700
1951	25	1966	7550	1981	25.000
1952	50	1967	8850	1982	26.000
1953	120	1968	10.000	1983	27.000
1954	150	1969	11.300	1984	28.000
1955	200	1970	12.500	1985	29.000
1956	400	1971	13.500	1986	30.000
1957	650	1972	14.600	1987	31.000
1958	900	1973	15.800	1988	33.000
1959	1050	1974	16.800	1989	32.000

Quelle: Bulletin of the Atomic Scientists, November 1989, S. 53. Bis 1991 soll die Zahl auf rund 27.000 Sprengköpfe abgesunken sein.

[1] Prawda, 10. 02. 1946
[2] N.S.Chruschtschow: Kommunism – mir i stschastje narodow, Bd. 2, Moskau, Politisdat, 1962, S. 53
[3] N.S.Chruschtschow: Predotwraditj wojnu, otstojatj mir, Moskau, Politisdat, 1963, S. 305

Die Atomtestgebiete –
der Vorhof zur Hölle

Georgi Kaurow

Eine von Igor Kurtschatow Anfang 1947 durchgeführte Problem-
analyse ergab, daß es tatsächlich möglich sein würde, den ersten
sowjetischen Kernsprengsatz bis Dezember 1949 fertigzustellen.
Die Regierung wurde also mit der Aufgabe konfrontiert, ein spe-
zielles Testgelände dafür zu bestimmen.

Semipalatinsk

Die verschiedenen Standortvarianten wurden auf einer Sitzung
des Sonderkomitees beim Staatlichen Verteidigungskomitee unter Berijas Leitung beraten. Die endgültige Entscheidung bestätigte Stalin persönlich. Im Ergebnis dessen begann im September
1947 am rechten Ufer des Irtysch der Bau eines jener einzigartigen
Geheimobjekte, von denen in der Folge eine ganze Reihe entstanden sind. Die Arbeit wurde Pioniertruppen der Sowjetarmee übertragen.
Die Stelle lag nördlich einer alten russischen Kosakenfestung aus
dem 18. Jahrhundert, welche der späteren Stadt Semipalatinsk
den Namen gab. Das ausgewählte Territorium mit einer Fläche
von 18.000 km² schien besonders günstig, da im Umkreis von
100 km keine Städte oder festen Ortschaften bzw. volkswirtschaftliche Objekte lagen. In dieser Gegend gab es faktisch keine fest
ansässige Bevölkerung. Die Erde, von der Sonne verbrannt, von
Frösten gehärtet und rauhen Stürmen heimgesucht, war unfrucht-
bar und wüstenähnlich.
In den Jahren 1948–1949 wurden die Wohnsiedlung, das Testfeld
und ein Stützpunktflugplatz erbaut (Zeichnung 1). Die Siedlung
bestand aus Wohnhäusern, Kasernen und Laboratorien. Nach
damaligen Maßstäben handelte es sich um hervorragend ausgestattete Steinhäuser mit Zentralheizung, Wasserleitung, Kanali-
sation und Stromversorgung. Am Ufer des Irtysch entstanden

51

die Einfamilienhäuser für Mitglieder der Regierung und Wissenschaftler. So wuchs die Stadt, die den Namen des Akademiemitglieds Kurtschatow tragen sollte.

Neben den Arbeiten auf dem Testgelände wurde auch in Semipalatinsk selbst gebaut. Dort legte man einen neuen Flugplatz an, wo fortan moderne Zivil- und Militärflugzeuge landen und starten konnten. Das Kommunikationssystem und andere städtische Einrichtungen wurden von Grund auf erneuert.

Das atomare Testfeld stellte einen Kreis mit 20 km Durchmesser dar, in dessen Mitte die Pioniere einen 30 m hohen Metallturm errichteten. Der Turm wurde mit den nötigen automatischen Systemen, Energieversorgung und Telefon sowie mit Lasten- und Personenaufzügen ausgerüstet, in denen die Kernsprengsätze, Meßapparaturen und Experten befördert wurden.

Das Versuchsfeld war von seiner Umgebung durch Stacheldraht abgeschirmt und wurde scharf kontrolliert. Wacheinheiten hielten Unbefugte vom Testgelände fern. Unweit des Turmes wurde ein speziell gesicherter Raum erbaut – die Montagewerkstatt für den Kernsprengsatz. Sie war mit einem Kran ausgerüstet. Von der Werkstatt zum Turm führte eine spiegelglatte Straße, auf der der Sprengsatz zum Turm transportiert werden sollte.

10 km vom Turm entfernt wurde in einer Kasematte die Kommandostelle eingerichtet. Ein Erdwall schützte sie vor der mächtigen Druckwelle der Explosionen. Sie hatte – natürlich – Telefonverbindung und war mit Fernbedienungs- und Zündungssystemen ausgestattet. Um die Zerstörungsgewalt zu messen, sind auf dem Versuchsfeld verschiedene Holz- und Steinbauten errichtet, Schützengräben ausgehoben und Ställe für Versuchstiere errichtet worden. In unterschiedlichen Entfernungen vom Turm ließen die Nuklearexperten Unterstände mit Meßapparaturen anlegen. Aus ihnen sah man gekrümmte Rohre herausragen, die bei einiger Phantasie an Gänsehälse erinnerten. ›Gänse‹ nannten wir sie denn auch. In diesen Rohren waren Meßfühler zur Bestimmung des Druckes montiert.

Nördlich des Turmes, 15 km entfernt, wurde ein Beobachtungspunkt in die Steppe gesetzt. Am 29.August 1949, als die erste Versuchsexplosion die kasachische Erde erschütterte, bezog hier eine ›atomare Kolonne‹ Stellung: Igor Kurtschatow, Juri Chariton, Lawrenti Berija, Michail Perwuchin, Wladimir Boljatko und

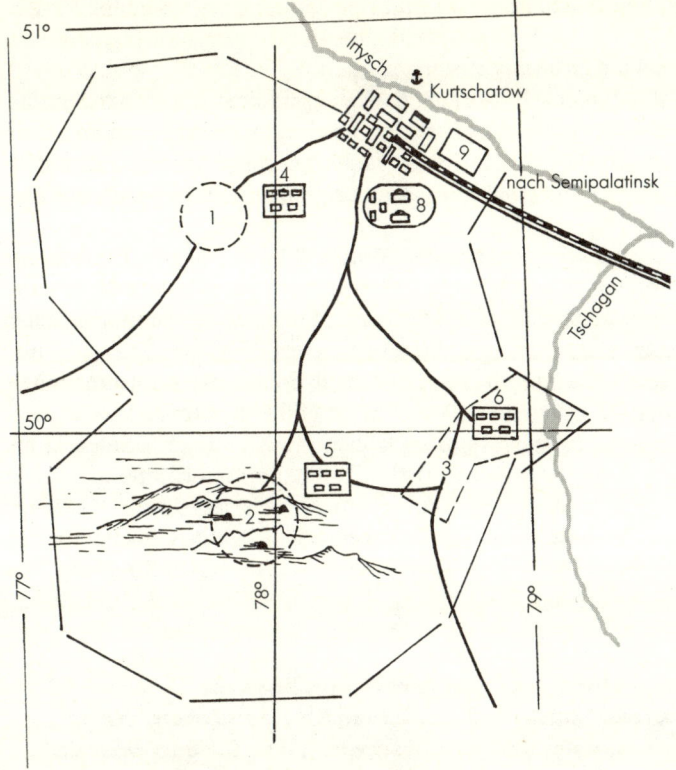

1 Gebiet für Luft- und Erddetonationen
2 Gebiet für Explosionen in Stollen
3 Gebiet für Explosionen in Bohrlöchern
4, 5 und 6 Wohnorte der Spezialisten
7 See Atomkul
8 Platz der Forschungsreaktoren
9 Flugplatz

Zeichnung 1: Skizze des Testgeländes Semipalatinsk

53

andere Wissenschaftler und Spezialisten sowie Mitarbeiter des KGB. Sie durften zufrieden sein – Vorbereitung und Organisation der Durchführung des ersten Kernwaffentests waren derart sorgfältig durchdacht worden, daß bei nachfolgenden Versuchen sich prinzipielle Veränderungen als unnötig erwiesen. Insgesamt wurden bis 1963 auf dem Testgelände in Semipalatinsk 124 Kernwaffenexplosionen oberirdisch auf dem Boden und in der Luft durchgeführt.

Bei den atmosphärischen Atomtests sind schwere Sünden im Hinblick auf die Strahlensicherheit der Bevölkerung in den angrenzenden Gebieten begangen worden. Alle Aufmerksamkeit galt der Durchführung der Tests selbst. Darüber hinaus interessierte vor allem nur noch, daß auch die kleinsten Informationen über die auf dem Gelände durchgeführten Arbeiten nicht nach draußen dringen konnten. In den Nachbarzonen wurden keine Strahlungsmessungen durchgeführt, die Strahlendosen, die die Bevölkerung ›verabreicht‹ bekamen, nicht registriert. Aus einer retrospektiven Analyse ist erkennbar, daß die Bewohner einer ganzen Reihe von Ansiedlungen ziemlich hohen Strahlendosen ausgesetzt sein konnten.

Einschätzungen von Fachleuten über die durchschnittlichen effektiven Strahlendosen, die von Bewohnern einiger Ortschaften empfangen wurden[1]:

Ortschaft	Jahr der Haupt-strahlendosis	Dosis am Ort	(BER) Bevölk.
Sarukal	1949	17	14
Tscherjomuschki	1949	7	5
Dolon	1949	160	134
B. Wladimirowka	1954	0,33	0,22
	1958	0,40	0,30
ISA	1956	1,50	1,20
Sarshal*	1953	300	200
Kara-aul*	1953	340	60–150
Kainar*	1951	260	7
Sowchos ›Abai‹	1957	2	1,5

* Die Bevölkerung wurde umgesiedelt und kehrte nach Genehmigung zurück.

Mit der Unterzeichnung des Vertrages über das Verbot von Kernwaffentests in der Atmosphäre, im Weltraum und unter Wasser
1963 in Moskau ging die erste Etappe der Arbeit am Testgelände in
Semipalatinsk zu Ende. Es ist bezeichnend für die sicherheitspolitische Geisteslage jener Zeit, wenn noch im Vorfeld, im Angesicht
eines Vertrages, der das atomare Wettrüsten einschränken sollte,
auf dem Testgelände mit Arbeiten zur Vorbereitung von unterirdischen Kernexplosionen begonnen wurde. Für den Vortrieb
der notwendigen Stollen wurden die Degelen-Berge, für entsprechende Bohrungen das Plateau Balapan genutzt. (Zeichnungen 2
und 3)
Die ersten unterirdischen Versuche wurden in horizontalen Stollen durchgeführt, die durch ihre Ausstattung stark an gewöhnliche
U-Bahn-Tunnel erinnerten. ›Isdelie‹ (Erzeugnis) – so nannte man
auf Russisch aus konspirativen Gründen schon seit den Zeiten
Kurtschatows den zu erprobenden Kernsprengsatz. Diese unver-
fängliche Bezeichnung hat bis heute überlebt.
Das ›Isdelie‹ kam in die Endbox. Nach der sorgfältigen Einrichtung der Meßfühler und Indikatoren wurde im Stollen der
sogenannte Verschlußkomplex (Pfropfen) errichtet. Seine Haupt-

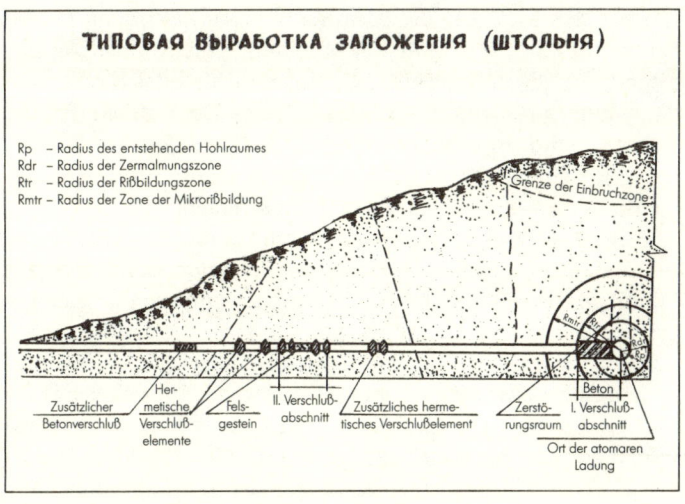

Zeichnung 2: Schematische Skizze eines Stollens für unterirdische Kernexplosionen

aufgabe – den Austritt der bei der Explosion entstehenden radioaktiven Stoffe über das Bergwerk in die Atmosphäre zu verhindern.

Wie in Zeichnung 2 dargestellt, besteht der Pfropfen aus einem sich unmittelbar an die Endbox anschließenden ersten Stahlbetonteil mit einer Länge von mehreren Dutzend Metern. Das zweite Element dieses besonderen Verschlusses stellen zwei Stahlbetonkeile dar, wobei der Zwischenraum zwischen ihnen mit zerkleinertem Felsgestein verfüllt wird. Dieser Teil wird außerhalb der berechneten Zone des völligen Stolleneinsturzes errichtet. Der dritte Abschnitt schließlich besteht aus zwei, manchmal auch drei 1,5 bis 3 m dicken Stahlbetonwänden, die eine hermetische Abriegelung des Stollens gewährleisten sollen. Von den Meßinstrumenten in der Endbox und im Tunnel zur registrierenden Apparatur, welche sich außerhalb des Stollen befindet, werden durch alle Elemente des Pfropfens hindurch Kabeltrassen verlegt. Sie übertragen die Signale der physikalischen Prozesse während der Kernexplosion an die installierten Meßgeräte.

Bei Versuchen in Bohrungen wurde das zur Explosion vorbereitete ›Erzeugnis‹ zusammen mit den Meßfühlern und Kabeln, über welche die Signale an die Erdoberfläche übermittelt werden, mit einer Abseilvorrichtung bis zum Explosionsort hinuntergelassen. Danach verschloß man die Bohrung. Wie auf Zeichnung 3 sichtbar, wurde jener Abschnitt, der unmittelbar die Kernladung aufnimmt, mit einem schweren, granulierten Material verfüllt und dann durch eine Schotterschicht abgedeckt. Der restliche Teil der Bohrung wurde in seiner gesamten Tiefe zementiert. Das Austreten von Radioaktivität in die Atmosphäre durch mögliche undichte Stellen des Verschlusses sollte schließlich durch die Errichtung von gasblockierenden Anlagen verhindert werden.

Bei einer Kernexplosion kleiner Stärke tief unter der Erde werden innerhalb von weniger als 10 Millisekunden enorme Energiemengen frei, entsteht ein Druck von Hunderttausenden Atü und eine Temperatur von mehr als 10 Millionen Grad Celsius. Im Ergebnis dessen bildet sich eine mächtige Druckwelle, die sich sphärisch vom Explosionsort aus ausbreitet. Im Ergebnis dieser Druckwelle und thermodynamischer und -physikalischer Prozesse, die im umgebenden Gestein ablaufen, bildet sich ein Explosionshohlraum (Rn) mit den anschließenden Zonen der Zerkleinerung

ТИПОВАЯ ВЫРАБОТКА ЗАЛОЖЕНИЯ (СКВАЖИНА)

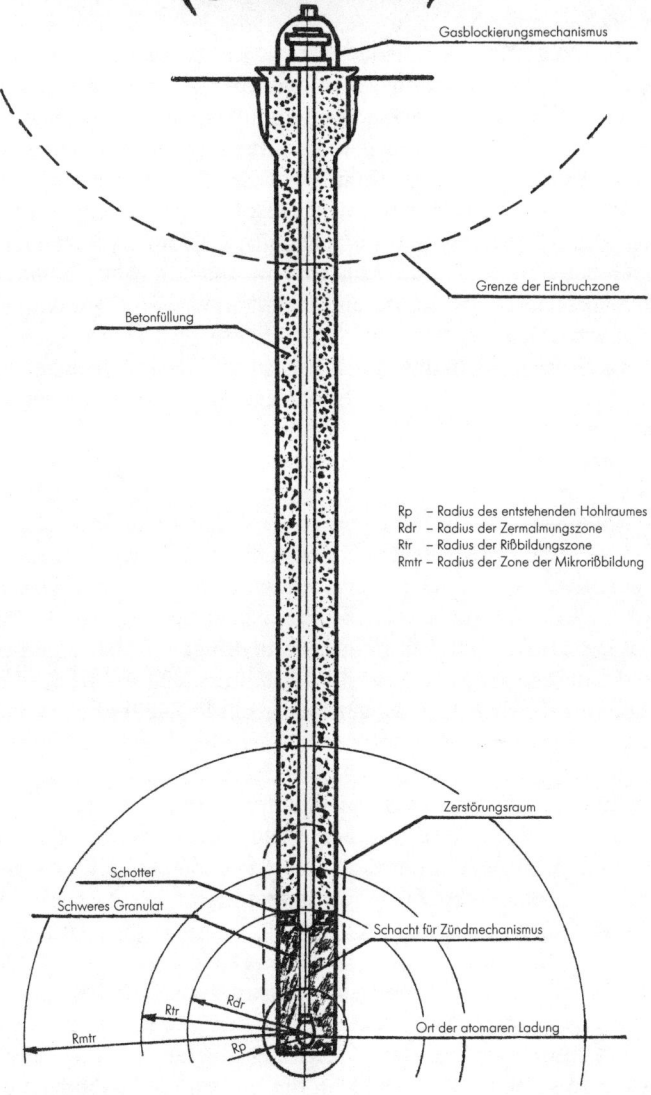

Gasblockierungsmechanismus

Grenze der Einbruchzone

Betonfüllung

Rp – Radius des entstehenden Hohlraumes
Rdr – Radius der Zermalmungszone
Rtr – Radius der Rißbildungszone
Rmtr – Radius der Zone der Mikrorißbildung

Zerstörungsraum

Schotter

Schweres Granulat

Schacht für Zündmechanismus

Rtr

Rdr

Rmtr

Ort der atomaren Ladung

Rp

Zeichnung 3: Schematische Skizze eines Bohrloches für unterirdische Kernexplosionen

(Rdr), Makrorißbildung (Rtr) und Mikrorißbildung (Rmr). Als Folge des Abprallens der entstandenen Verdichtungswelle von der Erdoberfläche entsteht eine Abspaltungszone als Störung der Erdschichten.

Das bei der Explosion verdampfte Felsgestein sowie die verglühten Konstruktionsmaterialien des ›Erzeugnisses‹ und der Apparaturen kondensieren an den Wänden des Explosionshohlraumes und bilden eine Schmelze, die sich allmählich am Boden sammelt und abkühlt. Mit der Abkühlung und Kondensation der Dämpfe sinkt der atmosphärische Druck dieses ›Domes‹, seine Kuppel kann dem Druck der darüber liegenden Gesteinsschichten nicht standhalten und fällt, die Einsturzsäule bildend, gemeinsam mit dem zerkleinerten Material in die Höhlung. Alle geometrischen und gewichtsmäßigen Charakteristika der Explosionswirkung auf das Felsgestein (Radius des Hohlraumes, Mengen des zerstörten Gesteins, Merkmale der Einsturzsäule usw.) hängen von der Stärke der Explosion, den physikalisch-chemischen Eigenschaften der den Kernsprengsatz umgebenden Gesteinsschichten und den Besonderheiten der Konstruktion der Explosionskammern ab.

Werden unterirdische Kernexplosionen in versiegelten Tunneln oder Bohrungen durchgeführt, verbleibt der Großteil der Radioaktivität in unmittelbarer Nähe des Explosionsortes. Die Isotope der gasförmigen chemische Elemente dringen in die Zonen des zerkleinerten Gesteins und der Rißbildung ein, wo sie gefiltert und vom Gestein absorbiert werden. Ein Problem aus der Sicht der Vermeidung von radioaktiven Austritten in die Atmosphäre stellen lediglich die sich bildenden Isotope von Edelgasen und Tritium dar. Ihr Austritt kann verhindert werden, wenn die Explosion in einer genügend großen Tiefe erfolgt, die geologischen Bedingungen sorgfältig gewählt sowie Stollen und Bohrungen gut verschlossen werden. Dennoch findet früher oder später ein Eindringen unbedeutender Mengen von Krypton-85 und Tritium (Halbwertszeiten 10,72 bzw. 12,34 Jahre) in die Atmosphäre statt. In seltenen Fällen können auch andere kurzlebige Isotope von Edelgasen (Krypton und Xenon, in Einzelfällen auch des Jods) in die Atmosphäre gelangen. Doch hier stellen die austretenden Mengen keine ernste Gefahr für die Bevölkerung außerhalb des Testgeländes dar, da sich infolge der Zerstreuung und des radioaktiven Zerfalls ihre Konzentrationen schnell verringern. Überhaupt ist ihre Existenz in der Atmosphäre nur mit Hilfe spezieller Kontrollmittel festzustellen.

Insgesamt wurden in Semipalatinsk 467 Kernexplosionen durchgeführt, davon 343 nach 1963 unterirdisch. Neben den Kerntests wurde das Gelände aber auch dazu genutzt, um mehrere Versuchsreaktoren für Forschungen auf dem Gebiet anderer Atomtechnologien zu militärischen und friedliche Zwecken zu betreiben.

Bis 1989 hat - wenigstens dem äußeren Anschein nach - die Arbeit auf dem Versuchsfeld die Kolchosbauern der Umgebung nicht sonderlich gestört. Im Gegenteil: Nach den Worten des Kommandierenden des Testgeländes, General Arkadi Iljenko, »waren die Bewohner der Region Abai früher stolz, daß auf ihrem Gebiet eine solch mächtige, den Frieden verteidigende Waffe geschmiedet wurde. Wir wurden mit Blumen empfangen, man legte die nationale Tracht an und rollte Teppiche aus.«[2]

Seit Februar 1989 jedoch überrollt eine öffentliche Protestwelle mit dem Ziel der Einstellung der Kernwaffentests und der Schließung des Versuchsfeldes ganz Kasachstan. Die Bewegung wird vom Schriftsteller Olschas Sulejmenow angeführt – eine Autorität für das Volk der Kasachen. Sie erhielt den Namen ›Nevada – Semipalatinsk‹. Semipalatinsk hat sich zu einem akuten nationalen Problem ausgewachsen. Am 19. Oktober 1989 wurde dort der letzte unterirdische Atomtest durchgeführt. Im August 1991 unterzeichnete der Präsident Kasachstans, Narsultan Nasarbajew, einen Erlaß über die vollständige und endgültige Schließung des Semipalatinsker Kernwaffentestgeländes.

Nowaja Semlja

Anders steht es mit dem zweiten Kernwaffentestgelände. Es liegt hoch in der Arktis, hinter dem 70. Breitengrad, auf dem Archipel von Nowaja Semlja (Neues Land). Gegenüber Semipalatinsk bietet die eisige Gegend einige Vorteile, die mit der Insellage und der wesentlich größeren Entfernung zu Siedlungsgebieten zusammenhängen. So sind es vom Testzentrum bis zur nächsten Ansiedlung Amderma etwa 300 km, bis zur Nenzenhauptstadt

Narjan-Mar 400 km, dem Bergbauzentrum Workuta 560 km, bis Salecharda 800 km, dem Flottenstützpunkt Murmansk 900 km, dem Weißmeerhafen Archangelsk und Nadym über 1.000 km. Nowaja Semlja besteht aus zwei großen Inseln – der Nördlichen mit einer Fläche von 48.904 km² und der Südlichen mit 33.275 km² – sowie einer Menge kleinerer Inseln, die zusammen nicht mehr als etwa 1.000 km² Fläche haben. Die Nördliche Insel ist bergig und mehr als zur Hälfte mit ewigem Eis bedeckt. Das Antlitz der Südlichen Insel wird durch eine von Flechten und Steinen beherrschte arktische Tundra bestimmt. Die Inselchen, welche sich hintereinander im Bogen nach Nordnordost erstrecken, werden durch die Meerenge Matotschkin Schar in Südliche und Nördliche getrennt.

Der geologischen Struktur nach ist der Dauerfrostarchipel eine Fortsetzung des Ural-Pajchojer Verwerfungsgebietes. An Gesteinsarten sind Sandsteine, Quarzite, Quarzsande, Schiefer und Kalkstein vertreten. Die seit Jahrhunderten gefrorene Erdschicht ist 300–400 m dick. Auf der Südlichen Insel, in deren Relief Hügel und Moränenketten vorherrschen, gibt es in den Niederungen zahlreiche Sümpfe, Seen, Flüsse und Lagunen mit Süß- oder Brackwasser. Bäume und Sträucher fehlen, Flechten und Moose bestimmen die Flora. Im Minifrühling (Juni-Juli) ist die Tundra mit einem niedrigen Blumenteppich bedeckt – Kamille, Vergißmeinnicht, Polarmohn u.s.w.

Dagegen ist die Tierwelt recht vielfältig. An den Steinhängen nisten Vogelkolonien. Weit verbreitet sind Gänse, Schwäne, Enten, Möwen, Eiderenten, Polareulen, Eisvögel . . . Wilde Rentierherden und Polarfüchse streifen durch die Tundra. Als Herr der Uferzone aber fühlt sich der Eisbär. In den Ufergewässern gedeihen Kabeljau, Saibling, Renke, Flunder, Nawaga und andere Fischarten – die Nahrungsgrundlage für Grönlandrobben, Walrosse, Nerpas, Weißwale und selten auftauchende Schwertdelphine.

Es herrscht arktisches Seeklima. Die Winter sind lang und kalt. Schneestürme fegen mit einer Geschwindigkeit von bis zu 40 oder 50 Meter pro Sekunde übers Eismeer heran (Durchschnittstemperatur März −17°C, mittlere Temperatur im August +6,5°C, durchschnittliche jährliche Niederschlagsmenge 450 mm).

Im August 1954 trafen die ersten Bautrupps der Armee ein. Die Soldaten waren zutiefst überzeugt, zur Stärkung der Landesvertei-

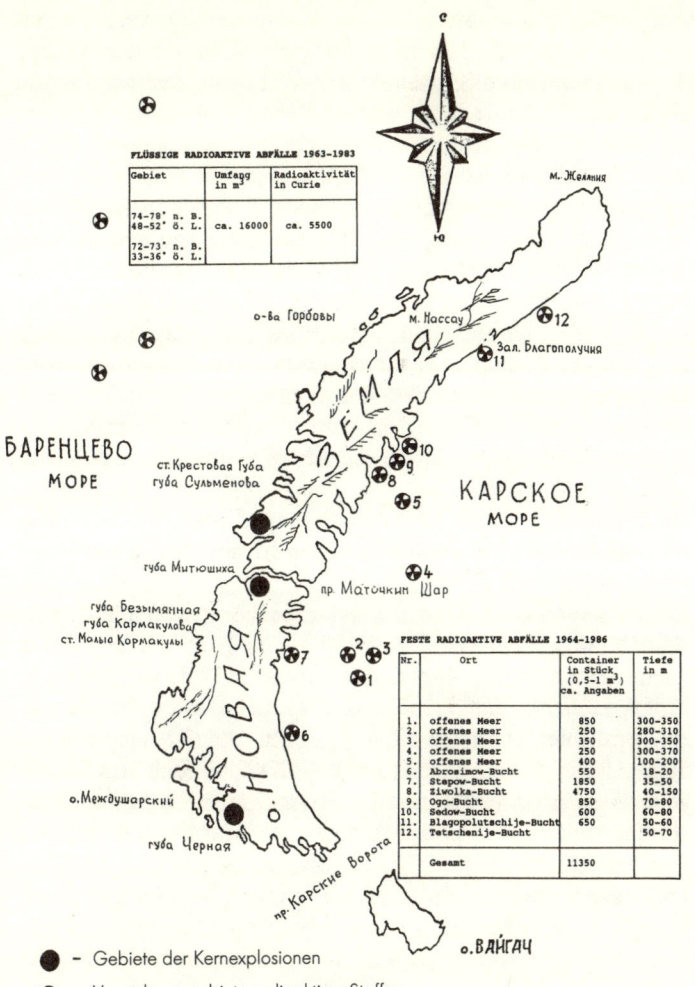

FLÜSSIGE RADIOAKTIVE ABFÄLLE 1963–1983

Gebiet	Umfang in m³	Radioaktivität in Curie
74–78° n. B. 48–52° ö. L.	ca. 16000	ca. 5500
72–73° n. B. 33–36° ö. L.		

БАРЕНЦЕВО
МОРЕ

о-ва Горбовы

м. Кассау

Зал. Благополучия

ст. Крестовая Губа
губа Сульменова

КАРСКОЕ
МОРЕ

губа Митюшиха

пр. Маточкин Шар

губа Безымянная
губа Кармакулова
ст. Малые Кормакулы

НОВАЯ   ЗЕМЛЯ

о. Междушарский

губа Черная

пр. Карские Ворота

о. ВАЙГАЧ

м. Желания

FESTE RADIOAKTIVE ABFÄLLE 1964–1986

Nr.	Ort	Container in Stück (0,5–1 m³) ca. Angaben	Tiefe in m
1.	offenes Meer	850	300–350
2.	offenes Meer	250	280–310
3.	offenes Meer	350	300–350
4.	offenes Meer	250	300–370
5.	offenes Meer	400	100–200
6.	Abrosimow-Bucht	550	18–20
7.	Stapow-Bucht	1850	35–50
8.	Ziwolka-Bucht	4750	40–150
9.	Ogo-Bucht	850	70–80
10.	Sedow-Bucht	600	60–80
11.	Blagopolutschije-Bucht	650	50–60
12.	Tetschenije-Bucht		50–70
	Gesamt	11350	

● – Gebiete der Kernexplosionen

✱ – Versenkungsgebiete radioaktiver Stoffe

Zeichnung 4: Karte des Testgebietes Nowaja Semlja

digung beizutragen. Mit der Fertigstellung der Objekte – Testfelder, Laborkomplexe, Kasernen, Internate, Kantinen usw. – füllte sich die Garnison mit Militärwissenschaftlern, Ingenieuren und Technikern. Die gute Arbeitsorganisation gestattete die Vorbereitung und erfolgreiche Realisierung der ersten atomaren Versuchsexplosion auf Nowaja Semlja am 21.September 1955.

Im folgenden wurden Kernexplosionen in drei Zonen durchgeführt (Zeichnung 4). Auf der Südlichen Insel wurde, im Wasser und am Ufer der Bucht Tschernja Guba, ein Testfeld für Unterwasserexplosionen eingerichtet. Als Ziele dienten alte Schiffe und andere zivile oder militärische Wasserfahrzeuge, von denen viele nach den Explosionen versanken. Die auf der Wasseroberfläche verbliebenen Schiffe wurden dekontaminiert und aus der Testzone geschleppt. Auf ihnen wurden verschiedene Untersuchungen vorgenommen und später die Neuankömmlinge ausgebildet, unter ihnen auch ich.

Die Atomtests in der Atmosphäre fanden über einem auf der Nördlichen Insel im Gebiet des Kaps Suchoi Nos geschaffenen Versuchsfeld statt.

Am 10. September 1961 brachten die Spezialisten auf dem Testgelände Nowaja Scmlja eine Kernwaffenladung im Megatonnenbereich zur Detonation. Es war die erste einer Serie von 12 Superexplosionen, die ihren Höhepunkt mit einem Test am 30. Oktober 1961 erreichten. An diesem Tag wurde über dem Versuchsgelände Suchoi Nos eine von Akademiemitglied Andrej Sacharow entwickelte Wasserstoffbombe mit der Stärke von 58 Megatonnen gezündet. Weitere 10 mächtige Kernsprengladungen ließen 1962 die Tundra erzittern.

Die unterirdischen Atomtests wurden auf Nowaja Semlja an zwei Orten realisiert – zum einen am südlichen Ufer der Meerenge Matotschkin Schar, in den das Flußtal Schumilicha säumenden Berghängen, und zum anderen auf dem Plateau der Südlichen Insel, im Gebiet der Guba Baschmatschnaja. Die Konstruktion der Stollen und Bohrlöcher unterscheidet sich nicht prinzipiell von den Mustern, die auf den Zeichnungen 2 und 3 für Semipalatinsk dargestellt sind. Auf diese Weise sind bis zum 1. August 1992 auf Nowaja Semlja insgesamt 42 versiegelte unterirdische Kernexplosionen realisiert worden.

Die Daten der mit Hilfe eines weiten Netzes von Meßstationen und -posten gut organisierten und ständig gewährleisteten Kontrolle der radiologischen Situation bezeugen, daß es keinen bedeutenden Einfluß unterirdischer Kernexplosionen auf die radioaktive Verschmutzung der Umwelt gibt. Diese Schlußfolgerung lassen auch die Ergebnisse komplexer radiologisch-hygienischer Untersuchungen[3] des Archipels und der Festlandküsten der Barents- und Karasee zu, die 1965–1968 und 1976–1978 durchgeführt wurden.

In den Jahren 1964, 1969 und 1987 sind allerdings bei Nuklearversuchen radioaktive Gase unkontrolliert in die Atmosphäre ausgetreten. Als Folge einer hohen Konzentration kurzlebiger radioaktiver Isotope (Krypton und Xenon) entwickelte sich eine schwierige und sogar gefährliche Strahlungssituation. Doch auch in diesen Fällen trat keine Verseuchung der Umwelt mit langlebigen radioaktiven Isotopen über das ›erlaubte Maß‹ hinaus ein. Die Radioaktivität von Luftmassen bei diesen Havarien sank infolge der Zerstreuung der Gase und ihres natürlichen radioaktiven Zerfalls schnell auf ungefährliche Werte ab. Die heutige radiologische Situation in der Luft auf Nowaja Semlja und in den angrenzenden Gebieten wird durch die gemessene Schwankung des Strahlungsniveaus im Vergleich mit unseren Meßergebnissen in Moskau und St.Petersburg deutlich (siehe Tabelle S. 64).

Im Oktober 1990 wurde am Ufer der Meerenge Matotschkin Schar der letzte, 42. unterirdische Atomtest durchgeführt. Ein Jahr darauf, am 26. Oktober 1991, verfügte Präsident Jelzin in einem Erlaß ein Atomtestmoratorium für 12 Monate. Zweifellos stellt dieses Moratorium nicht den Endpunkt bei der Lösung der mit den Atomtests und dem Testgelände verbundenen Probleme dar.

Aus vielen in- und ausländischen Publikationen ist längst bekannt, daß sich der Meeresgrund um den Archipel Nowaja Semlja in eine atomare Mülldeponie verwandelt hat. Wahl- und planlos sind dort radioaktive Abfälle versenkt worden. Die Gebiete der Versenkung sind auf Zeichnung 4 dargestellt.[4] Nachdem die Sowjetunion der Konvention beigetreten ist, die einen solchen Weg des Loswerdens radioaktiver Abfälle verbietet, wurde ihre Versenkung im Gebiet von Nowaja Semlja eingestellt.

Das Testgelände auf Nowaja Semlja wird zweifellos auch zukünftig für die Realisierung von Atomtests genutzt werden, solange kein internationales Abkommen über das vollständige und allum-

fassende Verbot von Kernwaffen abgeschlossen wird. Die Erreichung dieses edlen Ziels strebt unser Land schon seit langem an.

Moskau, Mai 1992

**Schwankungsbereich des Strahlungsniveaus in den
Testgebieten auf Nowaja Semlja
und in anderen Gebieten**

Ort der Messung	Strahlungsniveau (Mikroröntgen/Stunde)
Nowaja Semlja:	
– – – Matotschkin Schar	12–22
– – – Guba Baschmatschnaja	10–18
Insel Wajgatsch	10–18
Archangelsk	10–15
Workuta	12–25
Syktywkar	10–16
Salechard	10–16
Moskau:	
– – – Roter Platz	18–25
– – – Serebrjannyj Bor	10–15
Sankt Petersburg:	
– – – Ufer der Newa	20–30
– – – Schloßplatz	15–22

1 W. Deriglasow, W. Gorin, F. Safonow u.a.: Radiazionno-ekologitscheskaja obsta-
nowka w prilegajuschtschich k semipalatinskomu poligonu oblastjach Kasachskoi
SSR (Die radiologisch-ökologische Situation in den an das Semipalatinsker Testgelände angrenzenden Gebieten der Kasachischen SSR), Informazionny Bjuleten
Nr.4, ZNIIatominform, 1991, S.46–51

2 A. Iljenko: Kommunistitscheski Prisyw, Nr.101, 26.05.1990

3 P. Ramsajew, A. Moissejew u.a.: Osnownye Itogi radiazionno-gigenitscheskich
issledowanii migrazii globalnych wypadeni (Die Hauptergebnisse der radiologisch-
hygienischen Untersuchungen der Migration globaler Niederschläge), Dokument
der NK DAR UNO, Moskau, Atomisdat, 1967, S.14; sowie: W. Michailow, G.
Zyrkow u.a.: Nowaja Semlja. Die ökologische Sicherheit unterirdischer Kernwaffentests. ZNIIatominform, Moskau, 1991

4 A. Jemeljanenkow: Sekretnaja lozija ili wtoroje otkrytije Archipelaga. (Die geheime Seekarte oder zweite Entdeckung eines Archipels), Sobesednik, Nr.5, 1992

**Bekanntgewordene Nukleartests
von 1945 bis zum 31. 12. 1990**

Jahr	USA	UdSSR	GB	FR	CH	Gesamt
1945	3	0	0	0	0	3
1946	2	0	0	0	0	2
1947	0	0	0	0	0	0
1948	3	0	0	0	0	3
1949	0	1	0	0	0	1
1950	0	0	0	0	0	0
1951	16	2	0	0	0	18
1952	10	0	1	0	0	11
1953	11	4	2	0	0	17
1954	6	7	0	0	0	13
1955	18	5	0	0	0	23
1956	18	9	6	0	0	33
1957	32	15	7	0	0	54
1958	77	29	5	0	0	111
1959	0	0	0	0	0	0
1960	0	0	0	3	0	3
1961	10	50	0	2	0	62
1962	96	44	2	1	0	143
1963	44	0	0	3	0	47
1964	38	6	1	3	1	49
1965	36	10	1	4	1	52
1966	43	15	0	7	3	68
1967	34	17	0	3	2	56
1968	45	15	0	5	1	66
1969	38	16	0	0	2	56
1970	35	17	0	8	1	61
1971	17	19	0	6	1	43
1972	18	22	0	3	2	45
1973	16	14	0	5	1	36
1974	14	18	1	8	1	42
1975	20	15	0	2	1	38
Zwischen-summe	700	350	26	63	17	156

(Fortsetzung nächste Seite)

Jahr	USA	UdSSR	GB	FR	CH	Gesamt
1976	18	18	1	4	4	45
1977	19	18	0	6	1	44
1978	17	27	2	8	3	57
1979	15	29	1	9	1	55
1980	14	21	3	13	1	52
1981	16	22	1	12	0	51
1982	18	32	1	6	1	58
1983	17	27	1	9	2	56
1984	17	29	2	8	2	58
1985	17	9	1	8	0	35
1986	14	0	1	8	0	23
1987	14	23	1	8	1	47
1988	14	17	0	8	1	40
1989	11	7	1	8	0	27
1990	8	1	1	6	2	18
	929	715*	43	186*	36	1910*

* Gesamtzahlen einschließlich 85 sowjetischer und 2 französischer Tests, die sich zeitlich nicht einordnen lassen, und eines von Indien 1974 durchgeführten unterirdischen Tests.

Quelle: Bulletin of Atomic Scientists, Nuclear Notebook, April 1991, S. 49
Für 1991 gibt der Spas Information Service »Nuclear Testing« eine Gesamtzahl von 14 Atomtests an.

Auf den Testfeldern Kasachstans

Andrej Sharikow

Unter stengster Geheimhaltung

Als ich 1954 im Atomtestzentrum meine Arbeit als ›Leiter der
wissenschaftlichen Gruppe Rückwärtige Dienste‹ aufnahm, verfügte ich über Fronterfahrung und eine akademische Ausbildung.
Ich war Oberstleutnant und 31 Jahre alt. Meine Aufgabe bestand
darin, für alle Objekte und materiell-technischen Mittel der Rückwärtigen Dienste die Testabschnitte vorzubereiten und die Wirkung der Atomexplosion auf diese Objekte zu ermitteln. Dafür
stand meiner Gruppe ein Sektor zur Verfügung, der vom voraussichtlichen Epizentrum der Explosion bis zur Grenze des Versuchsfeldes reichte. Andere wissenschaftliche Gruppen (Flieger,
Panzer, Artillerie, Pioniere) erhielten gleichartige Sektoren. Sie
errichteten verschiedene bauliche Anlagen, in denen sie ihre Waffen und Geräte unterbrachten. Meine Gruppe, zu der während der
Tests Spezialisten anderer Waffengattungen stießen, traf ihre Vorbereitungen an speziell errichteten Depots, Eisenbahnstrecken
und Straßen und transportierte die verschiedenen Versuchsobjekte wie Brotfabriken, Tanks mit unterschiedlichen Treibstoffen,
Uniformen, Lebensmittel und Schaufensterpuppen in die Testabschnitte. In unseren baulichen Anlagen brachte die medizinisch-
biologische Gruppe auch ihre Versuchstiere unter.
Alle Objekte waren mit Meßgeräten ausgerüstet. Nachrichten-,
Automatisierungs- und Strahlungskontrollinstrumente standen
uns jedoch nicht zur Verfügung.

Wir Tester wurden über die Stärke der bevorstehenden Kernwaffendetonation nicht informiert. Sie war nur den Atomwissenschaftlern und einigen wenigen Offizieren bekannt. Ende September, einen Tag vor X, erfuhren die Gruppenleiter, daß eine Atombombe von höchstens 50 kt TNT gezündet werden sollte. Die wissenschaftliche Gruppe Rückwärtige Dienste installierte in drei Bereichen, unterschiedlich weit vom künftigen Explosionsort entfernt, LKW, Feldküchen, Gummitreibstofftanks, Kisten mit Lebensmitteln, einen Kübelwagen auf einem Gleis und mehrere Fässer mit Heizöl. Ich befahl, bei jedem Abschnitt in kleinen Bodenvertiefungen Tanks mit Kerosin aufzustellen und sie mit einer 20 cm dicken Erdschicht abzudecken.

Eine Stunde vor der Explosion versammelte sich auf einer Anhöhe außerhalb des Versuchsfeldes eine große Gruppe von Offizieren. Bis zu unserem Testabschnitt waren es an die 10 km. Unterstände gab es auf dieser Anhöhe nicht. Alle Offiziere trugen Schutzanzüge und Sonnenbrillen. Die hohen Chefs hatten weiter entfernt in einem guteingerichteten Stahlbetonunterstand Schutz gesucht. Von hier aus konnten sie mit Hilfe optischer Geräte das gesamte Gelände sowie alle Testabschnitte und Versuchsobjekte einsehen.

Am wolkenlosen Himmel tauchte ein Bomber auf, zu beiden Seiten zwei Düsenjäger. Der Lautsprecher meldete: »Noch zehn Sekunden! . . . Fünf, vier . . . null!« Die Flugzeuge stiegen noch höher auf und schwenkten auseinander. Ich verdeckte meine Augen mit der Hand. Ein grelles Aufblitzen. Blutiges Rot. Ich öffnete die Augen und sah, wie sich aus dem Wetterleuchten eine weißliche Kuppel entfaltete, die rasch an Höhe gewann. Sie ähnelte dem Hut eines Pilzes, dessen Stiel sich zur Erde hin verdickte. Dann schlug mir eine Detonationswelle gegen die Ohren – ein Krachen wie ein Kanonenschuß.

Nach einer Weile gab der Lautsprecher bekannt: »Die Testabschnitte dürfen befahren werden!«

Während wir über das Versuchsfeld fuhren, fiel mir nichts Unerwartetes auf. Doch im Epizentrum, dort, wo das Zielkreuz und die Reflektoren gestanden hatten, lagen verstreut angesengte Erdklumpen. Brände waren nicht zu sehen, obwohl selbst der Kanonenstahl eine schwarze Farbe angenommen hatte. Unsere LKWs standen nicht mehr dort, wo wir sie abgestellt hatten. Zweihundert Meter weiter lagen sie – zertrümmert und in Flammen aufgegangen. Keine Spur mehr von den Kisten mit Lebensmitteln und den Schaufensterpuppen. Die Erdhütte war eingestürzt. Was sich in den Gruben befunden hatte, war ebenfalls vollständig vernichtet worden.

Als wir vom Versuchsfeld zurückkehrten, wurde unser Fahrzeug nicht durchgelassen. Es war stark kontaminiert. Im Labor lieferten wir unsere persönlichen Dosimeter ab. Seltsam: wir waren alle an den selben Orten gewesen, doch der eine hatte eine Strahlung von sieben Röntgen pro Stunde abbekommen, ein anderer eine von 3 Röntgen pro Stunde und ich ganze 0,9. Aber nicht unterschiedliche Strahlungsverhältnisse waren die Ursache für diese Differenz. Sie lag in der Unvollkommenheit unserer Dosimeter.

Der Wasserstoffbombentest

1955 wurden bei einer Serie von fünf Kernwaffendetonationen zwei Versuche mit Wasserstoffbomben durchgeführt. Beim zweiten Versuch wollte man eine Bombe aus großer Höhe von einem Trägerflugzeug abwerfen und atmosphärisch zünden.

Die Testgebiete waren im Wesentlichen vorbereitet, doch da eine thermonukleare Explosion bevorstand, wurden zusätzliche Vorkehrungen getroffen. Weitere Straßen- und Eisenbahnabschnitte wurden gebaut, Lebensmittel und Treibstoffe in größerem Umfang bereitgestellt, um verschiedene Aufbewahrungsmöglichkeiten zu testen. Zwei Dutzend Feldküchen und sieben funktionsfähige Armeebrotfabriken bauten wir auf. Zum Testen von Treibund Schmierstoffen brachten wir zwanzig Tankwagen in das Testgebiet und verlegten Rohrleitungen. Mehrere Tanks wurden in die Erde versenkt. Auf dem Versuchsfeld entstanden etliche Wohnhäuser und Werkhallen, sowie zwei komplett ausgerüstete Metro-Abschnitte. Im Vergleich zu den früheren Versuchen mit Uran-Atombomben wurde wesentlich mehr Militärtechnik aufgestellt. Als Leiter der wissenschaftlichen Gruppen wußten wir diesmal, daß die Stärke der Detonation einer Million Tonnen TNT entsprechen und alles auf dem Versuchsfeld vernichtet würde.

Unsere Wohnsiedlung war ebenfalls gefährdet. Daher wurde sie beizeiten auf die große zerstörerische Kraft der Druckwelle vorbereitet. Soldaten befestigten die geöffneten Türen und Fenster mit Keilen und Leisten, sperrten die Strom- und Wasserversorgung. Am Irtyschufer wurden mehrere Zelte aufgestellt, die Schutz vor Regen und Wind boten. Kinder und Mütter kamen in die Kellerräume des Lazaretts.

In alle Ortschaften im Umkreis von 300 km, wurden Offiziere geschickt, um die Bevölkerung vor der Explosion zu warnen.

Während der Explosion hielten sich alle Atomwissenschaftler, die Generäle und zahlreiche Offiziere am Rande des Städtchens auf. Für sie standen entsprechend eingerichtete Räume in Laborgebäuden zur Verfügung, deren Fenster dem Versuchsfeld zugewandt waren. Der sich hier bietende Anblick mochte beeindruckend sein, das Versuchsfeld war jedoch aus dieser Entfernung nicht mehr einsehbar. Eine kleine Gruppe von Offizieren begab sich deshalb näher an das Versuchsfeld heran in eine Kaserne, die auf halbem Weg zwischen dem Städtchen und der Grenze des Versuchsfeldes stand. Sie hieß auch so – die ›Weghälfte‹. Hier waren normalerweise Straßenbau- und Nachrichtensoldaten untergebracht.

Die operative Vorausgruppe, die unverzüglich zu den Testabschnitten zu fahren und der Leitung Meldung über die Explosionsergebnisse zu machen hatte, hielt sich höchstens 20 km vom Mittelpunkt des Feldes entfernt auf.

Da die Luftströmung in den oberen Schichten der Atmosphäre ihre Richtung geändert hatte, verzögerte sich die Explosion.

Um 15 Uhr kam die Durchsage: »Achtung! Das Flugzeug befindet sich im Anflug auf das Ziel!« Sofort trat Stille ein. Einige Offiziere suchten sich einen Platz, um liegend in Deckung zu gehen, obwohl dazu kein Befehl gekommen war. An den Erdboden geschmiegt, verdeckte auch ich meine Augen mit den Fellhandschuhen.

Hoch am Himmel, über den tiefhängenden Wolken wird Flugzeuggebrumm vernehmbar. Sie kommen!

Ich zähle noch einige Sekunden, ehe es im Lautsprecher kurz prasselt. Dann erbebt die Erde, und gleichzeitig spüre ich am ganzen Körper Wärme. Nicht nur durch die Handschuhe, auch vom Hinterkopf her dringt gelbes Licht in meine Augen. Ich öffne die Augen, doch ich kann nichts sehen. Ich bleibe liegen und warte auf die Explosion. Da kracht es auch schon. Jäher Schmerz schlägt mir in die Ohren. Ich beeile mich nicht mit dem Aufstehen, ich warte die Druckwelle ab. Sie kommt nach wenigen Sekunden und ist wesentlich schwächer als erwartet.

»Gruppenleiter!« ertönt es über den Lautsprecher, »Schnell zu den Testabschnitten und Ergebnisse melden!« Alle rennen zu den Fahrzeugen. Ein Bild wie nach einem Orkan: Meinen alten Gasik hat es gegen einen Autobus geschleudert, das Fahrerhaus weggedrückt. Das Ganze rührt von der Druckwelle her. Am Kontrollpunkt überholen uns zwei Panzer: Die Kernstrahlungsaufklärung ist auf dem Weg zu ihrem Einsatzort. Von einer erhöhten Stelle sehen wir am Horizont, dort wo unsere Wohnsiedlung liegt, eine schwarze Rauchsäule. Rechter Hand sehen wir Kasernen, Lager und Labors, vollständig zerstört und in Flammen aufgegangen. Immer sicherer wird: Die Flieger haben sich verkalkuliert! Bis zum Epizentrum sind es weniger als 20 km.

Je mehr wir uns den Testabschnitten nähern, desto dunkler wird es. Bald verdeckt eine schwarze Wolke den ganzen Himmel, und es wird tiefschwarz.

Die Druckwelle der Luftdetonation hat den gesamten radioaktiven Staub vom Feld hochgerissen, sein Ausfall aus der Wolke hat noch nicht begonnen.

Alles ist gleichförmig geworden, wir finden uns nicht mehr zurecht. Überall versengte Erdklumpen, irgendwelche Technikteile. Wir irren umher. Endlich entdecken wir in der Ferne die stehengebliebenen Betonpyramiden, die für den ersten Wasserstoffbombentest gebaut worden waren, wir orientieren uns an ihnen, um durch Erd- und Metallhaufen zu dem Testabschnitt vorzudringen, der in 5 km Entfernung vom Epizentrum eingerichtet wurde. Nachzuprüfen gibt es hier nichts. Alles ist vernichtet, alles hinweggefegt.

Erst im dritten Abschnitt, 7,5 km vom Epizentrum entfernt, finden wir eine noch als solche erkennbare Pumpstation. Hier zeigt unser Dosimeter um die dreißig Röntgen. Ein Stück weiter sind die in die Erde versenkten und abgedeckten Gummitanks intakt geblieben. Ebenso die Rohrleitungen in einem nicht sehr tiefen Graben. Die Lebensmittel aber, die Kleidung, die Schaufensterpuppen – alles vernichtet, vom Feuer verzehrt.

Wir beeilen uns, der Leitung über das Geschehene zu berichten, wir fahren in das Städtchen.

In der Wohnsiedlung sah es aus wie in einer nach Gefechten befreiten Stadt. Überall Glasscherben, zerbrochener Asbestschiefer, Müll und Dunkelheit. Das Kraftwerk beschädigt. Die Wasser- und Wärmeversorgung außer Betrieb.

Man erzählte mir, während der Explosion seien an der ›Weghälfte‹ zwei Soldaten in einer Erdspalte ums Leben gekommen und in Maiskoje, höchstens 30 km von hier, habe ein herabstürzender Dachbalken ein kleines Mädchen erschlagen.

Aus der hellerleuchteten Gaststätte für die Atomwissenschaftler und die Generalität klang Tanzmusik. Das Bankett war in vollem Gange. Zwei Soldaten karrten auf der Straße vor der Gaststätte drei Särge entlang. Zwei große und einen kleinen.

Aus der Gaststätte aber drang fröhliches Gelächter. Man hatte allen Grund für unbändige Ausgelassenheit: Die Atomwissenschaftler hatten die Aufgabe von Partei und Regierung in Ehren erfüllt. Sie hatten eine Bombe von ungeheurer Kraft für die Vernichtung von Menschen entwickelt.

Die Folgen

In den drei Jahren meines Dienstes im Atomtestzentrum nahm ich an über zwanzig Versuchen mit Atombomben und an einem mit einer Wasserstoffbombe teil. Nach so langer Zeit erinnere ich mich nicht mehr an die genauen Daten aller Explosionen und an die Zerstörungskraft der einzelnen Bomben. Was letztere anbelangt, so wich sie fast immer von der vorausberechneten ab. Fehler unterliefen aber auch bei der Vorhersage der möglichen radioaktiven Verseuchung der Umgebung und der Bewegungsrichtung der radioaktiven Wolken.

Das Atomtestzentrum von Semipalatinsk hat den Menschen vor Ort unermeßliches Leid gebracht.

Moskau, Februar 1992

Sieben Jahre im Tal des Todes

Wladimir Kutschmassow

Im August 1977 traf ich als frischgebackener Leutnant per Flugzeug in Semipalatinsk ein. Als ich diesen strapazierten Boden betrat, trug ich lediglich den Dienstauftrag mit meiner darin angegebenen neuen Einheit bei mir. Gleich im Flughafen versuchte ich, deren Standort in Erfahrung zu bringen. Der Leiter des Kommandantendienstes sagte mir jedoch: »Genosse Leutnant, es tut mir leid, aber offenbar ist in Ihrer Schule bei der Ausstellung des Dienstauftrags ein Fehler unterlaufen. Eine solche Einheit gibt es bei uns nicht!«

Verwirrt beschloß ich, nach Simferopol zurückzufliegen. Ich hatte mir bereits das Ticket besorgt, als ich zufällig einen Obersten mit den vertrauten Kragenspiegeln der Bautruppen entdeckte. Sicherheitshalber fragte ich ihn, ob er von ›meiner‹ Einheit gehört hätte. Er ›studierte‹ meinen Dienstauftrag und kam zu dem Schluß: »Ja, so eine Einheit haben wir. Sie liegt nicht weit von hier, etwa 200 km entfernt.« So erfuhr ich, daß ich zum Dienst im Atomzentrum abkommandiert war und nicht nach Semipalatinsk.

Von Semipalatinsk konnte man mit vier Verkehrsmitteln das Zentrum erreichen. Vom Flughafen verkehrte täglich eine kleine AN 2. Diese Linie wurde im Flughafen allerdings nicht ausgerufen, da man davon ausging, daß jeder, der sie benutzte, die Flugzeiten kannte. Vom Bahnhof ging einmal täglich, abends, ein Sonderzug mit fünf, sechs Wagen ab. Er fuhr auf einer Stichbahnlinie direkt zum Testzentrum und wurde als Vorortzug nach ›Konjetschnaja‹ (Endstation) angesagt – eine Bezeichnung übrigens, die man für diese Station bei Semipalatinsk auf allen Verwaltungs- und Verkehrskarten der ehemaligen UdSSR findet. In Wirklichkeit trug das Verwaltungszentrum des Testgeländes den Namen Kurtschatow, der aber streng geheim gehalten wurde. Mit dem Zug brauchte man dreieinhalb Stunden. Man konnte auch die Stadt in der entsprechenden Himmelsrichtung verlassen, sich an die Straße stellen und ein Militärfahrzeug anhalten, das zum

Testzentrum fuhr. Doch dazu mußte man ein ›Eingeweihter‹ sein und von den Fahrern erkannt werden. Die vierte Variante war schließlich die Fahrt auf dem Fluß, zu der mir der Oberst im Flughafen riet.

An der Bootsanlegestelle des Testzentrums wurde ich bereits erwartet. Da ich noch keinen Passierschein mit Foto und diversen Vermerken in Form von Symbolen und Zeichen besaß, sondern nur meinen gewöhnlichen Dienstauftrag, dauerte es drei Tage, ehe ich zum Stab des Testzentrums gebracht wurde. Um das Testzentrum war in mehreren Reihen Stacheldraht gezogen, mit elektrischer Signalanlage und Fernsehkameras für die visuelle Kontrolle. Außerdem fuhren ständig bewaffnete Patrouillen.

So gelangte ich also in die streng geheime Stadt Kurtschatow, die wir Offiziere und Wissenschaftler unter uns liebevoll ›Ufer‹ nannten. Erstens lag das Städtchen auf dem hohen Steilufer des Irtysch. Zweitens konnte man die menschenleere, über Hunderte von Kilometern sich ausbreitende Steppe mit einem Meer vergleichen. Drittens sah der Arbeitsrhythmus eines Offiziers oder zivilen Mitarbeiters so aus: 7 bis 14 Tage hintereinander auf dem Testabschnitt, danach Rückkehr ans ›Ufer‹ und ein, zwei Tage frei, die man entweder mit der Familie verbrachte oder dazu nutzte, das bißchen Zivilisation zu genießen, welche das Städtchen bot: Restaurant, Dampfbad, Kino, sechs, sieben Geschäfte, Freilichtveranstaltungen, Sportanlagen, Angeln, Fahrt nach Semipalatinsk usw.

Kein Gedanke wurde auf die möglichen Konsequenzen verwendet, die die unmittelbare Nähe der Testgelände für uns Bewohner haben konnte. Gewiß, bei der Durchführung der Versuche wurden Vorsichtsmaßnahmen ergriffen. Doch andererseits gab es weder für die Offiziere und Soldaten noch für die Zivilbevölkerung, schon gar nicht für die Kinder, eine ausreichende medizinische Kontrolle hinsichtlich des Verstrahlungsgrades und der Auswirkungen der Nuklearexplosionen auf den menschlichen Organismus. Dabei war auch damals nicht alles so gefahrlos, wie man uns glauben machen wollte. Abgesehen von einigen wenigen wußte nur keiner, was heute allgemein bekannt ist.

Nach meiner Ankunft wurde ich zum Politstellvertreter des Kompaniechefs eines Baubataillons ernannt. Zu den Bausoldaten kamen in der Regel die Wehrpflichtigen, die bei der Rekrutenerfassung übriggeblieben waren. Ein sehr großer Teil (auf jeden Fall mehr als die Hälfte) war eigentlich truppendienstuntauglich, behaftet mit allerlei körperlichen Gebrechen oder psychischen und moralischen Defekten (Kranke, Debile, Vorbestrafte).

Untergebracht waren die Bausoldaten in ebenerdigen, aus Fertigteilen errichteten barackenartigen Holzkasernen oder in blechverkleideten Wohnwagen. In ihrer zweijährigen Armeezeit stand nicht der eigentliche Militärdienst im Vordergrund, sondern eine kaum mechanisierte Maloche: Arbeit mit Spaten und Brecheisen, Mörtel anrühren, Beton mischen und gießen, Ziegelwände hochmauern und verputzen, zimmern, tischlern, malern, schweißen, sanitärtechnische Arbeiten ausführen, Baumaschinen bedienen. Rund um die Uhr und bei jedem Wetter, ob Regen, Frost bis zu –40°C, Steppenglut oder Sandsturm – in ihren ständig verschmutzten Uniformen hatten die Bausoldaten den vorgeschriebenen Bau- und Montageplan zu erfüllen.

Meine atomare ›Feuertaufe‹ erhielt ich im ersten Jahr meines Offiziersdienstes. 80 bis 90 km von Kurtschatow entfernt lag der Testabschnitt ›K‹. Hier hatte Kurtschatow Ende der vierziger, Anfang der fünfziger Jahre mit den Nuklearexplosionen in der Atmosphäre begonnen. Ich weiß nicht genau, welche Stärke sie hatten, jedenfalls haben sie der Erde schreckliche Wunden zugefügt: Krater mit einem Durchmesser von über 200 m und großen Seen auf ihrem Grund – ›toten‹ Seen, die es noch jahrzehnte-, wenn nicht jahrhundertelang geben wird. Und ringsherum, eingezäunt, bis zur Unkenntlichkeit verunstaltetes, verzogenes, verkohltes, zusammengeschmolzenes und zusammengepreßtes Gerät.

Hier auf dem Testabschnitt ›K‹, 30 bis 40 km von den atomaren Kratern entfernt, sind noch heute Kurtschatows Beobachtungsstand, die Stahlbetonunterstände und in der Steppe verstreute Überreste diverser Anlagen zu sehen. Die einheimische Bevölkerung macht nach Möglichkeit einen Bogen darum. Sie hat dieser unheimlichen leblosen Gegend den Namen ›Tal des Todes‹ gegeben.

Im glühend heißen Sommer des Jahres 1980 wurde ich stellvertretender Kommandeur eines Baubataillons, das im allerwichtigsten Bereich des gesamten Testgeländes, dem Versuchsfeld ›G‹, stationiert war.

Dort wurden zu jener Zeit – und im übrigen bis zur Schließung des Testgeländes – unterirdische atomare Explosionen durchgeführt. Der Ort war nicht zufällig gewählt worden. Hier zog sich inmitten der endlosen kasachischen Steppe kilometerweit der Granit-Basalt-Rücken des Degelen hin, ein Höhenzug, der die Steppenlandschaft bis zu 1.000 m überragt. Hier wurde mit gewöhnlicher Vortriebstechnik begonnen, Stollen in den Bergrücken zu treiben – Vorbereitung auf unterirdische atomare Explosionen.

Wir arbeiteten in drei Schichten, Tag und Nacht, und unter unerbittlicher Kontrolle seitens der Vertreter der Regierung und des ZK der KPdSU. Die Gänge hatten einen Querschnitt, daß U-Bahnzüge bequem hineingepaßt hätten. In der Länge konnten sie sich über mehrere hundert Meter erstrecken, je nachdem, wie stark die Versuchsexplosion sein würde.

Im übrigen wurden diese Tunnel normalerweise nicht schnurgerade gezogen, sondern sie verliefen in Kurven und im Zickzack. Das geschah, um die zur Sprengung vorgesehene atomare Ladung zuverlässig ›einzuklopfen‹, wie wir uns ausdrückten. Das ›Einklopfen‹ war der schwierigste und verantwortungsvollste Teil der ganzen Vorbereitung. Nach Abschluß des Stollenvortriebs und Anbringung des atomaren Sprengsatzes sowie der notwendigen wissenschaftlichen Kontrolltechnik, wurden die Stollenzugänge hermetisch ›verriegelt‹, wobei eine Menge hochfester Eisenbeton, Gußeisen und Blei zum Einsatz kam. Dazu waren gerade die künstlich geschaffenen Kurven und Zickzacks geeignet. Es sollte unbedingt vermieden werden, daß irgendein ›Produkt‹ der Explosion an die Erdoberfläche gelangte.

Die alten Hasen, die schon seit den sechziger Jahren auf dem Versuchsfeld tätig waren, haben unter dem Siegel größter Verschwiegenheit erzählt, daß damals auf dem Versuchsfeld ›G‹ bei einem unterirdischen Versuch das Unvorhersehbare passierte. Wohl im Ergebnis eines zu schwachen ›Einklopfens‹ hatte die atomare Urgewalt die ganze hermetische Verriegelung zerstört und einen Teil des verseuchten Materials herausgeschleudert. Unter den Arbeitern des Geländes, den Militärs wie den Zivilisten, entstand Panik. Halbbekleidete, verstörte Menschen ergriffen die Flucht, jeder wie er gerade konnte. Nur so schnell und weit wie möglich fort!

Dieser Vorfall ist nie öffentlich gemacht worden. Dokumentarische Unterlagen sollen jedoch erhalten geblieben sein. Sie schlummern in Archiven höchster Geheimhaltungsstufe.

Natürlich wurden bei unterirdischen Atomexplosionen immer bestimmte Vorsichtsmaßnahmen getroffen. Alle, die sich während der Detonation auf dem Versuchsfeld ›G‹ befanden, wurden über den Zeitpunkt des Tests informiert. Sie mußten die Gebäude verlassen und ins Freie gehen. Es bestand die Gefahr, daß die Explosion ein Erdbeben auslöst, welches die Häuser zum Einsturz bringen und Menschen unter sich begraben könnte. Diese Vorsichtsmaßnahmen wurden auch in Kurtschatow, sowie in der Station ›Konjetschnaja‹ durchgeführt. Kurtschatow lag etwa 100 km vom Versuchsfeld ›G‹ entfernt. Trotz dieser Entfernung waren die Erdstöße infolge der unterirdischen Detonationen noch deutlich spürbar: In den oberen Etagen der Wohnhäuser gerieten die Lampenschirme ganz schön in Schwingung, und manchmal rutschten die Möbel.

Während meines Dienstes auf ›G‹ erfuhr ich auch, was eine Neutronenwaffe ist und welche Wirkung sie auf einen lebenden Organismus hat.

Irgendwie hatte uns das vorgesetzte Kommando angekündigt, daß wir an der Vorbereitung von Versuchen mit Neutronenwaffen beteiligt sein würden. Ein paar Tage später kamen militärische und zivile Spezialisten auf das Testfeld gefahren, darunter Wissenschaftler und sogar Akademiker aus Moskau, Leningrad und anderen Wissenschaftszentren. Ihnen auf dem Fuße folgte Technik: Kraftwagen, gepanzerte Fahrzeuge, komplizierte Vorrichtungen, Geräte und was weiß ich alles in Containern und Kisten. Ein Stollen war zu dem Zeitpunkt bereits vorbereitet. Er war klein und auch nicht tief. In unterschiedlicher Entfernung von ihm wurde diese Technik aufgebaut – ganz einfach auf der Erdoberfläche, in Gräben oder Gruben, die von den Bausoldaten speziell dafür angelegt wurden. Merkwürdige massive Bühnen aus Metall oder Eisenbeton wurden errichtet, auf die man spezielle Kontrollgeräte und verschiedene Technik in Containern stellte. Dauerhafte militärische Verteidigungs- und Schutzanlagen wurden angelegt.

Dann brachte man Hunde – sowohl Rassetiere als auch Straßenköter, doch in jedem Falle gesund und wohlgenährt, quicklebendig und gepflegt. Es waren an die zwanzig oder dreißig. Das Testgelände hatte sogar einen speziellen Hundezwinger, in dem

Tiere für verschiedene medizinische Versuche gehalten wurden. Zum Testbeginn kamen diese Hunde an unterschiedliche Stellen – in ein gepanzertes Fahrzeug, einen Panzer, spezielle Container, einen Schutzraum oder einfach im freien Gelände an die Leine.

Da die gefährliche, vernichtende Wirkung der Neutronenwaffe nicht in ihrer Druckwelle, sondern in ihrer Strahlung liegt, wurde die Explosion in dem Stollen nahe dem Ausgang durchgeführt. Damit gab man der Strahlung die Richtung, in der Technik, Anlagen und Hunde plaziert worden waren.

Wissenschaftler und Militärs nahmen nach der Explosion ihre notwendigen Messungen vor. Einige Tage später schafften sie die verwendete Technik fort. Und nach diesen Tagen sahen wir unsere alten Bekannten wieder – die Hunde. (Während der ersten Messungstage hatten wir Bausoldaten keinen Zutritt zu der Zone.) Sie waren nicht wiederzuerkennen. Einige Tiere konnten sich kaum mehr auf den Pfoten halten, manche sogar schon nicht mehr sitzen. Sie ließen Ohren und Ruten hängen, das Fell seltsam gesträubt, leere Augen, aus dem Maul troff der Speichel. In jenem Augenblick ist uns bewußt geworden, was das für eine Waffe ist und welche riskanten Folgen sie für den Menschen in sich birgt. Ärzte in weißen Kitteln liefen herum. Sie gaben den armen, zum Tode verurteilten Kreaturen Spritzen und flößten ihnen Medikamente in den Rachen. Sie suchten und bestimmten, wie wir später erfuhren, zuverlässige Arzneimittel, um mögliche Strahlenopfer eines Tages zu heilen.

Natürlich stellt sich auch die Frage, was aus den Stollensystemen geworden ist, von denen es heute entlang des gesamten Degelen-Kammes so viele gibt. Die Tunnel sind nach den Versuchen mit besonders schweren, metallischen Türen abgeriegelt worden. In ihrer Nähe postierte man bewaffnete Militärstreifen, damit niemand zufällig in den verseuchten Berg eindringen konnte. Seltsamerweise jedoch sind diese Stollen auf irgendeinen Befehl hin viel zu früh wieder geöffnet worden, damit Arbeiten zur Vorbereitung der nächsten atomaren Explosion aufgenommen werden konnten. Freilich, dieser Weg war kürzer und billiger, denn Zeit und Geld für neue Tunnel wurden gespart. Doch wer von denen, die den genannten Befehl gegeben haben, möchte heute überzeugend behaupten, daß Menschen dadurch keinen Schaden genommen haben?

Viel wird darüber geschrieben und geredet, daß das Testgelände von Semipalatinsk geschlossen ist. Daß es für den Menschen schon keine Gefahr mehr darstellt ... Acht Jahre sind es her, daß ich das Versuchsfeld hinter mir gelassen habe. Wie gern würde ich glauben, daß wahr ist, was geschrieben und geredet wird.

Minsk, Juni 1992

Mein erster Nukleartest in der Arktis

Georgi Kaurow

Im Jahre 1964 nahm mein Leben eine jähe Wendung. Statt als Militärberater ins sonnige ägyptische Alexandria wurde ich auf Befehl des Oberkommandierenden der Seekriegsflotte als Testingenieur nach den Inseln des Nördlichen Eismeeres abkommandiert. Das Schiff ›Bukowina‹ brachte mich aus dem unter brütender Juli-Hitze stöhnenden Archangelsk zu der nebelverhangenen Beluschja-Bucht auf der Südinsel des Archipels Nowaja Semlja. In der Sowjetunion gab es keine spezifische Ausbildung von Fachleuten für Kernwaffentests. Daher wurden Offiziere verschiedener Forschungseinrichtungen der Seekriegsflotte, Schiffsoffiziere, die einen harten Dienst gewohnt waren, und zur Marine einberufene junge Spezialisten, die das Moskauer Ingenieurinstitut für Physik bzw. physikalische Fakultäten der Universitäten absolviert hatten, ins Testzentrum abkommandiert. Das Gros bildeten jedoch Militärwissenschaftler und -ingenieure, die sich auf verschiedene Bereiche spezialisiert hatten: Kernphysik, Festkörperphysik, Funkelektronik, Nachrichtentechnik, Schiffbau, Akustik, Chemie, Medizin, Veterinärwesen u.a.

An den Waffentests auf Nowaja Semlja unmittelbar beteiligt waren die Nobelpreisträger Semjonow und Sacharow sowie die Atomwissenschaftler Chariton, Seldowitsch, Kikoin, Sababachin, Sadowski, Petranow-Sokolow und viele andere.

Als ich meinen Dienst auf Nowaja Semlja begann, war das Testzentrum gerade in die Schlußphase der Vorbereitung auf seine erste unterirdische Nuklearexplosion eingetreten.

Leider fehlten auf Nowaja Semlja die notwendigen Informationen über die Besonderheiten der geophysikalischen Begleiterscheinungen unterirdischer Atomexplosionen. Erfahrene Tester, die aus eigenem Erleben wußten, was Luftdetonationen in Megatonnenstärke bedeuteten, machten sich unverhohlen über unsere beabsichtigten Untersuchungen von Strahlungseffekten lustig.

Sie prophezeiten, daß wir bei unterirdischen Tests nichts zu tun haben würden. Leider behielten sie nicht recht.

Vom Hauptstützpunkt des Testzentrums aus brachte mich ein gerade auslaufender Hochseeschlepper in das 300 km entfernte Testgebiet, das damals den Namen ›Geophysikalische Station‹ trug. Hier wurden die ersten unterirdischen Tests in horizontalen Stollen durchgeführt.

Die Aufzeichnungsgeräte, in der Hauptsache Oszillographen, wurden bei den ersten Experimenten ebenfalls unterirdisch installiert, in speziellen Stollenstrecken, die als Geräteboxen bezeichnet wurden. Die von den Oszillographen registrierten Signale wurden mit Hilfe von speziellen Zusatzvorrichtungen auf Filme aufgezeichnet.

Da in den siebziger Jahren in unserem Lande noch keine selbstentwickelnden, gammastrahlenresistenten Filme produziert wurden, konnte Aufzeichnungsmaterial verlorengehen, wenn gasförmige radioaktive Stoffe in die Meßboxen eindrangen. Die Wahrscheinlichkeit war zwar gering, dennoch besaß das schnellstmögliche Herausholen des Aufzeichnungsmaterials absoluten Vorrang. Für diese Aufgabe wurde eine spezielle Gruppe ausgebildet. Sie bestand aus Freiwilligen, die nach erfolgter Nukleardetonation unter den komplizierten bergtechnischen Bedingungen des Stollens, mit ABC-Schutzausrüstung versehen, ihre Aufgabe erfüllten.

Die Gewährleistung der Sicherheit dieser Gruppe bezüglich der radioaktiven Strahlung sowie die bergtechnischen und allgemeinen Bedingungen oblagen der Abteilung Kernstrahlungs- und Bergaufklärung, mit deren Leitung ich betraut war.

Wir hatten als erste den Stollen zu betreten, die Strahlungslage und die bergtechnische Situation einzuschätzen und über das Vorgehen der Gruppe für die Bergung des Aufzeichnungsmaterials zu entscheiden. Solange sich die Tester im Stollen aufhielten, war die Veränderung der Kernstrahlungslage und der bergtechnischen Situation zu kontrollieren und bei Gefahr (Deckeneinsturz, Ansteigen des Verstrahlungsgrades über den zulässigen Wert – 50 Röntgen pro Stunde – u.a.) der Abbruch der Arbeiten und das unverzügliche Verlassen des Stollens anzuordnen. Unter allen Umständen durften wir den Stollen erst als letzte verlassen.

Die Arbeit des Testzentrums verläuft in der Schlußetappe der Vorbereitung auf die Explosion streng nach Netzplan. Ist die

Automatik vorbereitet und sind die Aufzeichnungsgeräte über-
prüft sowie der Stollen abgesperrt, beschließt die für die Versuche
verantwortliche Staatliche Kommission die Durchführung einer
Generalprobe.

Nach Erteilung der Genehmigung der Regierung zur Durchführung des Tests beginnt im Zentrum die psychologisch schwierigste Phase: Bereitschaft und Warten auf geeignetes Wetter.

Mit unserem Jeep fahren wir durch die Siedlung und in die
Tundra, um Probenahmetafeln und automatische Geräte aufzustellen. Noch einmal überprüfen wir das Funktionieren der Uhren
der Registriergeräte. Nachdem die Meß- und Probenahmegeräte
vor dem Stolleneingang installiert sind, kehren wir zum Hub-
schrauberlandeplatz zurück, wo drei Stunden vor der Explosion
der Hubschrauber mit automatischen Röntgenmetern und Probe-
nehmern starten wird, die im Umkreis von 30 km abgesetzt werden sollen.

Unweit des Hubschrauberplatzes, in 1,5 km Entfernung befindet
sich am Fuße des Berghanges gegenüber der Stollenmündung der
Befehlsstand. Es handelt sich um einen großen Kastenwagen mit
Steuerungsapparaturen und einem Aufenthaltsraum für die Mit-
glieder der Staatlichen Kommission. Neben dem Befehlsstand
steht der Wagen der Nachrichtenleute, dazu zahlreiche Zelte für
Versorgungsaufgaben. Alles in allem befinden sich rund um den
Befehlsstand im Augenblick der Explosion an die dreihundert
Mann.

Nachdem der Vorsitzende der Regierungskommission den Be-
richt über den Abschluß der Arbeiten an den Meßapparaturen im
Stollen und über die Rückkehr aller Tester entgegengenommen
hat, begibt sich eine Spezialgruppe zum Stolleneingang. Der Grup-
penleiter setzt sich mit der 5 km vom Stollen entfernt stationierten
Befehlsstelle in Verbindung. Dem Operateur, der sich bereits am
Startautomaten befindet, wird der Anschluß des Kabels für die
Zündung der Sprengladung gemeldet.

Ein Hubschrauber mit KGB-Vertretern steigt auf zu einer visuel-
len Kontrolle des explosionsnahen Raumes aus der Luft. Nachdem von Bord des Hubschraubers die Meldung eingegangen ist,
daß sich keine Menschen in der Gefahrenzone befinden, unterzeichnen die Mitglieder der Regierungskommission den endgültigen Beschluß über die Durchführung der Testexplosion.

Atomteststollen vor dem Versuch

Letzte Vorbereitungen für die Abfahrt zum Stollenbereich werden getroffen. Die Tester ziehen Schutzanzüge an und empfangen ihre persönlichen Dosimeter. Zehn Minuten vor der Explosion steigt ein Hubschrauber zur Strahlungsaufklärung auf. Er hat die Aufgabe, eventuelle Radioaktivität in der Atmosphäre zu registrieren und die durch die Explosion ausgelösten Vorgänge auf dem Berg und am Stolleneingang zu filmen. Über der Meerenge Matotschkin Schar kreist im Tiefflug ein Laborflugzeug des Typs Il-14. Seine Aufgabe ist es, die Emission radioaktiver Stoffe in der Atmosphäre festzustellen und ihre Ausbreitung zu beobachten. Vor seiner Rückkehr auf den Flugplatz wird das Flugzeug Proben radioaktiver Gase und Aerosole nehmen.

Zehn Minuten vor der Explosion beginnt über Funk die Zeitzählung: Bei ›Null‹ erbebt der Berg. Über dem Epizentrum steigt ein kleines weißes Kondensationswölkchen zum Himmel auf, doch schon im nächsten Moment hat es sich aufgelöst. Die Bergoberfläche im Bereich des Epizentrums hebt und senkt sich, über den Berghang läuft als sichtbare Falte die seismische Welle. Jetzt erst verspüren alle einen heftigen Stoß unter den Füßen und ein leichtes Schwanken der Erde. Steinschlag ist zu hören. Das Gebiet des Epizentrums und die Berghänge sind in Staubschwaden gehüllt.

. . . nach dem Test

Bereits nach fünf Minuten setzt sich die Jeepkolonne der Vorausgruppe zum Stolleneingang in Bewegung. Radioaktivität ist auf unserer Fahrtstrecke nicht feststellbar. Tief über den Bohrtürmen fliegt im Sperrflug der Hubschrauber. Als er unsere Kolonne bemerkt, signalisiert er Radioaktivität in der Luft. Unsere Geräte zeigen dagegen weiterhin nichts an.

Endlich erreichen wir den Stollen. Wir verlassen das Fahrzeug und überzeugen uns davon, daß es im Stollen zu keinen sichtbaren Zerstörungen gekommen ist. Das weitere Vorgehen ist ausgiebig trainiert worden. Die Tester bereiten sich auf die Arbeit im Stollen vor und warten auf unsere Erlaubnis, ihn betreten zu dürfen. Inzwischen bewegen wir uns mit Schutzmasken langsam im Stollen voran. Zerstörungen können wir im zugänglichen Teil nirgends entdecken. Radioaktive Verseuchung ist nicht festzustellen, auch keine gefährlichen toxischen Gase sind in der Luft. Ich befehle, die Schutzmasken abzunehmen. Per Telefon erlaube ich der Gruppe für die Bergung des Aufzeichnungsmaterials, den Stollen zu betreten. Bereits nach 15 Minuten haben alle Tester den Stollen mit den Filmen wieder verlassen. Nachdem wir uns überzeugt haben, daß keiner zurückgeblieben ist, verlassen wir mit zweifellos ›leeren‹, keine Verstrahlung nachweisenden Proben ebenfalls den Stollen.

85

Der Berg im Augenblick der Atomexplosion

Draußen ist keine Veränderung der Strahlungslage eingetreten. Wir beginnen den Rückweg. Plötzlich, kurz vor der Siedlung, sprechen die Röntgenmeter an. Eine Minute später schnellen die Zeiger aus dem Milliröntgenbereich heraus und bewegen sich zwischen fünf und sieben Röntgen pro Stunde (r/h). In der Nähe des Befehlsstandes registrieren die Geräte eine Dosisleistung von 7–10 r/h. Ich ordne an, die Erkundung fortzusetzen, um einen geeigneten Verlegungsraum zu ermitteln. Dann betrete ich zur Berichterstattung das Fahrzeug der Leitung. Die Kommissionsmitglieder sind seelenruhig beim Frühstücken. Mein Erscheinen mit Atemschutzgerät macht auf sie offenbar einen recht seltsamen Eindruck. Ich teile ihnen mit, daß der Verstrahlungsgrad hier auf dem Befehlsstand etwa 7 r/h betrage. Den Kommissionsmitgliedern vergeht die Lust am Frühstücken. Die unverzügliche Evakuierung des Personals wird vorgeschlagen, obwohl die zulässige Dosisleistung von 50 r/h bei weitem noch nicht erreicht ist. Die Erkundung des Gebietes hat ergeben, daß sich entlang des Berges ein schmaler Streifen Radioaktivität ausbreitet. Am Flußufer, 500 Meter weiter, ist bereits nichts mehr festzustellen. Der Vorsitzende der Kommission erteilt per Lautsprecher die Anweisung, Atemschutzgeräte aufzusetzen und sich organisiert in Formationen zum Flußufer zu begeben.

86

Doch zur Ausführung dieses Befehls kommt es nicht mehr. Hunderte von Menschen packen ihre Sachen und rennen, ohne den Befehlen ihrer Vorgesetzten zu folgen, zum Fluß. Kraftfahrer brausen mit ihren leeren Fahrzeugen an den Rennenden vorbei durch die Tundra. An der Uferlinie angekommen, setzen sie wie auf Kommando zur anderen Flußseite über. Die den Fluß rennend erreichen, verlangen ungeachtet aller Mahnungen und der gemessenen Werte, die eine ganz normale Gamma-Strahlung ausweisen, daß sie sofort hinübergebracht werden. Obwohl der Fluß an dieser Stelle 300 Meter breit ist, versuchen einige, ihn zu überqueren. Das eisige Wasser und die rasche Strömung zwingen sie umzukehren.

Kurz: Panik hatte die Leute erfaßt. Mit großer Mühe gelang es den Kommandeuren, organisiertes Handeln und Ordnung wiederherzustellen.

In die Siedlung zurückgekehrt, stellte unsere Abteilung Kernstrahlungsaufklärung fest, daß Gelände und Atmosphäre frei von radioaktiver Verseuchung waren. Auch auf dem Weg zum Stollen und an seinem Eingang fanden wir keine erhöhte Strahlung. Der hohe Verstrahlungsgrad, den wir zuvor registriert hatten, rührte, wie nun klar wurde, von einem Schwall radioaktiver Edelgase her, die unmittelbar nach der Explosion aus der Erde in die Atmosphäre entwichen waren. Der Anteil langlebiger radioaktiver Aerosole war nur gering, so daß weder Gelände noch Gebäude radioaktiv verseucht waren. Nachdem der Wind den Schwall fortgetrieben hatte, sank der Verstrahlungsgrad wieder auf Normal. Um ein vollständiges Bild der Strahlungslage zu erhalten, mußten wir die Berghänge und das Epizentralgebiet der Explosion untersuchen. Als wir vorsichtig den Berg hinaufstiegen, registrierten wir hier ebenfalls keinen erhöhten Verstrahlungsgrad. Die Bergoberfläche im Gebiet des Epizentrums erinnerte mit ihren aufgetürmten Gesteinsblöcken an eine Mondlandschaft. Das Bergmassiv war zerschnitten – zahlreiche radial und konzentrisch verlaufende Spalten, die eine Breite von bis zu einem halben Meter und eine Tiefe von über 15 Metern hatten. Gas trat nicht aus. Der Verstrahlungsgrad im Gebiet der zerstörten Bergoberfläche betrug im Durchschnitt 1–3 Milliröntgen pro Stunde, in einigen Spalten lag er bei 20 mr/h.

Auf der Grundlage unseres Abschlußberichtes wurde beschlos-

sen, die Tester in die Wohnsiedlung zu reevakuieren. Anschließend flog die Regierungskommission zur Beluschja-Bucht. Hier
wurde auf der Abschlußsitzung der Test ausgewertet. Erfreulich
war, daß alle Apparaturen störungsfrei funktioniert hatten und das
gewonnene Material den Wissenschaftlern zur genaueren Untersuchung übergeben werden konnte.

Insgesamt gesehen bewies dieser erste unterirdische Versuch mit
einem nuklearen Sprengkörper die Unhaltbarkeit der Behauptung, unterirdische Nuklearexplosionen seien völlig ungefährlich.
Es hatte sich gezeigt, daß derartige Explosionen die Atmosphäre
mit gasförmigen radioaktiven Stoffen verseuchen und eine gefährliche Kernstrahlungslage im Testgebiet hervorrufen können.

Moskau, Mai 1992

Die sowjetische Supernuklearmacht

Das sowjetische Nuklearkriegsdenken

Siegfried Fischer und Dimitri Trenin

Unter den im klassischen sowjetischen, dogmatischen Denkstil aufgewachsenen Militärs der UdSSR, aber auch der anderen Staaten des Warschauer Vertrages, schlugen die im Mai 1987 verkündeten offiziellen Leitlinien für eine neue Militärdoktrin wie eine Bombe ein. Die neue Militärdoktrin sollte der Kriegsverhinderung dienen[1], und selbst die Militärstrategie hatte sich nun dieser Aufgabe zu stellen, wie bereits ein Jahr zuvor im Militärenzyklopädischen Wörterbuch angedeutet wurde.[2] Bis in die Gegenwart hinein regte sich der Widerspruch. Der Chef der Generalstabsakademie, Generaloberst Rodionow, erklärte zum Beispiel, daß nach Auffassung einiger Militärspezialisten Streitkräfte nicht für die Kriegverhinderung, sondern nur für den Krieg zuständig seien.[3] Das bedeutet keineswegs, daß die sowjetische Generalität und das Offizierskorps der sowjetischen Streitkräfte bisher ganz besonders kriegslüstern waren. Im Gegenteil! Nachdem bereits Anfang der zwanziger Jahre die euphorischen weltrevolutionären Vorstellungen auch in der Roten Arbeiter- und Bauernarmee weitgehend verschwanden, hatte die Masse der sowjetischen Militärs ihre Aufgabe lediglich nach dem klassischen machtpolitischen Schema definiert: Si vis pacem para bellum. In ihrem ideologisch geprägten Selbstverständnis konnte ein Krieg nur vom ›aggressiven Imperialismus‹ ausgehen, und gegen eine solche Aggression wollten sie sich verteidigen, indem sie den Aggressor so schnell und erfolgreich wie möglich zerschlugen. Der Angriff war für sie deshalb die beste Form der Verteidigung. Die ›reine‹ Verteidigung galt diesem Denken nur als akzeptabel, wenn sie durch ein ungünstiges Kräfteverhältnis aufgezwungen wurde.

In den spezifisch sowjetischen Denk- und Sprechritualen verbargen sich hinter dem Begriff ›Militärdoktrin‹ die offiziellen Ansichten über die Vorbereitung des Landes und der Streitkräfte auf jeden möglichen Krieg. Die ›Militärstrategie‹ dagegen sollte die militärischen Handlungsweisen der Streitkräfte bestimmen, mit

denen das Kriegsziel erreicht werden konnte, und die ›Militärpolitik‹ schließlich beinhaltete alle die praktischen Aufgaben, mit
denen das Land und die Streitkräfte auf das jeweils indoktrinierte
Niveau gebracht werden sollten.

Diese auch nach dem zweiten Weltkrieg andauernde Beschrän-
kung des Selbstverständnisses des Militärs auf die ›Aufgabenstellung Krieg‹ und dessen Vorbereitung entsprach voll und ganz der
stalinistischen Machtlogik. Wie alle anderen sollten sich auch die
Militärs nicht in die Politik der Partei einmischen, sondern als
›Schräubchen‹ im Mechanismus dienen. Wer mehr wissen wollte,
als zur Erfüllung seiner Dienstpflichten vorgesehen, galt bereits
als verdächtig, und wer gar ›gegen den Strich‹ dachte, wurde direkt
oder indirekt auf die ›Säuberungen‹ in der Roten Armee hingewiesen, denen von 1939 bis 1941 über 40.000 höhere Kommandeure
und Politoffiziere zum Opfer fielen. Diese Enthauptung der Roten
Armee vor dem Krieg, die blutige Auslese des Krieges selber
sowie die Nachkriegsblüte des Alt- und Neostalinismus hatten
eine eigenartige sowjetische Offiziers- und Generalskaste entstehen lassen, deren politisch-geistiger Verarmung sich nur wenige
entziehen konnten.

Das erklärt auch die Erschütterung dieser Kaste, als sie aufgefor-
dert wurde, nicht mehr in den Kategorien der Kriegführung,
sondern der Kriegverhinderung oder gar der Sicherheitspartnerschaft zu denken. Mit Erstaunen und Erbitterung, zum Teil aber
auch schon mit Erleichterung, wurde der Hauptgrund für dieses
›neue politische Denken‹ zur Kenntnis genommen: »In einem
Kernwaffenkrieg, würde er entfesselt, kann es keine Sieger geben.«[4] Obwohl dies eine Aussage der obersten politischen und
militärischen Repräsentanten des Warschauer Vertrages war, wurde
sie noch lange nicht von allen im Militär akzeptiert: Die Akzep-
tanz der Sieglosigkeit wäre ja gleichbedeutend mit dem Ende des
auf die Erringung des Sieges gerichteten Nuklearkriegsdenkens
gewesen. Der politische Startschuß für die sowjetische Variante
dieser besonders perversen Form militärischen Denkens fiel im
Jahre 1951, als Stalin in einem ›Prawda‹-Interview erklärte: »Im
Falle eines Überfalls der USA auf unser Land werden die herrschenden Kreise der USA die Atombombe einsetzen. Genau
dieser Umstand zwang die Sowjetunion, Kernwaffen zu besitzen,
um den Aggressoren wohlgerüstet zu begegnen.«[5]

92

Noch 1946 hatte Stalin, im Bewußtsein des eigenen Rückstandes bei der Kernwaffenentwicklung, die Atombombe als Abschrekkungsmittel ›für Leute mit schwachen Nerven‹ bezeichnet. Im gleichen Jahr, und zwar am 5. November, wurde der ›Operative Plan der Handlungen der Gruppe der sowjetischen Besatzungstruppen in Deutschland‹ bestätigt, der die Vorbereitung von drei, in der Tiefe gestaffelten Verteidigungsstreifen in der Sowjetischen Besatzungszone vorsah. Der Hauptverteidigungsstreifen verlief entlang der Linie Wismar – Schweriner See – Ludwigslust – Lenzen – Elbe bis Barby – Saale und Saalburg – Oelsnitz – Adorf – Brambach.[6] Zur Verteidigung gegen die Kernwaffenbomber des amerikanischen Strategic Air Command wurde 1947 die ›Luftverteidigung des Landes‹ als selbständige Teilstreitkraft geschaffen. Der eigentliche Befehl an die Generäle und Offiziere, »die Atomwaffen und die Fragen der Vorbereitung auf das Führen von militärischen Operationen und Gefechten unter den Bedingungen des Einsatzes dieser Waffen zu studieren«, wurde aber erst im Herbst 1953, wenige Monate nach Stalins Tod, vom damaligen Verteidigungsminister Bulganin unterschrieben.[7]
Zu diesem Zeitpunkt waren schon fünf sowjetische Atombomben und eine Wasserstoffbombe getestet worden, hatten die Raketen- und Flugzeugkonstrukteure ihre ersten Kernwaffenträger in Gestalt der SS-1 und 2 sowie der Tu-4 und Il-28 entwickelt und erprobt. Am 17. September 1954 meldete dann auch die ›Prawda‹ einen weiteren Kernwaffentest, ohne jedoch zu sagen, daß es sich um den ersten großen Versuch an der live übenden Truppe, die sogenannte ›Tozker Übung‹ gehandelt hatte:

Bereits im Frühsommer wurden die Verbände, Truppenteile und Einheiten in der Nähe des Ortes Tozk im Südural zusammengezogen. Sie errichteten ein riesiges Übungsgebiet, das selbst die ehemaligen Frontsoldaten beeindruckte. Im Ausgangsraum des Angriffes wurden 188 km Schützen- und Verbindungsgräben, 264 Unterstände, 91 leichte Bunker, 385 Stellungen für Geschütze und Granatwerfer sowie mehr als 420 Deckungen für Panzer und Selbstfahrlafetten ausgehoben. 195 km Schützen- und Verbindungsgräben hoben auch die ›Verteidiger‹ aus. Als am 14. September 1954 um 09.34 Uhr ein Bomber vom Typ Tu-4 eine Atombombe auf die Markierung 196.0 der zweiten Stellung im ersten Verteidigungsstreifen des ›Gegners‹ abwarf, erhielt

die nur 15 km vom Epizentrum entfernte Panzerkompanie Oberleut-
nant Roschkows den Befehl, die von den ›Roten‹ geschlagene Bresche
in der Verteidigung der ›Blauen‹ zu schließen. Lediglich mit einer
Schutzmaske ausgerüstet, fuhren die Panzersoldaten ihre T 34 aus
den drei Meter tiefen Erdstellungen heraus und in ein unbeschreiblich
verbranntes, zerstörtes und verstrahltes Gelände. Oberleutnant Ro-
schkow erhielt aus den Händen des Leitenden dieser ›Übung‹, Mar-
schall Schukow, eine Armbanduhr der Marke ›Pobeda‹ für »Mut,
Standhaftigkeit und militärische Meisterschaft«. Jahre später bekam
er, wie so viele andere Teilnehmer, Leukämie und andere Krankhei-
ten, von denen die beteiligten Wissenschaftler und Militärs damals
nichts wußten oder nichts wissen wollten. 1954 gab es deshalb auch
keine besondere medizinische Betreuung der ›Atomsoldaten‹. Sie
wechselten nach der Übung Uniformen und Unterwäsche, nicht aber
die Stiefel, Lederkoppel, Waffen, Fahrzeuge und Feldküchen. Sie
unterschrieben, daß sie 25 Jahre über das Erlebte schweigen werden
und wurden lediglich in den Listen des KGB als besondere Geheim-
nisträger erfaßt. Listen, die aber heute noch nicht einmal dem Vetera-
nenkomitee der ›Einheiten des besonderen Risikos‹ bekannt sind. Nur
40 von 44.000 Teilnehmern der ›Tozker Übung‹ haben sich bis 1992 in
den Listen des Komitees eingetragen.[8]

Diese und weitere damalige Übungen waren auch das Ergebnis
der aus den Weltkriegserfahrungen stammenden Vorstellungen
sowjetischer Spitzenpolitiker und -militärs. Sie betrachteten die
Kernwaffen lediglich unter dem Aspekt der Vergrößerung der
Sprengkraft von Bomben, Raketen, Granaten und Torpedos.
Dementsprechend sahen nicht nur die Übungs- sondern auch die
Kriegspläne der fünfziger Jahre aus. Die Kernwaffendetonationen
sollten die Effektivität der kämpfenden Truppen erhöhen. In der
sowjetischen Militärpresse erschien u.a. die Aufforderung des
Marschalls der Panzertruppen Rotmistrow die Erstarrung in der
Kriegskunst zu überwinden. Generalmajor Talenski, der als Chef-
redakteur der militärtheoretischen Zeitschrift ›Wojennaja mysl‹
bereits gegen die Stalinsche Theorie der ›unveränderlichen Faktoren des Sieges‹ zu Felde gezogen war, forderte nun dazu auf, auch
die traditionellen großangelegten Angriffsoperationen der Landstreitkräfte zu verändern. Da zugleich viele Bücher westlicher
Militärtheoretiker übersetzt und publiziert wurden, entstand der

Eindruck einer allgemeinen Aufbruchstimmung im sowjetischen militärtheoretischen Denken.

In den vielen ›Werken‹ über die Geschichte der sowjetischen Kriegskunst wird diese Übergangsetappe sehr unterschiedlich interpretiert. Das hing nicht nur damit zusammen, daß die Ausrüstung der Land-, Luft-, Luftverteidigungs- und Seestreitkräfte mit Kernwaffen in unterschiedlichen Tempi und im Wechsel von strengster Geheimhaltung und prahlerischer Offenheit erfolgte. Von großer Bedeutung waren auch die Versuche der sowjetischen Generalität, sich nach Stalins Tod aus der politischen Bevormundung durch die KPdSU zu lösen. Die 1957 erfolgte ›Ausschaltung‹ Marschall Schukows aus diesen Machtkämpfen führte u.a. zu einem Rückschlag in der militärischen Professionalität der politisch-militärischen Führung der UdSSR überhaupt. Noch wichtiger aber war die Überwindung des bis dato gültigen ideologischen Dogmas der ›schicksalhaften Unausweichlichkeit von Kriegen des Imperialismus gegen den Sozialismus‹ auf dem XX. Parteitag der KPdSU.

Gestützt auf die bitteren Erfahrungen der Sowjetbürger mit der faschistischen Aggression sowie auf die einseitige Wahrnehmung der westlichen Politik des Kalten Krieges, begründete dieses Dogma die sowjetische Konfrontationspolitik gegenüber den USA und der NATO, rechtfertigte es die nukleare Nachkriegsmilitarisierung der UdSSR und zementierte das Kriegführungsdenken in der Sowjetarmee. Nachdem die sowjetischen Erfolge im atomaren Wettrüsten mit den USA nun das Uraltdogma von der ›Überlegenheit des Sozialismus über den Imperialismus‹ zu bestätigen schienen, war der Weg frei für eine neue, selbstbewußte Abschreckungseuphorie. Sie war unlösbar mit dem Namen und dem manchmal nicht sehr seriösen Verhalten Chruschtschows verbunden, entbehrte aber nicht einer typisch realsozialistischen Logik:

Aus der prinzipiellen Überlegenheit des Sozialismus wurde nicht nur auf die Möglichkeit geschlossen, den ›sterbenden Imperialismus‹ mittels der militärischen Überlegenheit der UdSSR zum Frieden zu zwingen, sondern ihn auch im Nuklearkrieg besiegen zu können, falls er den Krieg wählen würde. Die militärische Überlegenheit wurde demzufolge als Fähigkeit zum Sieg im Nuklearkrieg definiert.

Bis zum Beginn der sechziger Jahre, genauer bis zum XXII. Parteitag der KPdSU, wurde diese neue Logik ideologisch, politisch und militärisch indoktriniert. Zugleich hatte sich ein neuer, gegenüber dem früheren, auf Stalin zugeschnittenen Zentralismus, wesentlich vielschichtigerer Machtmechanismus herausgebildet, in dem der Militär-Industrie-Komplex dem Nur-Militär den Rang ablief. Das führte einerseits dazu, daß die außenpolitischen Abenteuer Chruschtschows, wie zum Beispiel die Kuba-Krise, auch die eigenen Streitkräfte überraschten. Andererseits waren die Chruschtschowschen Massendemobilisierungen genauso verheerend für die sowjetischen Streitkräfte wie seine Anordnungen über den Ersatz der Artillerie durch Raketen und andere später revidierte militärpolitische Fehlentscheidungen.

Ungeachtet dieser Querelen mußte das sowjetische Militär nach der offiziellen Verkündung der neuen politischen Logik nun im nachhinein die entsprechende militärische Logik entwickeln. Das hieß, die indoktrinierte militärische Überlegenheit des Sozialismus im Frieden wie im Krieg sollte sich nun in konkreten Handlungsanweisungen für die inzwischen atomar bewaffneten Streitkräfte niederschlagen. Es ging um die simple Frage: Wie gewinnt man einen Atomkrieg?

Für den damaligen Verteidigungsminister, Marschall Malinowski, war klar, daß »zur Vereitelung der aggressiven Pläne des Gegners ihm rechtzeitig ein vernichtender Schlag zugefügt werden muß«.[9] Eine Zusammenfassung der ›richtungweisenden‹ Auffassungen zur neuen Militärdoktrin und Militärstrategie wurde erstmals 1962 in dem Buch ›Militärstrategie‹, das unter der Leitung von Marschall Sokolowski entstand, veröffentlicht.

Die Diskussion um den Charakter des möglichen künftigen Krieges und viele seiner Einzelheiten war erstaunlich offen, was viele westliche Beobachter auf das sogenannte Chruschtschowsche Tauwetter zurückführten. Das aber ist nur die halbe Wahrheit. Es ging zugleich darum, den Offiziersbestand einer Millionenarmee aus der geheimhaltungsbedingten Unwissenheit in kürzester Zeit zu den neuen ›Höhen‹ der atomar abgestützten Kriegskunst zu führen. Die Überarbeitung alter Vorschriften und Lehrbücher konnte in der Kürze der Zeit nur parallel erfolgen und setzte deshalb schöpferisches Mitdenken und Mitdiskutieren voraus, was wiederum dem damaligen allgemeinen Experimentiercharakter der Chruschtschow-Periode entsprach. Nicht vorhersehbar war allerdings, daß sich die Gedanken der Militärs über den Atomkrieg in zwei Richtungen entwickeln würden.

Insbesondere an den geisteswissenschaftlichen Lehrstühlen der Militärakademien wurde zunehmend nach den Folgen eines solchen Waffeneinsatzes für die Welt und die Zivilisation gefragt. Nachdem auch in der ersten Ausgabe des Buches ›Militärstrategie‹ (1962) die Vernichtung der Zivilisation für möglich gehalten wurde, spitzte sich dieses Problem auf die Frage zu, ob denn ein atomarer Krieg noch Fortsetzung der Politik mit anderen Mitteln sein könne. Neben durchaus bekannten Wissenschaftlern in Uniform, wie Kondratkow, Tjuschkewitsch, Rybkin und Lomow, äußerten sich auch relativ unbekannte Lehroffiziere. An der Militäringenieurakademie ›F.E.Dsershinski‹ schrieb zum Beispiel Anatolij Krylow in seinem akademieinternen Lehrbuch ›Die nukleare Gefahr und die Philosophie des Marxismus‹:

»Angesichts der Angaben der modernen Wissenschaft über die radiologischen Gefahren kann ein Kernwaffenkrieg unter keinen Umständen als Instrument der Politik und Mittel zur Erreichung irgendwelcher Ziele angesehen werden; denn er führt zur allgemeinen Katastrophe und zur Vernichtung des Lebens auf unserem Planeten ... In der Epoche der Raketen-Kernwaffen und der anderen modernen Massenvernichtungstechniken kann es keine Militärstrategie geben, die einen Sieg in einem weltweiten Nuklearkrieg gewährleistet. Selbst die allerbeste Strategie würde, wenn man sie sorgfältig unter dem Aspekt der radiologischen Gefahr analysiert, nicht als Strategie des Sieges, sondern der allgemeinen Vernichtung und des Selbstmordes dastehen.«[11]

Diese Denkrichtung wurde einerseits von den orthodoxen Ideologen bekämpft, da sie die Allgemeingültigkeit des Sieges des Sozialismus sowie der Leninschen (Clausewitzschen) These vom Krieg als Fortsetzung der Politik mit anderen Mitteln in Frage stellte. Andererseits wandten sich die führenden Militärs entschieden gegen dieses, angeblich zur Befehlsverweigerung aufrufende Ketzertum; denn sie hatten ja den Auftrag, eine nukleare Siegstrategie zu erarbeiten und lediglich über die optimale Nutzung der Wirkung von Atomwaffeneinsätzen zugunsten der eigenen und zuungunsten der feindlichen Truppen nachzudenken.

Es konnte daher nicht ausbleiben, daß die mit dem politischen Führungswechsel 1964 eingeleitete Periode der Restalinisierung rigorose Folgen für unorthodoxe Vordenker mit sich brachte. Während die konservativen Militärs bereits im Jahre 1963 den Satz von der Zivilisationsvernichtung aus der zweiten Ausgabe des Buches ›Militärstrategie‹ strichen, kam die neue ideologische Inquisition erst mit der Ernennung von General Jepischew zum Chef der Politischen Hauptverwaltung voll zum Tragen. Er wies kurzerhand ein Diskussionsverbot an; es folgte eine regelrechte Welle von Parteiverfahren gegen Andersdenkende. Zivile Wissenschaftler, die weiter über das Ende der Politik im Atomkrieg philosophierten, wurden zu ›geistigen Handlangern des Imperialismus‹ gestempelt, die die Kampfmoral der sowjetischen Soldaten untergraben.

Mit derartigem Rückenwind entstand in den sechziger Jahren ein politisch wie militärisch blauäugig infantiles Lehrgebäude über die Taktik, die Operative Kunst und die Strategie im Kernwaffenkrieg. Die als ›Revolution im Militärwesen‹ gefeierte neue Etappe in der sowjetischen Kriegskunst wurde beispielsweise von folgenden militärstrategischen Indoktrinationen bestimmt:

»Die militärstrategische Lage ist nach dieser unserer Einschätzung für das sozialistische Lager weitaus günstiger als für das imperialistische und sichert im Falle einer Aggression den Sieg . . . Die Sowjetstreitkräfte verfügen über Kernwaffen mit Kalibern von einigen Tonnen bis zu vielen Millionen Tonnen TNT. Die Tatsache, daß die Kernsynthesebombe in der Sowjetunion eher als in den USA geschaffen werden konnte, und vor allem die Tatsache, daß die Sowjetunion über Kernladungen weit mächtigeren Kalibers als die USA verfügt, machen augenscheinlich, daß die sozialistische Militärkoalition der imperialistischen an Kernwaffen unbestreitbar überlegen ist . . . (S. 240)

Als Hauptproblem der Anfangsperiode betrachtet die sowjetische Militärstrategie die Entwicklung von Methoden, die eine zuverlässige Abwehr eines überraschenden Kernwaffenüberfalls des Aggressors sowie die Vereitelung seiner Aggressionsabsichten durch einen rechtzeitig gegen ihn geführten vernichtenden Schlag ermöglichen. . . . (S. 266)

Die Theorie der Militärstrategie bestimmt folgende Arten strategischer Handlungen der Streitkräfte in einem künftigen Kernwaffenkrieg:

● *die Raketenkernwaffenschläge mit dem Ziel, die Objekte, die die Basis des kriegsökonomischen Potentials des Feindes bilden, zu zerstören und zu vernichten, das System der staatlichen und militärischen Führung zu desorganisieren und die strategischen Kernmittel und Hauptgruppierungen der Truppen zu vernichten;*

● *die Kampfhandlungen auf den Landkriegsschauplätzen mit dem Ziel, die Zerschlagung der gegnerischen Kräfte zu vollenden;*

● *der Schutz des Hinterlandes der sozialistischen Länder und ihrer Truppengruppierungen vor den Kernwaffenschlägen des Gegners;*

● *die Kampfhandlungen auf den Seekriegsschauplätzen mit dem Ziel, die Gruppierungen der gegnerischen Seestreitkräfte zu zerschlagen.« (S. 378)*[12]

In einem unveröffentlichten Manuskript des Moskauer Militärhistorischen Instituts, das den zweifelhaften Versuch unternahm, eine objektive Geschichte der sowjetischen Kriegskunst von Autoren schreiben zu lassen, die diese Geschichte verkörpern, lesen sich damalige Grundsätze der operativen Kunst folgendermaßen:

»Die prinzipiell neue Aussage der operativen Kunst besteht darin, daß die operativ-taktischen Raketenkernwaffen zum Hauptvernichtungsmittel in den Operationen wurden, die von den Truppen aller Teilstreitkräfte durchgeführt werden. Es entstanden günstige Bedingungen für die Vervollkommnung der Theorie und Praxis der tiefen Angriffsoperation. Die allgemeinen Truppenvereinigungen erhielten die Möglichkeit, Operationen mit bedeutender Tiefe und einem Tempo durchzuführen, das das Tempo der Operationen des Großen Vaterländischen Krieges weit übertroffen hätte. Das Erreichen der Operationsziele wurde in kürzeren Zeiten möglich.«[13]

Für Offiziere in den Divisionen, Brigaden, Regimentern und darunter liegenden Truppenstrukturen waren insbesondere die Kernaussagen der Taktik verbindlich. Diese orientierten auf ein ›Allgemeines Gefecht im Kernwaffenkrieg‹ mit folgender Charakteristik:

»Die Vernichtung des Gegners erfolgt durch Kernwaffenschläge und durch Feuer anderer Waffen. Das schnelle Manöver, verbunden mit Kernwaffen- und Feuerschlägen sowie zügigen Angriffen, durchdringt den gesamten Inhalt des modernen allgemeinen Gefechts . . .(S.426)

Der Angriff wird nach Richtungen, in hohem Tempo, in einer großen Tiefe und unter umfassender Anwendung verschiedener Manöverformen durchgeführt. Die Konzentrierung der Anstrengungen in der Hauptrichtung wird vor allem durch Kernwaffenschläge erreicht. Die Truppen werden auf dem Gefechtsfeld dezentralisiert handeln . . .
Der Angriff aus der Bewegung wird zur Hauptmethode des Übergangs der Truppen zum Angriff . . . (S. 426)
Der Einsatz von Kernwaffen schafft günstige Bedingungen für einen zügigen Vormarsch der Truppen. Sie müssen in der Lage sein, die Ergebnisse der Kernwaffenschläge schnell auszunutzen und kühn durch Lücken und Zwischenräume in die Gefechtsordnungen des Gegners einzudringen. Sie müssen Frontalangriffe gegen die Stellungen des Gegners und geradliniges Vorgehen vermeiden, elastische Manöver ausführen und entschlossene Stöße in die Flanke und den Rücken des Gegners führen.« (S.428)[14]

Die Periode der schnellen ›Nuklearisierung‹ der sowjetischen Militärdoktrin und Kriegskunst sollte nicht lange währen. In der UdSSR konnte man nicht ignorieren, daß die USA 1961 von der Doktrin der massiven Vergeltung Abstand genommen hatten und auf nationaler Ebene bereits auf die Doktrin der flexiblen Reaktion übergegangen waren. Schon 1963 erschienen in sowjetischen militärischen Publikationen Artikel mit dem Gedanken, daß man konventionelle Angriffe ohne Kernwaffen abwehren sollte. Die Epoche der stürmischen Veränderungen war offensichtlich ihrem Ende nahe, doch – wie in der UdSSR üblich – konnte die Ablösung erst mit dem Wechsel der Führungspersönlichkeit vollzogen werden.
Am 14. Oktober 1964 wurde Nikita Chruschtschow im Ergebnis eines innerparteilichen Umsturzes abgesetzt. Neue Zeiten brachen an, auch für die Streitkräfte. Die Absetzung Chruschtschows wurde durch das Verteidigungsministerium und den Generalstab unterstützt, die mit dem drastischen Abbau der konventionellen Streitkräfte und dem atomaren Abenteurertum Chruschtschows

100

während der Kuba-Krise 1962 unzufrieden waren. Die nun anbrechende fast zwanzigjährige Herrschaft Leonid Breshnews ist durch eine für die Entwicklung der UdSSR in Friedenszeiten beispiellose Militarisierung des Landes gekennzeichnet.

Im Bereich der strategischen Waffen wurde die Konzeption der Minimal-Abschreckung als falsch verworfen. Unter Berufung auf das neue amerikanische Aufrüstungsprogramm, das unter dem Eindruck des Sputnikschocks und der These von der ›Raketenlücke‹ initiiert worden war, setzte auch die sowjetische Führung auf eine neue Runde des atomaren Wettrüstens.

Dieser Wettlauf brachte nicht nur den USA, sondern auch der UdSSR wirklichen atomaren Überfluß.

Noch 1960 verfügte die UdSSR lediglich über sechs ballistische Interkontinentalraketen, sechs Jahre später waren es 200 und 1974 1300 derartige Raketen. Es gab auch qualitative Veränderungen: In der zweiten Hälfte der sechziger, Anfang der siebziger Jahre wurden Raketen der dritten Generation (SS-9 Scarp und SS-11 Sego) aufgestellt, die bereits in befestigten Startschächten stationiert waren, was die Überlebensfähigkeit des sowjetischen Arsenals erhöhte. Gleichzeitig wurde eine neue Generation von ballistischen Raketen auf U-Booten geschaffen (SS-N-6, SS-N-8), die das sogenannte Zweitschlagpotential der atomaren Triade verstärkten.

Ende der sechziger Jahre hatte die UdSSR die strategische Parität mit den USA erreicht, worunter damals die ungefähre numerische Parität bei strategischen Trägermitteln verstanden wurde. In den Augen der sowjetischen Führung bestand der außenpolitische Wert der Anfang der siebziger Jahre geschlossenen ersten SALT-Vereinbarungen zur Rüstungskontrolle vor allem darin, daß die USA die UdSSR als in militärischer Hinsicht ebenbürtige Macht akzeptiert hatten.

Die notwendigen Veränderungen der sowjetischen Militärdoktrin und -strategie vollzogen sich schrittweise, aber konsequent. Die These, daß ein zukünftiger Krieg fast automatisch zu einem Atomkrieg werden und dementsprechend schnell beendet sein werde, wurde korrigiert. Die Möglichkeit eines langandauernden Krieges bei Anwendung ausschließlich konventioneller Waffen wurde Mitte der sechziger Jahre aufgegriffen. Die dritte Ausgabe des Buches ›Militärstrategie‹ im Jahr 1968 enthielt bereits flexiblere Positionen zu Problemen der Anwendung von Kernwaffen und den Inhalten von Operationen auf dem Kriegsschauplatz. Diese allgemeinen Feststellungen wurden von konkreten Schlußfolgerungen für den Aufbau und die Ausbildung der Streitkräfte begleitet.

Geradezu ein Paukenschlag wurde das große Manöver ›Dnjepr‹ im Herbst 1967. Die NATO stand mittlerweile kurz vor der Übernahme der amerikanischen strategischen Grundsätze der flexiblen Reaktion, in denen zwar ein konventioneller Kriegsbeginn als möglich, das Recht auf den Kernwaffenersteinsatz seitens der NATO jedoch als unverzichtbar galt. Ein konventioneller Kriegsbeginn wurde nun auch in den Weiten der Ukraine und Belorußlands durchgespielt. Das Ergebnis war in den Augen der sowjetischen Militärs einfach erschreckend. Einerseits war der Kommandeursbestand durch die bisherige einseitige Orientierung auf den Nuklearkrieg geradezu unfähig, mit der neuen Lage umzugehen. Andererseits zeigten sich die Mängel der konventionellen Bewaffnung und Ausrüstung überdeutlich.

Vermutlich deshalb bestand das 1970 durchgeführte Manöver ›Dwina‹ nun aus einer ›konventionellen‹ und einer ›atomaren‹ Phase. Den hier geplanten Angriffsoperationen der Fronten gingen nach einem angenommenen Ersteinsatz von Kernwaffen seitens der NATO atomare Schläge voraus. Als Ziele für diese Schläge wurden in erster Linie die nuklearfähigen Trägersysteme des Gegners, die Kernwaffenlager, Kommandopunkte, Flugplätze, Luftabwehrsysteme sowie Truppenkonzentrationen festgelegt. Als effektivstes Mittel zur Ausnutzung der Ergebnisse von Kernwaffenschlägen wie auch der konventionellen Kampfführung galten die Panzertruppen, wodurch sich die ›Panzerlastigkeit‹ der Sowjet-Armee natürlich weiter verstärkte. Für zwingend notwendig wurde vor allem auch eine Erhöhung der konventionellen Feuerkraft gehalten.

Der Wandel im Kriegführungsdenken und die Erkenntnis dieser militärtechnischen ›Defizite‹ führte geradewegs in die selbstmörderische Schlußetappe der Militarisierung der UdSSR. Obwohl der Rüstungswettlauf offiziell gegen die USA und die NATO geführt wurde, war es eigentlich ein Wettlauf des Militär-Industrie-Komplexes gegen das eigene Volk.

Die Rüstungskontrollverhandlungen mit den Amerikanern und

das Zustandekommen der KSZE waren aus orthodox-kommunistischer Sicht Kompromisse, Zugeständnisse an den Feind, die nur mit dem Verlust der vorher proklamierten eigenen Überlegenheit erklärbar waren. Im April 1973 vermerkt ein aus dem Verteidigungsministerium stammender Leitartikel zur Militärdoktrin in der Armeezeitung ›Krassnaja swesda‹ erstmals diesen Verlust der militärischen Überlegenheit. In klassischer Weise erfolgte das durch Weglassen der Behauptung dieser Überlegenheit, die doch bisher im militärischen Denken immer als Voraussetzung für einen Sieg im Krieg gegolten hatte.

Parallel zum sowjetischen Rüstungsboom der siebziger Jahre wurde deshalb auch ein neuer ideologischer Aufrüstungsprozeß in Gang gesetzt. Zum 23. Februar 1975, dem Jahrestag der Sowjetarmee und -flotte, publizierte der damalige Verteidigungsminister, Marschall Gretschko, einen Leitartikel über die sowjetische Militärwissenschaft als ›Wissenschaft und Kunst zu siegen‹. Er ignoriert die Parität und begründet die Suche nach neuen militärischen Offensivoptionen. Was Wunder, wenn Marschall Ogarkow als Autor eines Artikels in der ›Sowjetischen Militärenzyklopädie‹ unter Berufung auf die ›Vorzüge des Sozialismus‹ bald wieder von der altvertrauten Möglichkeit des Sieges in einem Kernwaffenkrieg spricht.[15]

Eine neue Runde der nuklearen Durchrüstung folgt ab Mitte der siebziger Jahre. Der Rüstungswettlauf mit den USA auf dem Gebiet der strategischen Kernwaffen verschärfte sich. Den USA folgend, rüstete die UdSSR ihre ballistischen Raketen mit einzeln lenkbaren Mehrfachsprengköpfen aus. Die Zielgenauigkeit der Raketen wurde drastisch verbessert. Das Patrouillieren von atomaren U-Booten vor der amerikanischen Küste war nicht mehr nötig: ein Start der Raketen aus küstennahen Gewässern der UdSSR wurde möglich. Die neue Möglichkeit der garantierten Vernichtung einer großen Zahl von Punktzielen des Gegners führte zu Veränderungen bei der Zielauswahl: Militärische Objekte traten statt ziviler Flächenziele ins Zentrum der Planungen. Counterforce- statt Countercity-Zielplanung wie auf seiten der USA.

Mitte der siebziger Jahre begann auch die Stationierung von neuen mobilen Mittelstreckenraketen sowie operativ-taktischen Raketen in Europa und Asien. Anfang der achtziger Jahre wurden die auf dem westlichen Kriegsschauplatz stationierten Gruppen der Streitkräfte mit atomarer Artillerie der Kaliber 152 mm und 240 mm ausgerüstet. Immer mehr taktische Kernwaffen wurden an Bord von Schiffen und Kampfflugzeugen stationiert. Es schien, als würde die Militärpolitik der UdSSR lediglich aus einem Punkt bestehen: Je mehr Kernwaffen und je vielfältiger diese sind, desto sicherer ist das Land. Solange nur die konventionelle Bewaffnung darunter nicht leidet. Und in den militärischen Großübungen dieser Jahre werden die Angriffsoperationen gegen die NATO variiert:

Übung ›Sojus 75‹
  Küstenfront

Angriffsbreite	220–250 km	
Angriffstiefe	480–600 km	
Dauer	11–13 Tage	
Angriffstempo	45–50 km/Tag	

Übung ›Sojus 77‹
  Zentralfront   Südwestfront

	Zentralfront	Südwestfront
Angriffsbreite	500–560 km	250
Angriffstiefe	370–450 km	500–700
Dauer	11–12 Tage	22–25
Angriffstempo	35–40 km/Tag	20–30

Übung ›Sojus 78‹
  1.Balkanfront   2.Balkanfront   3.Balkanfront

	1.Balkanfront	2.Balkanfront	3.Balkanfront
Angriffsbreite	250–280 km	250	240
Angriffstiefe	350–460 km	450	280–380
Dauer	11–12 Tage	12–14	10–12
Angriffstempo	30–35 km/Tag	32–37	30–40

Übung ›Balkan 79‹
  1.Balkanfront   2.Balkanfront

	1.Balkanfront	2.Balkanfront
Angriffsbreite	110–350 km	330–750
Angriffstiefe	550 km	530–680
Dauer	22 Tage	22
Angriffstempo	25 km/Tag	30

Übung ›Sojus 81‹
3.Front

Angriffsbreite	300–450 km
Angriffstiefe	550–700 km
Dauer	13–15 Tage
Angriffstempo	40–50 km/Tag

Übung ›Dukla 82‹
2.Front

Angriffsbreite	200–220 km
Angriffstiefe	740 km
Dauer	15–17 Tage
Angriffstempo	40–50 km/Tag[16]

Während der hier nicht angeführten Übung ›Waffenbrüderschaft 80‹ verfügte zum Beispiel die handelnde ›Erste Front‹, die aus der sowjetischen Westgruppe und den DDR-Streitkräften bestand, nach Angaben des Bundesverteidigungsministeriums über ungefähr 840 taktische und operativ-taktische Kernwaffen. »Davon wurden den Armeen der ersten Staffel etwa 20 operativ-taktische Raketen, 55 taktische Raketen und 10 Kernbomben zugeteilt. Desweiteren wurden den Fliegerkräften der Front und ihren Raketenbrigaden 125 Kernbomben sowie 60 operativ taktische Raketen und 50 taktische Raketen zugeteilt.«[17]

»Gespielt« wurde dieser Kernwaffeneinsatz allerdings nicht als atomarer Präventivschlag, sondern konsequent als Antwort auf einen vorausgegangenen atomaren Ersteinsatz der NATO. Das politische Beharren der NATO auf dieser Option galt den sowjetischen Militärs als Beweis genug für die von ihnen gewählte Option. Um nun die eigenen Opfer bei einem »gegnerischen« Kernwaffenschlag zu minimieren und trotzdem nicht als Beginner eines Atomkrieges dazustehen, wurde die Idee eines »Antwort-Begegnungsschlages« geboren. Er konnte natürlich ausgelöst werden, wenn die anfliegenden Raketen geortet würden, aber auch bereits dann, wenn die Aufklärung die Startvorbereitungen bei den NATO-Truppen meldete.

Da man sich durchaus der Verluste in einem solchen atomaren Duell bewußt war, wurde für das jeweilige »Kriegsspiel« folgender

Trick angewandt: Die beteiligten Stäbe und Truppen übten die »Spannungsphase« und machten dann einen Zeitsprung in den unmittelbaren »Kriegsbeginn« mit seiner konventionellen Startphase. Hier wurde ein bißchen verteidigt und dann massiv angegriffen. Darauf folgte der Übergang zum atomaren Schlagabtausch, der natürlich auch geübt werden mußte. Von da ab gab es entweder den Abbruch der Übung oder zumeist dilettantische Versuche, die Verluste zu erfassen, die »Einsatzbereitschaft wiederherzustellen« und den Angriff fortzusetzen. Letzteres wurde wieder mittels eines Zeitsprunges bewältigt, in dem die bisherigen weitestgehend vernichteten Stäbe und Truppen umbenannt und somit wiedergeboren wurden, um nun den Krieg endgültig zu gewinnen. Auf diese Weise konnte nicht nur der »erste Kernwaffenschlag«, sondern auch der »zweite« und sogar der ganze Nuklearkrieg bis zum siegreichen Ende »gespielt« werden.

Gleichzeitig mußte die sowjetische Führung die internationale Diskussion über die katastrophalen Folgen eines Atomkrieges (nuklearer Winter) zur Kenntnis nehmen. Einerseits konnte ihre Außenpolitik die gegen die amerikanische Nuklearrüstung gerichtete Debatte aufgreifen. Andererseits artikulierte sich aber damit auch innersowjetischer Protest gegen die eigene Überrüstung. Den Ausschlag für ein scheinbares Umdenken gab jedoch die unerträgliche Konfrontationssituation mit den USA, die der sowjetische Militär-Industrie-Komplex mit der SS-20-Stationierung ausgelöst hatte. Nachrüstung und Nach-Nachrüstung hatten die Kriegsgefahr wirklich zugespitzt, so daß eine Entkrampfung notwendig wurde. Schon 1981 gaben sowjetische Politiker – im Gegensatz zu den Militärs – zu, daß es in einem Atomkrieg keine Sieger geben würde. 1982 erklärte die UdSSR feierlich, daß sie unter keinen Umständen Kernwaffen als erste einsetzen wird. Und Marschall Ustinow, der damalige Verteidigungsminister, beeilte sich, in der ›Krassnaja swesda‹ vom 12. Juli 1982 die entsprechenden militärdoktrinären Konsequenzen dieses Ersteinsatzverzichts zu erklären.

Während sich das sogenannte ›neue politische Denken‹ in der Außenpolitik langsam Bahn brach und schließlich mit dem Machtantritt Michail Gorbatschows auch innenpolitischen Rückhalt bekam, hatten die Militärs jedoch ihre eigenen Vorstellungen. Am deutlichsten wurden diese von Marschall Ogarkow, der von 1974 bis 1984 Chef des Generalstabes war, formuliert. Ausgehend von

der neuen Situation des ›atomaren Überflusses‹ und einer Analyse der nichtnuklearen High-Tech-Waffen sowie der amerikanischen Konzepte von Air Land Battle und Follow on Forces Attack
kam er zu der Schlußfolgerung, daß eine »grundlegende Überprüfung« der Rolle der Kernwaffen, ein »Bruch mit früheren Auffassungen von ihrem Platz und ihrer Bedeutung im Krieg, von den
Arten der Führung von Gefechten und Operationen sowie sogar
von der Möglichkeit der Kriegführung unter Einsatz von Kernwaffen überhaupt« notwendig ist. Der atomare Schirm, warnte Ogarkow, darf sich nicht in eine moderne Variante der Maginot-Linie
verwandeln.[18]
Obwohl es nun also eine politische und eine militärische Begründung für eine Überprüfung des Nuklearkriegsdenkens gab, blieb
eine Umstellung der sowjetischen Militärdoktrin und -strategie
auf eine vorwiegend konventionelle Verteidigung aus. Zwar wurden die schon immer von den sowjetischen Militärstrategen favo-
risierten ›Operativen Manövergruppen‹ nun auch auf ihre Verwendung im konventionellen Krieg durchdacht, die Trägheit des
militärischen Denkens kam jedoch nicht von den Kernwaffen los.
Immer noch wurde ein Weltkrieg für möglich gehalten, der sowohl mit konventionellen wie auch unter Einsatz von Kernwaffen
geführt werden könnte. Ein Hinüberwachsen eines konventionellen Krieges in einen atomaren Konflikt galt als wahrscheinlich.
Einmal entfacht, würde ein Atomkrieg – nach Meinung der sowjetischen Theoretiker – zum unbeschränkten, durch nichts geregel-
ten Einsatz aller angehäuften atomaren, chemischen und biologi-
schen Waffen führen. Das klassische worst-case-Denken sah die
UdSSR in einer gegenüber den USA sehr ungünstigen Lage, da
die möglichen Kriegsschauplätze für einen solchen Krieg nahe der
sowjetischen Grenzen liegen würden.
Wie zu Zeiten Chruschtschows wurde der Führung des ersten
massierten Kernwaffenschlages unter Einsatz aller Arten von Kernwaffen besondere Bedeutung beigemessen. Dennoch wurde eine
Fortsetzung organisierter Kampfhandlungen auch nach dem ersten atomaren Schlagabtausch für möglich gehalten. Weitere Kernwaffenschläge gegen den Gegner, Vereitelung und Abwehr der
atomaren Schläge des Gegners und die Wiederherstellung der
Kampfbereitschaft der Streitkräfte wurden als wichtige Aufgaben
betrachtet. Im weiteren Verlauf eines Krieges sollte dann bei

paralleler Anwendung von atomaren und konventionellen Waffen die Bedeutung letzterer bis zum Sieg, also bis zur völligen Zerschlagung der Streitkräfte des Gegners, stetig anwachsen. In seiner Funktion als Chef der Generalstabsakademie rief z.b. Armeegeneral Salmanow dazu auf, den Schwerpunkt bei der Vorbereitung des Landes und der Streitkräfte auf die »schwierigste Variante – einen langwierigen Weltkrieg – zu legen«.[19] Wie ein solcher Weltkrieg aussehen könnte bzw. wie sich sowjetische Militärs einen solchen Krieg vorstellten, gibt ein geheimes Lehrbuch für Generalstabsoffiziere wieder, das den Titel ›Die Vorbereitung und Durchführung einer Frontangriffsoperation im Koalitionsbestand‹ hat. Es entstand im Oberkommando der Vereinten Streitkräfte des Warschauer Vertrages unter direkter Regie von Marschall Kulikow und wurde 1988, also ein Jahr nach dem politischen Übergang zu einer neuen Defensivdoktrin, gedruckt und ausgeliefert. Es ist, wie alle derartigen Lehrbücher und Vorschriften, in einer klassischen ritualisierten Militärsprache geschrieben, in der jeder Begriff seinen konkret definierten Inhalt hat.

»Ein solcher Krieg würde, wenn ihn denn die Imperialisten gegen die Staaten der sozialistischen Gemeinschaft entfachten, von mächtigen Koalitions-Truppenkontingenten der gegensätzlichen Gesellschaftssysteme kompromißlos und mit den entschiedensten politischen und militärischen Zielen , mit der äußersten Anstrengung aller Kräfte geführt werden ... Deshalb geht unsere Kriegskunst von der allerwichtigsten Forderung aus, daß nur mit einem entschiedenen Angriff die vollständige Zerschlagung des Gegners und der Sieg erreicht werden kann. (S.5)

Die Frontangriffsoperation als Teil der strategischen Operation auf dem Kontinentalen Kriegsschauplatz kann beinhalten:
– die ersten und folgenden Angriffsoperationen der Allgemeinen und Panzerarmeen der ersten Staffel,
– die Angriffsoperationen der Allgemeinen und Panzerarmeen der zweiten Staffel,
– die Operationen der Operativen Manövergruppen der Front.
Bestandteil der Frontangriffsoperation sind auch die Handlungen der Raketentruppen und Artillerie, der Luftstreitkräfte und Luftverteidigungskräfte der Front, der Truppenteile und Verbände der Spezialtrup-

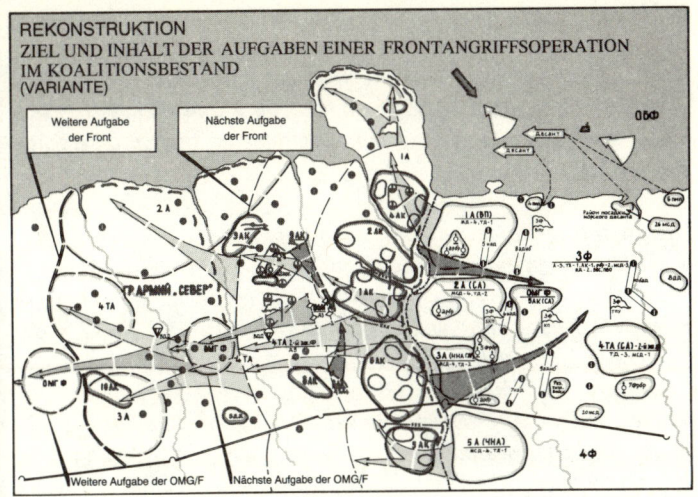

pen. Bestandteil können auch Luft- und Seelandeoperationen sein. Wichtigster Teil der Frontangriffsoperation im Kernwaffenkrieg ist der erste Kernwaffenschlag der Front als Teil des Antwort/Begegnungs-Kernwaffenschlages auf dem Kriegsschauplatz.

Die Front kann auch an Luft-, Luftverteidigungs- und Luftlandeoperationen teilnehmen, die der Oberkommandierende der Vereinten Streitkräfte auf dem Kriegsschauplatz zur Vernichtung der Kernwaffeneinsatzmittel des Gegners, dessen Luftwaffe auf den Flugplätzen und in der Luft, den Führungspunkten und Luftverteidigungskräften durchführen kann.(S. 14)

Mit den Operationen (aktiven Kampfhandlungen) der Operativen Manövergruppen wird eine zielstrebige Entwicklung des Angriffs und die Verlagerung der Anstrengungen in die operative Tiefe, die Vernichtung der Kernwaffeneinsatzmittel des Gegners, die Zerschlagung seiner Reserven, das Führen von Schlägen gegen die Flanken und den Rücken der Hauptgruppierungen sowie die Einnahme wichtiger Objekte (Gebiete) im Hinterland gewährleistet. (S. 15)

Beim Einsatz von Kernwaffen erleiden die Truppen große Verluste und müssen große Anstrengungen und viel Zeit aufbringen, um die Ge-

109

*fechtsbereitschaft wiederherzustellen, die Folgen der Kernwaffen-
schläge zu liquidieren sowie die Zone der radioaktiven Verseuchung,
der Zerstörungen, der Überschwemmungen und Brände zu überwinden. Deshalb wird das Angriffstempo beim Kernwaffeneinsatz sich
kaum vom Tempo beim Einsatz konventioneller Waffen unterscheiden. (S.21)*

Die Angriffsoperation der Front kann beginnen:
- *mit dem Übergang zum Angriff auf den sich verteidigenden Gegner
  mit allen oder den Hauptkräften zu Beginn der Kampfhandlungen;*
- *mit Überraschungs- und Begegnungsschlägen der Truppen der
  Front auf den sich entfaltenden bzw. zum Angriff übergehenden
  Gegner;*
- *nach einer Armee- oder Frontverteidigungsoperation zur Abwehr
  des gegnerischen Eindringens.*

*Bei Operationen mit herkömmlichen Waffen – Beginn mit massierten
Schlägen durch die Raketentruppen, Artillerie und Luftwaffe sowie
dem gleichzeitigen Übergang der Stoßgruppen zum Angriff.*

*Bei Operationen mit Kernwaffen – Beginn mit dem ersten Kernwaffen-
schlag auf die volle Tiefe der gegnerischen Stellungen und dem Übergang der Stoßgruppen der Front zum entschlossenen Angriff. (S.108–
109)*

*Die nukleare Bekämpfung wird mit Kernwaffen in der gesamten Tiefe
der Gefechtsordnung des Gegners realisiert. Sie beinhaltet das Führen
des ersten und weiterer Kernwaffenschläge der Raketentruppen und
der Luftwaffe. Der erste Kernwaffenschlag wird auf Befehl des Oberkommandierenden der Vereinten Streitkräfte auf dem Kriegsschauplatz durchgeführt. Die weiteren Kernwaffenschläge erfolgen auf
Entschluß des Frontbefehlshabers entsprechend der Bereitschaft der
Kernwaffen und der Aufklärung der Zielobjekte.*

*Der Angriff der Truppen der Front mit unbegrenztem Einsatz der
Kernwaffen kann gleichzeitig mit oder im Gefolge des ersten Kernwaffenschlages und bei gleichzeitiger Abwehr des Kernwaffen-Überfalls
des Gegners erfolgen. (S.117)*

*Die Rechtzeitigkeit des ersten Kernwaffenschlages hängt von der
planmäßigen Erhöhung der Gefechtsbereitschaft der Raketentruppen
und der Luftwaffe ab, ihrer Versorgung mit Kernmunition, ihrer stän-*

110

digen Präzisierung der Gefechtsaufgaben, ihrer gut geplanten Umba-
sierung der Zuführungsmittel. Im Moment des ersten Kernwaffen-
schlages müssen nicht weniger als zwei Drittel der Raketentruppen der
Front in den Feuerpositionen startbereit sein ...

Im ersten Kernwaffenschlag werden die Kernwaffen-Angriffsmittel
des Gegners, die Flugplätze der taktischen Luftwaffe, die Hauptgrup-
pierungen der Landstreitkräfte, Objekte der Luftverteidigung, Füh-
rungspunkte und wichtige Objekte der Logistik vernichtet. Dieser
Schlag wird in kurzer Zeit und in der ganzen Tiefe des operativen
Aufbaus des Gegners sowie in strenger Abstimmung mit den Schlägen
des Oberkommandierenden und in Küstenrichtung mit den Schlägen
der Vereinten Flotte geführt.

Der erste Kernwaffenschlag beginnt mit dem Start der operativ-takti-
schen und taktischen Raketen, dann erfolgt der Schlag der Trägerflug-
zeuge. Er kann aus ein bis zwei Raketenstarts und einem Start der
Trägerflugzeuge der Frontluftwaffe bestehen.

Der erste Start der operativ-taktischen und taktischen Raketen gegen
Objekte, deren Lage gut bekannt ist, wird in der befohlenen Zeit
durchgeführt. Nach kurzer Zeit, manchmal aber auch gleichzeitig
erfolgen die Schläge der Frontluftwaffe auf befestigte Ziele, erfolgt die
Kontrolle der Resultate ihrer Schläge. Die Dauer der Schläge der
Frontluftwaffe in dieser Periode kann 30-45 Minuten betragen. Nach
erfolgten Schlägen der Luftwaffe und dem Rückflug der Trägerflug-
zeuge aus dem Raum der Kampfhandlungen erfolgen Schläge mit
operativ-taktischen Raketen auf zusätzlich aufgeklärte Objekte. Da-
nach erfolgen die zweiten Starts der taktischen und operativ-takti-
schen Raketen.

Die Durchführung des ersten wie der weiteren Kernwaffenschläge
erfolgt unter Gewährleistung der Sicherheit der eigenen Truppen.

Nach Führung des ersten Kernwaffenschlages ist der Frontbefehlsha-
ber verpflichtet, die schnelle Aufklärung der Resultate zu sichern.
Unter Berücksichtigung dieser Daten und der komplizierteren Lage
werden die Entschlüsse zur Führung der folgenden Kernwaffenschläge
auf noch nicht vernichtete bzw. neu aufgetauchte Zielobjekte des
Gegners gefaßt.

Die Kampfhandlungen der Truppen der Front nach dem ersten Kern-
waffenschlag werden durch eine komplizierte Lage bestimmt. Unter
allen Umständen muß der Angriff in den wichtigsten Richtungen und
zur Behinderung des Gegners bei der Wiederherstellung der Einsatz-

bereitschaft seiner Truppen fortgeführt werden. Die angreifenden Truppen haben entschlossen die Resultate des ersten Kernwaffenschlages auszunutzen und die Zerschlagung des Gegners zu vollenden, ehe er die Einsatzbereitschaft seiner Truppen wiederhergestellt hat. Dazu werden Gruppen- und Einzelkernwaffenschläge eingesetzt und ein entschlossener Angriff in die Tiefe mit den Truppen geführt, die ihre Einsatzbereitschaft erhalten konnten, insbesondere aber mit den Operativen Manövergruppen, unter Ausnutzung der entstandenen Breschen im operativen Aufbau des Gegners. Gleichzeitig werden Maßnahmen zur Wiederherstellung der Gefechtsbereitschaft der Truppen der Front und zur Liquidierung der Folgen des gegnerischen Kernwaffeneinsatzes durchgeführt ...

Hohe Verluste im Personalbestand, an Technik und Bewaffnung führen zur Senkung der Feuer-, Schlag- und Manöverfähigkeit der Truppen. Deshalb muß die Front gleichzeitig mit der Angriffsfortführung und der Wiederherstellung der Einsatzbereitschaft Umgruppierungen vornehmen oder Stoßgruppierungen neu schaffen, da einige Richtungen ihre operative Bedeutung verloren haben und die Anstrengungen der Truppen in neue Richtungen umgelenkt und der Angriff in einzelnen Richtungen fortgesetzt werden muß. Unter diesen Bedingungen werden vom Frontbefehlshaber energische Handlungen und angespannte Arbeit erwartet bei der Bewertung des Zustandes der Truppen, ihrer Gefechtsbereitschaft, der Präzisierung ihrer Gefechtsaufgaben, der Organisation des Zusammenwirkens und der Führung, bei der allseitigen Sicherstellung der weiteren Kampfhandlungen zur Erfüllung der der Front gestellten Aufgabe. (S.118 ff.)[20]

Diese grundlegenden Ansichten hatten bereits ihren Niederschlag in den Vorschriften der Koalitionspartner gefunden. Besonders in der DDR-Armee wurden die meisten Vorschriften für Kampfhandlungen direkt aus dem Russischen übersetzt und kritiklos übernommen. So auch die ›DV 326/0/001-Gefechtsvorschrift der Raketentruppen und Artillerie der Landstreitkräfte (Division, Brigade und Regiment), MfNV 1984, Vertrauliche Verschlußsache!‹. Darin heißt es u.a.:

21. (1) Die Bekämpfung des Gegners durch Kernwaffen und das Feuer ist die Hauptaufgabe der Raketentruppen und der Artillerie.
(2) Die Bekämpfung des Gegners durch Kernwaffen *besteht in der*

Führung des ersten und nachfolgender Kernwaffenschläge mit dem Ziel der Bekämpfung seiner Kern- und chemischen Waffen, der Hauptgruppierung der Truppen, der Führungsstellen, Objekte der Luftabwehr und anderer wichtiger Ziele. Sie erfolgt auf die gesamte taktische und nächste operative Tiefe.

. . .

22. (1) Die Bekämpfung durch Kernwaffen erfolgt durch die Führung von massierten, Gruppen- und Einzelkernwaffenschlägen.

(2) Der massierte Kernwaffenschlag *wird gleichzeitig mit einer großen Anzahl von Kernsprengladungen zur Bekämpfung einer großen Gruppierung oder mehrerer Gruppierungen von Truppen und anderer wichtiger Objekte des Gegners geführt.*

(3) Der Gruppenkernwaffenschlag *wird gleichzeitig mit mehreren Kernsprengladungen zur Bekämpfung eines wichtigen Objektes oder einer Gruppe von Objekten des Gegeners geführt.*

(4) Der Einzelkernwaffenschlag *wird mit einer Kernsprengladung zur Bekämpfung eines Objektes oder einer Zielgruppe geführt.*

. . .

23. (1) Der Raketentruppenteil und die Artillerieeinheit zum Verschuß von Kernsprengladungen bekämpfen die Objekte (Ziele) des Gegners durch Luft- und Erddetonationen von Kernsprengladungen.

(2) Die Luftdetonationen *(hohe, niedrige) werden zur Bekämpfung lebender Kräfte und Feuermittel außerhalb von Deckungen oder in Feldbefestigungsanlagen, in Kraftfahrzeugen, Schützenpanzern, Panzern sowie für die Bekämpfung von Kampftechnik, Überwasserschiffen aller Klassen und anderer Objekte (Ziele) angewandt, wenn auf Grund der Lagebedingungen eine starke Aktivierung des Geländes im Raum des Objektes/(Zieles) und in der radioaktiven Spur unzulässig ist.*

(3) Die Erddetonationen *werden zur Bekämpfung lebender Kräfte in stabilen Feldbefestigungsanlagen angewandt und auch dann, wenn mit der Bekämpfung wichtiger Objekte (Ziele) eine starke Aktivierung des Geländes zur Vereitelung oder Einschränkung des Manövers der Truppen des Gegners erforderlich ist.*

. . .

113. Die Bekämpfungsobjekte (Ziele) für Kernwaffen sind: Einsatzmittel der Kern- und chemischen Waffen; Truppenteile und Einheiten, besonders Panzer-, Panzerabwehr- und Artillerieeinheiten in Konzentrierungsräumen, auf dem Marsch, in Vorgefechts- und Gefechtsordnung; Führungsstellen (Nachrichtenzentralen) der Vereini-

*gungen und Verbände (Truppenteile); Luftabwehr- und Raketenab-
wehrmittel; Flugzeuge und Hubschrauber auf nahen Flugplätzen
und Landeplätzen; Versorgungspunkte für Kern-, chemische, bakteriologische (biologische) Waffen, bewegliche Versorgungspunkte für
Munition, Treib- und Schmierstofflager und Lager anderer materiel-
ler Mittel; Eisenbahnknotenpunkte, -stationen, Häfen, wichtige
Brücken und Übersetzstellen; funkelektronische Objekte; Seetrans-
porte, Landungs- und Kriegsschiffe.«*[21]

Der Gipfel militärischer Infantilität und politischer Ignoranz
zeigte sich im März 1990, als führende, im sowjetischen Nuklearkriegsdenken erzogene DDR-Offiziere die aus dem Jahre 1983
stammende ›DV 046/0/001 Gefechtsvorschrift der Landstreitkräfte (Division, Brigade und Regiment), MfNV 1983, Vertrauliche Verschlußsache!‹ unter dem Eindruck der ›Wende‹ im
Schnellgang überarbeiteten und folgende Richtlinien für Kampfhandlungen gegen die NATO weiter für unverzichtbar hielten:

»Die grundlegende Methode der Durchführung des Gefechts mit
Einsatz von Kernwaffen *ist die gleichzeitige Bekämpfung der Truppengruppierungen, wichtiger militärischer und anderer Objekte des
Gegners in der gesamten Tiefe ihrer Aufstellung durch Kernwaffenschläge mit nachfolgender Vollendung seiner Zerschlagung durch
einen Schlag der mot. Schützen- und Panzertruppen . . .*
Der Angriff *ist die grundlegende Art des Gefechts. Nur der entschlossene Angriff, der mit hohem Tempo und in eine große Tiefe durchgeführt wird, ermöglicht die vollständige Zerschlagung des Gegners . . .*
Die Verteidigung *ist eine Art des Gefechts. Sie kann erzwungenerma-
ßen oder beabsichtigt durchgeführt werden, wenn der Angriff nicht
möglich oder unzweckmäßig ist . . .*
7. Die Kernwaffen *sind das mächtigste Mittel zur Bekämpfung des
Gegners. Sie ermöglichen es, in kurzer Zeit, mit hoher Effektivität und
Zuverlässigkeit Truppengruppierungen des Gegners zu vernichten,
seine militärischen und Industrieobjekte zu zerstören, Zonen der
Aktivierung und durchgängiger Zerstörung zu schaffen sowie auf den
Personalbestand der Streitkräfte und die Bevölkerung des Gegners
eine starke moralische und psychologische Wirkung auszuüben. Sie
werden überraschend, massiert und in Verbindung mit herkömmlichen Waffen eingesetzt . . .*

114

Die Bekämpfung von Objekten des Gegners durch Kernwaffen kann durch Luft-, Erd- und unterirdische Kernwaffendetonationen verwirklicht werden.«[22]

Im Herbst 1990 beendete der Beitritt der DDR zur Bundesrepublik Deutschland diese militärische Spukvariante. Der Abzug der taktischen Kernwaffen aus den osteuropäischen Staaten sowie die Auflösung des Warschauer Vertrages entzog dem bisherigen sowjetischen Nuklearkriegsdenken die waffentechnische Grundlage. Während also auf dem sogenannten Westlichen Kriegsschauplatz das Problem politisch gelöst wurde, kamen die Reformprozesse in den sowjetischen Streitkräften weiterhin nur langsam voran. Bis zum August 1991 war immer noch keine neue sowjetische Militärdoktrin ausgearbeitet, die die jahrzehntelange Kernwaffeneuphorie hätte beenden können. Dafür beschleunigte der Augustputsch den Zerfall der UdSSR und der sowjetischen Streitkräfte.

Mit dem Übergang des nuklearen Erbes der UdSSR auf Rußland beginnt nun die Suche nach einer spezifisch russischen Militärdoktrin und -strategie, die sich auch zum Umgang mit den Kernwaffen äußern müßte. Ungeachtet einer wachsenden Zahl von Publikationen zu Fragen der atomaren Doktrin und Strategie Rußlands erschweren ungelöste fundamentale wirtschaftliche und politische Probleme die militärische Umstrukturierung. Andererseits wirken die vielen Jahre des im sowjetischen Offizierskorps verinnerlichten Nuklearkriegsdenkens nach und behindern eine wirklich kritische Inventur mit anschließendem Neubeginn.

Unmittelbar nach der offiziellen Gründung des russischen Verteidigungsministeriums und der russischen Streitkräfte fand eine Militärkonferenz an der Generalstabsakademie in Moskau statt, auf der, offensichtlich mit Blick auf eine Jelzin-Erklärung, der noch unter Breshnew verkündete Verzicht der UdSSR auf die Option eines atomaren Ersteinsatzes als politischer Nonsens bezeichnet und die weitere Modernisierung der russischen Kernwaffen gefordert wurde. Der Lehrstuhlleiter für Strategie an der Generalstabsakademie, Generalleutnant Klokotow, zog als Fazit: »Wir haben Kernwaffen - das ist das einzige, was uns für die Erfüllung der Aufgaben der bewaffneten Verteidigung des Vaterlandes mittels einer realen Abschreckung geblieben ist. Wenn wir das aufgeben, dann heißt das auch die Idee der Wiedergeburt Rußlands aufgeben!«[23]

Rußland sucht seine neue Identität. Es wäre allerdings traurig, wenn die neuen Führer Rußlands die sowjetischen Erfahrungen auf dem Gebiet der atomaren Doktrinen und Strategien einfach mit einer Handbewegung wegwischen würden. Lehren, für die man so lange und so teuer bezahlt hat, sollte man nicht vergessen, sondern studieren.

Berlin/Moskau, Juni 1992

[1] Über die Militärdoktrin der Teilnehmerstaaten des Warschauer Vertrages. In: Neues Deutschland, Berlin, 30./31. Mai 1987

[2] Wojenno-enziklopeditscheskij slowar, Moskau, Wojenisdat, 1986, S. 712

[3] I.N.Rodionow: Doklad, Wojennaja Akademija Generalnogo Schtaba, 1990, S.11

[4] Politische Deklaration der Teilnehmerstaaten des Warschauer Vertrages. Prag, 4./5. Januar 1983, Berlin 1983, S.8

[5] Prawda, Moskau, 6. Oktober 1951

[6] Wojenno-istoritscheski shurnal, Moskau, Heft 2, 1989

[7] W.G.Kulikow: Akademija Generalnogo Schtaba, Moskau, Wojenisdat, 1976, S.129

[8] Geschildert nach Recherchen von Igor Mosin, publiziert in: Prawda, Moskau, 24. Oktober 1991 und Krassnaja swesda, Moskau, 9. Juni 1992

[9] Prawda, Moskau, 25. Oktober 1961

[10] Wojennaja strategija, a.a.O., S. 74

[11] A.I.Krylow: Jadernaja opasnost i filosofija marksisma, Moskau, Wojenno-inshenernaja akademija imeni ›F. E. Dsershinskogo‹,1964, S.91

[12] Militärstrategie, Berlin, Deutscher Militärverlag, 1965; Übersetzung der zweiten, berichtigten und ergänzten Auflage, Moskau, 1963

[13] Woorushonnyje sily i wojennoje iskusstwo posle wtoroj mirowoj wojny, Moskau, 1989, Manuskript, S. 476

[14] Taktik des Allgemeinen Gefechts im Kernwaffenkrieg, Berlin, Deutscher Militärverlag, 1971; Übersetzung der russischen Ausgabe von 1966

[15] Sowjetskaja Wojennaja Enziklopedija, Band 7, Moskau, Wojenisdat, 1979, S. 564

[16] Podgotowka i wedenije nastupatelnoi operazii frontom koalizionnogo sostawa, Moskau, Wojenisdat, 1988, S. 20

[17] Der Bundesminister der Verteidigung, Militärische Planungen des Warschauer Vertrages in Zentraleuropa. Eine Studie, Bonn, Januar 1992, S.8

[18] N.W.Ogarkow: Istorija utschit bditjelnosti, Moskau, Wojenisdat, 1985, S. 51

[19] G.I.Salmanow: Sowjetskaja wojennaja doktrina i nekotoryje wsgljady na charakter wojny w saschtschitu sozialisma. In: Wojennaja mysl, Moskau, Nr. 12, 1988, S.8

[20] Podgotowka i wedenije nastupatelnoi operazii frontom koalizionnogo sostawa, Moskau, wojenisdat, 1988

[21] Ministerium für Nationale Verteidigung: Gefechtsvorschrift der Raketentruppen

und Artillerie der Landstreitkräfte (Division, Brigade und Regiment), DV 326/0/001 VVS, Berlin (DDR), 1984

22 Ministerium für Nationale Verteidigung: Gefechtsvorschrift der Landstreitkräfte (Division, Brigade und Regiment), DV 046/0/001 VVS, Berlin (DDR), 1983

23 Handschriftliche Notiz von Generalleutnant Klokotow, im Besitz der Autoren

Dislozierung der Kernwaffeneinheiten

	Mittel				Standort bzw. Flugplatz	Koordinaten	
	Rampen Pershing 1A	Tornado	F 111	F 16		NB	OL/WL
2. ATAF							
55./20. JBG			24				
77./20. JBG			24		UPPER HEYFORD, GB	$51^o56'$	$01^o15'$ W
79./20. JBG			24				
T./3. LA (USA)			72		MILDENHALL, GB (Stab)		
FKG-2	36				GEILENKIRCHEN	$50^o57'40"$	$06^o02'37"$
1./JBG-31		18					
2./JBG-31		18			NÖRVENICH	$50^o49'55"$	$06^o39'34"$
3. LWO/BRD	36	36			KALKAR (Stab)		
9. JBS		15					
14. JBS		15			BRÜGGEN	$51^o20'00"$	$06^o08'00"$
17. JBS		15					
31. JBS		15					
15. JBS		15					
16. JBS		15			WEEZE	$51^o36'00"$	$06^o08'30"$
					(Flugplatz LAARBRUCH)		
20. JBS		15					
Brit. LSK in der BRD		105			MÖNCHENGLADBACH (Stab)		
23./10. JBG				18	KLEINE BROGEL, BE	$51^o10'09"$	$05^o28'10"$
31./10. JBG				18			
TLKdo (BE)				36	BRÜSSEL, BE (Stab)		
311. JBS				18	VOLKEL, NL	$51^o39'28"$	$05^o42'30"$
312. JBS				18			
TLKdo (NL)				36	ZEIST, NL (Stab)		

Anmerkungen: 1) pro Startrampe 4 Starteinrichtungen; Bestand des Geschwaders an Raketen - 101
2) pro Startrampe 4 Starteinrichtungen; Bestand des Geschwaders an Raketen - 62

Sowjetische Kernwaffenziele. Aus: Ministerium für Nationale Verteidigung. Chef Aufklärung. Auskunftsdokument. Streitkräfte der NATO und ihrer Mitgliedsstaaten auf dem Westlichen Kriegsschauplatz. Berlin, Dezember 1988

	Mittel					Standort bzw. Flugplatz	Koordinaten	
	Rampen Flügel-raketen BGM 109G	Rampen Pershing 1A	F 111	Tornado	F 16		NB	OL/WL
4. ATAF								
501. F1RG	29[1]					GREENHAM COMMON, GB	51°20'	01°16' W
492./48. JBG			24					
493./48. JBG			18			LAKENHEATH, GB	52°24'	00°33'
494./48. JBG			24					
495./48. JBG			18					
T./3. LA (USA)	29		84			MILDENHALL, GB (Stab)		
38. F1RG	31[2]					WÜSCHHEIM	50°02'35"	07°25'25"
10./50. JBG					24			
313./50. JBG					24	LAUTZENHAUSEN (Flugplatz HAHN)	49°47'15"	07°16'20"
496./50. JBG					24			
512./86. JBG					24	RAMSTEIN	49°26'12"	07°35'10"
526./86. JBG					24			
17. LA (USA)	31				120	MEHLINGEN (Stab)		
FKG-1		36				LANDSBERG	48°02'32"	10°52'09"
1./JBG-33				18		ALFLEN (Flugplatz BÜCHEL)	50°10'29"	07°03'52"
2./JBG-33				18				
1./JBG-34				18		MEMMINGEN	47°59'23"	10°14'26"
2./JBG-34				18				
1. LWD/BRD		36		72		WESZSTETTEN (Stab)		

Lager für Kern- und chemische Munition der

Standort	Koordinaten		Lagergut	Nutzer	Aus-lage-rung 1)
	NB	ÖL			
Lager für Kernmunition					
BRD[2)]					
ALTLEN	50°09'40"	07°02'10"	Kernbomben	BRD-LSK	nein
ALTEN-BUSECK	50°38'19"	08°45'13"	Kerngefechtsköpfe, Kerngranaten	USA-LaSK BRD-LaSK	ja
ANSBACH (Mittelfranken)	49°19'06"	10°35'46"	Kerngranaten 155 mm	USA-LaSK	ja
ASCHAFFENBURG	49°56'30"	09°11'00"	Kerngefechtsköpfe für Raketen Lance	USA-LaSK	ja
BAD KISSINGEN	50°11'39"	10°06'32"	Kerngranaten	USA-LaSK	ja
BARME	52°49'05"	09°13'12"	Kerngranaten 203,2 mm und 155 mm (z.Z. ausgelagert)	BRD-LaSK	
BINSFELD/WITTLICH	49°58'00"	06°41'30"	Kernbomben	USA-LSK	nein
BITBURG	49°58'40"	06°28'20"	Kernbomben (z.Z. ausgelagert)	USA-LSK	
BÖBLINGEN	48°41'00"	09°04'20"	Kerngranaten 203,2 mm und 155 mm (z.Z. ausgelagert)	USA-LaSK	
BRÜGGEN	51°11'13"	06°07'20"	Kernbomben	GB-LSK	nein
BÜREN (Westfalen)	51°33'05"	08°38'40"		BE-SK NL-SK	ja
CLAUSEN/PIRMASENS	49°15'56"	07°42'48"		USA-LaSK	
CRAILSHEIM	49°07'25"	09°59'35"	Kerngefechtsköpfe für Raketen Lance	USA-LaSK	ja
DAHN	49°09'40"	07°44'40"	(z.Z. ausgelagert)	USA-LaSK	
DILLFELD	49°14'24"	07°30'00"	(z.Z. ausgelagert)	USA-LaSK	
DÜLMEN	51°48'41"	07°17'50"	Kerngranaten 203,2 mm und 155 mm	BRD-LaSK	ja
ERLANGEN	49°35'	11°01'		USA-LaSK	
ERLENSEE	50°09'46"	08°56'44"	Kerngefechtsköpfe für Raketen Lance, Kerngranaten	USA-LaSK	ja
FEUCHT	49°22'50"	11°10'00"	Kerngranaten	USA-LaSK	ja
FISCHBACH bei Dahn	49°04'	07°40'	Kerngefechtsköpfe, Kerngranaten	USA-LaSK	nein
FÜRFELD	49°46'00"	07°51'50"	(z.Z. ausgelagert)	USA-LaSK	
GEILENKIRCHEN	50°58'14"	06°03'11"	Kerngefechtsköpfe für Raketen Pershing 1A	BRD-LSK	ja

Anmerkungen: 1) Bei den mit "ja" gekennzeichneten Lagern wird bei Auslösung von "Verstärktem Alarm" und bei "Einfachem Alarm" nur auf besonderen Befehl die Auslagerung aus den Friedenslagern in Feldlager vorgenommen.

Sowjetische Kernwaffenziele. Aus: Ministerium für Nationale Verteidigung.
Chef Aufklärung. Auskunftsdokument. Streitkräfte der NATO und ihrer Mitgliedsstaaten
auf dem Westlichen Kriegsschauplatz. Berlin, Dezember 1988

NATO auf dem WKSP und im Raum OA

Standort	Koordinaten		Lagergut	Nutzer
	NB	OL		
GIESSEN	50°36'00"	08°44'00"		USA-LaSK
GRABEN-NEUDORF	49°10'00"	08°31'00"	(z.Z. ausgelagert)	USA-LaSK BRD-LaSK
GRAFENWÖHR	49°42'	11°55'		USA-LaSK
GROSSENGSTINGEN	48°21'13"	09°16'49"	Kerngefechtsköpfe für Raketen	BRD-LaSK
GROSSENLÜDER	50°35'15"	09°36'13"	Kerngranaten	USA-LaSK
GÜNZBURG	40°27'13"	10°10'35"		BRD-LaSK
HAMMINKELN	51°43'04"	06°32'40"	Kerngefechtsköpfe für Raketen Lance	BRD-LaSK
HARPSTEDT	52°56'20"	08°38'40"		BRD-LaSK
HEIDENHEIM an der Brenz	48°39'44"	10°03'03"	Kerngefechtsköpfe (z.Z. ausgelagert)	USA-LaSK
HEILBRONN	49°07'37"	09°16'32"	Kerngefechtsköpfe für Raketen Pershing 2	USA-LaSK
HEMAU	49°03'15"	11°48'05"	Kerngranaten	BRD-LaSK
HEMER	51°23'59"	07°48'09"	Kerngefechtsköpfe für Raketen Lance	GB-LaSK
HERBORNSEELBACH	50°41'06"	08°25'24"		BRD-LaSK
HURB am Neckar	48°27'	08°41'		
ILLERTISSEN	48°12'29"	10°14'52"	Kerngefechtsköpfe für Raketen Pershing 2	USA-LaSK
ILLESHEIM	49°26'00"	10°24'00"	(z.Z. ausgelagert)	USA-LaSK
KELLINGHUSEN	53°58'22"	09°41'40"	Kerngefechtsköpfe, Kerngranaten	BRD-LaSK
KITZINGEN	49°43'44"	10°06'50"	Kerngranaten	USA-LaSK
KLOSTERLECHFELD	48°08'50"	10°51'25"	Kerngefechtsköpfe für Raketen Pershing 1A	BRD-LSK
KÖLN-WAHN (Wahnerheide)	50°51'	07°10'		BE-LaSK
KRIEGSFELD	49°40'28"	07°54'40"	Kerngefechtsköpfe, Kerngranaten	USA-LaSK
LANDSBERG am Lech	48°04'05"	10°49'53"	Kerngefechtsköpfe (z.Z. ausgelagert)	BRD-SK
LAUTZENHAUSEN	49°56'50"	07°17'10"	Kernbomben	USA-LSK
LEEDER	47°55'	10°48'		BRD-LaSK
LEIMEN/PIRMASENS	49°16'20"	07°44'12"	(z.Z. ausgelagert)	USA-LaSK
LIEBENAU/NIENBURG	52°36'48"	09°04'28"	Kerngefechtsköpfe	BRD-LaSK

2) Kerngefechtsköpfe für Fla-Raketen Nike Hercules befinden sich weiterhin in den Fla-Raketenstellungen Nike Hercules der 2. ATAF (Standorte Abschnitt LSK/LV)

Dreißig Jahre am atomaren Druckknopf

Wassili Iwanuschkin

Ende 1960: Barentssee, Kola-Meerbusen, Raketen-U-Boot-Stütz-punkt der ›Golf-Klasse‹ ... Befund der Ärztekommission: aus gesundheitlichen Gründen untauglich für den Dienst auf U-Boo-ten.

Für einen 27jährigen Navigator im Range eines Kapitänleutnants war das keine Tragödie. Nach der Versetzung in die Reserve eröffneten sich die Möglichkeiten der Handelsflotte. Doch höhere Instanzen entschieden anders – in meinem Leben trat eine jähe, unerwartete Wende ein.

Zu jener Zeit betrachtete die Führung der KPdSU und des Staates unter N.S. Chruschtschow den beschleunigten Aufbau der Strate-gischen Raketentruppen als Mittel, das Land auf dem Weg in die kommunistische Zukunft erfolgreich voranzubringen. Wer wider-sprach oder Zweifel äußerte, wurde ausgeschaltet wie der Ober-kommandierende der Seekriegsflotte der UdSSR, Admiral N.G. Kusnezow.

Obwohl ich mich zum Seemann berufen fühlte, wurde mir mit diversen Druckmitteln die Bereitschaft zum Dienst bei den Strate-gischen Raketentruppen abgerungen, unter anderem mit der Dro-hung, mich aus der KPdSU auszuschließen. Unabhängig von den konkreten Gründen bedeutete bekanntlich der Parteiausschluß, daß der Betreffende für keine leitende Stellung mehr in Frage kam, und schon gar nicht bei der Handelsflotte.

Im Februar 1961 erhielt ich zu meiner Betroffenheit den Auf-trag, mich an meinen neuen Dienstort Wladimir zu begeben. So machte sich die Familie auf die Fahrt in das historische und kulturelle Zentrum Rußlands, das etwa 200 km östlich von Moskau liegt.

Noch am Ankunftstag wurde ich über meine Pflichten als Leiter der Abteilung Datenvorbereitung instruiert: Berechnung der Ra-ketenflugbahn (der Schußentfernung und des Azimuts), Festle-gung des Betankungsregimes, Kontrolle der Dateneingabe und

Zielgenauigkeit. Es handelte sich um die Planstelle eines Oberstleutnants, eine recht hohe und verantwortungsvolle Dienststellung, die auch besonderer Geheimhaltung unterlag. Kommandeur des Verbandes war Generalmajor B.J. Sbrailow.

Damals war jeder Angehörige der Raketentruppen, ich also um so mehr, verpflichtet, jeglichen Kontakt mit Ausländern unverzüglich seinem unmittelbaren Vorgesetzten und dem für den Truppenteil zuständigen KGB-Mitarbeiter zu melden.

Da die meisten Offiziere größte Schwierigkeiten hatten, eine Wohnung zu finden, war ich mit meiner Frau und beiden Kindern nur im Spitzenhotel ›Wladimir‹ untergekommen, das viele Touristen beherbergte. Ich mußte fast täglich solche Kontakte melden – und hatte dadurch Glück, schon in der Rekordzeit von einem Monat ein Zimmer zu kommen.

Ausgerüstet war unser Regiment mit interkontinentalen ballistischen Raketen ›SS-7‹. Vorbereitung und Start einer einzigen Rakete erforderten abgestimmtes Handeln Dutzender von Spezialisten zweier Truppenteile, die einander nicht unterstellt waren. Die taktischen Führungsstellen, die Raketen, die Treibstoffkomponenten und die übrige notwendige Technik unterstanden dem Kommando unseres Regiments, die Atomsprengköpfe sowie die für ihren Einsatz, ihre Bedienung und ihren Transport benötigten Mittel hingegen dem des Bereiches Kerntechnik.

Die Sprengköpfe durften erst nach Erhalt eines speziellen Befehls des Generalstabs der Streitkräfte den Raketen zugeführt werden. Diese Verfahrensweise war eine der wichtigsten organisatorischen Voraussetzungen, um den nichtsanktionierten Einsatz von Kernwaffen auszuschließen – in jener Zeit von besonderer Wichtigkeit, wurden doch technische Mittel, um einen nichtsanktionierten Kernwaffeneinsatz auszuschließen, gerade erst entwickelt. Alle Dokumente, die die Vorbereitung und den Start von Raketen erlaubten, befanden sich im Besitz der Kommandeure der Truppenverbände und der Leiter der Abteilungen Datenvorbereitung, also auch in meinem.

Vom Wissen um die Wichtigkeit der Dokumente, um die Verantwortung für Vollständigkeit und die rechtzeitige Übergabe ihres Inhalts an die Gefechtsbesatzungen rührte der permanente innere Spannungszustand, der auch außerhalb des Dienstes anhielt – in der Freizeit, am Wochenende und an den Feiertagen.

Für die Berechnung der Flugbahn erhielten wir lediglich die Koordinaten des Zielobjekts. Seine Bezeichnung und genauere Angaben erfuhren wir nicht. Aus natürlicher Neugier wollten wir herausbekommen, worauf unsere Raketen gerichtet waren. Deshalb ermittelten wir heimlich auf der Karte die Einschlagorte der Atomköpfe. Es waren Raketenbasen und Flottenstützpunkte der USA, Flugplätze und andere uns unbekannte Objekte außerhalb von Ortschaften. Nach unseren Berechnungen ging es nicht um Angriffe auf Großstädte, und das beruhigte uns.

Die Spezialausbildung der Raketenregimenter und -abteilungen sowie vor allem ihre moralische und psychologische Vorbereitung erfolgte auf dem Übungsgelände Kapustin Jar bei Wolgograd, wo auch die Erstlinge unseres Raketenbaus ähnlich der deutschen V 2 gestartet worden waren.

Was man zum erstenmal im Leben tut, das prägt sich fest ein. Der erste Flug einer Rakete nach den von uns berechneten Angaben war für mich auch deshalb so denkwürdig, weil ich zunächst einen Zustand ungeheurer innerer Spannung und dann einen allgemeinen Freudentaumel erlebte:

20 bis 30 Minuten nach dem Start der Rakete muß die Bestätigung ihres Einschlags im vorgegebenen Zielraum eingehen. Wir warten 30 Minuten – keine Bestätigung. Es vergehen 40 Minuten – nichts. Die Spannung meiner Leute wächst, mich befällt deutliche Unruhe. Der Regimentskommandeur tritt zu mir und fragt: »Sind Sie sicher, daß die Berechnungsangaben und die Dateneingabe korrekt waren?« – »Ja, bin ich«, antworte ich. Dabei kommen mir durchaus Zweifel, ob alles seine Richtigkeit hatte. Nach 55 Minuten endlich trifft die Nachricht ein: Die Rakete ist genau im Mittelpunkt des vorgegebenen Planquadrats niedergegangen. Die Meldung hat sich nur verzögert, weil die Verbindung gestört war. Umarmungen, Händeschütteln, strahlende Gesichter. Besonderes Lob ernten wir. Der Volltreffer beweist die Qualitätsarbeit der Abteilung Datenvorbereitung.

Unsere Abteilung setzte sich aus jungen sachkundigen Offizieren zusammen. Acht von elf hatten 1960 die Leningrader U-Boot-Hochschule absolviert, die ich selbst fünf Jahre zuvor verlassen hatte. Vom U-Boot-Offizier wird die gründlichste Kenntnis seiner Pflichten, größte Besonnenheit und die Fähigkeit zu blitzschnellem, kollektivem wie individuellem Handeln unter extremen Bedingungen verlangt. Diese Eigenschaften trugen nicht unwesentlich dazu bei, daß sich zwischen uns ein so gutes Verhältnis entwickelte. Binnen anderthalb Jahren wurden alle Offiziere der Abteilung hochqualifizierte Spezialisten. Für die Erweiterung ihrer Fachkenntnisse profitierten sie viel von Besuchen auf dem Übungsgelände Baikonur in Kasachstan, wo die praktische Startvorbereitung von Raketen, mit denen unser Verband ausgerüstet war, studiert werden konnte.

Das harmonische Zusammenwirken der Abteilung, die gute Spezialausbildung der Offiziere und die Beherrschung von Fachgebietskombinationen fanden die Anerkennung unserer Vorgesetzten. Als 29jähriger Hauptmann für die Funktion des Leiters der Operativabteilung vorgeschlagen zu werden war überaus schmeichelhaft für mich. Der Vorschlag ging bis zum 1. Stellvertreter des Oberkommandierenden – und fiel durch: ›Zu jung!‹ Der Verdruß darüber gab den Anstoß, ein fünfjähriges Ingenieurstudium an der Dsershinski-Akademie aufzunehmen. Viel zusätzliches Wissen wurde dort vermittelt, nützlich, aber alles in allem systemlos.

Als 35jähriger Oberstleutnant hielt ich die mir im Anschluß angebotene Stelle eines wissenschaftlichen Mitarbeiters im Weltraumzentrum für inakzeptabel und bat um Versetzung in den Truppendienst, in eine beliebige Stellung, die meiner Arbeitserfahrung und meinem Dienstrang entsprachen. Dieser Bitte wurde stattgegeben, und im August 1968 traf ich in Wyssokaja Petsch bei Schitomir ein, um 1. Stellvertreter des Kommandeurs eines Raketenregiments zu werden.

Die ältere Generation erinnert sich noch daran, wie in jenem Sommer der Kalte Krieg angeheizt wurde. Der Einmarsch sowjetischer Truppen in die CSSR und der Beschluß des sowjetischen Oberkommandos, die Streitkräfte in erhöhte Gefechtsbereitschaft zu versetzen, verschärften die Spannung bis zum äußersten.

Auch unser Regiment und der zuständige Bereich Kerntechnik waren davon betroffen: Eine allgemeine Urlaubs- und Ausgangssperre wurde angeordnet, und die Diensthabenden in den Gefechtsbesatzungen und Befehlsstellen wurden zahlenmäßig verstärkt. Der Bereitschaftsstatus der Raketenwaffe erfuhr eine qualitative Veränderung – die Atomsprengköpfe wurden auf die Raketen montiert. Ich erinnere mich, wie ungern, ja widerstrebend der Leiter des Bereichs Kerntechnik, Oberst I.P. Korschnew, unserem Regiment die Atomsprengköpfe zuführte. Als dann der Befehl kam, zur normalen Gefechtsbereitschaft zurückzukehren, sah man überall frohe Gesichter.

Für die Spezial- und Gefechtsausbildung des Regiments verantwortlich, nahm ich an fast allen Übungen und Komplexausbildungen teil, vor allem wenn es dabei um das praktische Training der Raketenbetankung ging. Jedesmal bestand die Gefahr der Vergiftung von Menschen und der Umweltverschmutzung, besonders wenn die Auftanktechnik nicht ordnungsgemäß funktionierte oder sich Nachlässigkeiten einschlichen.

Ein mehrfaches Umpumpen Dutzender Tonnen hochgiftiger Stoffe war erforderlich: aus stationären in mobile Tanks und anschließend in die Rakete, nach der Übung Ablassen des Treibstoffs in mobile Tanks und aus diesen wieder in stationäre, schließlich Neutralisierung der Treibstoffbehälter der Rakete und der mobilen Tanks. Bei alldem war eine Verdunstung von Treibstoff unausbleiblich, und es kam auch vor, daß etwas ins Erdreich floß.

In den Tankabteilungen war es Vorschrift, spezielle Schutzanzüge und -masken zu tragen. Stundenlang unter Gummi zu arbeiten ist außerordentlich schwer. Daran und an dem russischen ›Wird-schon-gut-gehen‹ lag es, daß ständig gegen die Sicherheitsbestimmungen verstoßen wurde und ein Teil der Offiziere und Unteroffiziere, die über Jahre mit Raketentreibstoffen arbeiteten, sich Erkrankungen der Lungen, der Schleimhäute und der Verdauungsorgane zuzog. Genaue Angaben über Grad und Ausmaß der Vergiftung sowie der Umweltverschmutzung besitze ich allerdings nicht. Ich glaube, daß solche Daten einfach nicht erfaßt wurden, weil sie keiner verlangte. Seitens der politischen Führung und Partei befürchtete man wohl von solchen Informationen negative Auswirkungen auf den politisch-moralischen Zustand der Truppenteile und behinderte so deren Erfassung, Analyse und Weitergabe.

Besonders folgenreich waren Unfälle bei der Startvorbereitung und Havarien während des Fluges von Raketen. Solche Fälle gab es leider mehr als genug. Erinnert sei an das Unglück, das Marschall Mitrofan Nedelin und Dutzende weiterer Militär- und Zivilpersonen in den Tod riß. Die Explosion ereignete sich auf der

Startanlage des Testgeländes Baikonur infolge eines Defektes im Betankungssystem der Rakete.

Die Gefahr der Kontamination von Menschen durch ionisierende Strahlung der nuklearen Gefechtsteile hingegen war ungleich geringer. Mir ist bei den Truppen, die mit Atomsprengköpfen zu tun hatten, kein Fall von Strahlenkrankheit bekannt.

Ende 1969 wurde ich zum Regimentskommandeur befördert. Mein Regiment war in der Westukraine bei Luzk stationiert, unter recht günstigen Bedingungen.

Mit der Übernahme des automatisierten Systems der taktischen Führung wurden eine wesentlich höhere Operativität und zuverlässigere Truppenführung erreicht. Zugleich wurde die übergeordnete Ebene in die Lage versetzt, ständig über die Hauptkennzahlen der Gefechtsbereitschaft auf den untergeordneten Ebenen im Bilde zu sein und für eine permanente, automatische Kontrolle des Vorgehens bei der Vorbereitung des Raketenstarts zu sorgen.

Die Erhöhung der Operativität und Zuverlässigkeit sowie des Umfangs der für die taktische Führung bereitgestellten Informationen belastete die diensthabenden Schichten auf den Gefechtsständen aller Ebenen wesentlich stärker. Sie übernahmen immer mehr Funktionen der Kommandeure und der Stabschefs im Hinblick auf die organisatorische Vorbereitung und den Start der Raketen. Die Erweiterung des unmittelbar einbezogenen Personenkreises stellte neue Anforderungen an die Auswahl und den Einsatz der Offiziere.

Die Pflichten des Regimentskommandeurs erforderten ein enges Zusammenwirken mit den örtlichen Partei- und Staatsorganen. Deshalb wurde der Regimentskommandeur in der Regel in den Kreissowjet und in das Büro des Kreiskomitees der Kommunistischen Partei gewählt, der Divisionskommandeur in die jeweiligen Gebietsstrukturen.

Alles in allem bestand ein freundschaftliches Verhältnis zur Bevölkerung und zu den Organen der Staatsmacht. Diesem oder jenem wurde gelegentlich die Unkenntnis der ukrainischen Sprache vorgeworfen, von älteren Leuten bekam man mitunter das Schimpfwort ›Moskale‹ zu hören. Das gute Verhältnis zur Bevölkerung rührte in erster Linie aber auch daher, daß sich die Unteroffiziere überwiegend aus Einheimischen rekrutierten.

Die gängige Losung ›Die Strategischen Raketentruppen – ein

sicherer Schild der Heimat‹ wurde als gegeben hingenommen, obwohl sie eigentlich unlogisch und bildlich falsch war: Einen Schild wirft man nicht über Tausende von Kilometern auf das Territorium des Gegners, sondern behält ihn bei sich. Dennoch diente dieses Motto einem guten Zweck: Nicht auf Angriff orientierte es, sondern auf Abwehr und auf Verteidigung.

Meine Aufgaben bewältigte ich, und nach zwei Jahren folgte eine neue Dienststellung – Stabschef einer Division, nach weiterer zwei Jahren Divisionskommandeur. Neue Dienststellungen – das bedeutete neue Probleme und Schwierigkeiten, aber auch Freuden, ja mitunter ein Gefühl tiefer Befriedigung über das Vollbrachte.

Im Jahr 1970 wurden auf Befehl des Verteidigungsministers, Marschall Andrej Gretschko, Altersgrenzen für die Besetzung der Dienststellungen vom Batteriechef bis zum Divisionskommandeur festgelegt. Die künstliche Barriere versperrte vielen befähigten Offizieren die Karriere, was sie demoralisierte und ihnen die Lust nahm, ihren Dienst gewissenhaft zu versehen.

Die überalterte Führungsspitze im Ministerium für Verteidigung behielt praktisch ihre Posten, während bei den Kommandeuren der Batterien, Abteilungen, Regimenter und Divisionen wie auch bei ihren Stellvertretern eine Altersnivellierung eintrat. Die Unterschiede in bezug auf Dienstzeit, Dauer einer Dienststellung und Arbeitserfahrung verwischten sich. Hatte man bislang bei Beförderungen auch diese Umstände berücksichtigt, konnte sich jetzt so gut wie jeder als gleichberechtigten Kandidaten bei der Besetzung der nächsten Dienststellung betrachten. So wurde der Boden für ein ungesundes Verhältnis zwischen den Offizieren sowie für zunehmende Schönfärberei, Intrigantentum und Korruption bereitet. Als Offizier seinen Dienst zu tun, ohne Bestechungsgelder zu geben und anzunehmen, wurde zunehmend schwerer.

Die vier Jahre, in denen ich die Division befehligte, waren für mich ungemein lehrreich, ich bekam tieferen Einblick in das Leben, in das Machtgefüge. Auf viele Fragen wußte ich jedoch keine Antwort: Warum zum Beispiel die höchsten Führungsinstanzen, besonders in der Partei, die Analyse der Umstände und Ursachen des Todes von Menschen auf betrügerische Weise manipulierten. Warum die Einsparung von Geld und Material nicht stimuliert, sondern bestraft wurde. Warum unentgeltliche Hilfe für Kolchose und Fabriken von den örtlichen Staatsorganen nur widerstrebend akzeptiert wurde ...

Diese und viele andere Fragen vermochte ich erst nach dem Studium an Akademie des Generalstabs zu beantworten, als ich Armeestabschef und stellvertretender Verwaltungschef im Generalstab war. Doch das ist schon ein anderes Thema.

Mehr oder weniger dringlich stellte sich mir stets die Frage nach meinem Verhältnis zum Atomkrieg und zur Rolle, die ich dabei zu spielen hätte. Sie wurde besonders brisant in meiner Zeit als Chef des Armeestabes, als ich sowohl für das fachliche Niveau der einzelnen Gefechtsbesatzungen als auch für Zuverlässigkeit, Lebensdauer und Stabilität der Systeme der taktischen Führung verantwortlich war. Das Problem verschärfte sich dadurch, daß die Raketen mit montierten Gefechtsköpfen in Gefechtsbereitschaft zu halten waren, damit sie praktisch jeden Moment gestartet werden konnten. Bedenkzeit, ob sie auf den Startknopf drücken sollten oder nicht, wurde den Gefechtsbesatzungen nicht gelassen. Diese Fragen hatten für jeden Offizier klar zu sein, wenn er seinen Dienst antrat, und die Antwort unterlag keinem Zweifel – auf den Startknopf war zu drücken.

Übungen sind in jeder Armee die Voraussetzung für den notwendigen Stand der Gefechtsausbildung und die moralische und psychische Motivation der Soldaten. Für die Raketentruppen gelten jedoch spezifische Bedingungen.

Ihre Aufgabe ist es nicht, zur Grenze vorzurücken, sondern im Gegenteil tief im Hinterland zu bleiben, nicht den Gegner auszukundschaften, sondern sich vor ihm zu verbergen in sicheren Unterständen und Führungsstellen mit autonomen Versorgungssystemen. Mit ihren Raketen können sie nicht den unmittelbaren Kampf mit dem Gegner aufnehmen, da sie Tausende Kilometer von ihm entfernt sind.

Insofern erfordert die Gestaltung der Übungen großen Erfindungsreichtum, damit eine dynamische Situation geschaffen und ein hoher Effekt erzielt wird. Der Schwerpunkt lag auf dem Standortwechsel der mobilen sowie auf Tarnung und Schutz der stationären Raketenkomplexe, der Bekämpfung von Aufklärungs- und Diversionsgruppen, der Vorbereitung und Durchführung der nachfolgenden Raketenstarts.

Inwieweit die Maßnahmen zur Vorbereitung und Ausführung von Schlägen mit nachgeladenen Raketen realistisch und begründet waren, ist eine andere Frage. Mag sein, daß sie der Rechtfertigung unserer ›Überlegenheit‹ dienten – wie heißt es doch bei Tschechow: ›*Wenn ein Gewehr an der Wand hängt, dann muß man damit auch schießen.*‹

Für die Fachleute steht aber fest, daß ein von den USA oder der UdSSR einseitig geführter massierter Schlag mit Atomraketen nicht nur die Gegenseite vernichtet, sondern zugleich das qualvolle Ende der Menschheit bedeutet hätte.

Hierin liegt das Paradoxe, vielleicht aber auch die Tragik des Dienstes bei den Raketentruppen. Einerseits muß man alle Vorkehrungen für einen Raketen-Kernwaffen-Schlag treffen und, wenn der Befehl kommt, ihn auch führen, andererseits aber weiß man, daß dieser Weg in die Selbstvernichtung führt. Der größte Teil meiner Kollegen war hin- und hergerissen zwischen Bereitschaft und äußerstem Widerstreben, einen Befehl zu einem Raketen-Kernwaffen-Schlag auszuführen, fällt es doch schwer, Bereitschaft zu zeigen, wo Abneigung vorherrscht.

In den letzten Jahren ist für die Angehörigen der Raketentruppen ein neues Paradoxon hinzugekommen. Es gibt Offiziere und Generäle, die an der Vervollkommnung von Atomraketen arbeiten, und daneben, in der gleichen Institution, andere, die sich mit deren Vernichtung befassen. Wie mag die psychische Verfassung von Leuten sein, die gestern noch alle Kraft dafür einsetzten, daß die neuesten mobilen Raketenkomplexe ›SS-20‹ schnellstens in Dienst gestellt werden, um sie kurz darauf unter lautem Beifall eigener und ausländischer Unterhändler vernichten zu dürfen?

Was schmerzt, ist nicht die Vernichtung der Raketen – die muß sein –, sondern der Preis, den wir erst für den Aufbau und jetzt für den Abbau unserer zahlenmäßigen ›Überlegenheit‹ zahlen müssen.

Moskau, Februar 1992

Volle Deckung – Kernwaffenschutz!

Harald Kießlich-Köcher

Die Leser der Zeitschrift ›Wojennaja Mysl‹ (Militärisches Denken) wunderten sich im März 1954 gleich zweimal, als sie das Heft 3 durchblätterten. Zwar enthielt es gleich zu Beginn einen achtseitigen Artikel zum 1. Todestag Stalins unter dem Titel ›Der große Fortsetzer der Sache Lenins‹. Es fehlte aber das obligatorische Bild des großen Fortsetzers. Der zweite Anlaß zur Verwunderung war geradezu eine Sensation. Ein umfangreicher Artikel befaßte sich mit einem Gegenstand, der bisher in dieser Zeitschrift kaum eine Rolle gespielt hatte – der Atombombe. Das erstaunlichste war, daß es dazu auch noch die Fotografie einer Atombombendetonation gab. Noch nie waren in dieser Zeitschrift Abbildungen veröffentlicht worden, wenn man von den Portraits der Klassiker des Marxismus/Leninismus absieht.

In den vorhergehenden Jahren waren Kernwaffen in dieser laut Titelaufdruck ›nur für Generale, Admirale und Offiziere der Sowjetarmee und der Seekriegsflotte‹ bestimmten Zeitschrift kein Thema. Nicht einmal das berühmte Stalin-Interview mit dem Korrespondenten der ›Sunday Times‹, Alexander Werth, vom 24. September 1946, in dem der Erste Mann des Staates die Atombombe als Schreckmittel für ›Leute mit schwachen Nerven‹ bezeichnete, wurde in das ›Organ des Ministeriums der Streitkräfte der UdSSR‹ aufgenommen.

Erst im Jahre 1948 wurde es einem Oberstleutnant Zwetkow erlaubt, im Heft 6 die Kernwaffe zu erwähnen. Im Sinne der Stalinschen offiziellen Bagatellisierung schrieb er: »Das Setzen auf die Atombombe als das entscheidende Kriegsmittel ist ebenso abenteuerlich wie die Militärdoktrin der deutschen Faschisten, weil das Schicksal eines Krieges nicht die Atombombe, sondern die Gesamtheit der militärischen, ökonomischen und moralischen Faktoren entscheidet.«[1]

Aus dieser Sicht war natürlich auch der Schutz der Truppen oder

133

gar der Bevölkerung vor Kernwaffen kein Thema für die militärische und zivile Öffentlichkeit.

Es vergingen zwei weitere Jahre, ehe der Generalmajor der Panzertruppen V. Chlopow eine etwas ausführlichere Beschreibung der Wirkung, oder besser gesagt, der ›Nichtwirkung‹ von Atombomben gegen die sowjetischen Streitkräfte gab:

»Es gibt nicht den geringsten Zweifel daran, daß die Wirkung des Atombombeneinsatzes gegen in Front und Tiefe dezentralisierte und gedeckte Truppen und Kampfmittel lange nicht die sein würde, wie sie bei der Bombardierung der japanischen Städte mit dichtgedrängter Bevölkerung und leichten Bauten auftrat; umsomehr, als die USA nicht allein über die Atombombe verfügen.«[2]

In den folgenden Monaten wurde noch einige Male gegen die amerikanischen »abenteuerlichen und menschenfresserischen Projekte atomarer . . . Kriege«[3] polemisiert, dann gab es in diesem Journal für Spitzenmilitärs vorerst keine Kernwaffen mehr.

Der zwanzigseitige Leitartikel im Dezemberheft des Jahres 1952 ›Die Beschlüsse des XIX. Parteitages der Partei Lenins und Stalins und die Aufgaben der militärwissenschaftlichen Arbeit‹ enthielt zum Beispiel die 14 ›hervorragendsten Charakterzüge der sowjetischen Kriegskunst‹, in denen die Atomwaffen aber keine Rolle spielten. Der Stand der technischen Ausrüstung der Sowjetarmee wurde statt dessen durch ein Zitat aus einem Stalin-Befehl vom 23. Februar 1946 charakterisiert. Ansonsten war dieser Artikel eine bunte Mischung aus Lehren der Kursker Schlacht, Zitaten aus den letzten beiden Arbeiten Stalins zur Sprachwissenschaft und zu ökonomischen Problemen sowie einem Aufruf zu ›prinzipieller Kritik und freiem Meinungsstreit‹. Letzteres beweist, daß dieser Leitartikel keinesfalls von der Redaktion stammte, sondern aus übergeordneten Sphären.

Das änderte sich von Grund auf mit dem eingangs erwähnten Märzheft des Jahres 1954. Grundlage des genannten Artikels ›Die Wirkung der Atomwaffe‹ war das 1950 in den USA erschienene gleichnamige Buch. Neben der Beschreibung einiger Detonationsarten und -erscheinungen wurde jetzt erstmals zugegeben, daß die »Verringerung der Verluste und Zerstörungen im Ergebnis der Wirkung der Druckwelle wie auch der Schutz vor den anderen Arten der Wirkung einer Atombombe ein schwieriges Problem ist«[4].

134

Als sei damit der Bann gebrochen, setzte nun ein regelrechter Boom von Beiträgen zur Kernwaffenproblematik ein. So erschienen Artikel über die Gefechtsausbildung der amerikanischen Armee unter den Bedingungen des Atomwaffeneinsatzes (Heft 5), über den Einsatz taktischer Atomwaffen in der US-Armee im Gefecht und der Operation (Heft 8), über die Verwendung der Atomartillerie in der amerikanischen Armee (Heft 10) und über die Pioniersicherstellung des Atomschutzes der Truppen nach Angaben der amerikanischen Militärpresse (Heft 11).

Eine völlig neue Forderung auf diesem Gebiet enthielt der Leitartikel des Septemberheftes. Während in der Vergangenheit das Dogma galt, daß der Große Vaterländische Krieg Quelle aller Erfahrungen für einen möglichen zukünftigen Krieg ist und bleibt, wurde plötzlich unter der Überschrift ›Die Anforderungen des modernen Krieges bei den Herbstübungen‹ die Forderung nach Berücksichtigung der »realen Bedingungen, und zwar des *modernen*, und nicht des vergangenen Krieges«[5] (Hervorhebung im Orginal) laut.

Diese neue ›Offenheit‹ stand mit einem Ereignis in Verbindung, das erst in den letzten Jahren der sowjetischen Öffentlichkeit bewußt wurde. So veröffentlichte die regierungsamtliche ›Iswestija‹ am 14. Oktober 1989 einen Artikel unter der Überschrift ›September 1954: Übung unter dem Atompilz‹. Das Gewerkschaftsorgan ›Trud‹ folgte am 6. Januar 1990 mit ›Heißer September 1954‹. Beide Zeitungen berichteten, daß am 14. September 1954 auf einem Truppenübungsplatz in der Nähe der Ortschaft Tozk im Südural eine Übung der 12. Mechanisierten Division stattfand, bei der eine echte Atombombe gezündet wurde. Der Abwurf der Bombe mittlerer Detonationsstärke, das heißt zwischen 10 und 100 kt, erfolgte durch eine Tu-4 der Fernfliegerkräfte.[6] Die Division hatte unter anderem auch die Aufgabe, den Raum des Epizentrums der Luftdetonation zu überwinden.

Leider enthielten diese beiden Artikel, ebenso wie ein später in der ›Komsomolskaja Prawda‹ vom 14. September 1990 erschienener (›Probe der Apokalypse‹), eine Vielzahl von Ungenauigkeiten und offensichtlichen Übertreibungen. Eine Stellungnahme der Militärs ließ trotzdem lange auf sich warten. Erst im Dezember 1991 fand sich ein Held der Sowjetunion und Generaloberst B.P.Iwanow, der in der Zeitschrift ›Militärgeschichtliches Journal‹

Stellung bezog.[7] Er war 1954 stellvertretender Kommandeur der 12. Mechanisierten Division und hatte in dieser Funktion an der Übung teilgenommen.

Die Autoren der drei Artikel hatten es ihm etwas zu leicht gemacht. Er konnte ihnen zahlreiche sachliche Fehler nachweisen und dadurch die gesamte Aussage als unglaubwürdig hinstellen. Im übrigen sang er das Hohelied des ausreichenden Schutzes der Übungsteilnehmer. Die radioaktive Strahlung, die nach seinen Angaben im Raum des Epizentrums gemessen wurde, stimmt allerdings ihrerseits nicht mit den Werten in den einschlägigen sowjetischen Auswertetabellen überein. Das gilt auch für die Meßwerte im Ausbreitungsgebiet der Radioaktivität. Aus den Angaben in seinem Artikel geht hervor, daß die Windgeschwindigkeit etwa 70 km/h betragen haben soll. Bei dieser Windgeschwindigkeit beträgt die Dosisleistung in 26 km Entfernung bei einer 10-kt-Luftdetonation eine Stunde nach der Detonation 8 Röntgen pro Stunde (r/h).[8] Nach Angaben von General Iwanow dagegen wurden 50 Minuten nach der Detonation in 25 km Entfernung 0,1 r/h gemessen. Derartige Abweichungen sind nicht glaubwürdig.

Diese sicher nicht einzige Truppenübung, bei der eine echte Atombombe zum Einsatz kam, beweist, daß den Kernwaffen zunehmende Bedeutung beigemessen wurde. Innerhalb kurzer Zeit erschienen zahlreiche Bücher und Vorschriften zu dieser Frage. Noch 1954 wurde das Buch der beiden Offiziere der US-Army G. C. Reinhardt und W. R. Kintner, ›Atomic Weapons in Land Combat‹ (Atomwaffen im Gefecht der Landstreitkräfte), das erst im August 1953 in den USA erschienen war, in russischer Sprache als armeeinterne Ausgabe veröffentlicht. Obwohl im Vorwort gewarnt wurde, daß die Autoren »von Anfang bis Ende Zitate aus Arbeiten verschiedener bürgerlicher Militärtheoretiker und Autoritäten, besonders deutscher, deren reaktionäres Wesen und Inkompetenz unseren Lesern gut bekannt ist«, verwenden, wurde doch eingeschätzt, daß »der sowjetische Leser einige nützliche Angaben über den Gefechtseinsatz der US-Army unter den Bedingungen des Atomwaffeneinsatzes auf dem Gefechtsfeld entnehmen kann.«[9]

Auch an der Militärakademie des chemischen Schutzes wurde, wie dem soeben erschienenen Buch über die Geschichte dieser Akademie zu entnehmen ist, erst 1954 ein ›Lehrstuhl Atom- und chemischer Schutz‹ gebildet.[10]

136

ПАМЯТКА
СОЛДАТУ и МАТРОСУ
☆
ДЕЙСТВИЯ
В УСЛОВИЯХ ПРИМЕНЕНИЯ
АТОМНОГО, ХИМИЧЕСКОГО
И БАКТЕРИОЛОГИЧЕСКОГО
ОРУЖИЯ

1955

Titelblatt des allerersten sowjetischen Merkbuches für Soldaten und Matrosen.
Handlungen unter den Bedingungen des Einsatzes von Atom-, chemischen und
bakteriologischen Waffen. – 1955 –

Illustrationen aus der Dienstvorschrift über den Schutz der Truppen vor Massenvernichtungsmitteln. Moskau 1964

ЕСЛИ РЯДОМ НИКАКОГО УКРЫТИЯ НЕТ, ЛОЖИСЬ НА ЗЕМЛЮ

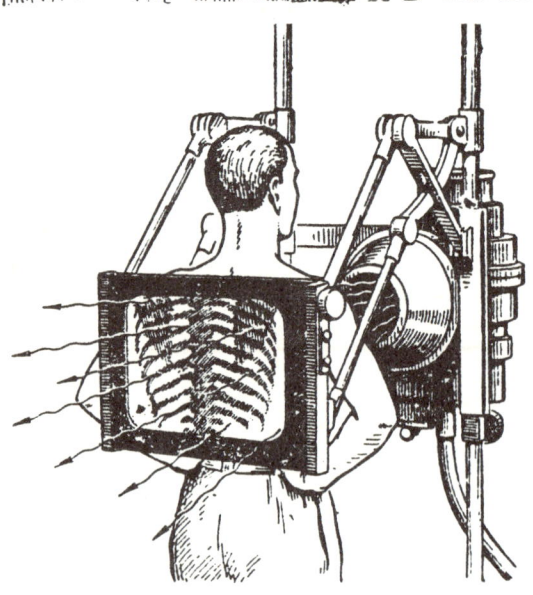

ЯДЕРНЫЙ ВЗРЫВ МОЖЕТ НАНОСИТЬ ПОРАЖЕНИЯ

ударной волной

световым излучением

проникающей
радиацией

радиоактивным
заражением

Für die einfachen Soldaten wurde 1955 ein Merkblatt herausgegeben, das über das Verhalten beim Einsatz der atomaren, chemischen und bakteriologischen Waffe informierte. Hauptziel war offensichtlich, bestehende Ängste vor den neuartigen Waffen abzubauen: »Der Sieg über den Feind ist mit geringen Verlusten durch kühne und entschlossene Handlungen sowie durch Anwendung von Schutzmaßnahmen vor der schädigenden Wirkung aller Waffenarten und vor allem der atomaren, chemischen und bakteriologischen möglich.« (S. 67) »Moderne Heilmethoden gewährleisten eine Gesundung selbst bei einem schweren Grad der Strahlenkrankheit.« (S. 19)

»Eine Besonderheit der radioaktiven Stoffe, die sich bei einer Atomdetonation bilden, besteht darin, daß ihre Radioaktivität schnell sinkt. Deshalb werden selbst stark aktivierte Geländeabschnitte einige Zeit nach der Detonation wieder ungefährlich.« (S. 23)

Mit einfachen Abbildungen wird des Schutzverhalten demonstriert, das vor allem auf das Ausnutzen von Deckungen aller Art und die Anwendung der individuellen und der kollektiven Schutzmittel orientiert.

Das Merkblatt schließt mit den Worten: »Denke daran, daß hervorragende Kenntnisse deiner Pflichten und geschickte Handlungen unter den Bedingungen des Einsatzes der atomaren, chemischen und bakteriologischen Waffe Dich befähigen, erfolgreich die Gefechtsaufgabe zu erfüllen und das eigene Leben zu schützen.« (S. 127)[11]

Durch den Befehl 191 des Ministers für Verteidigung der UdSSR vom 11. August 1964 wurde eine ›Vorschrift zum Schutz der Truppen vor Massenvernichtungswaffen‹ in Kraft gesetzt. Sie löste die geheime Vorschrift von 1958 ab und enthielt allgemeine Angaben über den Schutz und spezielle Kapitel über die Besonderheiten bei den verschiedenen Teilstreitkräften.

Die Rolle und vor allem die Grenzen des Schutzes werden in dem Kapitel ›Der Schutz der Strategischen Raketentruppen vor Massenvernichtungswaffen‹ deutlich. Unter der Ziffer 99 heißt es dort: »Der Kommandeur trägt die volle Verantwortung für die rechtzeitige Organisation und Verwirklichung des Schutzes und ist verpflichtet, die Erfüllung der Gefechtsaufgabe bei jedem Grad der Aktivierung der Stellung . . . zu gewährleisten.«[12]

Die Ziffer 104 enthält folgende Festlegungen: »Bei einem gegnerischen Kernwaffenschlag auf die Gefechtsstellung des Raketen-
truppenteils trifft der Kommandeur Maßnahmen zur sofortigen
Wiederherstellung der Truppenführung, stellt den Zustand und
die Gefechtsfähigkeit des Truppenteils fest, organisiert die weitere
Erfüllung der Gefechtsaufgabe mit den verbleibenden Mitteln
und außerdem die Rettungs- und Bergungsmaßnahmen. Die Wiederherstellung von Anlagen der Gefechtsstellung und die Säube-
rung der Zufahrtswege zu ihnen erfolgt nur, wenn sie für die
Erfüllung der folgenden Gefechtsaufgabe benötigt wird. Das Löschen (Lokalisieren) von Bränden erfolgt nur dann, wenn diese die
Erfüllung der Gefechtsaufgabe behindern.«[13]
An diesem Beispiel wird deutlich, daß bei der ›Erfüllung der
Gefechtsaufgabe‹ Menschenleben keine Rolle spielten. Für den
Schutz ist der Kommandeur verantwortlich, aber zur Erfüllung
der Gefechtsaufgabe ist er verpflichtet!
Fünf Jahre später erschien die gleiche Vorschrift als ›unveränderter Nachdruck‹. Diese Ausgabe wies jedoch eine nicht gekenn-
zeichnete, aber entscheidende Veränderung auf. Die Anlage 4 der
ersten Ausgabe enthielt eine Tabelle ›Zulässige Aktivierungswerte verschiedenener Oberflächen und Objekte‹. In der zweiten
Ausgabe hatte die Tabelle in der Überschrift den Zusatz ›Vorläu-
fige zulässige Aktivierungswerte . . .‹ und enthielt erheblich höhere zulässige Werte für Beta-Zerfalle pro Minute und cm^2. Sie
lagen bei Körperoberflächen, Bekleidung, Waffen, Kampftechnik
und Anlagen 11. . .44mal höher als 1964 und die Angaben zur
zulässigen Gamma-Strahlung 5. . .20mal. Nur bei Lebensmitteln
und Kücheneinrichtungen gab es keine Veränderungen.[14]
Vergleicht man die Werte von 1969 mit den heute gültigen Normen, so hat es zwar bei einigen Positionen wiederum eine Erhöhung gegeben, diese liegt jedoch nur zwischen 10 und 70 Prozent.[15]
Darüber, wie die Ausbildung der jungen Soldaten im Schutz vor
Massenvernichtungswaffen erfolgen soll, gibt eine 1969 im Militärverlag in Moskau erschienene Schrift ›Taktikausbildung. Die
Massenvernichtungswaffen und der Schutz vor ihnen‹ Auskunft.
Zum Bild des Zukunftskrieges, heißt es dort: »In einem zukünftigen Krieg, wenn es den imperialistischen Barbaren gegen jeden
gesunden Verstand gelingen sollte, ihn zu entfesseln, können

143

gegen Menschen Massenvernichtungsmittel und vor allem Kernwaffen eingesetzt werden. Die Luft wird von Kernwaffendetonationen erbeben, die von einer Aktivierung begleitet werden ...
Und gerade in dieser Lage ist der Kampf zu führen und der Sieg zu erringen.« (S. 101)

Drei Seiten weiter wird folgende Empfehlung gegeben: »Daher ist es sehr wichtig, ... richtige Vorstellungen über die Vernichtungsfaktoren der Massenvernichtungswaffen zu schaffen, nicht durch den Schrecken des modernen Krieges einzuschüchtern und Vertrauen in die eigene Kraft zu erzeugen. Es muß verstanden werden zu zeigen, daß es auch gegen atomare, chemische und bakteriologische Waffen zuverlässige Schutzmittel gibt, daß ein wissender, gut ausgebildeter Soldat nicht nur selbst nicht stirbt, sondern auch noch den Genossen rettet.« (S. 104) Andererseits dürften die Soldaten nicht in das andere Extrem verfallen und die modernen Massenvernichtungswaffen »als ungefährliches Spielzeug« (S. 105) ansehen.

Dem Ausbilder wird empfohlen, gegebenenfalls auf ›Volksweisheiten‹ zu verweisen: »Der Volkswille ist stärker, als Atom und Wasserstoff« und »Wer mit dem Atom winkt, wird geschlagen«. (S. 106)

Auf der letzten Seite schließlich findet sich folgende Verhaltensregel für den Fall einer Atomwaffendetonation: »Der Soldat hat unverzüglich (innerhalb von Sekunden) die Lage zu beurteilen und in Abhängigkeit davon, auf welcher Seite der Blitz war, Schutzmaßnahmen zu treffen.« (S. 204)[16]

Derartige Empfehlungen liegen auf einer Ebene mit Ratschlägen, wie sie zum Beispiel zur Bestimmung der Entfernung zum Epizentrum gegeben werden: Der Soldat soll einfach die Zeitdifferenz zwischen dem Eintreffen des Lichtblitzes und der Schallwelle bestimmen und die Sekundenzahl mit der Schallgeschwindigkeit multiplizieren. Am Ende der Kopfrechnung steht die ungefähre Distanz in Metern. Durch Vereinfachung der Probleme und eine Vielzahl von Schutzmaßnahmen sollte die Vorstellung vermittelt werden, daß auch im Kernwaffenkrieg siegreich gekämpft werden kann. Dabei blieb das Primat der Erfüllung der Gefechtsaufgabe jedoch erhalten. In der Felddienstvorschrift der Landstreitkräfte für Division, Brigade und Regiment aus den achtziger Jahren heißt es zwar unter Ziffer 562:

144

»Die aktivierten, vergifteten und verseuchten Zonen sind in den Richtungen zu umgehen oder zu überwinden, die den geringsten Grad der Kernstrahlungsbelastung (des Befalls) des Personalbestandes erwarten lassen.« (S. 375)

Die Ziffer 555 enthielt jedoch die entscheidende Einschränkung für alle Schutzmaßnahmen, daß sie »die Erfüllung der Gefechtsaufgabe nicht beeinträchtigen« dürfen. (S. 372)[17]

In Struktur, Ausrüstung und Ausbildung der sowjetischen Streitkräfte kam es durch die Kernwaffen zu erheblichen Veränderungen. Das betraf zunächst die Chemischen Truppen. Neben ihren bisherigen Aufgaben (Einsatz von Brand- und Nebelmitteln, chemische Aufklärung und Entgiftung) waren sie in Zukunft auch für die Kernstrahlungsaufklärung und die Entaktivierung (Dekontaminierung) verantwortlich. Die wenigsten Schwierigkeiten gab es bei der Entaktivierung. In der offiziellen Geschichte ›Die chemischen Truppen der Sowjetarmee‹ heißt es dazu: »Untersuchungen zeigten, daß radioaktiver Staub gut mit Hilfe von Waschmittellösungen von den Oberflächen der Waffen, der Technik und der individuellen Schutzmittel und von der Bekleidung durch Waschen entfernt werden kann . . . Für die Entaktivierungslösungen wurden die Pulver SF-2 und SF-2U in die Ausrüstung aufgenommen. Für die Entaktivierung wurden die Fahrzeuge ADM-48 und ARS-12 mit entsprechenden Vorrichtungen komplettiert . . .

Die in der Ausrüstung befindlichen DK-4 und IDK-1 konnten nicht nur für die Entgiftung, sondern auch zur Entaktivierung eingesetzt werden.«[18]

Ab 1954 wurden die chemischen Einheiten in den Truppenteilen und Verbänden mehr und mehr mit vielen Aufgaben des ABC-Schutzes betraut. Die Anzahl der Einheiten und Truppenteile der Chemischen Truppen und auch ihr Personalbestand stiegen erheblich an.

Zur Kernstrahlungsaufklärung wurden die Geräte DP-62 und DP-1A und zur Kernstrahlungskontrolle des Personals das Gerät DP-21A, das 200 Personendosimeter DS-50 enthielt, eingeführt. Zur Oberflächenkontrolle von Waffen, Ausrüstung und der Körperoberfläche von Menschen sowie zur Kontrolle von Wasserproben diente das Beta-Gamma-Radiometer DP-11A.

Diese Geräte wurden in den folgenden Jahren vervollkommnet bzw. durch Neuentwicklungen ersetzt. In den achtziger Jahren

befanden sich in der Struktur der Chemischen Truppen der Sowjetarmee eine Vielzahl verschiedener Einheiten und Truppenteile. Die mot.Schützen- und Panzerregimenter hatten je einen
Zug der chemischen Abwehr. Die mot.Schützen- und Panzerdivi-
sionen verfügten über eine selbständige Kompanie der chemischen Abwehr und eine analytische Auswertegruppe (RAG) zur
Berechnung der Auswirkungen von gegnerischen Schlägen mit
Massenvernichtungswaffen. Zur Struktur der Chemischen Truppen einer Armee gehörten unter anderem eine selbständige Kompanie für Kernstrahlungs- und chemische Aufklärung, ein selbständiges Bataillon der chemischen Abwehr, ein selbständiges
Bataillon für Spezialkontrolle (hinter dieser Bezeichnung verbarg
sich eine Einheit zur Bestimmung der Koordinaten von gegnerischen Kernwaffenschlägen), ein selbständiges Bataillon der chemischen Abwehr der rückwärtigen Dienste und eine Auswertesta-
tion (RAST).
Doch viele dieser Einheiten und Truppenteile bestanden nur auf
dem Papier. Im günstigsten Fall existierte wenigstens die Technik.
Tatsächlich vorhanden waren diese Truppen nur bei einzelnen
Stoßarmeen und Gardetruppen, wie zum Beispiel bei der Gruppe
der sowjetischen Truppen in Deutschland.
Ähnlich wie beim Militär entwickelte sich der Kernwaffenschutz
in der UdSSR auch im Bereich des Schutzes der Zivilbevölkerung.
Auch hier war es zunächst eine Übersetzung, die auf Notwendigkeit und Möglichkeiten des Schutzes vor Kernwaffen aufmerksam
machte. Im Jahre 1957 erschien das 1954 in Paris herausgegebene
Buch von Charles Gibrin, ›Atomique secours‹, unter dem Titel
›Der Atomschutz der Bevölkerung‹ in russischer Sprache. Zu
dieser Zeit war der Örtliche Luftschutz, eine Institution, die zwar
im Krieg eine große Rolle spielte, aber erst 1956 wiederbelebt
worden war,[19] für den Zivilschutz zuständig. Die Veteranen dieser
Organisation waren jedoch nicht in der Lage, auf die veränderten
Anforderungen, die sich aus der Existenz der Kernwaffen ergaben, zu reagieren.
Daher wurde im Juli 1961 die Zivilverteidigung der UdSSR gegründet und dem Ministerrat unterstellt. Chruschtschow hatte auf
einer Sitzung des Obersten Sowjets im Jahre 1960 den Boden
vorbereitet: ». . . der Krieg beginnt vor allem im der Tiefe der
kämpfenden Staaten, wobei es keine Hauptstadt, kein großes

Industrie- oder Verwaltungszentrum geben wird, die nicht nur in den ersten Tagen, sondern schon in den ersten Minuten einem Angriff ausgesetzt sein werden.«[20]

Ende der sechziger Jahre wurde immer noch in dieser Form für den Zivilschutz Stimmung gemacht. In einem Lehrbuch der Zivilverteidigung hob man im Kapitel ›Die Zivilverteidigung im Raketenkernwaffenkrieg‹ zunächst die Fürsorge der Partei für einen zuverlässigen Schutz des Territoriums hervor, um dann einzuschränken, es könne »keine Garantie geben, daß ein Teil der gegnerischen Raketen nicht doch unsere Luftverteidigung durchbricht. Eine erhebliche Verringerung der Bevölkerungsverluste wird in diesem Fall nur durch den gesamten Komplex von Zivilverteidigungsmaßnahmen erreicht.«[21]

Die Hauptaufgaben der Zivilverteidigung beschreibt ein Lehrbuch für die Hochschulen aus den sechziger Jahren:

Verwirklichung der Maßnahmen zum Schutz der Bevölkerung vor allem vor Kernwaffen, aber auch vor chemischen und bakteriologischen Waffen durch Warnung, Dezentralisierung, Evakuierung und Bau von Schutzanlagen; Vorbereitung der Objekte der Volkswirtschaft zur stabilen Arbeit unter den Bedingungen gegnerischer Angriffe; Durchführung von Rettungs- und dringlichen Havariebeseitigungsarbeiten in Wirkungsherden; Erweisung der medizinischen Hilfe und Beseitigung der Folgen gegnerischer Angriffe.

Was sich so gewaltig anhörte, war ein Koloß auf tönernen Füßen. Schutzmasken waren nur für einen Teil der Bevölkerung vorhanden, Schutzräume gab es nur in wenigen Betrieben. Das ist indirekt sogar in den Propagandabroschüren nachzulesen: »Die Ausbildung ist im unterirdischen Schutzraum durchzuführen. Wenn es in Ihrem Betrieb keinen gibt, müssen Sie den Schutzraum der Zivilverteidigung der Bezirksstadt nutzen.«

Die Evakuierung war mit den zur Verfügung stehenden Verkehrsmitteln, die im Krieg vermutlich vorrangig für die Streitkräfte eingesetzt worden wären, nicht einmal im Frieden zu bewältigen. Daher wurde für die Personen, die aus den Ballungszentren nicht mit Fahrzeugen evakuiert werden konnten, empfohlen, in geordneten Kolonnen von 500 bis 1.000 Mann die Stadt zu verlassen und außerhalb provisorische Unterstände zu errichten. Jeder kann sich ausrechnen, welche Marschgeschwindigkeit diese Kolonnen mit Alten und Kindern haben würden und in welcher Zeit sie in ›sicherer Entfernung‹ zum Beispiel von Moskau sein (nach einem Tag hätten sie vermutlich noch nicht einmal den Stadtrand erreicht) und mit dem Bau der provisorischen Unterstände beginnen könnten. Das würde gewiß nicht nur an der Erschöpfung der ›Marschierer‹ scheitern, sondern schon an den fehlenden Werkzeugen (falls nicht geplant war, daß die Kolonnen oder Begleitfahrzeuge Schaufeln mitführen). Wie die Verpflegung während des Marsches und vor allem im ›Raum der Unterbringung‹ erfolgen soll, geht aus den Zivilschutzfibeln nicht hervor.

Die stabile Arbeit der Volkswirtschaft existierte schon im Frieden nicht. Wie sollte das unter den Bedingungen eines Kernwaffenkrieges verwirklicht werden?

Aber es gab natürlich ein ganzes Heer von über 100.000 Angestellten, denen die Zivilverteidigung eine einträgliche Beschäftigung garantierte.

Hin und wieder kam es zwar auch zu realistischeren Einschätzungen. Die wurden aber nur indirekt sichtbar. So wurde zum Beispiel nicht von Toten und Verletzten gesprochen, sondern von absoluten und sanitären Verlusten. Absolute Verluste wurden definiert als Personen mit »tödlichen Verletzungen« und sanitäre Verluste als Personen, die »die Arbeitsfähigkeit verloren haben und medizinischer Hilfe bedürfen«. An gleicher Stelle heißt es dann: »Bei einem überraschenden Kernwaffenschlag gegen eine Stadt betragen die sanitären Verluste ein Drittel der Bevölkerung.«[22]

Eine praktische Bewährungsprobe sowohl für die Sowjetarmee als auch für die Zivilverteidigung war die Tschernobyl-Katastrophe. Weder die Behörden noch die Armee oder die Zivilverteidigung waren auf eine solche Aufgabe vorbereitet.

Die Zivilverteidigung, die eigentlich die Leitung der Operation hätte übernehmen müssen, war dazu einfach nicht in der Lage. Bis zum 2. Mai leitete deshalb der Befehlshaber des Kiewer Militärbezirks die Arbeiten zur Beseitigung der Folgen. Dann übernahm der Oberbefehlshaber der Südwestrichtung das Kommando. Für die Zivilverteidigung, der von ihrer Bestimmung her eigentlich die entscheidende Rolle bei der Beseitigung der Folgen hätte zukommen müssen, blieben nur zwei Aufgaben – die technische und die rückwärtige Sicherstellung der Handlungen der Truppen. Das hatte auch personelle Konsequenzen. Der Stellvertreter des Verteidigungsministers und Chef der Zivilverteidigung, Armeegeneral A.T. Altunin und einige seiner Generale mußten ihren Hut nehmen.

Allerdings muß auch vermerkt werden, daß in den offiziellen Veröffentlichungen zur Zivilverteidigung, vermutlich, um die Bevölkerung nicht zu beunruhigen, eine derartige Havarie gar nicht vorkam. In dem im Hochschulverlag 1986, das heißt im Jahr der Katastrophe, erschienenen und vom Ministerium für Hoch- und Fachschulen bestätigten Lehrbuch für Studenten gibt es zwar ein Kapitel ›Die Beseitigung der Folgen von Naturunglücken, Großhavarien und Katastrophen‹. Bei der Begriffsbestimmung für Katastrophen kommt man der Tschernobyler Realität sehr nahe, indem man sie als Ereignisse definiert, »die tragische Folgen haben«[23], bei der Erläuterung wird jedoch nur auf Brände, Explosionen und das Freiwerden von Giftstoffen eingegangen.

Die ständigen Beteuerungen der hohen Gefechts- und Einsatzbereitschaft der Truppen, das zeigten die Ereignisse bei der Bekämpfung der Katastrophenfolgen von Tschernobyl, waren weit von der Realität entfernt. Aus einer bisher unveröffentlichten, geheimen Studie des sowjetischen Verteidigungsministeriums aus dem Jahr 1986 geht hervor: Am 26. April war lediglich eine mobile Abteilung eines selbständigen mechanisierten Regiments der Zivilverteidigung an Ort und Stelle. Am 29. April hatte sich das Kontingent um eine mobile Abteilung für Spezialbehandlung und ein selbständiges Bataillon für Spezialbehandlung mit 123 Fahrzeugen und 632 Mann erhöht. Erst am Abend des 2. Mai waren etwa 20 Truppenteile und selbständige Einheiten im Raum der Katastrophe eingetroffen. Bezeichnend war, daß erst einmal drei Lehrbataillone mit einer Stärke von je 600 Mann gebildet werden mußten, um das Personal für die Dekontaminierung auszubilden.[24]

Der Reaktorunfall in Tschernobyl fand im tiefsten Frieden statt, bei funktionierendem Verkehrswesen und intakten Nachrichtenverbindungen, und es gab nur eine einzige Quelle radioaktiver Verstrahlung. Und doch: Ein Schutz der Bevölkerung war gänzlich unmöglich. Daran konnte auch der persönliche Einsatz der Beteiligten, der manchmal durchaus die Bezeichnung ›Todesmut‹ verdiente, nichts ändern.

Dresden, Juni 1992

149

1 Wojennaja Mysl, Moskau, 12.,1948, Heft 6, S.24
2 Wojennaja Mysl, Moskau, 14.,1950, Heft 6, S.75
3 Wojennaja Mysl, Moskau, 14.,1950, Heft 11, S.15
4 Wojennaja Mysl, Moskau, 18.,1954, Heft 3, S.76
5 Wojennaja Mysl, Moskau, 18.,1954, Heft 9, S.5
6 Institut wojennoi istorii. Woorushennje sily i wojennoje iskusstwo posle wtoroi mirowoi wojney, Moskau 1989 (Manuskript), S.455
7 Wojenno-istoritscheski shurnal, Moskau, 1991, Heft 12, S.79–86
8 zitiert nach der deutschen Ausgabe: K 053/3/002, Auswertung der Kernstrahlungslage, Berlin, 1989, S.55
9 Rejnchardt,Dsh.K., Kintner,W.R.: Bojewyje dejstwija sucho-putnych woisk w uslowijach primenenija atomnogo orushija, Moskau, 1954, S.4
10 Wojennaja Akademija chimitscheskoi saschtschity (1932–1992). Istoritscheski otscherk, Moskau, 1992
11 Pamjatka soldatu i matrosu. Dejstwija w uslowijach primenenija atomnogo, chimitscheskogo i bakteriologitscheskogo orushija, Moskau, 1955, S.67
12 Nastawlenije po saschtschite woisk ot orushija massowogo porashenija, Moskau, 1964, S.72
13 ebenda, S.74
14 vgl. ebenda, S.156 und die Ausgabe von 1969, S.156
15 Biblioteka ofizera. Saschtschita ot orushija massowogo porashenija, 2. überarbeitete und erweiterte Auflage, Moskau, 1989, S.51
16 Loschtschilow,A.K., Nesterow,W.P.: Taktitscheskaja podgotowka. Orushija massowogo porashenija i saschtschita ot nego, Moskau, 1969
17 zitiert nach der deutschen Ausgabe: DV 046/0/001, Gefechtsvorschrift der Landstreitkräfte. Division, Brigade und Regiment, Berlin, 1983, S.375
18 Chimitscheskije woiska Sowjetskoj armii, Moskau, 1987, S.49f.
19 Kotlukow,K.G. u.a.: Ot MPWO k grashdanskoi oborone, Moskau, 1968, S.65
20 zitiert nach: Jegorow,P.T. u.a.: Grashdanskaja oborona, Moskau, 1963, S.115
21 Jegorow,P.T. u.a.: Grashdanskaja oborona, Moskau, 1970, S.13
22 Nikolajew,L.A.: Osnowy saschtschity neselenija ot orushija massowogo porashenija, Minsk, 1988, S.31
23 Atamanjuk,W.A.: Grashdanskaja oborona, Moskau, 1986, S.167
24 Alle Angaben beruhen auf einem geheimen Bericht des Ministeriums für Verteidigung der UdSSR für die Generalstäbe der Vereinten Streitkräfte mit dem Titel: Uroki i wywody is awarii na Tschernobylskoj AES dla woorushennych sil, Moskau, 1986

Der Atombomben-Produktions-Komplex

Peter Almquist

Eines der bestgehütetsten Geheimnisse des Kalten Krieges war die Kenntnis, wie und wo in der Sowjetunion Atomwaffen produziert werden. Einrichtungen erhielten Decknamen, die den wahren Standort verschleierten, gleichzeitig tauchten ganze Städte nie auf Landkarten auf. Seit wenigen Jahren gibt es nun aber mehr und mehr Informationen, und obwohl viele Details immer noch im Dunkeln der Geheimhaltung verbleiben, nimmt deren Zahl beständig ab.[1]

Nach Angaben des jetzigen russischen Ministers für Atomenergie, M. W. Michailow, waren zu Beginn der neunziger Jahre ca. 100.000 Mitarbeiter direkt am Atombombenbau beteiligt. 10.000 bis 15.000 besaßen davon ›wirklich geheime Informationen‹ und 2.000–3.000 Kenntnisse hüteten ›strengste Geheimnisse‹.[2] Die meisten dieser Geheimnisträger lebten und arbeiteten in den zehn ›geschlossenen Städten‹, die als Kern des Atombomben-Produktions-Komplexes errichtet worden waren: Arsamas-16, Krasnojarsk-26, Krasnojarsk-45, Swerdlowsk-44, Swerdlowsk-45, Slatoust-36, Tomsk-7, Pensa-19, Tscheljabinsk-65 (ehemals Tscheljabinsk-40) und Tscheljabinsk-70.

Der Stoff, aus dem die Bombe ist

Der Bau einer Atombombe beginnt eigentlich in den Uranminen, die über die ganze Sowjetunion verstreut sind: u.a. im Kaspischen Kombinat für Bergbau und Metallurgie in Schowohenko, im Sawenjagin-Kombinat für Bergbau und Metallurgie in Norilsk, im Transbaikal-Kombinat für Bergbau und Erdölverarbeitung in Perwomaisk und im Zelina-Kombinat für Bergbau und Chemie in Stepnogorsk. Nach Angaben des Vorsitzenden der Gewerkschaft für die Beschäftigten in der Atomindustrie sind rund zehn Prozent der 1,65 Mio. Mitglieder seiner Gewerkschaft Minenarbeiter.

Das Uranerz, das weniger als ein Prozent des Isotops U-235 enthält, wird gemahlen und bearbeitet. Ein Teil findet in Reaktoren Verwendung, ein anderer Teil wird auf drei Prozent U-235 angereichert und in Leichtwasserreaktoren genutzt, während wiederum ein anderer Teil für die Verwendung in Waffen auf über 90 Prozent U-235 angereichert wird.

In der Sowjetunion erfolgte die Urananreicherung bis in die jüngste, nun schon russische Vergangenheit an mindestens vier verschiedenen Standorten:

- im Elektrochemischen Kombinat von Werchni-Nejwinski
- in der Elektrochemischen Fabrik in Krasnojarsk
- im Kombinat für chemische Elektrolyse in Angarsk
- und im Sibirischen Chemiekombinat von Tomsk.

Das zweite spaltbare Material, das in Atomwaffen verwendet wird, ist Plutonium. Das bevorzugte Isotop, Pu-239, wird heute sowohl in speziell für die Plutoniumproduktion vorgesehenen, militärischen Atomreaktoren als auch in zivilen Kernkraftwerken hergestellt. Die militärischen Reaktoren sind speziell für die Gewinnung relativ reinen Pu-239 aus der Uranspaltung konstruiert. Die normalen Reaktoren produzieren zwar auch Plutonium, aber mit einer unerwünscht hohen Konzentration eines anderen Plutoniumisotops, des Pu-240. Deshalb stammt auch der größte Teil des Waffenplutoniums aus insgesamt 14 speziellen Reaktoren, von denen die meisten jedoch bis Ende 1992 abgeschaltet werden bzw. bereits abgeschaltet worden sind:

- im Chemiekombinat Majak (auch als Tscheljabinsk-40 und Tscheljabinsk-65 bekannt) in Kyschtym;
- im Sibirischen Chemiekombinat (auch Tomsk-7 genannt) in Sewersk;
- und im Kombinat für Bergbau und Chemie (auch Krasnojarsk-26 genannt) in Dodonowo.

Zum Chemiekombinat Majak gehören fünf graphitgesteuerte und ein Schwerwasser-Reaktor, die alle bis Mitte 1992 abgeschaltet wurden. Im Sibirischen Chemiekombinat wurden Ende 1991 mindestens zwei der fünf graphitgesteuerten Reaktoren abgeschaltet und einer soll noch 1992 folgen. Zwei der drei graphitgesteuerten Reaktoren im Bergbau- und Chemiekombinat bei Dodonowo wurden ebenfalls stillgelegt. Mitte 1992 befinden sich nur noch drei oder vier Reaktoren zur Plutoniumproduktion in Betrieb.

Die Wiege der heutigen Atomwaffenproduktion befindet sich in zwei russischen Forschungs- und Entwicklungslaboratorien. Das erste, mit ca. 25.000 Beschäftigten, liegt in Sarowa und trägt nunmehr den offiziellen Namen Allrussisches Wissenschaftliches Forschungsinstitut für Experimentalphysik (VNIIEF); die inoffizielle Bezeichnung lautet Arsamas-16. Das zweite, 1955 gegründet, um die Konkurrenz und Sicherheit der Atomwaffenkonstruktion zu erhöhen, liegt in Sneshinsk und ist als Tscheljabinsk-70 bekannt. Dieses Laboratorium mit dem offiziellen Namen Allrussisches Wissenschaftliches Forschungsinstitut für theoretische Physik (VNIITF) beschäftigt ca. 16.000 Menschen.

Nach den jeweiligen Vorgaben des Militärs, z.B. bezüglich der gewünschten Sprengkraft und des vorgesehenen Trägermittels, entwickeln beide Laboratorien konkurrierende Entwürfe. Bekannt wurde das Anfang der sechziger Jahre bei der Entwicklung eines Sprengkopfes für die SS-9. Bis in die Gegenwart wurde diese Konkurrenz beibehalten, obgleich dramatische Veränderungen oder bahnbrechende Neuerungen in der Sprengkopftechnologie heute sicher eher selten sind. In der Vergangenheit wurden die in den Laboratorien entwickelten und in kleineren Stückzahlen auch dort produzierten Sprengköpfe auf den Testgeländen von Semipalatinsk und Nowaja Semlja erprobt.

Uranabbau für sowjetische Kernwaffen im Wismut-Tagebau (Sachsen)

Die Produktionsanlagen

Die eigentliche Serienproduktion von Nuklearwaffen erfolgte nach bisheriger westlicher Kenntnis in zwei Hauptproduktionsstätten: eine nahe Nishnaja Tura, im Kombinat für Elektrochemische Messungen – als Swerdlowsk-45 bekannt – und eine entweder in Slatoust (Slatoust-36) oder in Saretschni (Pensa-19). Sie unterstehen dem jetzigen Ministerium für Atomenergie.

Diese Einrichtungen produzierten wahrscheinlich von den sechziger bis zu den achtziger Jahren jährlich zwischen 1.100 und 1.400 neue Sprengköpfe. Dort wird höchstwahrscheinlich auch die Demontage und Zerstörung von Sprengköpfen stattfinden.

Das Beschaffungssystem

Die Fertigung in den Endmontagefabriken für Atomwaffen wurde wahrscheinlich von der 12. Hauptverwaltung des Verteidigungsministeriums überwacht, die für die Entwicklung und Erprobung von Kernwaffen verantwortlich ist. Sie ist sowohl der ›Einkäufer‹ als auch zuständig für den Transport, die Installation und die Wartung von Nuklearwaffen. Von 1989 auf 1990 wurde ihr Budget fast um die Hälfte gekürzt und ist seitdem vermutlich weiter reduziert worden.

Die Baby-Jahre der Atombomben-Produktionskomplexes

Obwohl es bereits gute Dokumentationen über die Entwicklung der sowjetischen Atombombe gab, hat doch die Glasnost-Periode in den achtziger Jahren neue Informationen und Einsichten vor allem über die Strukturen, in denen sich das Manhattan-Projekt des Ostens vollzog, gebracht.[3]

Ursprünglich war Wjatscheslaw Molotow für die 1943 beginnende Arbeit Kurtschatows und seiner Kollegen zuständig, doch recht bald beklagte sich Kurtschatow in einem Schreiben an Berija über die langsamen Fortschritte, die unter Molotows Führung erzielt worden waren.[4] Berija selbst übernahm die Verantwortung für das Nuklearforschungsprogramm, und am 20. August 1945 wurde die

154

Erste Hauptverwaltung des Ministerrates, verantwortlich für Nuklearwaffen und Kernenergieforschung, eingerichtet.[5] Boris Wannikow, während des Kriegs Volkskommissar für Munition, wurde zum Chef der Verwaltung ernannt. A.P. Sawenjagin wurde Stellvertreter von Wannikow und Berija.

Am 25. Dezember 1946 nahm der erste europäische Reaktor, F-1 genannt, in Moskau den Betrieb auf. Der anwesende Berija mißtraute diesem Prozeß, dessen Ergebnisse nur für Maschinen erkennbar waren: »Und wann können wir sehen, daß hier keine Täuschung vorliegt, die nur Ihrer persönlichen Phantasie entsprungen ist?« lautete seine Frage an die Forscher.[6] Der beste Beweis bestand darin, daß binnen nur dreier Jahre, bis zum 29. August 1949, immerhin genügend theoretisches Wissen und Plutonium angesammelt worden war, um die erste sowjetische Atombombe zu produzieren und zur Explosion zu bringen.

Wenige Monate vor dem ersten Atombombentest 1949 präsentierten Kurtschatow, Chariton und Sernow Stalin das erste produzierte Plutonium.[7] Jefim P. Slawski, der später das sowjetische Nuklearprogramm leiten sollte, berichtete, daß diese erste Plutoniumkugel bei der Produktion in der Form haften blieb. »Ich nahm einen Vorschlaghammer und schlug so stark zu, daß Funken sprangen; die Halbkugel platzte heraus.«[8]

Igor Golowin, einer von Kurtschatows Assistenten, erzählte über das damalige Treffen mit Stalin: »Wieviele von diesen Dingern sind noch hergestellt worden?« fragte er. Als er hörte, es gebe nur diese eine und dauere vier Monate, bis genug Plutonium für eine zweite produziert sei, schlug Stalin vor, die erste auf zwei kleinere Bomben zu verteilen, die dann mit chemischen Waffen verstärkt werden sollten. Chariton mußte ihm erklären, daß dies unmöglich sei, daß eine kritische Masse nötig sei. Dann fragte Stalin, wie schon Berija vor ihm: »Und woher wissen wir, daß das Plutonium ist und nicht ein funkelndes Stück Eisen?« Kurtschatow antwortete, das Plutonium sei aus Sicherheitsgründen in Nickel eingeschlossen und jeder, der es berühre, könne die Wärme des fortgesetzten nuklearen Zerfallprozesses fühlen. Laut Golowin legte Stalin selbst die Hand auf die Kugel und sagte: »Ja, die ist warm.«

Die erste Bombe war das Ergebnis der Forschungsarbeit sowohl des Moskauer Labors Nr. 2, im April 1949 umbenannt in Labor für Meßgeräte (LIPAN), als auch des 1946 neu eingerichteten Forschungsinstituts in Sarow, 60 Meilen südwestlich von Arsamas und 130 Meilen südwestlich von Nishni Nowgorod (Gorki). Dieses Entwicklungsbüro, ursprünglich als Militärobjekt ›N‹ und ›KB-11‹ (Konstruktionsbüro-11) bekannt, stand ebenfalls unter der Oberhoheit der Ersten Hauptverwaltung und beherbergte die damals führenden Kernforscher. In den neunziger Jahren, als seine Existenz erstmals offiziell bestätigt wurde, war aus KB-11 inzwischen das Wissenschaftliche All-Unions-Forschungsinstitut für Experimentalphysik (VNIIEF) geworden.[9]

Erster Verwaltungsdirektor der Einrichtung in Sarowa wurde General P.M. Sernow. Wie viele Amtsträger in der Nuklearindustrie war er vorher in der Panzerindustrie tätig.[10] Wissenschaftlicher Direktor wurde Juri Chariton, der neben Andrej Sacharow und Jakow Seldowitsch einer der drei maßgeblichen Schöpfer der sowjetischen Wasserstoffbombe war.

Während die theoretischen Grundlagen in Sarowa und Moskau erarbeitet wurden, erfolgte die eigentliche Produktion der Materialien und Ausrüstung für die erste sowjetische Nuklearwaffe im Leningrader Elektrosila-Werk[11] sowie im Chemiekombinat Majak, bekannt als Tscheljabinsk-40, 15 km östlich von Kyschtym gelegen. Majak wurde zwischen 1945 und 1948 von Arbeitern und Häftlingen aus Berijas GULAG errichtet. Bis 1952 wurden vier graphitgesteuerte Atomreaktoren in Betrieb genommen. Ein weiterer und ein Schwerwasser-Reaktor kamen hinzu. Als die Plutoniumproduktion am 1. November 1990 eingestellt wurde, hatte die Bevölkerung der Stadt die 80.000 überschritten.[12]

Arsamas-16 und Tscheljabinsk-40 waren typisch für die vielen Orte (von kleineren Einrichtungen bis zu ganzen Städten), die mit dem Ausbau der Nuklear- und Verteidigungsindustrie aus dem Boden gestampft wurden und nur durch ihre ›Postfach-Nummer‹ identifiziert werden konnten.

Zugleich mit der Plutoniumproduktion liefen Bemühungen zur Herstellung hoch angereicherten Urans.[13] Hierfür wurden deutsche Wissenschaftler dienstverpflichtet, und 1949 erfolgte in Kefirstadt (heute Werchni-Nejwinski) der Bau der ersten mehrstufigen Anlage zur Urananreicherung. Sie war offenbar jedoch bis 1950 oder 1951 nicht in der Lage, waffentaugliches hochangereichertes Uran mit einer U-235-Konzentration von über 90 Prozent herzustellen.

156

Buchstäblich die gesamte damalige Kernenergieforschung war auf die Entwicklung nuklearer Sprengköpfe ausgerichtet. Sogar andere militärische Anwendungen der Kernenergie wurden gestoppt. So hatte z.B. A.P. Alexandrow 1948 bereits an der Entwicklung eines Atomreaktors für U-Boote gearbeitet. Ihm wurde von Berija befohlen, diese Arbeiten einzustellen, damit seine Forscher nicht von ›der wesentlichen Aufgabe‹ abgelenkt würden.

Zur gleichen Zeit, als die ersten Atombomben entwickelt wurden, liefen auch die Arbeiten an der ersten Wasserstoffbombe an.[14] Eine Gruppe unter Jakow Seldowitsch am Institut für Chemische Physik führte sie durch. 1948 wurde am nach Lebedew benannten Physikalischen Institut der Akademie der Wissenschaften (FIAN) eine zweite Gruppe unter Igor Tamm gebildet, »um die Berechnungen Seldowitschs und seiner Kollegen zu analysieren, zu verfeinern, zu korrigieren und zu erweitern.« Zu dieser Gruppe gehörten auch Sacharow und Semjon Belenki.[15]

Die Arbeit der Seldowitsch-Gruppe könnte z.T. auf durch Spionage gewonnenen Informationen beruht haben und deshalb von Anfang an in die falsche Richtung gelenkt gewesen sein.[16] Ihr Ansatz bestand darin, eine Schicht flüssigen Deuteriums (eines Wasserstoffisotops) zwischen dem konventionellen Zünd-Sprengstoff und dem nuklearen Kern der Waffe zu plazieren. Hitze und Druck reichten jedoch nicht aus, um eine signifikante thermonukleare Reaktion auszulösen.[17] Sacharow entwickelte einen alternativen Ansatz, demzufolge eine Uranschicht hinzugefügt werden müsse, während ein anderer Kollege aus Arsamas-16, Witali Ginsburg, vorschlug, einen Teil des Deuteriums durch Lithium-6 zu ersetzen. Das Lithium-6 würde Tritium produzieren, ein radioaktives Wasserstoff-Isotop, das erheblich leichter mit Deuterium verschmilzt als Deuterium mit sich selbst.[18] In seinen Memoiren nennt Sacharow diese Vorschläge die Erste und die Zweite Idee. Vermutlich aufgrund seiner Arbeit wurde Sacharow 1949 auf Berijas Weisung hin nach Arsamas-16 versetzt.[19]

Der vierte sowjetische Nukleartest, der erste Wasserstoffbombentest, fand am 12. August 1953 statt. Bei dem Test wurden diese Ideen benutzt, um eine ›angetriebene‹ Explosion zu bewerkstelligen, schwächer zwar als eine echte Wasserstoffexplosion, aber ausreichend für eine Überprüfung der Konzeptionen für eine Fusionsbombe.

Die fünfziger Jahre waren die Zeit des großen Wachstums der Atombombenindustrie. Im Juni 1953 wurde aus der Ersten Hauptverwaltung das Ministerium für Mittleren Maschinenbau. Minister wurde Wjatscheslaw A. Malischew, ehemals Minister für die Panzerindustrie, während Wannikow zum ersten Stellvertreter ernannt wurde. Trotz des Führungswechsels wurde das Ministerium, laut Sacharow, zu einem ›Reservat‹ für frühere Berija-Anhänger.[20]

Malischew, Wannikow und Sacharow waren unter jenen die beim ersten Test einer Wasserstoffbombe im August 1953 zugegen waren. Sie waren mit dem Ergebnis zufrieden.[21] Kurze Zeit später erhielt Sacharow von Malischew den Auftrag, einen Bericht über eine mögliche zweite Generation von Wasserstoffbomben vorzulegen. Dieser Bericht diente dem Ministerrat und dem Zentralkomitee der Kommunistischen Partei als Entscheidungsgrundlage hinsichtlich der Entwicklung von Wasserstoffbomben und der Entwicklung von Trägersystemen für diese Waffen.

Doch schon kurz darauf wurde Sacharow und seinen Kollegen im Entwicklungslabor von Arsamas-16 bewußt, daß der ursprünglich aufgestellte Plan unbefriedigend war. Dies führte Anfang 1954 zur wichtigsten theoretischen Entdeckung dieser Phase: Entdeckt wurde die Möglichkeit, die freiwerdende Strahlung einer Kernspaltungsdetonation zur Komprimierung und Zündung eines physikalisch unabhängigen, sekundären thermonuklearen Sprengsatzes aus Deuterium und Tritium zu nutzen.[22] Sacharow nennt dies die ›Dritte Idee‹. Sie wurde seit 1954 intensiv untersucht und 1955 erstmals getestet.[23]

Zeit auf die Entwicklung der Dritten Idee zu verwenden löste Bedenken bei der Führung des Kernwaffenprogramms aus. Aus Angst, die Entwicklung des bereits genehmigten ›klassischen‹ Entwurfs von Sacharow könnte gefährdet werden, war Malischew dagegen, in die Dritte Idee Zeit zu investieren. Es kam zu einem Streit zwischen Malischew und der wissenschaftlichen Leitung, einschließlich Kurtschatows, aber die Verwaltungsebene konnte nur wenig ausrichten.[24]

Die Verwaltung selbst befand sich von 1955 bis 1957 ständig in Bewegung und verschliß fünf verschiedene Minister schnell hintereinander. Im Februar 1955 verlor Malischew seinen Posten, als sein Gönner im Ministerrat, Malenkow, ausgetauscht wurde. Der neue Minister, Avraami Sawenjagin, war einer von Malischews Stellvertretern (ein früherer Gefährte Berijas) und blieb bis zu seinem Tod Ende 1956 Minister. De facto hatte der Erste Stellvertretende Minister Wannikow von Januar bis Mai 1957 den Posten inne, dann vom 30. April bis 24. Juli 1957 das Präsidiumsmitglied Michail Perwuchin. Auch Perwuchins Amtszeit wurde jedoch wegen seiner Verbindung zu einer ›parteifeindlichen Gruppe‹ schnell beendet. Ihn ersetzte Jefim P. Slawski, der Erste Stellvertretende Minister dieses Ministeriums, ein gelernter Metallurg. Ebenfalls 1955 wurde der Verwaltungsdirektor von Arsamas, General Alexander Alexandrow[25], abgelöst. Alexandrow war bei den wissenschaftlichen Mitarbeitern beliebt, und Chariton unterzeichnete zusammen mit mehreren anderen einen Brief zu seiner Unterstützung, als er zum Rücktritt gezwungen wurde. Neuer Direktor wurde Boris G. Musrukow. Er sollte Arsamas-16 für die kommenden 19 Jahre leiten.

Zur selben Zeit wurde ein zweites Forschungslabor für Nuklearwaffen eingerichtet, und zwar aus Sorge, Arsamas-16 könnte bei einem amerikanischen Angriff zu verwundbar sein. Es gab aber auch die Absicht, eine Konkurrenz für Arsamas-16 zu schaffen, und vielleicht geschah es auch nur, um ein Labor mit weniger Juden einzurichten. Denn nach Sacharows Schilderungen hieß das neue Labor innerhalb des Ministeriums ›Ägypten‹, während Arsamas-16 den Spitznamen ›Israel‹ trug.[26] Der Fehler, kein zweites Atomwaffen-Entwicklungslabor aufgebaut zu haben, war der offizielle Grund für die Ablösung Malischews.[27]

Das neue Wissenschaftliche All-Unions-Forschungsinstitut für Technische Physik (VNIITF) bekam als Ersten Verwaltungsdirektor D. Wassiljew[28], der bis 1961 an der Spitze der Einrichtung blieb. Ihm folgten Boris N. Ledenjov (1961–1963), Georgi P. Lominski (1963–1986) und Wladimir Z. Nechal (1986 bis heute). Viele Mitarbeiter von Arsamas-16 wanderten nach Osten in die neue Einrichtung ab. Kirill I. Schtscholkin wurde der erste wissenschaftliche Direktor des Laboratoriums; ihm folgte 1960 Jewgeni Sababachin, ebenfalls aus Arsamas.

Mitte der fünfziger Jahre begann auch die Ausstattung militärischer Einheiten der UdSSR mit ersten einsatzbereiten Nuklearwaffen. Zugleich errichtete das Militär wahrscheinlich seinen Verwaltungsapparat für die Beschaffung. Obwohl der erste Test bereits 1949 stattgefunden hatte, war offensichtlich die Produktion zunächst auf eine Handvoll nuklearer Sprengköpfe nur für Testzwecke beschränkt geblieben, und erst zu Beginn des Jahres 1954 wurden die ersten Nuklearwaffen tatsächlich dem Militärarsenal hinzugefügt.[29] Wahrscheinlich handelte es sich um Bomben für Flugzeuge.

Vermutlich zur selben Zeit bildete der sowjetische Generalstab seine Verwaltung für die Überwachung der Beschaffung von Nuklearwaffen, zur Ausarbeitung militärischer Forderungskriterien und zur Kontrolle der Qualität der Arbeit von Entwicklungslabors und Produktionsstätten. Ihr oblag auch die Auswahl der erfolgversprechendsten Design-Vorschläge aus den Laboratorien. Heute als 12. Hauptverwaltung bekannt, stand sie von Ende der fünfziger Jahre bis 1965 wahrscheinlich unter der Leitung von W.A. Boljatko. Dennoch blieb der KGB während dieser Zeit für die Sicherheit von Nuklearwaffen verantwortlich.[30]

Zugleich war dies die Zeit des größten organisatorischen Wachstums der neuen Gewerkschaft für Beschäftigte in der Nuklearindustrie. Gleich zu Beginn, 1951, wurde die Gewerkschaft so organisiert, daß wirklich alle in der Nuklearindustrie Beschäftigten eingeschlossen waren, von Minenarbeitern bis hin zu Akademikern und Waffenkonstrukteuren. Im Mai 1958 wurden der erste Kongreß dieser Gewerkschaft abgehalten und der erste Vorsitzende gewählt. Im Februar 1959 gelangte A.I. Kallistow in dieses Amt und behielt den Posten bis zu seiner Pensionierung 1987.[31]

Während der fünfziger Jahre wuchs die Zahl der Einrichtungen im Bereich des Ministeriums für Mittleren Maschinenbau offensichtlich stark an. Immer neue und wachsende Forderungen nach Nuklearwaffen, nukleargetriebenen Schiffen und U-Booten sowie atomaren Reaktoren zur Energiegewinnung waren der Motor dieser Entwicklung.[32] Zusammen mit diesem Wachstum stellte sich aber auch das Problem mangelnder Wartung und Unterhaltung dieser Einrichtungen ein, so daß es zu mehreren Unfällen und Katastrophen kam. Die inzwischen bekannteste ereignete sich am 29. September 1957 in Tscheljabinsk-40, als das Kühlsystem für einen 300.000 Liter fassenden Lagertank mit radioaktiven Abfällen ausfiel. Bis zu 270.000 Menschen in einem

Gebiet von ca. 23.000 Quadratkilometern wurden radioaktiv kontaminiert.[33]

1957 fielen auch die Würfel für ein internationales Teststopp-Moratorium. Es kam für die an der Kernwaffenproduktion beteiligten sowjetischen Wissenschaftler unerwartet und hielt fast drei Jahre, von November 1958 bis September 1961, obwohl Frankreich im März 1960 seinen ersten Nukleartest durchführte. Am 10. Juli 1961 traf sich Chruschtschow mit mehreren Leitern der Kernwaffenindustrie und kündigte an, daß die Tests wieder aufgenommen würden; offensichtlich auch wegen des Drucks von seiten des Militärs und im Ergebnis des Treffens Chruschtschows mit Kennedy im Juni in Wien.[34] Sacharow sprach sich gegen eine Wiederaufnahme der Tests aus und bekam dafür von Chruschtschow einen Vortrag über den angemessenen Platz von Wissenschaftlern gehalten, samt der Ermahnung, »die Politik uns zu überlassen – wir sind die Spezialisten.«[35] Im August versuchte auch Juri Chariton, Leonid Breshnew (den damaligen höchsten Parteifunktionär für Militärtechnologie) dafür zu gewinnen, die Tests nicht fortzusetzen, doch auch er wurde abgewiesen.

Chruschtschow erinnerte sich, daß während des zweiten Moratoriums »unsere Wissenschaftler natürlich weiter an der Planung unserer Waffen arbeiteten. Sie senkten die Kosten erheblich und steigerten die Kraft der einzelnen Explosionen. Doch dies fand nur auf dem Papier statt . . .« »Da wir freiwillig und einseitig unsere Tests ausgesetzt hatten, gab es keine Möglichkeit für unsere wissenschaftlichen und militärischen Experten, festzustellen, ob die neuen, verbesserten Entwürfe wirklich funktionierten.«[36] Die ›Große Bombe‹ war eines der Projekte, die während des Moratoriums entwickelt wurden. Sie detonierte am 30. Oktober 1961 mit einer Stärke von 58 Megatonnen. Fünf Tage später fand ein Test mit der ›Extra‹ statt, ein weiterer Entwurf Sacharows, in dem ein (nicht bekannter) Parameter »absolut neu war«.[37]

Für Sacharow waren von den ca. 75 sowjetischen Tests, die zwischen dem Ende des Moratoriums und der Beendigung atmosphärischer Tests durch den Teststoppvertrag von 1963 stattgefunden hatten, zwei Tests mit 25 bis 30 Megatonnen am 19. und 27. September 1962 die strittigsten.[38] Dabei handelte es sich um zwei konkurrierende Sprengkopf-Entwicklungen, eine aus Arsamas-16 (von Boris Koslow) und eine aus Tscheljabinsk-70, vermutlich für die damals in der Entwicklung befindliche SS-9 Interkontinentalrakete gedacht.[39] Sacharow hielt die Tests für eine Doppelung und wollte, daß nur einer durchgeführt würde. Nach dem Test der Tscheljabinsker Entwicklung am 19. September kämpfte Sacharow um die Verhinderung des Tests der Arsamas-Entwicklung. Er rief Slawski an und drohte zurückzutreten, falls der Test stattfinde. Slawski sagte ihm: »Du kannst zur Hölle fahren, wenn Du willst . . . Ich halte Dich nicht zurück.« Als der Test dann am 27. September unternommen wurde, trat Sacharow doch nicht zurück. Sein nächster Einmischungsversuch in die Politik lief darauf hinaus, die Atomtests auf unterirdische zu begrenzen. Er wandte sich an Minister Slawski und berichtete ihm, ein Kollege habe ihn darauf hingewiesen, daß Eisenhower einmal vorgeschlagen habe, nur noch unterirdische Tests durchzuführen. Slawski war davon angetan und gab die Idee an die politische Führung weiter. Trotz energischen Widerstands des Stellvertretenden Vorsitzenden des Staatlichen Kommitees für die Nutzung der Kernenergie diente sie als Grundlage für den sowjetischen Vorschlag zur Begrenzung der Tests im Jahre 1963, der schnell seitens der USA akzeptiert wurde.[40]

Die Zeit zwischen 1953 und 1963 war die des großangelegten Ausbaus der Produktionskapazitäten für Nuklearwaffen, der Aufnahme von Nuklearwaffen in die Arsenale des Militärs, der Errichtung eines zweiten (konkurrierenden) Entwicklungsinstituts und der internen wie internationalen Diskussion über Kernwaffentests. Die theoretische Arbeit konzentrierte sich zunächst auf die Entwicklung einer funktionierenden Fusionswaffe, dann auf die Verfeinerung der vorhandenen Fertigkeiten (z.B. Kostenreduzierung und Verbesserung des Verhältnisses von Sprengwirkung und Wurfgewicht). Eine solide Grundlage für die Nuklearwaffenindustrie wurde geschaffen, und die zuständige Verwaltung konnte sich zunehmend auf einen wachsenden Kreis professioneller Nuklearwaffenmanager verlassen und wurde so weniger abhängig vom KGB.

Jahre atomaren Überflusses: 1963 bis 1986

Die beträchtlich gestiegene Nachfrage des Militärs nach Nuklearwaffen war kennzeichnend für die Periode von 1963 bis 1986.

162

Chruschtschow hatte begonnen, den Schwerpunkt auf strategische Nuklearwaffen und Raketen zu verlegen und die konventionellen Streitkräfte zu reduzieren. Sein Nachfolger ab 1964, Leonid Breshnew, behielt diese Schwerpunktsetzung bei, entschloß sich aber, zugleich die nuklearen und konventionellen Fähigkeiten der Streitkräfte für Einsätze auf den verschiedenen Kriegsschauplätzen auszubauen. Manchen US-amerikanischen Schätzungen zufolge wuchs das sowjetische Kernsprengkopf-Arsenal von ca. 7.700 im Jahr 1963 auf mehr als 36.000 im Jahre 1986. Dies bedeutete eine jährliche Produktion von ca. 1.400 neuen Sprengköpfen während der sechziger und siebziger Jahre und ca. 1.100 jährlich während der achtziger Jahre.[41]

Eine neue Teilstreitkraft, die strategischen Raketentruppen, wurde 1959 eingerichtet. Sie allein erhielt zwischen 1963 und 1974 mindestens 1.900 neue Sprengköpfe. Nach der 1975 erfolgten Einführung von Mehrfachsprengköpfen, die unabhängig voneinander auf verschiedene Ziele gerichtet werden können (MIRV), beschaffte das Ministerium für Mittleren Maschinenbau zwischen 1975 und 1984 mehr als 4.300 zusätzliche neue Sprengköpfe allein für die landgestützten Interkontinentalraketen.[42] Die U-Boot-gestützten ballistischen Raketen der Marine erhielten bis 1974 fast 600 neue Sprengköpfe und weitere 3.200 bis 1986.

N.P. Jegorow, vermutlich Chef der 12. Hauptabteilung von 1967 bis 1974, war für die Beschaffung von Nuklearwaffen für das Militär verantwortlich. Ihm folgten E.W. Bojtschuk, der den Posten bis 1985 innehatte, und W.I. Gerassimow, der heutige Amtsinhaber.

Nachdem das ›technologische Geheimnis‹ der Nuklearwaffen gelöst worden war, begann man in der Industrie, andere Anwendungen der Nuklearenergie zu erforschen, sowohl für militärische (z.B. verbesserte Schiffsreaktoren) als auch für zivile Zwecke. 1960 wurde aus Teilen des Ministeriums für Mittleren Maschinenbau ein Staatskomitee für die friedliche Nutzung von Kernenergie (GKAE) gebildet.[43]

Gleichzeitig wirkten sich die Rüstungskontrollbemühungen zunehmend auf die Arbeit des Ministeriums aus. Der ABM-Vertrag und der Vertrag zur Begrenzung strategischer Waffen (SALT) von 1972 verhinderten die Stationierung eines umfangreichen Raketenabwehr-Systems und begrenzten die Zahl strategischer Trägersysteme, nicht jedoch der Sprengköpfe. Die Limitierung der Trägersysteme könnte tatsächlich die Entwicklung von Mehrfachsprengköpfen beschleunigt haben. Während die USA den SALT-Vertrag erst unterzeichneten, als diese Technologie verfügbar war, stationierte die UdSSR 1975 erstmals MIRV-Sprengköpfe. Das ›MIRVen‹ der sowjetischen Raketenstreitkräfte bedeutete, daß mehr Sprengköpfe für jede Rakete benötigt wurden. Erst SALT II, im Juni 1979 unterzeichnet, jedoch von den USA nie ratifiziert, begrenzte die Zahl der zulässigen Wiedereintrittsflugkörper für jedes Raketensystem und Flugzeug, und verordnete den strategischen Streitkräften eine wirksame Obergrenze für Sprengköpfe.

Die Führung des Ministeriums für Mittleren Maschinenbau spiegelte während dieser Periode die Stabilität wider, die sich in der sowjetischen Kernwaffenproduktion einzustellen begann. Jefim Slawski, der den Ministerposten 1957 übernahm, blieb bis 1986 im Amt, als er mit 88 Jahren in den Ruhestand trat. Sein bis 1970 amtierender Erster Stellvertretender Minister verließ das Ministerium, um sich dem Staatskommittee für Wissenschaft und Technologie anzuschließen und vermutlich seinem Interesse an der friedlichen Nutzung der Kernenergie nachzugehen. Er wurde von N.A. Semjonow, dem ehemaligen Direktor des Plutoniumproduktionswerkes in Tscheljabinsk-40, abgelöst, der bis 1982 im Amt blieb. Diesem wiederum folgte A.G. Meschkow, ein weiterer Tscheljabinsk-40-Veteran und Reaktorspezialist.

Während dieser Zeit erfolgte auch ein Führungswechsel bei den zwei wichtigsten Atomwaffenlaboratorien. Boris Musrukow, seit 1955 Verwaltungsdirektor von Arsamas-16 (VNIIEF), trat 1974 in den Ruhestand. Und 1984 starb Jewgeni Sababachin, seit Gründung des Werks Wissenschaftlicher Direktor des Labors in Tscheljabinsk-70. Sein Nachfolger wurde sein Kollege Jewgeni Awrorin.

Der Zeitraum von 1963 bis 1986 war gekennzeichnet durch eine verstärkte militärische Nachfrage, und diese Nachfrage wurde vom Ministerium für Mittleren Maschinenbau befriedigt. Die Nuklearwaffenproduktion wurde, wie in den USA, zur Routine. Die Bemühungen um Rüstungskontrolle bewirkten ein Ausweichen auf die Produktion kleinerer Sprengköpfe, dies aber in größeren Zahlen. Das ließ Konstrukteure und Produzenten im Geschäft bleiben, während die Versuche, einen Teststopp zu erzielen, nur teilweise erfolgreich waren.

Diese Periode begann mit Veränderungen im Ministerium für Mittleren Maschinenbau und mit einer Verlagerung seiner Zuständigkeiten; sie endete mit der Schließung vieler Kernwaffenproduktionskapazitäten und einer, aus Sicht vieler Beteiligter, traumatischen Umstrukturierung als Folge des Zusammenbruchs der Sowjetunion. Sie führte auf internationaler Ebene zu der Sorge, Nuklearwaffenkonstrukteure aus der ehemaligen UdSSR könnten weltweit in die Diaspora gehen.

Im März 1985 wurde Michail Gorbatschow Generalsekretär der KPdSU und leitete einen Reformprozeß ein, der sechs Jahre später in der Auflösung der Sowjetunion gipfelte. Eine seiner ersten Entscheidungen war die erneute Ausrufung eines einseitigen Moratoriums für Nukleartests, beginnend am 6. August 1985, dem 40. Jahrestag des Bombenabwurfs über Hiroshima. Das Moratorium sollte ursprünglich nur bis zum 31. Dezember 1985 gelten, doch Gorbatschow verlängerte es mehrmals. Schließlich endete es erst am 26. Februar 1987, nachdem sich das Offizierskorps zunehmend über die Auswirkungen auf die Rüstungsprogramme besorgt zeigte.[44]

Die Katastrophe im Kernkraftwerk von Tschernobyl im April 1986 hatte wesentliche Auswirkungen auf die Kernwaffen- und Kernenergie-Industrie. Der Erste Stellvertretende Minister für Mittleren Maschinenbau, A.G. Meschkow, wurde entlassen und durch Lew Rjabow ersetzt. Im November 1986 löste Rjabow Slawski als Minister ab, als dieser in Rente ging. Die Katastrophe führte 1989 schließlich auch zur Verschmelzung der Energie- und Waffenindustrie im Ministerium für Kernenergie. Die politische Führung der Sowjetunion hoffte offenkundig, daß die Waffenproduzenten besser in der Lage seien, die Kernenergie-Industrie zu managen. Über die Verantwortlichkeit für diese Zusammenlegung hinaus war es eine der wichtigsten Aufgaben Rjabows, das Wachstum des zivilen Anteils an der Produktion seines Ministeriums durchzusetzen. Im Rahmen der Bemühungen Gorbatschows, die Verteidigungsindustrie zum Nutzen des zivilen Sektors einzusetzen, erhielt das Ministerium 1988 die Verantwortung für eine Reihe von Fabriken und Instituten der Milchindustrie. Rjabow berichtete, sein Mitarbeiterstab sei ziemlich verblüfft gewesen über den nied-

Baustelle der ersten russischen Wiederaufbereitungsanlage in Krasnojarsk-26

Zwischenlager für Atommüll in Krasnojarsk-26

Bleigepanzertes Beladefahrzeug für atomare Abfälle

rigen technischen Standard, den man in diesen Fabriken vorfand. Er versprach jedoch, sein Ministerium werde alles Menschenmögliche tun, um diesen Wirtschaftssektor auf das in der Welt übliche Niveau zu bringen.

Nach der Unterzeichnung des sowjetisch-amerikanischen INF-Vertrages geriet das Rjabow-Ministerium ebenfalls unter Druck, da die Produktion von Atomsprengköpfen für Mittelstreckenwaffen zum Stillstand kam. Neue Möglichkeiten für die Verlagerung der Ressourcen und des Personals mußten gefunden werden. Im Dezember 1988 kündigte Gorbatschow ein Konversionsprogramm an, in dem Ressourcen der Verteidigungsindustrie konkret in zivile Anwendungen verlagert werden sollten.

Die Konversion beeinflußte den gesamten Militärisch-Industriellen Komplex der Sowjetunion erheblich; dabei bildete die atomare Rüstungsindustrie keine Ausnahme. Am Ende der achtziger Jahre flossen ca. zwei Drittel der Produktion des Ministeriums für Mittleren Maschinenbau dem Militär zu. 1990 war das Verhältnis ungefähr 50:50.

Erstmals wurden nun auch Zahlen über die Militärausgaben für Nuklearwaffen veröffentlicht. 1989 beliefen sich die Ausgaben für Forschung, Entwicklung und Beschaffung von Nuklearwaffen offiziell auf 2,3 Milliarden Rubel. Diese Zahl wurde auf 1,3 Milliarden Rubel für 1990 gekürzt. Für 1991 legte die Regierung aufgrund von Kostenschätzungen einen Haushaltsvorschlag von 1,2 Milliarden Rubel vor und erhielt – bedingt durch Preisreform und Inflation – 1,9 Milliarden (zu Preisen von 1991).[45] Zugleich erfolgten tiefe Einschnitte auch in anderen Bereichen des Nuklearwaffensektors: Die Produktion strategischer Raketen wurde z.B. im Vergleich zu 1988 um 58 Prozent reduziert.

Außerdem drängte seit 1990 die wachsende Umweltbewegung in der Sowjetunion auf die Einstellung von Nukleartests auf dem sowjetischen Testgeländen in Semipalatinsk (Kasachstan) und auf der Insel Nowaja Semlja. Einen starken Zulauf erhielt die Atom-Opposition im Oktober 1990, als ein Nukleartest in Nowaja Semlja stattfand, zu einem Zeitpunkt, als Gorbatschow gerade den Westen von seinen guten Absichten zu überzeugen suchte. Dieser Widerstand löste eine aggressive Kampagne von Nuklearwaffenkonstrukteuren für die Fortsetzung von Tests aus.

Am Ende konnte Gorbatschow die Sowjetunion nicht zusammen-

Der Nuklearkomplex in der ehemaligen Sowjetunion. Aus:
Arms Control Today January/February 1992

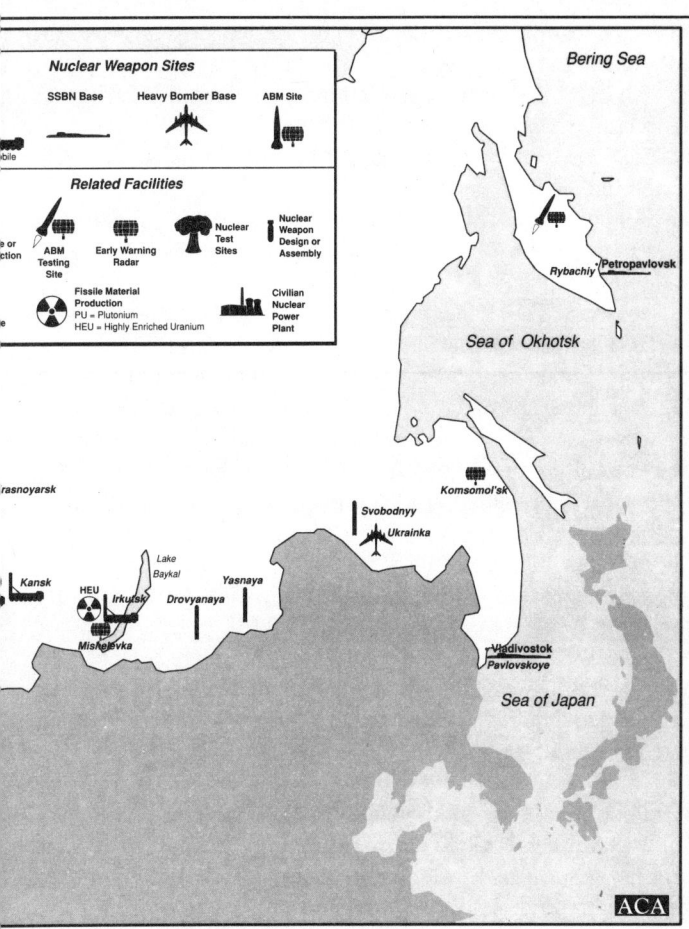

Nuclear Weapon Sites

SSBN Base | **Heavy Bomber Base** | **ABM Site**

Related Facilities

ABM Testing Site | **Early Warning Radar** | **Nuclear Test Sites** | **Nuclear Weapon Design or Assembly**

Fissile Material Production
PU = Plutonium
HEU = Highly Enriched Uranium

Civilian Nuclear Power Plant

Bering Sea

Rybachiy Petropavlovsk

Sea of Okhotsk

rasnoyarsk

Komsomol'sk

Svobodnyy
Ukrainka

Kansk

Lake Baykal

Yasnaya

HEU Irkutsk Drovyanaya

Mishelevka

Vladivostok
Pavlovskoye

Sea of Japan

ACA

halten. Die Situation nach dem August 1991, nach dem zerfallsbeschleunigenden Putschversuch, zeigt Industrien und Institutionen, die sich bemühen, ihre eigene Zukunft zu schützen. Etliche der zentralen Industrie-Ministerien wurden aufgelöst und durch ein Durcheinander von unabhängigen Organisationen, Fabriken, Konzernen und Firmen ersetzt. Während die Ministerien in der Vergangenheit untergeordnete Organisationsstrukturen eindeutig beherrscht und kontrolliert hatten, wurden nun neue und neuartige Beziehungen geknüpft.

Im September 1991 sagte einer der Ersten Stellvertretenden Minister für Kernenergie die Bildung eines ›Komitees für Atomenergie‹ auf Unionsebene voraus, das Verbände auf Unions- und Republikebene, Konzerne, Holdings und Körperschaften in sich vereinen sollte. Grundlegende Aufgaben dieses Komitees sollten die Kernwaffenproduktion, die Wartung der Sprengköpfe, die Erfüllung internationaler Verpflichtungen und die Koordination von gemeinsamen Programmen der Republiken sein. Zur gleichen Zeit machten andere auf die Schwierigkeiten aufmerksam, die bei einer gleichzeitigen Aufteilung bisheriger Strukturen und dem Versuch, dabei die Kontrolle über die Nuklearindustrie und -waffen aufrechtzuerhalten, entstehen würden. Andere sprachen sich gegen den Abbau der zentralen, großangelegten wissenschaftlichtechnischen Organisationen aus, die die Nuklearindustrie bislang gekennzeichnet hatten.[46]

Später im Jahr 1991 gründeten die Direktoren aus mehreren Betrieben zur Uranproduktion und -anreicherung in Bischkek, Chodshent, Navoi, Aktau, Lermontow, Sholtyje Wody, Jekaterinburg und Krasnokamensk den interrepublikanischen Uran-Konzern Atomredmet, um Kernbrennstoff für Reaktoren und Waffen zu produzieren. Es gab auch Berichte, nach denen eine Reihe von Uranminen stillgelegt worden seien.[47]

Anfang 1992 erklärte Rußland das Kurtschatow-Institut für unabhängig und löste es aus dem russischen Atomenergieministerium, dem Nachfolger des Ministeriums für Kernenergie und Industrie, heraus. Das Kurtschatow-Institut kann nun auf der Basis von Marktpreisen mit dem Ministerium verhandeln. Dies wurde von einigen als Schlag gegen Minister V.F. Konowalow interpretiert, der angeblich gehofft hatte, alle Institute zur interrepublikanischen Körperschaft ›Sredmasch‹ zusammenziehen zu können.[48]

Kurze Zeit später wurden Arsamas-16 und Tscheljabinsk-70 zu Forschungszentren der Russischen Föderation erklärt und nicht zu privaten Institutionen. Auf der Suche nach Investoren und möglichen gemeinsamen Unternehmungen wurden offizielle Vertreter dieser ehemals streng geheimen Einrichtungen zu regelmäßigen West-Besuchern.

Anfang 1992 kamen im Westen Befürchtungen über die mögliche Weiterverbreitung von Nukleartechnologie oder die Abwanderung von Kernwaffenexperten auf. Die CIA drückte in einem weitgehend in die Öffentlichkeit durchgesickerten Bericht ihre Sorge aus und schätzte, daß es in der Nuklearwaffenindustrie 900.000 militärische und zivile Beschäftigte gebe, von denen bis zu 2.000 über genaue Kenntnisse des Waffenbaus verfügten und 3.000 bis 5.000 über Kenntnisse der Plutonium- und Uranproduktion.

Doch das System selbst schrumpft. Die Gelder für Forschung und Entwicklung sind angeblich um 40 Prozent gesunken, so daß die Institute, die bisher Nuklearwaffen planten und konstruierten, nun andere Nutzungsmöglichkeiten für ihre Fähigkeiten suchen. Als Folge des plötzlichen Zusammenbruchs ihrer Welt schlossen sich die Waffen-Spezialisten der Nuklearindustrie in einer ›Gewerkschaft der Atomwaffenkonstrukteure‹ zusammen, ›um die beruflichen und sozialen Rechte der Kernwaffenkonstrukteure zu schützen‹.

Die Jahre 1986 bis 1991 waren für die Nuklearindustrie eine Übergangsphase, in der der Schwerpunkt sich langsam von der Kernwaffenproduktion zu einer erweiterten Zuständigkeit für den zivilen Sektor verlagerte. Seit 1991 hat sich jedoch das Tempo des Niederganges der militärischen Nuklearindustrie dermaßen verschärft, daß die Zukunft für die in dieser Industrie Tätigen problematisch zu werden verspricht. Als Resultat der Rüstungskontrollabkommen wird die Kernwaffenproduktion wahrscheinlich durch ein System ersetzt werden, das auf ihre kontrollierte Zerstörung ausgerichtet ist.

Als Igor Kurtschatow mit der Entwicklung einer sowjetischen Atombombe begann, setzte er eine organisatorische Kettenreaktion in Gang, die sich nun nach fast 50 Jahren verlangsamt und vielleicht allmählich zum Stillstand kommt. Es wird noch viel Streit darüber geben, ob die Männer und Frauen, die die Ge-

171

schichte des sowjetischen Atombomben-Produktions-Komplexes mit Leben erfüllten, Schurken oder Helden waren: Schurken wegen ihrer Rolle im Kalten Krieg und dem aufgeblähten militarisierten System, das schließlich den Bankrott der sowjetischen Gesellschaft hervorrief, oder Helden wegen ihrer Rolle bei der Schaffung einer sowjetischen Abschreckungsmacht, die für die Sowjetunion und ihre Nachfolgestaaten eine Position in der Weltpolitik sicherte, die sonst womöglich unerreichbar geblieben wäre.

Washington, D.C., Juli 1992

[1] Insbesondere: Thomas Cochran und Robert S. Norris (Natural Resources Defense Council, NRDC) haben bei der Sammlung und Auswertung von Informationen sowjetischer und russischer Nuklearwissenschaftler vorzügliche Arbeit geleistet. Große Teile der folgenden Darstellung basieren auf ihrer Arbeit. Vgl. Cochran et al.: Nuclear Weapons Databook: Volume IV, Soviet Nuclear Weapons, New York, 1989; Robert S. Norris: The Soviet Nuclear Archipelago, Arms Control Today, Januar/Februar 1992, S. 24–31, und besonders Thomas B. Cochran und Robert S. Norris: Russian/Soviet Nuclear Warhead Production, NWD 92–4, Washington, D.C., 12.6.1992. Darüber hinaus wurde im folgenden oft auf Andrej Sacharows Memoiren zurückgegriffen, die 1990 in der Übersetzung von Richard Lourie in New York erschienen.

[2] FBIS 2/3, S. 5–7

[3] Siehe z.B. David Holloway: The Soviet Union and the Arms Race, New Haven, Yale, 1983, S. 15–28 und Thomas B. Cochran/Robert Stanish Norris, Soviet Nuclear Warhead Production, 3. überarbeitete Auflage, Washington, D.C., 1992, (Natural Ressources Defense Council)

[4] Siehe Igor Golowins Erinnerungen in: They Awakened the Genie, Moscow News, Nr. 41 (15–22.10.), 1989, S. 8–9

[5] Siehe Iswestija ZK KPSS, Nr. 2, 1991

[6] Siehe Igor Golowins Erinnerungen, a.a.O.

[7] ebenda

[8] Siehe Krassnaja swesda, 21.10.1989, S. 3

[9] Weitere angeblich verwendete Namen: Moskauer Zentrum 300, Kremljowsk, Arsamas-75 und Arsamas-15. Siehe Nesawissimaja gaseta, 3.10.1991, S. 2, und FBIS, 27.4.1992, S.4

[10] Auch andere Personen aus der Panzerindustrie spielten eine wichtige Rolle bei der Entwicklung der sowjetischen Atombombe. Der Prominenteste von ihnen war vielleicht Nikolai Leonidowitsch Dochow, vorher Chefkonstrukteur für schwere Panzer und von 1948–1954 Kurtschatows wichtigster Kollege beim eigentlichen Ingenieurwesen für Nuklearwaffen. Vgl. Berichte in der Prawda Ukrainy, 26.10.1984; New York Times, 11.11.1984, und Prawda, 30.3.1991

[11] Siehe Sacharow, a.a.O., S. 146

172

[12] Für eine detaillierte Untersuchung dieser Einrichtung vgl. Cochran/Norris, a.a.O., 1992, S. 10-28

[13] Dieser Absatz ist angelehnt an: Cochran/Norris, a.a.O.,1992, S.33-36

[14] Sämtliche Arbeiten im Nuklearbereich wurden für die Produktion einer Atombombe zusammengefaßt. Vgl. Krassnaja swesda, 21.10.1989, S. 3

[15] Siehe Sacharow, a.a.O., S. 94 und S. 101-102

[16] Vgl. Daniel Hirsch und William G. Matthews: The H-Bomb: Who Really Gave Away the Secret? in: The Bulletin of the Atomic Scientists, Januar/Februar 1990, S. 22-30 und Sacharow, a.a.O., S. 94

[17] Für eine gute Zusammenfassung des Ablaufs der von Seldowitsch, Sacharow und deren Kollegen entwickelten Ideen vgl. Cochran/Norris, a.a.O., 1992, S. 3-5

[18] Für eine gründliche Darstellung der Funktionsweise von Wasserstoffbomben vgl. Hirsch/Matthews a.a.O., S. 22-30

[19] Siehe Sacharow, a.a.O., S. 104-105

[20] Siehe Sacharow, a.a.O., S. 145-146

[21] Siehe Sacharow, a.a.O., S. 174. Beim Test gab es in letzter Minute Komplikationen wegen der Sorge über den Fallout, so daß Tausende von Menschen aus dem Gebiet um Semipalatinsk evakuiert wurden.

[22] Vgl. Cochran/Norris, a.a.O., S. 5

[23] Vgl. Sacharow, a.a.O., S. 182-196 und Cochran/Norris, a.a.O., 1992, S. 5

[24] Vgl. Sacharow, a.a.O.,S. 183-184

[25] Vgl. Sacharow, a.a.O.,S. 185-186

[26] Siehe Komsomolskaja Prawda, 26.6.1991, S. 4, und Sacharow, a.a.O., S. 184-185

[27] Siehe Sacharow, a.a.O., S. 184

[28] Sowjetskaja Rossija, 8.5.1992, S. 4

[29] Siehe Sowjetskije Woorushonnyje sily: Istorija Stroitelstwa, Moskau, Wojenisdat, 1978, S.415; und: Istorija Wojennogo iskusstwa, Moskau, Wojenisdat, 1984, S.457

[30] Vgl. Amy Knight: The KGB and Civil-Military Relations. In: Timothy J. Colton und Thane Gustafson (Hg.): Soldiers and the Soviet State, Princeton, NJ, 1990, S. 98

[31] Interview des Autors mit Buschkow

[32] Eine Untersuchung von Nuklearwaffen im sowjetischen Bestand schätzt, daß die Sowjets 1955 zwischen 0 und 280 Waffen hatten, und daß der Bestand bis 1963 auf 4.030 bis 8.970 angewachsen war. Siehe Cochran, Thomas: NRDC, Nuclear Weapons Data Book, a.a.O., S. 25

[33] Für eine vorzügliche Zusammenfassung der Katastrophe in Tscheljabinsk (oder Kyschtym) vgl. Cochran/Norris, a.a.O., 1992, S. 21-26

[34] Sacharow, a.a.O., S. 215

[35] Sacharow, a.a.O., S. 215-217

[36] Nikita Chruschtschow: Chruschtschow Remembers: The Last Testament, Boston, 1974, S. 68

[37] Sacharow berichtet, daß die Materialien für die Extra nicht offiziell angefordert wurden. Daher setzte er den Zünder selbst zusammen, indem er ›Teile aus Plutonium und Uran-235 machte . . . und sie mit Klebstoff zusammenklebte.‹ Vgl. Sacharow, a.a.O., S. 222

[38] Interessanterweise erwähnt Sacharow nicht den anderen Test am 25. September 1962 mit einer ähnlichen Sprengwirkung.

[39] Die Tests werden beschrieben in Sacharow, a.a.O., S. 224–229. Die Sprengwirkung der SS-9 wird auf ca. 25 Megatonnen geschätzt, und Sacharow deutet an, daß es sich um Sprengkopfversuche handelte.

[40] Sacharow, a.a.O., S. 230–231

[41] Cochran, Thomas:, Nuclear Weapons Data Book, a.a.O., S. 25. Auch die Plutoniumproduktion stabilisierte sich zum Ende der sechziger Jahre in den wichtigsten Plutonium-Unternehmen.

[42] Cochran, Thomas: Nuclear Weapons Data Book, a.a.O., S. 102–103

[43] Vgl. Almquist, Peter: Red Forge, New York 1990, S. 85

[44] Vgl. die Darstellung in Dale Herspring: The Soviet High Command 1967–1989: Personalities and Politics, Princeton NJ, 1990, S. 253

[45] Julian Cooper: Military Cuts and Conversion in the Defense Industry, Soviet Economy, Band 7, Nr. 2, 1991, S. 123

[46] Prawitelstwenny westnik, Nr. 40, 1991

[47] BBC Zusammenfassung der Weltnachrichten, Soviet Economic Affairs, 6.12.1991, S. A/5

[48] FBIS 2/5, S. 7

Insignien einer Supermacht
Das nukleare Potential der UdSSR

Dunbar Lockwood

Seit dem Test ihrer ersten Atomwaffe im Jahre 1949 hat die ehemalige Sowjetunion das umfangreichste Nuklearwaffenpotential der Welt aufgebaut. Im Jahre 1988 erreichte es seinen größten Umfang: Ungefähr 33.000 Atomsprengköpfe. Heute gibt es noch ca. 27.000. Diese Aufrüstung hat Moskau Hunderte von Milliarden Dollar gekostet und schwerste Umweltschäden zudem. Im Wechselspiel mit der US-amerikanischen förderte die sowjetische nukleare Aufrüstung Bedrohungsgefühle und Mißtrauen während des Kalten Krieges und trug nicht unwesentlich zu den tief gespannten politischen Beziehungen zwischen Ost und West bei. Glücklicherweise wendete sich das Blatt in der zweiten Hälfte der achtziger Jahre.

Dieses Kapitel versucht nicht, all die aktuellen politischen, militärischen und wirtschaftlichen Entwicklungen in der ehemaligen UdSSR zu analysieren, die Auswirkungen auf das ehemals sowjetische Atomwaffenpotential haben. Es versucht stattdessen, die grundlegenden Informationen über Zahlen, Typen, Charakteristika und Stationierungsorte der sowjetischen bzw. nunmehr russischen Atomwaffen zusammenzustellen. Außerdem will es dem Leser aktuelle Informationen darüber zur Verfügung stellen, inwieweit die jüngsten einseitigen Abrüstungsintitiativen und die Rüstungskontrollvereinbarungen zwischen den USA und der Sowjetunion zu Reduzierungen, Begrenzungen oder Verschrottung bei den einzelnen Waffensystemen führen dürften.

Die Strategischen Offensivstreitkräfte

Landgestützte Interkontinental-Raketen (ICBM), U-Boot-gestützte ballistische Raketen (SLBM), Langstreckenbomber und Langstrecken-Marschflugkörper, die Cruise Missiles – das sind die Waffensysteme der Strategischen Offensivstreitkräfte. Ihre historische Entwicklung, ihr Status quo und schließlich die Auswirkungen der jüngsten Abrüstungsübereinkünfte auf sie bilden den Gegenstand dieses Abschnittes.

Im Juni 1992 besaß die ehemalige Sowjetunion über 10.000 strategische Atomsprengköpfe: Etwa 6.000 gab es für landgestützte ICBM (60 Prozent); rund 2.700 für SLBM (27 Prozent) und etwa 1.300 für Fliegerbomben und Marschflugkörper (13 Prozent).[1]

1. Die ICBM-Entwicklung

Unmittelbar nach Ende des 2. Weltkrieges begann in der UdSSR die Entwicklung nuklearer Trägersysteme. Während die Arbeit an ballistischen Raketen zunächst im Rahmen der Artillerie bei den Landstreitkräften erfolgte, orientierten sich die nuklearstrategischen Optionen bis Ende 1953 auf die ›Fernfliegerkräfte‹.

Bereits im Oktober 1957 demonstrierte der Start des Sputnik-Satelliten die Fähigkeit der UdSSR, Raketen mit interkontinentaler Reichweite zu entwickeln. Ende 1959 gründete Moskau eine neue Teilstreitkraft, die Strategischen Raketentruppen. Ihnen oblag nunmehr die Verantwortung für die Entwicklung, den Betrieb und die Unterhaltung der ballistischen Raketen. Erster Kommandeur der Strategischen Raketentruppen wurde M.I.Nedelin.

Im Frühjahr 1960 wurde die SS-6, *die erste sowjetische Interkontinental-Rakete*, einsatzreif. Ihr nicht lagerbarer Flüssigtreibstoff machte sie allerdings höchst unzuverlässig, so daß letztlich nur vier Raketen überhaupt stationiert wurden. Eine *zweite Generation* sowjetischer ICBM, bestehend aus den Typen SS-7 und SS-8, wurde erstmals 1962 bzw. 1963 stationiert. Beide Waffen wurden auf oberirdischen Startanlagen montiert. Die *dritte Generation* sowjetischer ICBM bestand aus den Typen SS-9, SS-11 und SS-13. Diese Raketen waren in unterirdischen Silos untergebracht und besaßen eine verbesserte Zielgenauigkeit. Ihre Dislozierung begann in der zweiten Hälfte der sechziger Jahre.

Drei große Flüssigtreibstoff-Raketen, die Typen SS-17, SS-18 und SS-19, bildeten die *vierte Generation* sowjetischer ICBM. Ihre Stationierung begann in den Jahren 1974 und 1975. Mit den neuen digitalen Bordcomputern verfügten diese ICBM über eine erheblich verbesserte Zielgenauigkeit. Sie waren überlebensfähiger, da

176

sie in gehärteten unterirdischen Silos – die SS-18 in umgebauten SS-9-Silos, die SS-17 und SS-19 in modernisierten SS-11-Silos – stationiert wurden. Erstmals konnten Silos auch nachgeladen werden, da die SS-17 und SS-18 mit der sogenannten ›Kalt-Starttechnik‹ ausgestattet wurden, bei der der Raketenantrieb erst gestartet wird, wenn die Rakete das Silo bereits verlassen hat. Die SS-19 verfügte dagegen nicht über diese neue Starttechnik. Eine wichtige Neuerung aller drei Raketentypen bestand auch darin, daß sie erstmals über Mehrfachsprengköpfe mit individueller Zielzuweisung (MIRV) verfügten, wodurch sich die Zahl der Atomsprengköpfe an Bord der sowjetischen ICBM dramatisch vergrößerte. Die ICBM der vierten Generation besaßen darüber hinaus eine deutlich erhöhte Zuverlässigkeit und konnten deshalb in größerer Zahl in Alarmbereitschaft gehalten werden.

In den siebziger und achtziger Jahren unterhielt die UdSSR etwa 1.400 operative ICBM-Silos, von denen 818 (360 für SS-19, 308 für SS-18 und 150 für SS-17) in den Jahren 1972 bis 1985 modernisiert und gegen atomare Angriffe gehärtet wurden. Die Hälfte dieser 818 Silos wurde seit Beginn der achtziger Jahre erneut von Grund auf modernisiert und nochmals gehärtet. Die verbleibenden 550–600 Silos werden seither für die älteren, weniger leistungstarken ICBM der Typen SS-11 und SS-13 genutzt.

Die *fünfte und jüngste Generation* sowjetischer ICBM besteht aus den mobilen Festtreibstoff-Raketen SS-24 und SS-25. Sie wurden 1985 bzw. 1987 erstmals stationiert – die SS-25 auf schweren Räderfahrzeugen, die SS-24 auf speziellen Eisenbahnzügen sowie in festen Silos. Die mobilen Varianten beider Typen sind deutlich weniger verwundbar gegen Angriffe als die alten sowjetischen ICBM in ihren ortsfesten Silos. Gegenüber den Flüssigtreibstoffantrieben erhöht der Antrieb mit festem Treibstoff die Zuverlässigkeit der Raketen, gibt ihnen eine längere wartungsfreie Lebensdauer und reduziert den allgemeinen Wartungsbedarf erheblich. Die Flüssigtreibstoffe waren chemisch so aggressiv, daß sie die Raketentanks zerfressen hätten. Deshalb wurden viele alten Raketen erst vor dem geplanten Einsatz betankt. Festtreibstoffraketen haben dagegen eine mehr als zehnjährige Lagerfrist. Die einzige ältere sowjetische ICBM mit Festtreibstoff ist die SS-13.

1.1. Die SS-11

Die Interkontinental-Rakete SS-11 trägt jeweils nur einen Spreng-kopf[2]. Sie wurde erstmals 1966 stationiert. Die Höchstzahl dislo-zierter Raketen dieses Typs gab es 1973 mit 1.030 Raketen, von denen 955 dem Modell 1 und 75 den Modellen 2 bzw. 3 zuzuord-nen waren. SS-11-Silos sind in Gruppen zu je zehn gebaut worden und verfügen über keine besonders starke Härtung gegen feindli-che Angriffe. In den Jahren 1985/86 wurde mit der Verschrottung der SS-11-Raketen begonnen, damit der Aufbau des Potentials neuer SS-25-Raketen nicht zur Verletzung der Rüstungskontroll-Vereinbarungen führt.

Zum 1. September 1990 waren noch 326 SS-11 stationiert: 60 in Berschet, 26 in Tejkowo, 40 in Krasnojarsk, 50 in Drowjanaja, 90 in Jasnaja und 60 Raketen in Swobodny. Alles Orte in der Russischen Föderation.

Am 5. Oktober 1991 verkündete der damalige sowjetische Präsi-dent Michail Gorbatschow, daß die UdSSR 503 landgestützte Interkontinental-Raketen aus dem Alarmzustand genommen habe, von denen 366 mit einem Sprengkopf und 137 mit Mehr-fachsprengköpfen ausgestattet seien. Es gilt als wahrscheinlich, daß dies alle 326 SS-11, die 40 vorhandenen SS-13, die 47 verfügba-ren SS-17 und 90 SS-24 Raketen betraf. Es wird als sicher erachtet, daß alle verbliebenen SS-11 mit der Realisierung des START-Vertrages bzw. des im Juni 1992 zwischen den Präsidenten Bush und Jelzin vereinbarten Folgeabkommens endgültig außer Dienst gestellt werden.

1.2. SS-13

Auch die SS-13 trägt nur einen atomaren Sprengkopf. Sie wurde erstmals 1969 stationiert. Schon ein Jahr später, 1970, wurde mit 60 Raketen die Höchstzahl erreicht. Auch die SS-13-Silos sind in Zehner-Gruppen angelegt und nur begrenzt gehärtet. Die SS-13 war lange die einzige sowjetische ICBM mit Festtreibstoffantrieb. Ihre Antriebsstufen müssen auf Grund der Größe einzeln trans-portiert werden, während der Transport aller anderen ICBM kom-plett montiert in Containern erfolgt.

178

Am 1. September 1990 waren noch 40 SS-13 nahe Joschkar-Ola in der russischen Republik stationiert. Diese wurden aller Wahrscheinlichkeit nach im Rahmen der Gorbatschowschen Initiative vom 5.Oktober 1991 aus dem Alarmsystem herausgenommen. Es wird angenommen, daß sie in naher Zukunft im Rahmen der anstehenden Implementierung der Rüstungskontrollvereinbarungen endgültig außer Dienst gestellt werden.

1.3. Die SS-17

Die Interkontinentalrakete SS-17 wurde erstmals 1975 stationiert. Sie hat einen Flüssigtreibstoffantrieb und verfügt über vier Atomsprengköpfe. 1983 wurde mit 150 Raketen der größte Dislozierungsumfang erreicht. Die SS-17 ist in gehärteten Silos untergebracht. Ihre Zielgenauigkeit liegt noch unter der der ICBM der dritten Generation. Sie kann sowohl gegen Ziele in Europa und Asien als auch in Übersee gerichtet werden.

Am 1. September 1990 verfügte die UdSSR noch über 47 SS-17, die in Wilpolsowo, Rußland, stationiert waren. All diese Raketen wurden vermutlich im Oktober 1991 aus dem Alarmstatus herausgenommen, und es ist höchst wahrscheinlich, daß sie schnell außer Dienst gestellt werden. Sowohl der START-Vertrag als auch Vereinbarung zwischen den Präsidenten Bush und Jelzin vom Juni 1992 erlauben zwar, Interkontinental-Raketen mit bis zu vier MIRV-Sprengköpfen auf jeweils einen Sprengkopf herunterzuladen, so daß die SS-17 sogar trotz des für die Zukunft vereinbarten Verbotes von Interkontinental-Raketen mit MIRV-Sprengöpfen im Dienst gehalten werden könnte. Angesichts der geringen Zielgenauigkeit und der nur noch kleinen Zahl verbliebener Raketen dieses Typs dürfte es aber höchst unwahrscheinlich sein, daß Rußland künftig noch SS-17 behalten wird.

1.4. Die SS-18

Die schwere Interkontinentalrakete SS-18 ist gegenwärtig die einzige sowjetische ICBM, die die nötige Zielgenauigkeit und Sprengkraft besitzt, um mit hoher Zuverlässigkeit Ziele zu zerstören, die mit Stahl und Beton gehärtet wurden, so z.b. amerikanische ICBM-Silos. Sie trägt 10 Sprengköpfe und verfügt über ein Wurfgewicht von 8.800 kg, mehr als das Doppelte der größten amerikanischen ICBM. Durch das Wurfgewicht – definiert als das maximale Gewicht, das eine Rakete über eine gegebene Reichweite transportieren kann – wird die Zahl und die Größe der Sprengköpfe, die eine Rakete tragen kann, bestimmt.

Die SS-18-Raketen werden in der Ukraine, im Südlichen Maschinenbaukombinat in Dnepropetrowsk, gebaut. In Presseberichten jüngeren Datums und in einer Stellungnahme des Direktors des amerikanischen Geheimdienstes CIA, Robert Gates, wird angenommen, daß die Fabrik in Dnepropetrowsk die Interkontinental-Raketenproduktion in naher Zukunft einstellen könnte.[3] Die Tests der SS-18 erfolgen auf dem Raketentestgelände von Leninsk in Kasachstan.

Die SS-18 wurde erstmals 1975 stationiert. Seit 1983 befinden sich 308 Raketen im Dienst. Sechs Jahre später begann die UdSSR damit, 154 der 308 Silos für die Aufnahme der modernsten Versionen der SS-18, der Modelle 5 und 6, umzubauen. Dem mit 10 Sprengköpfen ausgestatteten Modell 5 wird nachgesagt, erheblich zielgenauer zu sein und Sprengköpfe mit deutlich größerer Sprengkraft als die Vorgängermodelle zu tragen. Das Modell 6 benutzt die Antriebsstufen des Modells 5 und trägt einen einzelnen Sprengkopf mit sehr hoher Sprengkraft.[4] Im Juni 1992 war die Umrüstung der 154 Silos noch nicht abgeschlossen.[5]

Die 308 SS-18-Raketen sind wie folgt stationiert: 204 Raketen befinden sich in Rußland, davon 64 in Dombarowski, 46 in Kartaly, 30 in Alejsk und 64 in Uschur. 104 Raketen stehen in Kasachstan, davon je 52 in Sangis-Tobe und Dershawinsk.

Am 19. Mai 1992 übergab der kasachische Präsident Narsultan Nasarbajew dem amerikanischen Präsidenten George Bush einen Brief mit der völkerrechtsverbindlichen Verpflichtung Kasachstans, die 104 auf seinem Territorium befindlichen SS-18-Raketen binnen sieben Jahren nach Inkrafttreten des START-Vertrages zu verschrotten. Vier Tage später unterzeichnete der wichtigste außenpolitische Berater Nasarbajews in Lissabon ein Protokoll zum START-Vertrag, das Kasachstan einerseits zum Vertragspartner des START-Vertrages macht und das Land zugleich verpflichtet, ›binnen kürzest möglicher Frist‹ dem Nichtweiterverbreitungsvertrag (NPT) als Nicht-Nuklearwaffen-Staat beizutreten.

Unter den Regelungen des START-Vertrages wäre es Rußland erlaubt gewesen, bis zu 154 SS-18 auf seinem Territorium zu stationieren. Am 17. Juni 1992 unterzeichneten die Präsidenten Bush und Jelzin allerdings eine ›Gemeinsame Erklärung‹, die beide Seiten verpflichtet, bis zum Jahre 2003 »alle ICBM mit einzeln lenkbaren Mehrfachsprengköpfen zu eliminieren«. Diese Vereinbarung soll beschleunigt bis zum Jahr 2000 realisiert werden, »wenn die Vereinigten Staaten einen finanziellen Beitrag zur Zerstörung bzw. Eliminierung der strategischen Offensivwaffen in Rußland leisten können«. Darüber hinaus einigte man sich, daß Rußland sieben Jahre nach Inkrafttreten des START-Vertrages nicht mehr mehr als 65 SS-18 mit 650 Sprengköpfen in Dienst halten werde. Unter dem beabsichtigten neuen Vertrag, von dem beide Seiten hoffen, ihn bis zum 1. September 1992 abschließen zu können, darf die SS-18 nicht auf eine geringere Sprengkopfzahl heruntergeladen werden.

1.5. Die SS-19

Die mit 6 Atomsprengköpfen ausgerüstete Flüssigtreibstoff-Rakete SS-19 wurde erstmals 1975 stationiert. Mit 360 Raketen wurde 1984 die Höchstzahl erreicht. Am 1. September 1990 verfügte die Sowjetunion über 170 SS-19 in der Russischen Republik (davon 110 in Tatischtschewo und 60 in Kosjolsk) und 130 SS-19 in der Ukraine (90 in Chmelnitzki und 40 in Perwomajsk).

Die Rakete wurde im Maschinenbaukombinat ›M.V. Chrunitschew‹ in Moskau gebaut. Die Raketentests finden wie bei der SS-18 von Leninsk in Kasachstan aus statt. Aufgrund der variablen Reichweite kann die SS-19 gegen Ziele in Eurasien und Übersee eingesetzt werden.

Nachdem das US-amerikanische Verteidigungsministerium einige Jahre lang (zugunsten eigener Modernisierungsplanungen) argumentiert hatte, die SS-19 besitze eine ausreichende Zielgenauigkeit, um amerikanische Interkontinental-Raketen in ihren gehärteten Silos zu zerstören, erklärte es 1987 erstmals, die SS-19 sei »weniger zielgenau als die SS-18« und »besitze signifikante Fähigkeiten gegen alle Zieltypen außer gegenüber gehärteten Silos«[6].

Im Jahre 1989 begann die UdSSR, einige ihrer SS-19 durch silogestützte ICBM des Typs SS-24 Modell 2 zu ersetzen. Manche Berichterstatter gehen davon aus, daß unter jenen 137 ICBM mit Mehrfachsprengköpfen, deren Herausnahme aus dem Alarmzustand Michail Gorbatschow im Oktober 1991 ankündigte, die 90 SS-19 im ukrainischen Chmelnitzki waren.

Am 7.Mai 1992 übergab auch der ukrainische Präsident, Leonid Krawtschuk, George Bush einen Brief, in dem sich die Ukraine völkerrechtlich bindend verpflichtet, alle strategischen Atomwaffen auf ihrem Territorium binnen sieben Jahren nach Inkrafttreten des START-Vertrages zu eliminieren. Diese Verpflichtung impliziert u.a. die Zerstörung von 130 SS-19-Silos und 46 SS-24-Silos. Am 23. Mai unterzeichnete der ukrainische Außenminister Anatoli Slenko in Lissabon ebenfalls jenes Zusatzprotokoll zum START-Vertrag, das die Ukraine einerseits zum Vertragspartner macht und sie andererseits verpflichtet, dem Nichtweiterverbreitungsvertrag (NPT) »binnen kürzest möglicher Frist« als Nicht-Nuklearwaffen-Staat beizutreten.

Es wird erwartet, daß alle SS-19, einschließlich der in Rußland stationierten, im Rahmen des START-Vertrages bzw. als Systeme mit Mehrfachsprengkopf im Kontext des Übereinkommens vom dem Juni 1992 endgültig außer Dienst gestellt werden.

1.6. Die SS-24

Das auf Eisenbahnwaggons stationierte Modell 1 der SS-24 wurde erstmals im Jahre 1987 in Dienst gestellt. Es ist mit 10 Atomsprengköpfen ausgestattet und kann auf dem allergrößten Teil des sowjetischen Eisenbahnnetzes bewegt werden, den 145.000 km russischer Breitspur-Gleise.

Rußland verfügt über alle drei SS-24-Garnisonen auf Schienen. Jede Garnison hat vier Züge mit je drei Startrampen, so daß 36 einsatzfähige mobile SS-24 existieren. Die Garnisonen befinden sich in Kostroma, Berschet und Krasnojarsk.

Im Jahre 1989 begann die UdSSR, das Modell 2 der SS-24 in bestehenden SS-19-Silos zu stationieren. 10 SS-24 Modell 2 wurden in Tatischtschewo, Rußland, und 46 in Perwomaisk, Ukraine, aufgestellt. 1991 waren die Stationierungsprozesse für beide Modelle abgeschlossen.

Raketentests mit der SS-24 werden vom Testgelände Plesetsk in Nordrußland aus durchgeführt. Die Endmontage der Rakete findet in Pawlograd in der Ukraine statt, und die Eisenbahn-Startrampen werden im Jurgaer Maschinenbaukombinat in Rußland produziert.

Zahlreiche offizielle Stellungnahmen aus den USA belegen, daß amerikanische Geheimdienstkreise heute davon ausgehen, daß die SS-24 bei weitem nicht so zielgenau ist, wie sie selbst zunächst behauptet hatten. So stellte der damalige US-Verteidigungsminister, Frank Carlucci, 1988 fest, die SS-24 und die SS-25 seien »aufgrund geringerer Zielgenauigkeit und Verläßlichkeit zum gegenwärtigen Zeitpunkt zum Einsatz gegen ungehärtete und mittelharte Ziele geeignet, kaum aber gegen gehärtete Ziele«[7]. Ronald Lehmann, Direktor der Rüstungskontroll- und Abrüstungsbehörde der USA (ACDA), bemerkte 1990, »daß die SS-24 und die SS-25 gemäß amerikanischer Einschätzung eine begrenzte Effektivität als Waffen gegen gehärtete Ziele haben«[8]. Und Dick Cheney, gegenwärtig Verteidigungsminister der USA, erklärte 1991, die SS-24 sei »für den Einsatz gegen weiche und halbgehärtete Ziele gedacht«[9].

Bereits im Oktober 1991 kündigte Michail Gorbatschow an, die UdSSR werde künftig all ihre bahnmobilen ICBM in deren ortsfesten Friedensgarnisonen stationieren. Die UdSSR werde die Zahl ihrer eisenbahngestützten Abschußrampen auf dem gegenwärtigen Stand einfrieren und die weitere Modernisierung eisenbahngestützter ICBM einstellen. Offensichtlich ist der russische Präsident Boris Jelzin gewillt, diese von Gorbatschow eingegangenen Verpflichtungen einzuhalten. Der ukrainische Präsident Leonid Krawtschuk hat zugestimmt, die 46 in Silos stationierten SS-24 auf ukrainischem Territorium binnen sieben Jahren nach Inkrafttreten des START-Vertrages abzurüsten.

Die bereits erwähnte ›Gemeinsame Erklärung‹ der Präsidenten

Bush und Jelzin vom 17. Juni 1992 verbietet ab dem Jahr 2000 respektive 2003 alle Interkontinental-Raketen mit Mehrfachsprengköpfen und damit auch diesen Raketentyp.

1.7. Die SS-25

Als erste einsatzfähige mobile ICBM der Welt stationierte die UdSSR ab 1985 die SS-25. Die Festtreibstoffrakete mit nur einem Sprengkopf wird auf einem siebenachsigen, schweren Radfahrzeug transportiert, das mit einer hydraulisch aufrichtbaren Startrampe versehen ist.

Die Zielgenauigkeit der SS-25 ist offensichtlich nicht so groß, wie von westlichen Geheimdienstkreisen erwartet, und die Rakete hat nicht die Fähigkeit, gehärtete Ziele zu zerstören.

Die in Bataillonen zu je neun Werfern dislozierten Raketen können entweder aus Feldstellungen oder aus den Garagen ihrer Heimatstandorte gestartet werden. Letztere besitzen deshalb bewegliche Dächer, die geöffnet werden können. Viele SS-25 wurden in den ehemaligen SS-20-Basen untergebracht, da diese durch den INF-Vertrag verwaist waren.

Raketentests mit der SS-25 werden von Plesetsk aus durchgeführt, die Endmontage der Raketen in Wotkinsk, westlich des Ural. Die Raketenwerfer werden in der Fabrik ›Barrikady‹ im russischen Wolgograd hergestellt.

Am 1. September 1990 befanden sich von den 288 SS-25 der UdSSR 54 in Belorußland (je 27 in Lida und Mosyr) und 234 in der RSFSR (36 in Tejkowo, 18 in Joschkar-Ola, 45 in Jurja, 45 in Nishni Tagil, 27 in Nowosibirsk, 27 in Kansk und die restlichen 36 in Irkutsk).

Das US-Verteidigungsministerium schätzte im September 1991, daß die Zahl der stationierten SS-25 in den vergangenen 12 Monaten um 27 vergrößert worden sei, so daß nunmehr insgesamt 315 SS-25 einsatzbereit seien. Interessanterweise wurden wahrscheinlich 18 dieser 27 zusätzlich einsatzbereit gemachten SS-25 in Belorußland disloziert, was die Gesamtzahl der in dieser Republik stationierten Interkontinental-Raketen auf 72 anheben würde.[10] Im Oktober 1991 kündigte Präsident Gorbatschow an, die UdSSR werde die weitere Modernisierung der SS-25 abbrechen.

184

Robert Gates, Direktor der CIA, trug dem Auswärigen Ausschuß des Repräsentantenhauses im Februar 1992 vor, daß Rußland weiterhin neue SS-25-Raketen produziere und »einige noch im Dezember 1991 in Rußland und Belorußland stationiert worden seien«.[11] Im Juni 1992 äußerte General Clapper, Direktor des Pentagon-Geheimdienstes DIA, die Stationierung der SS-25 gehe noch immer weiter und ein Nachfolgemodell für die SS-25 werde »wahrscheinlich noch in diesem Jahrzehnt die Einsatzfähigkeit erlangen«.[12]

Es gibt zugleich aber auch Anzeichen dafür, daß die Produktionsrate der SS-25 signifikant verringert wurde. Die New York Times berichtete im Januar 1992 »daß Wochen zwischen den Raketenbehälter-Inspektionen vergehen«, die die amerikanischen Inspektoren aufgrund der Vereinbarungen des INF-Vertrages am Endmontagewerk der SS-25 in Wotkinsk durchführen dürfen.[13]

Unter den Auspizien des START-Vertrages bzw. der Vereinbarungen aus dem Juni wird erwartet, daß Rußland insgesamt bis zu 500 oder 700 SS-25 stationieren wird, von denen einige in bestehenden Silos untergebracht werden dürften. Da nunmehr Interkontinental-Raketen mit Mehrfachsprengköpfen gänzlich eliminiert werden sollen, könnte die SS-25 um die Jahrtausendwende die einzige verbliebene ICBM im russischen Potential sein.

2. Die Entwicklung der strategischen U-Boot-Kräfte

Die sowjetischen Anstrengungen, seegestützte ballistische Raketen (SLBM) zu entwickeln, begannen zwischen Mitte und Ende der fünfziger Jahre. In den frühen sechziger Jahren stationierte die UdSSR SLBM kurzer Reichweite auf den U-Booten der Golf- und der Hotel-Klasse: die Typen SS-N-4 und SS-N-5. Das erste strategische U-Boot, das ballistische Raketen großer Reichweite trug, gehörte zur Yankee-Klasse und war erst 1968 einsatzbereit. 1974 aber hatte die UdSSR bereits 34 U-Boote des Typs Yankee-I in Dienst gestellt. (Das einzige Boot der Yankee-II-Klasse kam erst 1980 hinzu und war mit 12 Festtreibstoffraketen des Typs SS-N-17 bestückt.)

Zwischen 1973 und 1985 dislozierte die UdSSR die strategischen U-Boote der Klassen Delta-I, II und III. Das erste Boot der Typhoon-Klasse wurde 1983 in Dienst gestellt. 1985 begann der Einsatz von U-Booten der Delta-IV-Klasse.

Das 1972 abgeschlossene SALT-I-Interimabkommen erlaubte der UdSSR den Besitz von insgesamt 62 modernen raketentragenden U-Booten (SSBN) und 950 U-Boot-gestützten ballistischen Raketen (SLBM). Seit Mitte der siebziger Jahre unterhielt die Sowjetunion kontinuierlich eine seegestützte strategische Atomwaffenkomponente, die der erlaubten Gesamtzahl entsprach oder knapp darunter lag. Im September 1990 besaß sie 62 U-Boote und 940 SLBM.

Die sowjetischen strategischen U-Boot-Kräfte gehören zu zwei Flotten: 38 SSBN sind Bestandteil der Nordflotte, zu deren Operationsgebiet auch der Atlantik gehört. Die Heimathäfen liegen auf der Halbinsel Kola. 24 U-Boote gehören zur Pazifischen Flotte, die in Petropawlowsk (15 SSBN) auf der Halbinsel Kamtschatka und in Wladiwostok (9 SSBN) beheimatet ist. Alle U-Boot-Basen liegen auf russischem Territorium.

Anfangs maß die Sowjetunion den strategischen U-Boot-Kräften eine geringere Bedeutung bei als den Strategischen Raketentruppen. In den letzten zehn Jahren wurden jedoch eine Reihe von Schritten unternommen, um die Fähigkeiten des seegestützten Teils der sowjetischen Triade zu verbessern. Moderne sowjetische U-Boote besitzen mittlerweile Raketen mit ausreichender Reichweite, um Ziele in den USA aus ihren Heimathäfen heraus angreifen zu können. Anders als die USA, die ihre strategischen Raketen-U-Boote dadurch überlebensfähig machen, daß sie diese in den riesigen Weiten und Tiefen der Ozeane verstecken, schützt die UdSSR ihre strategischen U-Boote in speziellen, durch Flugzeuge, Überwasserschiffe und Angriffs-U-Boote gesicherten Operationsgebieten nahe der sowjetischen Küsten.

Bis zum Jahr 1987 hatte die UdSSR ein Kommunikationssystem für extreme Niederfrequenzen (ELF) aufgebaut, um die Verläßlichkeit der Nachrichtenübermittlung an ihre U-Boote zu sichern. Hinzu kommen Flugzeuge des Typs Bear J, die mit einem Kommunikationssystem für sehr lange Wellen (VLF) ausgestattet sind und die Kommunikation mit U-Booten auf See sicherstellen sollen.

Nach Aussagen des amerikanischen Verteidigungsministeriums hat die UdSSR mittlerweile ihre Versorger der Alexander Byrkin-

Klasse so umgerüstet, daß diese sowjetische U-Boote auf See mit den modernsten strategischen U-Boot-Raketen beladen können. Kürzlich aber wurde bekannt, daß Rußland entschieden hat, die Produktion und den Einsatz von strategischen Raketen-U-Booten deutlich einzuschränken. General James Clapper, Direktor des Pentagon-Geheimdienstes DIA, teilte vor dem Kongress im Januar 1992 mit, amerikanische Geheimdienstkreise gingen nunmehr davon aus, daß »keine weiteren strategischen U-Boote mehr im Bau sind und daß auch keine weiteren vor Ende des nächsten Jahrzehntes erwartet werden.«[14] Gewöhnlich hatte die sowjetische Marine in der Vergangenheit jederzeit zwischen 6 und 12 ihrer strategischen Raketen-U-Boote auf See. In der jüngsten Vergangenheit waren nach Berichten aus dem Februar 1992 nur noch etwa vier bis sechs U-Boote zugleich im Patrouillen-Einsatz.[15]

2.1. Die Yankee-Klasse

Die U-Boote der Yankee-I-Klasse tragen je 16 ballistische Raketen des Typs SS-N-6, die mit einem atomaren Sprengkopf bestückt sind. Zwischen 1968 und 1974 baute die UdSSR 34 U-Boote dieser Klasse und begann ab 1978 mit ihrer Außerdienststellung als Trägersystem für SLBM. Einige wurden zu Angriffs-U-Booten umgerüstet, andere zu Trägersystemen für weitreichende, seegestützte Marschflugkörper des Typs SS-N-21. Diese Außerdienststellungen und Umbauten haben es der UdSSR ermöglicht, innerhalb der durch den SALT-Vertrag erlaubten Grenzen zu bleiben. Wegen der relativ kurzen Reichweite der SS-N-6-Raketen mußten die U-Boote der Yankee-Klasse regelmäßig vor den Küsten der USA patrouillieren. Diese Praxis konnte mit dem Zulauf modernerer Raketen-U-Boote mit weitreichenderen Raketen in den späten achtziger Jahren eingestellt werden.

Das einzige U-Boot der Yankee-II-Klasse ist mit 12 SLBM des Typs SS-N-17 bewaffnet. Es wurde 1980 einsatzbereit und 1991 außer Dienst gestellt.

Am 1. September 1990 waren noch 6 U-Boote der Yankee-I-Klasse in Jagelnaja auf Kola stationiert; drei hatten ihren Heimathafen in Rybatschi nahe Petropawlowsk auf der Halbinsel Kamtschatka, und drei weitere lagen in Pawlowskoje nahe Wladiwostok.

Am 5. Oktober 1991 verkündete Michail Gorbatschow, daß zwei weitere Yankee-I-U-Boote außer Dienst gestellt worden seien und noch drei weitere folgen würden. Und am 29. Januar erklärte Jelzin, daß diese fünf Yankee-I-U-Boote nun für die Zerstörung der Raketenstartanlagen vorbereitet seien. Somit verfügte Rußland zu Beginn des Jahres 1992 lediglich noch über sieben Yankee-I. Auch sie werden vermutlich in naher Zukunft außer Dienst gestellt.

2.2. Die Delta-Klasse

Das erste U-Boot der Delta-I-Klasse wurde 1973 einsatzbereit; 18 standen 1978 zur Verfügung. Vier U-Boote der Delta-II-Klasse wurden zwischen 1976 und 1978 in Dienst gestellt. Die Boote des Typs Delta-III, die die erste sowjetische SLBM mit Mehrfachsprengköpfen, die SS-N-18, an Bord haben, liefen seit 1978 der Flotte zu.

Obwohl sieben U-Boote der Delta-IV-Klasse zwischen 1985 und 1990 in Dienst gestellt wurden, ging nach Aussagen amerikanischer Geheimdienste keines dieser U-Boote bisher auf normale Patrouillenfahrt. Der an Bord befindliche neue SLBM-Typ SS-N-23 habe offensichtlich »unter Zuverlässigkeitsproblemen zu leiden«.[16] Jüngsten Berichten zufolge befindet sich ein letztes U-Boot der Delta-IV-Klasse, das »fast fertig« sei, noch in der Sewerodwinsker Schiffswerft; die Weiterarbeit sei aber 1991 eingestellt worden.[17]

Die gegenwärtige russische Delta-Flotte besteht somit aus 18 Delta-I-U-Booten, die je 12 SS-N-8-Raketen tragen; aus vier Delta-II-U-Booten mit je 16 SS-N-8-SLBM; aus 14 Delta-III-U-Booten mit je 16 SS-N-18-Raketen und aus sieben Delta-IV-U-Booten mit je 16 neuen SS-N-23-Raketen. SLBM des Typs SS-N-8 tragen nach den Zählregeln des START-Vertrages einen Sprengkopf, SS-N-18 haben danach drei[18] und SS-N-23 vier Atomsprengköpfe.

Alle vier U-Boote der Delta-II-Klasse sind in Jagelnaja auf der Kola-Halbinsel stationiert. Neun der 18 Delta-I-Boote haben ihren Heimathafen in Ostrownoi auf Kola. Drei sind in Rybatschi und sechs in Pawlowskoje beheimatet. Von den 14 Delta-III-U-Booten befinden sich drei in Jagelnaja, zwei in Olenja auf Kola und neun in Rybatschi. Alle sieben Delta-IV-U-Boote liegen ebenfalls in Olenja.

Es darf als wahrscheinlich gelten, daß Rußland alle U-Boote der Delta-I und Delta-II-Klasse außer Dienst stellen wird; dagegen dürften die meisten Boote der Klassen Delta-III und Delta-IV auch unter den neuen Regelungen der Bush/Jelzin-Übereinkunft aus dem Juni 1992 im Dienst bleiben, die beiden Seiten den Besitz von je 1.750 SLBM-Sprengköpfen auch künftig gestattet.

2.3. Die Typhoon-Klasse

Die Typhoon-U-Boote sind die größten U-Boote der Welt, um ein Drittel größer als die amerikanische Trident-Klasse. Sie haben eine Wasserverdrängung von 25.000 Tonnen und tragen 20 ballistische Raketen des Typs SS-N-20. Diese Rakete ist nunmehr die einzige einsatzfähige sowjetische SLBM mit Festtreibstoff-Antrieb, nachdem das Yankee-II-U-Boot mit seinen SS-N-17-Raketen außer Dienst gestellt wurde.

Das erste Typhoon-U-Boot wurde 1983 in Dienst gestellt. Im November 1989 berichtete die amerikanische Presse, die Sowjetunion habe die Produktion dieser U-Boote gestoppt.[19] Diese Annahme, die sich später als richtig herausstellte, resultierte aus Aufnahmen amerikanischer Aufklärungssatelliten. Sie zeigten, daß auf der Swerodwinsker Werft, die die Typhoon-U-Boote baut, die Arbeiten seit mehr als einem Jahr eingestellt worden waren. Alle 6 Typhoon-U-Boote sind Teil der Nordflotte und haben ihren Heimathafen in Nerpichja auf der Kola-Halbinsel.

Im Februar 1992 berichtete der amerikanische Marinegeheimdienst, daß »der Umbau des ersten Typhoon-U-Bootes mit dem Ziel, die Nachfolge-Rakete SS-N-20 aufzunehmen, begonnen hat«[20].

Es ist davon auszugehen, daß Rußland auch im Rahmen der neuen Rüstungskontrollübereinkünfte alle 6 Typhoon-U-Boote weiter im Dienst halten wird.

3. Die schweren Bomber

Mitte der sechziger Jahre besaß die UdSSR 105 Bear-Langstreckenbomber. Davon gehörten 75 zu den Modellen Bear-B und C, deren Nuklearbewaffnung aus Luft-Boden-Flugkörpern des Typs AS-3 ›Kangaroo‹ bestand. Darüber hinaus gab es 30 Bear A. Infolge der Entscheidung in den sechziger Jahren, Ressourcen schwerpunktmäßig zugunsten der strategischen Raketentruppen zu verwenden, blieb die Zahl der Langstreckenbomber bis 1983/84 konstant. Zu diesem Zeitpunkt begann die Sowjetunion mit der Produktion der Bomber des Typs Bear H.

Obwohl die sowjetischen Langstreckenbomber der Typen Bear und Bison, die in den fünfziger Jahren stationiert wurden, das erste atomare Trägermittel der UdSSR mit wirklich interkontinentaler Reichweite waren, wurde den Langstreckenbombern seit den sechziger Jahren innerhalb der Strategischen Streitkräfte der UdSSR die geringste Priorität beigemessen. Sie trugen lediglich 13 Prozent der strategischen Atomwaffen.

Die Höchstzahl von 58 Bombern des Typs Bison wurde 1961 erreicht. Sie blieb bis zu Beginn der achtziger Jahre konstant. Bis 1987 wurden alle Flugzeuge dieses Typs entweder außer Dienst gestellt oder zu Tankflugzeugen für die Luftbetankung der Bear-Bomber bzw. andere nicht-nukleare Missionen umgerüstet.[21] Der erste wirklich neue Bomber des Typs Tu-160 Blackjack wurde im April 1987 stationiert.

3.1. Der Langstreckenbomber Bear-G

Einige der Bear-Bomber der Modelle B und C wurden Mitte der achtziger Jahre zu Bear G umgerüstet: Statt der unterschallschnellen Luft-Boden-Rakete AS-3 können sie jetzt die überschallschnelle Rakete AS-4 tragen. Im Datenaustausch-Memorandum zum START-Vertrag gab die UdSSR im September 1990 an, sie verfüge über 46 Bear G, die alle in Ukrainka, Rußland, stationiert seien. Es darf als wahrscheinlich gelten, daß diese Bomber in Kürze außer Dienst gestellt oder für konventionelle Aufgaben umgerüstet werden.

190

3.2. Der Langstreckenbomber Bear H

15 Jahre nach der Entwicklung des Basismodells erschien die erste neue Version Bear H. Sie wurde 1984 als Trägersystem für einen neuen Marschflugkörper großer Reichweite, die AS-15, einsatzreif. 1985 waren 25 Bear H in Dienst, 1986 waren es 40, und heute gibt es 84 einsatzbereite Bear H. Im September 1990 waren 21 dieser Flugzeuge auf der Luftwaffenbasis Usin in der Ukraine stationiert; 22 gab es in Mosdok/Rußland, 40 in Semipalatinsk/Kasachstan, und eines bei der Herstellerwerft in Kuibyschew/Rußland. Daten, die das amerikanische Verteidigungsministerium im September 1991 veröffentlichte, besagen, daß nur 14 Bear H in Usin verblieben sind.

Bear-H-Bomber können normalerweise bis zu 16 Marschflugkörper des Typs AS-15A tragen, 27 der Flugzeuge in Semipalatinsk jedoch lediglich sechs. Zwischen Mitte und Ende der achtziger Jahre wurden immer wieder Bear-H-Bomber entdeckt, die im Training nukleare Angriffsmissionen gegen Nordamerika simulierten.

3.3. Der Langstreckenbomber Blackjack

Das Entwicklungs- und Produktionsprogramm für den Blackjack-Bomber verlief relativ langsam. Flugtests erfolgten bereits 1983, das erste Flugzeug wurde jedoch erst im April 1987 in Dienst gestellt. Der Blackjack ist mit 12 atomaren AS-15-B Marschflugkörpern bewaffnet, von denen sich je sechs in den beiden Waffenschächten an Bord befinden.

Von Anfang an wurde das Projekt von technischen Problemen geplagt. Obwohl zwischen 21 und 24 Bombern dieses Typs gebaut wurden, sind nur 16 einsatzfähig.

Während des Datenaustausches zum START-Vertrag im September 1990 erklärte die UdSSR, sie besitze 21 Flugzeuge. Von diesen stünden 6 Testflugzeuge auf dem Testflugzentrum Shukowski, 13 einsatzbereite Flugzeuge auf der Luftwaffenbasis Priluki in der Ukraine und 2 einsatzfähige Flugzeuge beim Herstellerwerk in Kasan/Rußland. Ein Jahr nach Austausch der Daten schätzte das amerikanische Verteidigungsministerium, daß die in Priluki stationierte Bomberzahl um drei auf nunmehr 16 erhöht worden sei. Es bezeichnete die Luftwaffenbasis Priluki als ›einzigen Einsatzflugplatz‹ für Blackjack-Bomber.[22]

Das Schicksal der 16 Blackjacks in Priluki ist unklar. Obwohl der ukrainische Präsident Leonid Krawtschuk der Eliminierung aller nuklearen Waffen auf ukrainischem Territorium innerhalb dieses Jahrhunderts zugestimmt hat, wollte er eine Überführung der Trägersysteme für strategische Atomwaffen, d.h. von Raketen oder Langstreckenbombern, nach Rußland nicht zulassen. Krawtschuk hat argumentiert, der Transfer dieser Waffensysteme versetze Moskau gegenüber Kiew in eine militärisch stärkere Position. Zusätzlich könnten aber auch ökonomische Interessen dafür sprechen, die Raketen und Bomber behalten zu wollen. Die Nutzung der Raketenantriebsstufen für Satelliten-Transporte in den Weltraum könnte westlichen Ländern zum Kauf angeboten werden; auch die Langstreckenbomber könnten für eine kommerzielle Nutzung umgerüstet werden.

Am 29. Januar 1992 hat der russische Präsident Boris Jelzin die weitere Produktion sowohl des Blackjack-Bombers als auch der Bear-H-Bombers gestoppt. Sollte sich also der ukrainische Präsident Krawtschuk entscheiden, die Blackjack-Bomber auf seinem Territorium zu behalten, so könnte Rußland schließlich gänzlich zum Verzicht auf diesen Bombertyp gezwungen sein.

3.4. Luftgestützte Marschflugkörper (ALCM)

Der luftgestützte Langstreckenmarschflugkörper AS-15A Kent wurde erstmals im Jahre 1984 an Bord der Bear-H-Bomber einsatzfähig. Das Modell AS-15B wurde Ende der achtziger Jahre an Bord des Blackjack eingeführt. Beide Flugkörper haben eine Reichweite von etwa 3.000 km. Darüber hinaus hat die UdSSR einen überschallschnellen Marschflugkörper, die AS-X-19 Koala, in Entwicklung, der in wenigen Jahren einsatzreif und in Dienst gestellt werden könnte. Der neue Marschflugkörper wurde offensichtlich bereits zusammen mit Bear-H-Bombern getestet. Er ist erheblich größer, so daß die Bear-H lediglich zwei Cruise Missiles dieses Typs tragen kann.

Der russische Präsident Boris Jelzin kündigte am 29. Januar 1992

Westlicher Geleitschutz für sowjetischen Atombomber

an, Rußland werde einseitig die weitere Produktion bereits vorhandener Typen von Marschflugkörpern großer Reichweite einstellen (d.h. der AS-15). Er schlug darüber hinaus vor, auch die Entwicklung neuer Typen von Marschflugkörpern zu stoppen (d.h. der AS-X-19), wenn die USA sich diesem Schritt anschließen würden. Die Vereinigten Staaten haben zur Zeit verschiedene konventionelle Marschflugkörper großer Reichweite in Entwicklung. Es herrscht keine Klarheit, ob Rußland ebenfalls Marschflugkörper großer Reichweite für den konventionellen Einsatz entwickelt.

3.5. Strategische Bomber im Rahmen der Rüstungskontrolle

Bezüglich der Atomwaffen an Bord der schweren Bomber mit nuklearer Rolle wurden die Zählregeln des START-Vertrages durch die Übereinkunft der Präsidenten Bush und Jelzin im Juni 1992 geändert. Während unter START für die verschiedenen Bombertypen eine nominelle Zahl von Atomwaffen, die diese tragen

193

könnten, angenommen wurde, werden im Rahmen der neuen Übereinkunft die Zahlen nuklearer Waffen zugrunde gelegt, die die Bomber wirklich tragen. Diese Neuregelung wird jedoch wahrscheinlich nur wenig oder keinen Einfluß auf die russische Bomberflotte haben, da diese schon jetzt vergleichsweise klein ist. Die Hauptsorge Rußlands in diesem Bereich dürfte es sein, die Blackjack- und Bear-H-Bomber zurückzuerhalten, die derzeit noch in der Ukraine bzw. in Kasachstan stationiert sind.

3.6. Seegestützte Marschflugkörper

Nach Aussagen des amerikanischen Marine-Geheimdienstes wurde der seegestützte nukleare Marschflugkörper SS-N-21 (Reichweite 3.000 km) seitens der UdSSR »beginnend 1987 einsatzbereit stationiert«.[23] Der Flugkörper ist klein genug, um aus Standard-Torpedorohren gestartet werden zu können. Somit wäre der Start von den nuklear angetriebenen U-Booten der Yankee-, Notsch-, Akula-, Victor-III-, und Sierra-Klassen theoretisch möglich. Trotzdem aber scheint mittlerweile klar zu sein, daß die SS-N-21 Marschflugkörper lediglich auf den U-Booten der Akula-Klasse sowie zwei umgerüsteten Booten der Yankee-I-Klasse stationiert wurden.[24] Der Marschflugkörper wurde offensichtlich entwickelt, um vorrangig gegen eurasische Ziele eingesetzt werden zu können. Es wird angenommen, daß die UdSSR 1991 nicht mehr als etwa 150 SS-N-21 stationiert hatte.

Im Jahre 1987 wurde ein weiterer überschallschneller, seegestützter Marschflugkörper seitens der UdSSR im Flug getestet. Die SS-NX-24 ›Skorpion‹ wurde von einem umgebauten U-Boot der Yankee-Klasse aus gestartet und hat ein ähnliches Design wie die luftgestützte AS-X-19.

Wahrscheinlich wurde das Programm aufgegeben. 1989 berichtete das Pentagon, die Testaktivitäten für die SS-NX-24 würden »mit langsamer Geschwindigkeit fortgeführt«. Und im Jahre 1991 stellte das amerikanische Verteidigungsministerium fest, »über den Status des SS-NX-24 Programmes gebe es starke Zweifel«. Edward Sheafer, der Direktor des amerikanischen Marinegeheimdienstes berichtete 1992, daß ein Programm zur Produktion von U-Booten, die die SS-NX-24 abschießen können, nie aufgelegt worden sei.[25]

194

In einem politisch bindenden Nebenabkommen zum START-Vertrag sind die USA und die UdSSR übereingekommen, daß keine der beiden Seiten mehr als 880 nukleare, seegestützte Marschflugkörper stationieren wird. Im Oktober 1991 aber kündigte der damalige sowjetische Präsident Gorbatschow an, die UdSSR werde in Antwort auf die Initiative des amerikanischen Präsidenten Bush bezüglich der Reduzierung taktisch-nuklearer Waffen vom 27. September 1991 all ihre taktisch-nuklearen Waffen von Schiffen und U-Booten abziehen. Dies schließe die seegestützten Cruise Missiles ein.

Die Strategischen Verteidigungskräfte

Neben all den aufgeführten nuklearen, strategischen Offensivstreitkräften besitzt die UdSSR auch Atomsprengköpfe für ihre strategischen Verteidigungskräfte. Dazu gehören etwa 100 Nuklearsprengköpfe für die Anti-Raketen-Raketen der Typen Gazelle und Galosh, welche das unter dem ABM-Vertrag erlaubte ABM-System rund um Moskau bilden. Wahrscheinlich gibt es auch eine recht große Zahl von Atomsprengköpfen für normale Luftverteidigungsraketen. Am 29. Januar 1992 kündigte der russische Präsident Jelzin an, sein Land werde die Hälfte der Atomsprengköpfe für Luftverteidigungsraketen abschaffen. Nach inoffiziellen Angaben will Rußland alle seine nuklearen SA-2-Raketen außer Dienst stellen und etwa 1.350 Sprengköpfe für die ebenfalls nuklearfähigen Luftabwehrraketensysteme SA-5 und SA-10 im Rahmen der Implementierung dieser Initiative behalten.[26] Es ist zudem möglich, daß auch das neue Luftabwehr-Raketensystem SA-12 mit Atomsprengköpfen ausgerüstet werden kann.

Schlußfolgerung

Wenn der START-Vertrag und der kürzlich vereinbarte Nachfolge-Vertrag über die Eliminierung der landgestützten Interkontinental-Raketen mit einzeln lenkbaren Mehrfachsprengköpfen im Jahre 2003 einmal realisiert sein wird, dann hat die GUS (oder Rußland) die Zahl der strategischen Atomsprengköpfe von mehr als 10.000 auf etwa 3.000 abgebaut – eine Reduzierung um rund 70 Prozent. Der größte Teil dieser Reduzierungen wird aus dem Bereich der ICBM kommen, in dem von heute etwa 6.000 atomaren Sprengköpfen lediglich etwa 500 verbleiben werden. Die Zahl der Atomsprengköpfe auf strategischen U-Boot-Raketen wird von etwa 2.700 auf etwa 1.750 fallen, die der Sprengköpfe für Langstreckenbomber von 1.300 auf etwa 750. Hinzu kommt, daß keine Atomwaffen in Kasachstan, der Ukraine und Belorußland verblieben sein werden.

Es wird inzwischen aber auch deutlich, daß die Bush-Administration keine weiteren Reduzierungen bei den strategischen Systemen unter das nunmehr vereinbarte Niveau von 3.000–3.500 Sprengköpfen anstrebt. Außenminister James Baker sagte am 23. Juni vor dem Außenpolitischen Ausschuß des US-Senates: »Ich nehme nicht an, daß Sie in den nächsten fünf oder sechs Jahren erneut größere Rüstungskontrollverhandlungen erleben werden.«[27] Fünf Tage zuvor hatte Baker bereits erklärt, daß diese schon deshalb kaum abgehalten werden würden, weil »wir sehr damit beschäftigt sein werden, die Vereinbarungen zu implementieren, die wir bereits ausgehandelt haben«.[28] Verteidigungsminister Richard Cheney führte am 26. Juni vor dem Außenpolitischen Ausschuß des Senates aus, die Bush-Administration und sein Ministerium hätten »auf Grundlage militärischer Urteile« festgelegt, daß 3.500 Sprengköpfe »die untere Grenze ist, unter die wir nicht gehen würden«. Cheney hatte schon im Januar dieses Jahres deutlich gemacht, daß Jelzins Vorschlag vom 29. Januar, auf 2.000 bis 2.500 strategische Sprengköpfe herunterzugehen, von »einer zu niedrigen Zahl« ausgehe.[29] Hinzu kommt, daß eine einflußreiche Gruppe hochrangiger Berater, die der Joint Strategic Targetting and Planning Staff eingesetzt hatte, das sogenannte Reed-Panel, Ende 1991 bereits die Forderung erhoben hatte, die USA sollten sich davor hüten, sich auf eine Minimalabschreckung einzulassen. In der nahen Zukunft dürfte es deshalb unwahrscheinlich sein, daß die Vereinigten Staaten und Rußland weitergehende Reduzierungen ihrer strategischen Nuklearwaffenpotentiale verhandeln werden. Mit den im Juni 1992 vereinbarten 3.000 bis 3.500 strategischen Atomwaffen je Seite werden Rußland und die USA jeweils etwa doppelt so viele Atomwaffen besitzen, wie in den Zukunftsplanungen in China, Großbritannien und Frankreich für diese Länder zusammengenommen vorgesehen sind.

Die nichtstrategischen Nuklearwaffen der ehemaligen UdSSR

Dieser Abschnitt beschäftigt sich mit den nichtstrategischen, gemeinhin taktisch genannten Nuklearwaffen der ehemaligen Sowjetunion. Auch sie gliedern sich in land-, see- und luftgestützte Systeme. Mitte 1992 gab es zwischen 15.000 und 17.000 taktische Atomwaffen, die mittlerweile alle in Rußland stationiert sein sollen. Moskau hat sich seit dem Herbst 1991 in einer Reihe öffentlicher Ankündigungen verpflichtet, mehr als 10.000 dieser Atomwaffen zunächst zentralisiert einzulagern und dann bis zur Jahrhundertwende zu zerstören.

Am 31. August 1991, kurz nach dem gescheiterten Putsch der Hardliner in Moskau, bestätigte der neue sowjetische Verteidigungsminister, Jewgeni Schaposchnikow, daß alle taktischen Atomwaffen nunmehr aus der ehemaligen DDR abgezogen seien.

Am 5. Oktober 1991 kündigte der damalige sowjetische Präsident Michail Gorbatschow an, die UdSSR werde alle ihre landgestützten taktischen Atomwaffen abziehen und anschließend delaborieren.

Am 20. Dezember 1991 kamen die Präsidenten der Republiken Kasachstan, Belorußland, Ukraine und Rußland während des Gipfels in Alma-Ata überein, daß alle taktischen Atomwaffen, die zur Zeit noch in den drei nichtrussischen Republiken lagerten, bis spätestens zum 1. Juli 1992 auf russisches Territorium abgezogen werden sollten.

Am 29. Januar 1992 erklärte der russische Präsident Boris Jelzin, er sehe sich an die seitens Gorbatschows eingegangenen Verpflichtungen gebunden, alle landgestützten taktischen Atomwaffen zu zerstören. Darüber hinaus werde man künftig keine neuen Atomsprengköpfe für landgestützte taktische Raketen, Artilleriegeschütze oder Atomminen (ADM) mehr produzieren. Rußland werde die Hälfte der atomaren Sprengköpfe für seine Luftverteidigungsraketen delaborieren, ein Drittel aller seegestützten taktischen Atomwaffen und die Hälfte aller luftgestützten taktischen Sprengköpfe. In der ersten Mai-Woche 1992 verkündete Generalleutnant Sergej Selenzow als Verantwortlicher für die Kontrolle des Transfers der taktischen Atomwaffen nach Rußland, daß nunmehr alle taktischen Atomwaffen aus dem ehemals sowjetischen Arsenal in Rußland zusammengezogen seien.

1. Landgestützte taktische Atomwaffen

Landgestützte taktische Atomwaffen befinden sich seit den fünfziger Jahren im Arsenal der sowjetischen Streitkräfte. Zu ihnen gehören gemäß der in Rüstungskontrollgesprächen entwickelten Terminologie sowohl Waffen mit einer Reichweite von weniger als 30 km als auch solche mit bis zu 5.500 km Reichweite. Der INF-Vertrag, den Ronald Reagan und Michail Gorbatschow am 8. Dezember 1987 unterzeichneten, verbot für die Zukunft weltweit alle landgestützten Mittelstreckenraketen mit Reichweiten zwischen 500 und 5.900 km. In Umsetzung dieses Vertrages wurden bis zum 1. Juni 1991 alle verbliebenen sowjetischen Trägersysteme dieser Reichweitenkategorie (SS-12, SS-23, SS-4, SS-5 und SS-20) zerstört. Das geschah durch die Vernichtung der Raketenstartgeräte und der Raketen selbst. Die Atomsprengköpfe waren nicht Gegenstand des Vertrages. Es blieben also nuklearfähige Waffen mit Reichweiten bis zu 500 km übrig.

1.1. Waffensysteme mit Reichweiten unter 500 km

Gegen Ende der achtziger Jahre besaß die UdSSR etwa 2.000 Atomgranaten, die durch rund 6.700 nuklearfähige Artilleriegeschütze hätten verschossen werden können. Es gab drei Kaliber: 152 mm, 203 mm und 240 mm. Die Schußentfernungen betrugen bis zu 30 km. Darüber hinaus besaß die UdSSR sogenannte ›Rucksack-Atombomben‹, auch Atom-Minen genannt, die zur Zerstörung von Brücken, Deichen und anderen stationären Zielen auf dem Gefechtsfeld gedacht waren. Über diese ›kleinen‹ Atomwaffen im sowjetischen Arsenal ist sehr wenig bekannt – Boris Jelzin bestätigte z.B. die Existenz atomarer Minen am 29. Januar 1992, als er ankündigte, Rußland werde alle taktischen landgestützten Atomwaffen zerstören, einschließlich der ›Atomminen‹.
Die mobile SS-1c-Rakete, auch Scud A genannt, besaß eine Reichweite von etwa 150 km. Sie wurde Anfang der sechziger Jahre in Dienst gestellt und bis zum Ende der siebziger Jahre wieder abgezogen. Die mobile Rakete Scud B mit einer Reichweite bis zu 300 km wurde seit Mitte der sechziger Jahre produziert, um die Scud A zu ersetzen. Zum 1. Oktober 1989, so schätzte der Penta-

Anfänge der Atomartillerie

gon-Geheimdienst DIA, hatte die UdSSR 650 Scud-B-Startgeräte stationiert, von denen etwa 600 gegen Ziele im NATO-Gebiet gerichtet waren.

Bereits in den späten fünfziger Jahren begann die Stationierung der Raketen der FROG-Serie, eines einstufigen, ungelenkten Flugkörpers mit Feststoffantrieb. Ende der achtziger Jahre hatte die FROG-7, die über 70 km Reichweite verfügte, nahezu alle älteren FROG-Modelle abgelöst. Zum 1. Oktober 1989, so schätzte die DIA, befanden sich 585 Werfer für die Raketen FROG 3, 5 und 7 in der Truppe.

Zuvor schon war 1976 damit begonnen worden, die FROG-Raketen durch die mobile SS-21 Scarab zu ersetzen. Sie besitzt eine Reichweite von 120 km, ist lenkbar und erheblich zielgenauer als die ungelenkte FROG. Zum 1. Oktober 1989 ging die DIA von 230 stationierten SS-21-Launchern aus, von denen etwa 200 gegen die NATO gerichtet waren.

Die bewegliche SS-12-Scaleboard-Rakete wurde erstmals in den späten sechziger Jahren stationiert und besaß eine Reichweite bis zu 800 km. Im November 1987 hatte die UdSSR 220 Scaleboard-Raketen aufgestellt, von denen zum 1. Juni 1988 nur noch 85 übriggeblieben waren. Die mobile SS-23 mit einem Festtreibstoffantrieb wurde erstmals 1985 stationiert, um die Scud B abzulösen. Ihre Reichweite wird mit 500 km angegeben. Zum 1. Juni 1988 hatte die UdSSR 167 SS-23-Starter stationiert, offiziell ausschließlich bei sowjetischen Streitkräften. 4 Werfer tauchten allerdings zusammen mit 24 SS-23-Raketen nach der Vereinigung der beiden deutschen Staaten in der NVA-Raketenartilleriebrigade bei Dehmen/Schwerin auf. Sie waren vermutlich 1986 oder 1987 an die DDR weitergegeben worden. Ähnliches geschah in der CSFR.
Beide Waffensysteme, die SS-12 und die SS-23, wurden durch den INF-Vertrag verboten. Die letzte SS-12 wurde am 16. Juli 1989 und die letzte gemeldete SS-23 am 27.Oktober 1989 vereinbarungsgemäß zerstört.

Geräumtes sowjetisches Atomwaffenlager bei Fürstenberg (Brandenburg)

1.3. Raketen mit 1.000 bis 5.500 km Reichweite

Die SS-3 Shyster, die erste sowjetische Mittelstreckenrakete längerer Reichweite (1.200 km), ging bereits 1955 in Dienst. 1957 waren es 50 und damit auch das Maximum. Ende der sechziger Jahre hatte man die Waffe, die mit nichtlagerbarem Flüssigtreibstoff angetrieben wurde, wieder außer Dienst gestellt.

Im Jahre 1958 begann die Stationierung der SS-4 Sandal, einer Rakete mit 2.000 km Reichweite. Bis 1960 dislozierten die sowjetischen Streitkräfte 600 dieser Systeme. Diese Rakete verfügte erstmals über einen lagerbaren Flüssigtreibstoff. Ab 1961 kam ergänzend die SS-5, eine Flüssigtreibstoff-Rakete mit 4.100 km Reichweite, hinzu. Mit etwa 100 stationierten Raketen wurde Mitte der sechziger bei dieser Waffe die Höchstzahl erreicht. Zu diesem Zeitpunkt dürften insgesamt rund 700 SS-3, SS-4 und SS-5 einsatzbereit gewesen sein. Der allergrößte Teil war auf Ziele in Westeuropa gerichtet. Während der siebziger und achtziger Jahre begann die UdSSR, ihre SS-4 und SS-5-Raketen außer Dienst zu stellen. Beide wurden schließlich im Rahmen des INF-Vertrages verboten und die letzte SS-4 am 22. Mai 1990, die letzte SS-5 am 16. August 1989 zerstört.[30]

Die SS-20 im Museum

Die zweistufige SS-20-Rakete mit einer Reichweite von 5.000 km wurde seit 1978 stationiert. Die mobile, mit Festtreibstoff angetriebene Waffe konnte drei Sprengköpfe tragen. Bis 1986 wurden 441 dieser Raketen disloziert. Das Waffensystem konnte auf Straßen und im Gelände operieren und war mit seinen gegen verschiedene Ziele steuerbaren MIRV-Sprengköpfen den Vorgängermodellen, SS-4 und SS-5, bezüglich Sprengkopfzahl, Reichweite, Zielgenauigkeit, Überlebensfähigkeit, Verläßlichkeit und Nachladbarkeit deutlich überlegen. Auch dieses Waffensystem wurde mit dem INF-Vertrag verboten und die letzte SS-20 am 12. Mai 1991 vernichtet.[31]

1.4. Rüstungskontrollauswirkungen

Infolge der von Michail Gorbatschow am 5. Oktober 1991 eingegangenen Verpflichtung ist zu erwarten, daß alle atomaren Sprengköpfe und spezifischen Trägersysteme für landgestützte Atomwaffen mit weniger als 500 km Reichweite durch Rußland in den nächsten fünf bis zehn Jahren vernichtet werden. Der russische Präsident Boris Jelzin kündigte am 29. Januar 1992 an, Rußland werde keine neuen Sprengköpfe für diese Waffen mehr produzieren.

In Übereinstimmung mit dem INF-Vertrag sind alle landgestützten Nuklearraketen der UdSSR mit Reichweiten zwischen 500 und 5.500 km bis zum Mai 1991 samt den dazugehörigen Startsystemen zerstört worden.

2. Taktische Flugzeuge und ihre Atomwaffen

Nuklearfähige taktische Kampfflugzeuge finden sich in den Land-, Luft-, Luftverteidigungs- und Seestreitkräften der Sowjetunion. Man kann jedoch davon ausgehen, daß nur die Luftarmeen des Sowjetischen Oberkommandos, die *Frontfliegerkräfte* der Militärbezirke und Gruppen sowie spezielle Einheiten der *Marineflieger* für den Kernwaffeneinsatz vorgesehen waren.

Im September 1991 verfügte die damals noch existente UdSSR über rund 900 Flugzeuge in fünf kriegsschauplatzorientierten Luftarmeen mit Hauptquartieren in Smolensk, Irkutsk, Legnica und Winniza. Die westliche Luftarmee (Hauptquartier Smolensk) und die östliche Luftarmee (Hauptquartier Irkutsk) besaßen zusammen mehr als 450 Jagdbomber mittlerer Reichweite. Der Großteil der Smolensker Luftangriffsarmee besteht aus Tu-22M3 Backfire-C-Bombern, die je 10 nuklearfähige Luft-Boden-Raketen kurzer Reichweite vom Typ AS-16 Kickback tragen können. In der Irkutsker Luftarmee wurde damit begonnen, Tu-16-Badger-Mittelstrekkenbomber durch solche vom Typ Backfire-C zu ersetzen. Zum Teil wurden diese Flugzeuge vor Unterzeichnung des Wiener Vertrages über die Begrenzung konventioneller Streitkräfte aus dem Vertragsraum im Westen der UdSSR abgezogen und umstationiert. Die Luftarmeen in Legnica, Polen und in Winniza in der westlichen UdSSR verfügen hauptsächlich über Jagdbomber vom Typ Su-24, zusammen über etwa 220 dieser Flugzeuge.

Die meisten der konventionell und nuklear einsetzbaren taktischen Flugzeuge gehören zu den Frontfliegerkräften der Militärbezirke und Gruppen der Streitkräfte. Seit 1988 wurden Hunderte von Flugzeugen der Typen Mig-21 Fishbed, Mig-23 Flogger und Su-17 Fitter außer Dienst gestellt und durch eine geringere Zahl modernerer Flugzeuge der Typen Mig-29 Fulcrum, Su-27 Flanker und Su-24 Fencer ersetzt. Mittlerweile sind auch alle Einheiten der Frontflieger aus der Mongolei, der Tschechoslowakei und Ungarn abgezogen. Bis 1994 – so wird angenommen – werden alle Kampfflugzeuge aus Osteuropa abgezogen sein.

2.1. Die taktischen Bomber

Darunter fallen die Typen Backfire, Badger und Blinder. Lediglich der Backfire wird noch produziert. Die Tu-16 Badger, 1954 erstmals bei der sowjetischen Luftwaffe eingeführt, wird seit 1983 nicht mehr hergestellt. Im September 1991 waren noch 60 Flugzeuge im Dienst. Sie können Atombomben und Luft-Boden-Raketen der Typen AS-2, AS-5 und AS-6 tragen; ihr Gefechtsradius ohne Luftbetankung beträgt 3.100 km, und sie erreichen 0,85 Mach.

Die Tu-22 Blinder wurde seit 1962 stationiert und war der erste sowjetische Überschallbomber. Zum 1. September 1991 waren noch 135 Blinder im Dienst. Dieses Flugzeug trägt Marschflugkörper vom Typ AS-4. Der Gefechtsradius ohne Luftbetankung liegt bei 2.400 km, die maximale Geschwindigkeit bei 1,4 Mach.

Die Tu-22M Backfire wurde erstmals 1974 einsatzfähig. Backfire-Bomber können freifallende Atombomben oder AS-4-Marschflugkörper tragen. Das Modell C ist mit 10 Luft-Boden-Raketen des Typs AS-16 Kickback ausgestattet. Im September 1991 verfügte die UdSSR über 315 Backfire, von denen 170 bei den Marinefliegern und 145 bei den Luftarmeen eingesetzt waren. Im letzten Jahrzehnt produzierte die UdSSR durchschnittlich 30 Backfire pro Jahr. Der Bomber hat einen Einsatzradius ohne Luftbetankung von 4.000 km und erreicht doppelte Schallgeschwindigkeit.

2.2. Taktische Jagdbomber

Der Jagdbomber Su-24 Fencer wurde erstmals Ende 1974 einsatzbereit. Er kann zwei freifallende Atombomben tragen. Das Londoner Institut für strategische Studien (IISS) schätzte im Herbst 1991, daß die UdSSR über insgesamt 840 dieser Flugzeuge verfüge, von denen 610 in der durch den Wiener Vertrag über konventionelle Rüstungsbegrenzung festgelegten Zone zwischen dem Atlantik und dem Ural (ATTU) stationiert seien. Die Fencer besitzt ohne Luftbetankung einen Einsatzradius von 1.300 km, wenn Außentanks mitgeführt werden, und erreicht maximal 2,2fache Schallgeschwindigkeit.

Der Jagdbomber Su-17 Fitter wurde erstmals 1972 stationiert. Im Herbst 1991, so schätzte IISS, besaß die UdSSR noch 330 Fitter, die alle in der Zone zwischen Atlantik und Ural stationiert waren. Rund 80 Prozent aller je gebauten Flugzeuge dieses Typs wurden für nuklearfähig gehalten. Sie können mindestens eine Atombombe tragen und haben einen Einsatzradius von 700 km, wenn sie Außentanks mitführen. Die Maximalgeschwindigkeit liegt bei 2,1 Mach.

Der Jagdbomber Mig-27 Flogger wurde erstmals 1975 in Dienst gestellt. Im Herbst 1991, so IISS, verfügte die UdSSR über 610 Flugzeuge dieses Typs, davon 335 in der ATTU-Zone. Dieses Flugzeug kann zumindest eine freifallende Atombombe tragen. Der Kampfradius beträgt 600 km, wenn Außentanks mitgeführt werden 850 km; die Maximalgeschwindigkeit liegt bei Mach 1,7.

2.3. Nuklearfähige Jagdflugzeuge

Die Mig-21L Fishbed wurde 1975 in Dienst gestellt und kann möglicherweise eine Atombombe tragen. Nach Schätzungen des IISS verfügte die UdSSR im Herbst 1991 insgesamt über 550 Flugzeuge des Typs Mig-21, von denen ein Teil für nuklearfähig gehalten wird. Ohne Luftbetankung hat diese Version der Mig-21 eine Reichweite von 600 km und erreicht doppelte Schallgeschwindigkeit.

Der Abfangjäger Mig-23 Flogger ist seit 1972 im Truppendienst, und ein Teil dieser Flugzeuge kann möglicherweise eine freifallende Atombombe tragen. Im Herbst 1991 waren laut IISS noch etwa 490 Flugzeuge dieses Typs bei den Luftstreitkräften im Einsatz. Bei einer Reichweite ohne Luftbetankung von 1.150 km erreicht das Flugzeug 2,3fache Schallgeschwindigkeit.

Der Jäger Mig-29 wurde im Jahre 1983 einsatzfähig. Das IISS ging im Herbst 1991 davon aus, daß etwa 700 Flugzeuge dieses Typs disloziert sind, 660 davon in der ATTU-Zone. Die Mig-29 hat einen Einsatzradius von 700 km und eine maximale Geschwindigkeit von 2,3 Mach. Das amerikanische Verteidigungsministerium hält es für möglich, daß einige Flugzeuge dieses Typs nuklearfähig sind.

2.4. Kernwaffenträger der sowjetischen Marineflieger

Den Angaben des Londoner IISS zufolge besaß die sowjetische Marine im Herbst 1991 folgende nuklearfähigen Flugzeuge: 160 Tu-160-22M Backfire, 190 Tu-16 Badger, 6 Tu-22 Blinder; teilweise bzw. überwiegend nuklearfähig sind 350 Su-17 Fitter, 110 Su-24 Fencer, 30 Mig-27 Flogger, 70 Mig-29 Fulcrum und 85 Mig-23 Flogger.

Zusätzlich zu diesen potentiellen Kernwaffenträgern gibt es bei den Marinefliegern einige nuklearfähige Hubschrauber für Operationen gegen U-Boote (Anti-Submarine Warfare, ASW). Dazu gehören die Typen Ka-25 Hormone und Ka-27 Helix. Der erste Typ wurde erstmals 1967 einsatzfähig, der zweite 1982. Nach IISS-Schätzung verfügte die UdSSR im Herbst 1991 über 93 Hormone und 115 Helix. Die Helikopter können atomare Wasserbomben

205

(Tiefenbomben) und möglicherweise auch Torpedos mit Kernsprengkopf einsetzen. Der Ka-25 hat einen Einsatzradius von 250 km und eine Höchstgeschwindigkeit von 220 km/h; der Ka-27 hat einen Einsatzradius von 300 km und erreicht 260 km/h.

Desweiteren verfügt die ehemals sowjetische Marine über nuklearfähige Seeraum-Überwachungsflugzeuge (MPA). Die Be-12 wurde erstmals 1966/67 stationiert, die Il-38 May erstmals 1968 und die F-Version des Bombers Bear in den frühen siebziger Jahren. Alle drei Flugzeuge können atomare Torpedos und nukleare Wasserbomben mitführen. Im Herbst 1991 verfügte die UdSSR nach Angaben des IISS über 92 Be-12, 53 Tu-142 Bear und über 53 Il-38 May.

2.5. Rüstungskontrollauswirkungen

Die Auswirkungen der jüngsten Rüstungskontrollinitiativen auf die luftgestützten taktischen Atomwaffen sind nicht so dramatisch wie auf die landgestützten. Am 29. Januar 1992 kündigte Boris Jelzin an, Rußland werde einseitig »den Bestand der taktischen Nuklearwaffen für die Luftwaffe halbieren«. Er machte aber keine Angaben darüber, welche Nuklearwaffen erhalten bleiben sollen. Die USA haben ihrerseits beschlossen, die Zahl ihrer in Europa gelagerten atomaren Bomben um etwa 50 Prozent von etwa 1.400 auf etwa 700 zu reduzieren.[32]

Bis heute sind dagegen Vorschläge Gorbatschows und Jelzins, alle luftgestützten taktischen Atomwaffen aus den Fronteinheiten abzuziehen und deren Lagerung in zentralen Depots zu konsolidieren, seitens der USA mit Schweigen beantwortet worden.

Sowohl in den SALT-2- als auch in den START-Verhandlungen versuchten die Vereinigten Staaten erfolglos, den Backfire in die vereinbarten numerischen Obergrenzen für strategische Bomber einzuschließen. In einer politisch bindenden Zusatzerklärung zum START-Vertrag ließ sich die UdSSR jedoch darauf ein, »nicht mehr als« 500 Backfire zu besitzen. Von diesen 500 dürfen nicht mehr als 300 bei den Luftarmeen und nicht mehr als 200 bei den Marinefliegern eingesetzt werden. Wie schon beim SALT-2-Vertrag, verpflichtete sich die UdSSR bei START zusätzlich, den Backfire »auf keine Weise, auch nicht mittels Luftbetankung, mit der Fähigkeit zu Operationen über interkontinentale Reichweiten« auszustatten. Der Wiener Vertrag über die Begrenzungen der konventionellen Rüstung erlaubt es der UdSSR künftig, maximal 400 landgestützte Flugzeuge der Marine im Vertragsraum zu stationieren.

3. Seegestützte taktische Atomwaffen

Nach Schätzungen von Wissenschaftlern besaß die Sowjetunion 1991 rund 2.450 nicht-strategische seegestützte Nuklearwaffen: rund 400 Marschflugkörper, 450 freifallende Bomben, 450 Wasserbomben zur Bekämpfung von U-Booten, 1.300 andere Nuklearwaffen zum Einsatz gegen U-Boote, 200 Sprengköpfe für Luftabwehrraketen und 100 für Küstenraketen.

3.1. Ballistische Raketen für U-Boote

Gegenwärtig besitzt Rußland keine nicht-strategischen ballistischen Raketen mehr. Sieben sowjetische U-Boote der Klassen Hotel I und II hatten früher je drei ballistische Raketen des Typs SS-N-5 Shark mit einer Reichweite von 1.400 km und einem Atomsprengkopf an Bord. Alle sieben Boote wurden bis 1988 außer Dienst gestellt.

3.2. Atomwaffen zur Bekämpfung von U-Booten

Die atomaren Anti-U-Boot-Waffen der Ex-Sowjetunion umfassen Torpedos, gelenkte wie ungelenkte Raketen und Wasserbomben. Für diese gab es zusammengenommen etwa 1.300 Sprengköpfe. Zu den Raketen gehörten die ungelenkte FRAS-1, die SS-N-15 Starfish (eine nukleare Wasserbombe mit Raketenantrieb) und die gelenkte Anti-U-Boot-Rakete SS-N-16 Stallion. Die Raketen des Typs FRAS sind an Bord der Überwasserschiffe der Moskau- und Kiew-Klassen stationiert, die SS-N-15 und SS-N-16 können aus den Torpedorohren von Angriffs-U-Booten gestartet werden. Der Wasserbomben-Abwurf ist von Bord der Tu-142 Bear F, der Be-12 Mail und der Il-38-Flugzeuge sowie der Helix- und Hormone-Hubschrauber möglich.

3.3. Luftverteidigungssysteme

Nach Angaben von Wissenschaftlern besaß die UdSSR im September 1991 etwa 200 Atomsprengköpfe für die Marine-Luftabwehrraketen vom Typ SA-N-1 Goa, SA-N-3 Goblet und SA-N-6 Grumble. Diese Waffensysteme befinden sich an Bord von Kreuzern und Zerstörern.

3.4. Angriffs-U-Boote mit Schiff-Schiff-Marschflugkörpern

Nach Angaben des Geheimdienstes der US-Marine vom Mai 1991 verfügte die Sowjetflotte über 43 nuklear angetriebene Angriffs-U-Boote mit Marschflugkörpern (SSGN) und über 15 dieselgetriebene Angriffs-U-Boote (SSG) der Juliett-Klasse mit ebensolchen Waffen. Die U-Boote der Klassen Charlie-I und II, Echo-II sowie Oscar-I und II sind SSGN. Hinzu kommen drei Boote der Yankee-Klasse. Elf U-Boote der Charlie-I-Klasse sind mit je acht nuklearfähigen Marschflugkörpern des Typs SS-N-7 und den raketengetriebenen Wasserbomben des Typs SS-N-15 ausgerüstet. Sie

Die kleinsten Unterwasser-Atomwaffenträger

haben 6 Torpedorohre des Kalibers 21 Zoll. Die Boote des Typs Charlie-II tragen acht Schiff-Schiff-Marschflugkörper SS-N-9. Acht dieser Boote sind gegenwärtig einsatzfähig. 28 U-Boote des Typs Echo-II wurden ursprünglich gebaut und mit je acht SS-N-3C-Marschflugkörpern ausgerüstet; etwa die Hälfte wurde später modernisiert und auf SS-N-12-Flugkörper umgerüstet. Seit Ende der achtziger Jahre stellt die sowjetische Marine diese Boote sukzessive außer Dienst. Die U-Boote Oscar-I- und II-Klassen sind mit je 24 Anti-Schiff-Marschflugkörpern des Typs SS-N-19 Shipwreck ausgerüstet, die über eine Reichweite von 560 km verfügen. Ihre Bewaffnung umfaßt darüber hinaus die SS-N-15 und die SS-N-16. Die Boote verfügen über vier Torpedorohre des Kalibers 21 Zoll sowie über vier weitere des Kalibers 25,6 Zoll. Zwei U-Boote der Oscar-I-Klasse wurden gebaut, sechs der Oscar-II-Klasse. Ein strategisches Raketen-U-Boot der Yankee-Klasse wurde mit einem modernisierten Feuerleitsystem ausgestattet, um es als Testplattform für den Marschflugkörper SS-NX-24 und andere Waffen nutzen zu können, wurde aber offensichtlich bislang nicht einsatzreif. Die 15 dieselgetriebenen U-Boote der Juliett-Klasse verfügen über je drei Marschflugkörper des Typs SS-N-3C und haben je sechs 21-Zoll-Torpedorohre.

3.5. Nuklear bestückte Angriffs-U-Boote

Nach Angaben des Marinegeheimdienstes der USA verfügte die UdSSR im Mai 1991 über 60 nukleargetriebene Angriffs-U-Boote (SSN). Zu diesen gehören die Boote der Klassen Viktor I, II und III, Sierra, Akula und zwei umgerüstete Yankee-U-Boote.
Gegenwärtig sind bei der russischen Marine 15 Viktor-I- und sieben Viktor-II-U-Boote im Dienst. Am 5. Februar 1992 erläuterte Konteradmiral Edward Sheafer, der Leiter des Marinegeheimdienstes der USA, Kongreßabgeordneten, daß das 26. und wahrscheinlich letzte U-Boot der Viktor-III-Klasse kürzlich vom Stapel lief. Diese U-Boote werden seit den späten siebziger Jahren gebaut. Sheafer erwähnte auch, daß man davon ausgehe, daß der Bau des vierten U-Bootes der Sierra-Klasse weitergeführt und das Bauprogramm für U-Boote der Akula-Klasse vermutlich ebenfalls fortgeführt werde. Die ersten Boote dieser beiden U-Boot-Klassen

liefen 1983 bzw. 1984 vom Stapel. Zumindest sechs Boote der Akula-Klasse sind heute einsatzbereit. Ein einzelnes Angriffs-U-Boot der Mike-Klasse, dessen Stapellauf 1983 stattfand, ging im April 1989 in der Norwegensee unter.

Die U-Boote der Klassen Viktor I und II tragen wahrscheinlich beide SS-N-15 und haben jeweils sechs 21 Zoll-Torpedorohre. Die Boote der Viktor-III- und der Sierra-Klasse tragen Torpedos und nuklearfähige SS-N-16 Anti-U-Boot-Raketen. Die Boote der Hotel-Klasse haben ebenfalls je sechs 21 Zoll-Torpedorohre und die der Yankee-Klasse können wahrscheinlich die nuklearfähigen Waffensysteme der Typen SS-N-15 und SS-N-16 mitführen. Die beiden Yankee-U-Boote, die nunmehr Yankee-Notsch heißen, wurden umgerüstet, um den Marschflugkörper SS-N-21 zu tragen, der über eine große Reichweite verfügt und gegen Landziele eingesetzt werden kann. Dieses Waffensystem gehört auch zur Austattung der U-Boote der Akula-Klasse.

3.6. Flugzeug- und Hubschrauberträger

Die ehemals sowjetische Marine hat nur einen echten Flugzeugträger – die ›Admiral der Flotte Kusnezow‹ (ex ›Tblissi‹, ex ›Breshnew‹) –, der 1985 vom Stapel lief. Im Dezember 1991 wurde das Schiff von der Schwarzmeerflotte zur Nordmeerflotte nach Murmansk überführt. Berichten zufolge liegt das Schiff zur Zeit für Reparaturarbeiten in den Docks von Seweromorsk. Ein zweiter Träger dieser Klasse, die ›Warjag‹ (ex ›Riga‹) lief 1988 vom Stapel. Obwohl das Schiff mittlerweile zu rund 70 Prozent von der Schwarzmeerwerft in Nikolajew ausgerüstet sein soll, wird es wohl kaum fertiggestellt werden, wenn es nicht von einem anderen Staat, z.B. Indien oder China, gekauft werden sollte. Ein dritter Flugzeugträger, die ›Uljanowsk‹, ist in Nikolajew im Bau, wird aber nach jüngsten Berichten vermutlich verschrottet.[33]

Auf dem Flugzeugträger Kusnezow befinden sich 12 Anti-Schiff-Marschflugkörper SS-N-19 mit 560 km Reichweite. Der Träger wird voraussichtlich zwischen 20 und 40 Su-27 Flanker und Mig-29-Fulcrum Kampfflugzeuge beherbergen.

Hinzu kommen vier kleinere Flugzeugträger der Kiew-Klasse für Hubschrauber und Flugzeuge mit extremer Kurzstart- und Landefähigkeit (VSTOL), die mit den Hubschrauberträgern der Tarawa-Klasse der US-Marine verglichen werden können. Das erste dieser Schiffe wurde Mitte 1976 einsatzfähig.

Die Schiffe der Kiew-Klasse tragen Flugkörper des Typs SS-N-12, zusätzlich aber auch ballistische Raketen vom Typ FRAS-1 und Luftabwehrraketen vom Typ SA-N-3 sowie 14 bis 17 Anti-U-Boot-Hubschrauber der Typen Helix oder Hormone, die nukleare Wasserbomben einsetzen können. Der Einsatz von Marinejagdbombern mit Kernwaffen ist nicht möglich.

Mit den Schiffen der Moskau-Klasse verfügte die sowjetische Marine auch über 2 Flugdeckkreuzer, deren erster 1967 in Dienst gestellt wurde. Obwohl auch VSTOL-Flugzeuge das Flugdeck dieser Kreuzer nutzen können, bilden je 14 Hubschrauber zur U-Boot-Bekämpfung die fliegende Hauptbewaffnung. Dieser Mix von Kreuzer und Hubschrauberträger gilt allgemein als so ineffektiv, daß die beiden Schiffe in naher Zukunft außer Dienst gestellt werden dürften.[34]

Greenpeace-Aktion gegen den Flugzeugträger Baku

3.7. Kreuzer

Für den Mai 1991 gab der US-Marinegeheimdienst die Zahl der sowjetischen Kreuzer mit 30 an: zwei Flugdeckkreuzer der Moskau-Klasse, drei nukleargetriebene Lenkraketen-Kreuzer der Kirow-Klasse, sowie 25 Lenkraketenkreuzer der Klassen Slawa, Kara, Kresta und Kynda. Im September 1991 gingen amerikanische Geheimdienstkreise davon aus, daß das Kreuzer-Bauprogramm jeweils mit der vierten Einheit der Slawa- und Kirow-Klasse beendet werde, die sich beide gerade in der Ausstattungsphase befanden. Das vierte und letzte Schiff der Kirow-Klasse, die ›Juri Andropow‹, die im April 1989 vom Stapel gelaufen ist, befindet sich auch heute noch zur Ausrüstung auf der Baltischen Werft von St. Petersburg. Erstmals seit 40 Jahren sind keine neuen Kreuzer mehr im Bau.[35]

Die Kreuzer der Kirow- und Slawa-Klasse wurden in den achtziger Jahren eingeführt. Die Schiffe vom Kirow-Typ sind mit (wahrscheinlich nicht mehr nuklearfähigen) Luftabwehrraketen vom Typ SA-N-6 sowie nuklearfähigen Marschflugkörpern SS-N-19 bewaffnet. Sie können ASW-Hubschrauber tragen. Die Lenkraketen-Kreuzer vom Typ Slawa können 64 Luftabwehrraketen SA-N-6 und 16 Marschflugkörper SS-N-16 sowie einen Helix- oder Hormone-Hubschrauber tragen.

Die Lenkraketenkreuzer vom Typ Kara, seit 1973 im Einsatz, sind mit Luftabwehrraketen vom Typ SA-N-3 und einem Hormone-Hubschrauber bewaffnet. Sieben Schiffe dieses Typs wurden gebaut. Die Lenkraketenkreuzer der Kresta-I-Klasse tragen jetzt vier SS-N-3b Marschflugkörper (ehemals acht) und SA-N-1 Luftabwehrraketen; die der Kresta-II-Klasse besitzen acht Werfer für die Anti-U-Boot-Rakete SS-N-14 sowie Luftabwehrraketen des Typs SA-N-3 und jeweils einen Hormone-Hubschrauber. Zehn dieser Schiffe wurden zwischen 1970 und 1978 gebaut. Die Schiffe der Kynda-Klasse tragen ebenfalls den Marschflugkörper SS-N-3b (Reichweite 460 km) und Luftabwehrraketen SA-N-1. Alle diese Kreuzer-Klassen, außer der Moskau- und der Kynda-Klasse, verfügen darüber hinaus über die Möglichkeit, nukleare Torpedos aus ihren 21-Zoll-Torpedorohren zu verschießen.[36]

3.8. Zerstörer

Im Mai des vergangenen Jahres verfügte die sowjetische Marine nach Angaben des US-Marinegeheimdienstes über insgesamt 37 Zerstörer: je einen Zerstörer der Kildin- und der Kotlin-Klasse sowie 35 Lenkraketenzerstörer der Klassen Kaschin, Sowremenny und Udaloi.

Der ältere Kildin-Zerstörer ist mit Marschflugkörpern SS-N-21 ausgestattet, der der Kotlin-Klasse mit SA-N-1 Luftabwehrraketen. Die Lenkraketenzerstörer der Kaschin-Klasse waren mit Luftabwehrraketen des Typs SA-N-1, Werfern für Anti-U-Boot-Raketen und fünf Torpedorohren ausgerüstet. Die UdSSR baute zwischen 1963 und 1972 20 dieser Schiffe.

Die Lenkraketenzerstörer der Sowremenny-Klasse, die noch in Produktion sind, wurden erstmals 1981 eingeführt. Sie verfügen über acht Startgeräte für SS-N-22-Marschflugkörper, vier Torpedorohre, zwei Werfer für Anti-U-Boot-Raketen und einen Hormone- oder Helix-Hubschrauber. Die sowjetische Marine besaß mindestens 13 einsatzfähige Schiffe dieses Typs; vier weitere wurden gebaut. Das 17. Schiff dieses Typs lief im Dezember 1991 vom Stapel. Seitens amerikanischer Geheimdienste wird angenommen, daß das Programm »nunmehr bis zum Jahr 2000 gedehnt und wahrscheinlich bei einer Gesamtzahl von 22 oder 23 Einheiten enden wird«.[37]

Die kleinsten Überwasser-Atomwaffenträger

Die U-Jagd-Zerstörer der Udaloi-Klasse, die ebenfalls noch gebaut werden, können zwei ASW-Hubschrauber Helix tragen und sind mit 8 Startern für SS-N-22 Sunburn Schiff-Schiff-Marschflugkörpern[38] ausgestattet. Bis zum Jahre 1991 wurden elf Schiffe dieses Typs gebaut. Das zwölfte und letzte Schiff soll bald in Dienst gestellt werden.

Außerdem verfügt die sowjetische Marine über eine größere Zahl von Fregatten und Raketenschnellbooten, die ebenfalls nuklearfähig sind.

3.9. Küstenraketen

Die ehemalige sowjetische Marine besaß ungefähr 100 nuklearfähige, landgestützte Küstenraketen vom Typ SS-1b Sepal. Diese Waffe ähnelt der bodengestützten Version der SS-N-3c Shaddock.

3.10. Rüstungskontrollauswirkungen

In seiner Fernsehansprache vom 5. Oktober 1991 kündigte Gorbatschow an, daß »alle taktischen Nuklearwaffen von allen Überwasserkampfschiffen und allen Mehrzweck-U-Booten entfernt werden. Diese Waffen sollen ebenso wie jene der landgestützten Marineflieger in zentralen Depots eingelagert und ein Teil von ihnen soll zerstört werden.« Im Januar 1992 präzisierte der russische Präsident diese Ankündigung dahingehend, daß Rußland ein Drittel seiner seegestützten taktischen Atomwaffen zerstören wird. Er führte aber nicht aus, welche Atomwaffentypen zur Zerstörung vorgesehen seien.

Im Oktober 1991 hatte Gorbatschow darüber hinaus noch vorgeschlagen, daß die USA und die UdSSR auf gegenseitiger Basis alle seegestützten taktischen Nuklearwaffen zerstören sollten. Die USA ihrerseits haben ihre Absicht bekundet, etwa die Hälfte ihrer seegestützten taktischen Nuklearwaffen einseitig abzubauen.

Robert S. Norris, Wissenschaftler des Natural Ressources Defense Council (NRDC), schätzte im Januar 1992, daß die Gemeinschaft Unabhängiger Staaten etwa 15.000 taktische Nuklearwaffen besitze; 4.800 für Bodentruppen, 2.800 für Luftverteidigungstruppen, 4.000 für die Luftwaffe und 3.400 für die Marine.[39] Nach der Verkündung der einseitigen Initiativen Gorbatschows und Jelzins ging Norris im Juli 1992 davon aus, daß Rußland künftig etwa 5.300 taktische Nuklearwaffen behalten werde: keine bei den Landstreitkräften, 1.450 bei den Luftverteidigungskräften (1.350 SA-5 und SA-10, sowie 100 Galosh und Gazelle zur Abwehr strategischer Raketen), 2.000 für die Luftstreitkräfte (AS-4, AS-5, AS-6, AS-16 Luft-Boden-Flugkörper sowie Atombomben für die Flugzeugtypen Backfire, Blinder, Badger, Fencer, Flogger und Fitter) und schließlich 1.850 atomare Sprengköpfe für die Marine (600 AS-4, AS-5 und AS-6-Flugkörper sowie Bomben für die Flugzeugtypen Backfire, Blinder, Badger, Fencer, Flogger und Fitter; 500 Marschflugkörper der Typen SS-N-9, SS-N-12, SS-N-19, SS-N-21 und SS-N-22; 150 atomare Wasserbomben für May-, Bear-F-Flugzeuge sowie Hormone- und Helix-Hubschrauber, sowie 600 Anti-U-Boot-Waffen SS-N-15, SS-N-16, FRAS-1 und Torpedos).[40]

Während des Treffens zwischen den Präsidenten Bush und Jelzin im Juni 1992 in Washington ergaben sich weder aus der Presse noch aus anderen Quellen Hinweise darauf, daß zwischen den beiden Präsidenten in diesem Bereich weitere Übereinkünfte erzielt werden konnten. Darüber hinaus hat Rußland grundsätzlich angemerkt, daß es finanzielle Hilfe benötigt, um all die Atomwaffen zu delaborieren, deren Zerstörung derzeit geplant ist. Moskau hat angemerkt, daß es nicht über ausreichende Lagermöglichkeiten verfügt, um das aus den Sprengköpfen stammende spaltbare Material in geeigneter Weise für lange Zeit einzulagern.

Es scheint deshalb unwahrscheinlich, daß Rußland demnächst Verpflichtungen eingehen wird, sein taktisches Nuklearwaffenpotential unter das bereits geplante Niveau von schätzungsweise 5.300 Sprengköpfen abzusenken. Es würde dagegen kaum überraschen, wenn Rußland sich entscheiden sollte, einen großen Prozentsatz der verbleibenden Waffen technisch unbrauchbar zu machen und die Sprengköpfe aber weiter in zentralen Depots zu lagern.

Stationierte strategische Nuklearwaffen
1983–1992 (Jahresende)

ICBM-Startrampen

	1983	84	85	86	87	88	89	90	91	92	2003
SS-11	550	520	448	448	420	400	370	326	296	0	0
SS-13	60	60	60	60	60	60	60	40	40	0	0
SS-17	150	150	150	150	145	125	90	47	44	0	0
SS-18	308	308	308	308	308	308	308	308	308	308	0
SS-19	330	360	360	360	350	330	320	300	300	210	0
SS-24*	0	0	0	0	6	12	18	33	36	36	0
SS-24**	0	0	0	0	0	0	40	56	56	56	0
SS-25	0	0	72	72	100	125	170	288	315	333	504
Insges.	1398	1398	1398	1398	1389	1360	1376	1398	1395	943	504

ICBM-Gefechtsköpfe

	1983	84	85	86	87	88	89	90	91	92	2003
SS-11	550	520	448	430	420	400	370	326	296	0	0
SS-13	60	60	60	60	60	60	60	40	40	0	0
SS-17	600	600	600	600	580	500	360	188	176	0	0
SS-18	1980	3080	3080	3080	3080	3080	3080	3080	3080	3080	0
SS-19	2160	2160	2160	2160	2100	1980	1920	1800	1800	1260	0
SS-24*	0	0	0	0	60	120	180	330	360	360	0
SS-24**	0	0	0	0	0	0	400	560	560	560	0
SS-25	0	0	72	90	100	125	170	288	315	333	504
Insges.	6270	6420	6420	6420	6400	6265	6540	6612	6627	5593	504

* auf Schienen
** in Silos

Anmerkung: Dieser Tabelle liegt für die Anzahl der Gefechtsköpfe jedes Raketentyps die START-Zählweise zugrunde.

Quellen: Soviet Military Power für die Jahre 1983, 1984, 1986; DIA Force Structure Summary-USSR, Eastern Europe, and Mongolia für die Jahre 1985, 1986, 1987, 1988 und 1989; START Treaty Memorandum of Understanding, September 1990 und 1990; Military Forces in Transition, September 1991 und 1991; Schätzungen des Autors für 1986, 1992 und 2003.

Anmerkung: Angaben für 1986 extrapoliert aus DIA Force Structure Summary und Soviet Military Power. Alle übrigen Angaben sind direkt den o.g. Quellen entnommen.

SLMB-Startvorrichtungen

	1983	84	85	86	87	88	89	90	91	92	2003
SS-N-6	384	364	304	304	256	256	192	192	112	0	0
SS-N-8	292	292	292	292	280	280	280	280	280	280	0
SS-N-17	12	12	12	12	12	12	12	12	0	0	0
SS-N-18	224	224	224	224	224	224	224	224	224	224	192
SS-N-20	20	40	80	80	100	100	120	120	120	120	120
SS-N-23	0	0	16	32	64	64	96	112	112	112	112
Insges.	932	936	928	944	936	936	924	940	848	736	424

SLMB-Sprengköpfe

	1983	84	85	86	87	88	89	90	91	92	2003
SS-N-6	384	386	304	304	256	256	192	192	112	0	0
SS-N-8	292	292	292	292	280	280	280	280	280	280	0
SS-N-17	12	12	12	12	12	12	12	12	0	0	0
SS-N-18*	1568	1568	1568	1568	1568	1568	1568	672	672	672	567
SS-N-20	200	400	800	800	1000	1000	1200	1200	1200	1200	720**
SS-N-23	0	0	64	128	256	256	384	448	448	448	448
Insges.	2456	2640	3040	3104	3372	3372	3636	2804	2712	2600	1744

* Aus Zählgründen wird bei dieser Tabelle davon ausgegangen, daß alle SS-N-18, die zwischen 1983 und 1989 stationiert wurden, Mod-3-Versionen mit 7 Gefechtsköpfen waren und alle SS-N-18, die seit 1990 stationiert wurden, Mod-1-Versionen mit 3 Gefechtsköpfen. In allen übrigen Fällen wurde nach START-Methode berechnet.

** In der Tabelle wird davon ausgegangen, daß die Nachfolgerin der SS-N-20 entweder ein »neuer Typ« von SLBM mit 7 Gefechtsköpfen sein wird oder eine Modifikation des bestehenden Typs, wobei die Zahl der Gefechtsköpfe von 10 auf 6 verringert wird. Unter dieser Voraussetzung würde Rußland 25 (12 Delta III, 7 Delta IV und 6 Taifuns) seiner 27 modernsten U-Boote für ballistische Raketen im Einklang mit dem neuen Vertrag über die Liquidierung der Mehrfachsprengköpfe zwischen den USA und Rußland behalten können, der beiden Seiten die Stationierung von bis 1.750 SLBM-Sprengköpfen gestattet.

Quellen: Nuklear Weapons Data Book, Band IV, S. 106-107 für 1983; Soviet Military Power für 1984; DIA Force Structure Summary für 1985–1989; START Treaty Memorandum of Understanding für 1990; Military Forces in Transition für 1991; Schätzungen des Autors für 1992 und 2003.

Strategische Bomber

	1983	84	85	86	87	88	89	90	91	92	2003
Bison	45	45	30	30	15	0	0	0	0	0	0
Bear-A	30	30	30	30	30	20	1	1	0	0	0
Bear-B/C	70	65	65	60	30	30	24	16	0	0	0
Bear-G	0	10	20	20	40	45	45	46	40	0	0
Bear-H	0	10	35	40	60	65	70	84	84	84	47
Blackjack	0	0	0	0	0	6	10	15	16	16	0
Insges.	145	160	180	180	175	166	150	162	140	100	47

Atomwaffen der Strategischen Bomber

	1983	84	85	86	87	88	89	90	91	92	2003
Bison	180	180	120	120	60	0	0	0	0	0	0
Bear-A	60	60	60	60	60	40	2	2	0	0	0
Bear-B/C	280	260	260	240	120	120	96	64	0	0	0
Bear-G	0	60	120	120	240	270	270	276	240	0	0
Bear-H	0	160	560	640	960	1040	1120	1344	1344	1344	752
Blackjack	0	0	0	0	0	72	120	180	192	192	0
Insges.	520	720	1120	1180	1440	1542	1608	1866	1776	1536	752

Bemerkung: Diese Tabelle geht von 4 Waffen pro Bison aus; 2 Bomben pro Bear-A; 4 Bomben pro Bear-B/C (er kann andernfalls eine einzelne AS-3 ASM tragen); 4 Bomben und 2 AS-4 ASM pro Bear-G; 16 AS-15A ALCM pro Bear-H (einige Bear-H können aber nur 6 AS-15A ALCM tragen); und 12 AS-15B ALCM pro Blackjack.

Quellen: Nuclear Weapons Data Book, S. 117 für Bear A/B/C/G/H Soviet Military Power für 1983 und 1984; DIA Force Structure Summary für 1985–1989, START Treaty Memorandum of Understanding für 1990; Military Forces in Transition für 19 1991; Schätzungen des Autors für 1992 und 2003.

Bodengestützte INF-Raketen

	1981	83	84	85	86	87	88	89	90	91	92
SS-4	320	232	224	112	112	104	90	16	0	0	0
SS-5	35	16	0	0	0	0	0	0	0	0	0
SS-20	250	333	378	441	441	405	375	211	129	0	0

Anmerkung: Zahlen für 1982 sind nicht verfügbar.

Quellen: DIA Force Structure Summary; Soviet Military Power; On-Site Inspection Agency (OSIA) Fact Sheet, October 1991; DOD Fact Sheet, January 1, 1990.

Nicht-Strategische SLBM

	1983	84	85	86	87	88	89	90	91	92
SS-N-5	45	42	39	39	39	39	39	0	0	0

Nicht-Strategische Bomber

	1983	84	85	86	87	88	89	90	91	92
Backfire*	200	235	260	270	305	295	290	330	315	?
Badger	316	316	262	262	250	220	190	120	60	?
Blinder	139	139	135	135	120	120	120	120	135	?

* Inclusive der Backfire-Bomber der Sowjetischen Seefliegerkräfte

Quellen: Alle Angaben für die Jahre 1985–1989 aus DIA Force Structure Summary Documents; alle übrigen aus Soviet Military Power. Da der Backfire-Bomber weiter hergestellt wird, haben die US-Geheimdienste wahrscheinliche ihr Schätzung für die Zeit vom 1987–1989 und möglicherweise nochmals für 1990 und 1991 herabgestuft. Darüber hinaus zeigen die Zahlen aus Soviet Military Power für 1991 eine Zunahme der Blinder-Bomber, obwohl diese nicht mehr hergestellt werden. Auch die Schätzungen für 1987–1989 könnten überarbeitet worden sein.

Nicht-Strategische Nuklearwaffen

	Juli 1991	Juli 1992
Strategische Luftverteidigung		
ABM: Galosch und Gazelle	100	100
SAM: SA-2, SA-5, SA-10, SA-12?	2.700	1.350
Landstreitkräfte		
Raketen: Scud-B, SS-21, Frog 3/5/7	2.800	0
Artillerie: 152, 203, 240 mm	2.000	0
Luftstreitkräfte		
Bomben und Flugkörper für: Backfire, Blinder, Badger, Fencer, Flogger, Fitter (AS-4, AS-5 AS-6, AS-16)	4.000	2.000
Marine, nicht-strategisch		
Angriffsflugzeuge: Backfire, Blinder, Badger, Fencer, Flogger, Fitter (AS-4, AS-5 AS-6 ASM und Bomben)	1.200	600
SLCM: SS-N-9, SS-N-13, SS-N-19, SS-N-31, SS-N-22	600	500
ASW-Flugzeuge: May, Bear-F, Hormone-A and Helix-A (Unterwasserbomben)	300	150
ASW-Waffen: SS-N-15, SS-N-16, FRAS-1 and Torpedos	1.000	600
Luftabwehrwaffen: SA-N-1, SA-N-3, SA-N-6	200	0
Küstenraketen: SSC-1b	100	0
Insgesamt:	15.000	5.300

Quellen: Robert S. Norris and William Arkin: Nuclear Notebook, The Bulletin of the Atomic Scientists, Juli/August 1991 und Juli/August 1992.

Epilog

Obwohl die politischen Entwicklungen zwischen 1989 und 1992 – die erfolgreichen Demokratiebewegungen in Osteuropa, die Auflösung des Warschauer Paktes, der gescheiterte Putsch in Moskau und die Auflösung der UdSSR selbst – gute Voraussetzungen für die Initiativen des Herbstes 1991, die taktischen Atomwaffen deutlich zu reduzieren, und auch für die im Juni 1992 getroffene Übereinkunft, tiefe Einschnitte bei den strategischen Atomwaffen vorzunehmen, geschaffen hatten, waren die Grundlagen dafür schon längst gelegt worden.

Nach vier Jahrzehnten militärischer Konfrontation kamen Moskau und Washington schließlich zu der generellen Schlußfolgerung, daß der Kalte Krieg beider Interessen nicht dienlich gewesen sei und ihre Atomwaffen nicht wirklich die großartigen Trümpfe gewesen waren, für die man sie einmal gehalten hatte.

Washington, D.C., Juli 1992

[1] Für die Fakten dieses Kapitels wurden – wenn nicht anders erwähnt – Angaben aus den folgenden Quellen zugrunde gelegt: US Arms Control and Disarmament Agency: START Treaty between the United States of America and the Union of Soviet Socialist Republics, Washington, 1991; US Department of Defense: Soviet Military Power, Washington, verschiedene Jahrgänge; US Department of Defense: Military Forces in Transition, Washington, 1991; US-Defense Intelligence Agency: Force Structure Summary – USSR, Eastern Europe and Mongolia, Washington, verschiedene Jahrgänge; US Department of the Navy: Understanding Soviet Naval Developments, 6th edition, Washington, 1991; Cochran Thomas B.et al.: Soviet Nuclear Weapons, Nuclear Weapons Databook, Vol IV, New York, 1989; Handler, Joshua, and Arkin, William: Nuclear Warships and Naval Nuclear Weapons 1990: A Complete Inventory 1990, Neptune Paper No 5, Washington, 1990; International Institute for Strategic Studies: The Military Balance 1991–1992, London, 1991; sowie das Archiv der Arms Control Association, Washington.

[2] Das Modell 3 der SS-11 verfügt über drei Wiedereintrittsflugkörper, die aber nicht unabhängig voneinander auf verschiedene Ziele ausgerichtet werden können. Deshalb handelt sich um einen MRV und nicht um einen MIRV-Sprengkopf und wird in den amerikanisch-sowjetischen Rüstungskontrollvereinbarungen lediglich als ein Sprengkopf gezählt.

[3] Stellungnahme von Robert Gates, Direktor der U.S. Central Intelligence Agency, Außenpolitischer Ausschuß des Repräsentantenhauses, 25.2.1992, S.3; vgl. FBIS Soviet Union: Ukraine Plant to Cease Military Production, 3.3.1992, S.5

[4] ACDA: Fiscal Year 1991 Arms Control Impact Statements, Washington, 1991, S.53

[5] Stellungnahme von Generalleutnant James Clapper, Direktor der DIA, vor dem Auswärtigen Ausschuß des Senates, 30.6.1992, S.1

[6] Department of Defense: Soviet Military Power 1987, Washington, D.C., 1987, S.29

[7] Brief Carluccis an den Abgeordneten des Repräsentantenhauses und Vorsitzenden des Streitkräfteausschusses Les Aspin, September 1988, S.8 (Kopie beim Autor)

[8] Lehman, Ronald, Director of the Arms Control and Disarmament Agency: Antwort an Senator John Mc Cain; in: Congressional Record, 12.9.1990, S.12990

[9] Cheney, Dick, zitiert nach: Department of Defense: Military Forces in Transition, September 1991, Washington, D.C., S.33

[10] Department of Defense, Military Forces in Transition, a.a.O., S.32

[11] Stellungnahme von Robert Gates, a.a.O., S.4

[12] Stellungnahme von James Clapper, a.a.O., S.2

[13] New York Times, 26.1.1992, S.A22

[14] Stellungnahme von James Clapper, Direktor der DIA, vor dem Streitkräfteausschuß des Senates am 22.1.1992

[15] John Cushman, New York Times, 23.2.1992

[16] Stellungnahme von William O.Studeman, Direktor des US-Marine-Geheimdienstes vor dem Seapower, Strategic and Critical Materials Subcommittee des Streitkräfteausschusses des Repräsentantenhauses, 1.3.1988, S.33

[17] John Cushman, a.a.O.

[18] Das Modell 3 der SS-N-18 trug 7 Sprengköpfe. Nach Auskunft der UdSSR wurden die Sprengkopfsektionen dieser Raketen bis 1990 gegen solche des Modells 1 ausgetauscht, die nur drei Atomsprengköpfe tragen. Dieses Modell gilt nunmehr als auf allen Delta-IV-U-Booten stationiert. Gegen Ende der START-Verhandlungen kamen USA und UdSSR überein, daß die SS-N-18 auf die sowjetische Quote von 1.250 Sprengköpfen angerechnet werden sollten, die durch Teilentladung von Mehrfachsprengköpfen zu reduzieren sei.

[19] Jeffry R. Smith, Soviets Slow Strategic Weapons Programs, Washington Post, 12.11.1989, S.A1 und A26

[20] Stellungnahme von Edward Sheafer Jr., Director US Naval Intelligence, vor dem Seapower, Strategic and Critical Materials Subcommittee des Streitkräfteausschusses des Repräsentantenhauses, 5.2.1992, S.22

[21] Von rund 40 Bison-Tankern sind nach Military Balance-Angaben noch 25, ergänzt durch 35 Midas-Tankflugzeuge, heute im Einsatz.

[22] Department of Defense, Military Forces in Transition, a.a.O., S.34

[23] Stellungnahme von Thomas A. Brooks, Director Naval Intelligence, vor dem Seapower, Strategic and Critical Materials Subcommittee des Streitkräfteausschusses des Repräsentantenhauses, 22.2.1989, S.11

[24] Stellungnahme von Thomas Brooks, Director of Naval Intelligence, vor dem Seapower, Strategic and Critical Materials Subcommittee des Streitkräfteausschusses des Repräsentantenhauses, 7.3.1991, S.22, sowie US Department of Defense: Soviet Military Power 1990, Washington, D.C., S.84 und DIA, Force Structure, a.a.O, Februar 1990, S.18

[25] Stellungnahme von Edward D.Sheafer, a.a.O., S.17

26 Nuclear Notebook, Bulletin of Atomic Scientists, Juli/August 1992, S.49
27 Außenminister James Baker, Stellungnahme vor dem Außenpolitischen Ausschuß des Senates am 23.6.1992
28 Interview Bakers in der TV-Show von MacNeil/Lehrer, 18.6.1992
29 Interview Cheneys mit ›Good Morning America‹ (ABC-TV), 30.1.1992
30 Nach Angaben der U.S. On-Site-Inspection Agency wurde die letzte nicht-stationierte SS-5 1989 gemäß INF-Vertrag zerstört; zugleich war dieser Raketentyp bereits seit 1983 vollständig außer Dienst gestellt.
31 On-Site Inspection Agency, Fact Sheet, Office of Public Affairs, 16.10.1991, S.1
32 R.Jeffrey Smith: NATO Approves 50 Prozent Cut in Tactical A-Bombs, Washington Post, 18.10.1991
33 Fred Hiatt: Russian Navy's Mood As Gloomy as Its Port, Washington Post, 5.7.1992, S. A18/21; Stellungnahme von Edward Sheafer, a.a.O., S.19; sowie Gespräche mit Joshua Handler, dem ich bzgl. der seegestützten taktischen Nuklearwaffen viele aktuelle Hinweise verdanke.
34 TV-Interview mit Douglas P. Berenson am 24.6.1992
35 Stellungnahme von Edward Sheafer, a.a.O., S.18
36 Neptune Papers No 5, a.a.O., S.81f.
37 Stellungnahme von Edward Sheafer, a.a.O., S.18
38 Es ist nicht gesichert, daß die SS-N-14 nuklearfähig ist.
39 Robert S. Norris: The Soviet Nuclear Archipelago, Arms Control Today, Januar/Februar 1992, S.25
40 Norris, Robert S., und Arkin, William: Nuclear Notebook, Bulletin of Atomic Scientists, Juli/August 1992

Atomunfälle auf See

Joshua Handler

Weit vor Tschernobyl ...

Am 4. Juli 1961 ereignete sich einer der ersten sowjetischen Atomunfälle – nicht auf dem Territorium der UdSSR, sondern in der Norwegensee. 100 Meilen vor den Jan-Mayen-Inseln passierte es: Im primären Kühlsystem des Reaktors an Bord des U-Bootes K-19 – es handelt sich um ein U-Boot der Hotel-Klasse mit ballistischen Atomraketen – bildete sich ein größeres Leck. Der Reaktor schaltete sich zwar automatisch ab, doch die Haupt- und Hilfspumpen des Kühlsystems versagten und die Reaktor-Temperatur begann zu steigen. Die Farbe an den Wänden dieser Bootsabteilung ging in Flammen auf, und ein Großbrand drohte.

Angesichts dieses dramatischen Notfalls befahl der Kapitän des U-Bootes, Kapitän zur See Nikolai Satejew, ein improvisiertes Kühlsystem zu bauen, mit dessen Hilfe Wasser zum Reaktor geführt werden könnte. Leutnant Boris Korschilow und mehrere Männer der Reaktoreinheit meldeten sich freiwillig, die Reaktorabteilung zu betreten. Sie benötigten zwei Stunden, um das neue Kühlsystem zu installieren, aber sie waren erfolgreich, und ein Schmelzen des Reaktors konnte verhindert werden. Dank ihrer Bemühungen wurde das U-Boot gerettet und kehrte zum Hafen zurück. Die Männer selbst hatten jedoch nicht so viel Glück. Alle waren tödlichen Dosen von 5000 bis 6000 REM ausgesetzt gewesen und starben wenige Tage später qualvoll. In Marinekreisen hieß das U-Boot daraufhin ›Hiroshima‹.[1]

Unfälle mit atomaren Waffen waren während des Kalten Krieges ein Gegenstand ständiger Ängste und Sorgen der Öffentlichkeit, aber auch der Behörden und Politiker. Die Angst der Öffentlichkeit konzentrierte sich auf nukleare Explosionen und die radioaktive Verseuchung. Die zwei größten Unfälle mit US-amerikanischen Kernwaffen, bei denen Strahlung freigesetzt wurde – die Kollision zwischen einem B-52-Bomber und dem KC-135-Luftbetankungsflugzeug 1966 über Palomares/Spanien und der B-52-Bomber-Absturz 1968 in Thule/Grönland –, unterstrichen, daß die öffentliche Sorge nicht unbegründet war. Regierungsbeamte und Experten aber hegten die zusätzliche Befürchtung, daß Unfälle zu einem unabsichtlichen Einsatz von Nuklearwaffen oder gar zu einem unbeabsichtigten Nuklearkrieg führen könnten.

Vergleichsweise geringe Aufmerksamkeit entfiel dagegen auf die ›andere‹ Kategorie militärischer Nuklearunfälle: Unfälle mit nukleargetriebenen Schiffen und U-Booten. Selten wird bewußt, daß seit Beginn der neunziger Jahre fast die Hälfte der weltweit 800 nicht der Forschung dienenden Kernreaktoren für die ca. 250 nukleargetriebenen U-Boote und Schiffe der US-amerikanischen, britischen, russischen, französischen und chinesischen Flotten genutzt wird. Wie Nuklearwaffen leisteten auch diese Reaktoren ihren Beitrag zu Zwischenfällen, einige davon ernst genug, um beträchtliche Mengen an Strahlung in die Umwelt freizusetzen.

Über Kernwaffenunfälle ist vergleichsweise mehr bekannt, besonders über die, die die US-Streitkräfte betrafen. Die riesige Menge an Informationen, die in den achtziger Jahren über die amerikanischen Nuklearstreitkräfte veröffentlicht wurde, führte auch zu einer breiteren öffentlichen Kenntnis amerikanischer Nuklearwaffenunfälle. Wesentlich spärlicher sind dagegen Informationen über Unfälle mit Reaktoren der US-Marine. Dies kann z.T. damit erklärt werden, daß die Unfallstatistik nicht wirklich dramatisch ist. Zum Teil erklärt es sich aber auch aus der größeren Geheimhaltung, die die Atomreaktoren der US-Marine im Vergleich zu den Kernwaffen umgibt.

Im Falle der ehemaligen Sowjetunion ist die Lage genau umgekehrt. Unfälle mit sowjetischen Nuklearwaffen unterliegen noch immer strengster Geheimhaltung, während allmählich immer mehr Informationen über Unfälle mit den Schiffsreaktoren der Marine erhältlich werden. Glasnost und Besichtigungen russischer Marinestützpunkte mit nuklear angetriebenen Schiffen enthüllen eine bis dahin geheimgehaltene Geschichte von Nuklearkatastrophen bei der sowjetischen Marine, von denen der Fall des U-Bootes ›Hiroshima‹ nur einer der ersten war. Einige dieser Unfälle trugen wesentlich zum tödlichen nuklearen Vermächtnis sowjetischer Militäraktivitäten bei. Rußland und auch seine Nachbarstaaten werden noch einige Zeit mit diesem Erbe konfrontiert sein.

Sicherheit sowjetischer nukleargetriebener U-Boote

Die ersten sowjetischen nukleargetriebenen U-Boote traten 1958 ihren Dienst an. Sie wurden Mitte der fünfziger Jahre auf der Sewerodwinsker Werft am Weißen Meer gebaut und an Stützpunkte nahe Murmansk auf der Halbinsel Kola überstellt. Eine Handvoll gelangte bis 1960 in den Flottendienst. Während der nächsten 30 Jahre wurden die U-Boot-Kräfte ständig weiter ausgebaut. 1970 umfaßte die Flotte 90 atomar angetriebene U-Boote. 1990 betrieb die sowjetische Marine fast 200 solcher Schiffe.

Seit den fünfziger Jahren dreht sich die westliche Debatte über die Bedrohung durch die sowjetische U-Boot-Flotte um die Frage ›Qualität versus Quantität‹: Konnte die Größe der Flotte zusammen mit ihrer ungewöhnlichen U-Boot-Technologie (Titan-Rümpfe, Flüssigmetallreaktoren etc.) die geographischen Nachteile und grundsätzlich unterlegene Qualität im Vergleich zu westlichen Atom-U-Booten ausgleichen? Wegen des Mangels an verläßlichen zugänglichen Informationen wurde diese Frage nie zufriedenstellend beantwortet. Doch die westlichen Analytiker retteten sich überwiegend in sehr vorsichtige Aussagen. Sie schlußfolgerten, die militärische Stärke der sowjetischen U-Boot-Flotte überwiege deren Schwächen.

Heute entsteht dagegen ein anderes Bild der nuklear angetriebenen U-Boot-Flotte der UdSSR. Sie war groß, aber neue, seit 1989 gewonnene Informationen zeigen, daß sie gleichzeitig von Beginn an mit einer hohen Unfallanfälligkeit geplagt war. Die ersten vier U-Boote – K-3 ›Leninski Komsomol‹, K-8, K-5 und K-14 – hatten zahlreiche Probleme. K-5 erhielt zum Beispiel den Spitznamen

›Automat‹. Wenn das U-Boot den Stützpunkt verließ, so dauerte es durchschnittlich nur einen Tag, bis es wegen eines technischen Zwischenfalls zurückkehren mußte. Es kam also automatisch zurück. K-8 wurde ›Halb-Automat‹ getauft, weil es durchschnittlich zwei Tage auf dem Meer verbrachte, bevor es wegen Fehlfunktionen zur Rückkehr gezwungen war. Wegen der Häufigkeit der Zwischenfälle wurde das Einsatzgebiet der U-Boote streng begrenzt. Sie durften nicht weiter als 200 km vom Stützpunkt entfernt operieren.

Die folgende Liste von Unfällen mit nukleargetriebenen U-Booten zeigt, daß die strategische U-Boot-Flotte der UdSSR auch später unter einer regelrechten Serie ernster Havarien litt. Als Ergebnis dieser Unfälle liegen 17 U-Boot-Atomreaktoren und 38 Atomsprengköpfe auf dem Meeresgrund (zusätzlich wurden drei Reaktoren des Eisbrechers ›Lenin‹ im Meer versenkt). Fünf Reaktoren und 38 Sprengköpfe stammen von drei U-Booten, die im Verlauf regulärer Einsätze sanken, je eines 1970, 1986 und 1989. 12 Reaktoren wurden absichtlich auf See versenkt, einige mitsamt ihrem nuklearen Brennstoff, nachdem sich schwerwiegende Reaktorunfälle an Bord der U-Boote ereignet hatten.

Unfälle auf sowjetischen Nuklear-U-Booten 1961–1992[2]

— — — 4. Juli 1961: Auf der K-19 ereignete sich der oben beschriebene Unfall.

— — — 13. Sept. 1961: Auf dem U-Boot K-8, November-Klasse, ereignete sich bei dem Versuch, den Nordpol zu erreichen, eine Generator-Explosion, bei der Strahlung freigesetzt und die Crew verseucht wurde. Die Crew kam ins Krankenhaus. Das Boot wurde weiter vom Unglück verfolgt, bis es 1970 in der Biskaya sank.

— — — Juni 1962: Auf einer Fahrt zum Nordpol arbeiteten die Dampfgeneratoren des K-3 ›Leninski Komsomol‹, eines U-Bootes der November-Klasse, unzuverlässig. Kurz vor dem Auftauchen am Nordpol wurden Notreparaturen durchgeführt, bei denen Verschlußventile am Dampfgenerator installiert wurden, um ein Entweichen radioaktiven Wassers aus dem Dampfkreislauf in die Mannschaftsunterkünfte zu verhindern. Doch die Arbeiten blieben erfolglos. Die Fahrt zum Nordpol wurde abgebrochen; das U-Boot kehrte zum Stützpunkt zurück.

− − − 1964: Auf der Jungfernfahrt des Versuchs-U-Bootes K-27, das eine Flüssigmetallkühlung besaß, in die Äquator-Region fiel der Druck im Gassystem ab, weil sich das Kühlmittel verfestigte. Korvettenkapitän Ing. Alexander W. Schpakow, meldete sich freiwillig, das Gasrohr zu durchtrennen und mit einem Rammklotz das festgewordene Metall aus dem Rohr zu entfernen. Dabei erhielt Schpakow die höchste zulässige Strahlungsdosis. Schweißer reparierten das Rohr, und das U-Boot setzte seine Fahrt fort.

− − − 12. Februar 1965: Während eines Aufenthalts auf der Sewerodwinsker Reparaturwerft wurde der Reaktor des U-Bootes K-11 unbeabsichtigt kritisch. Ein Feuer und die Freisetzung von Strahlung waren die Folge.

− − − 8. September 1967: Auf dem K-3 ›Leninski Komsomol‹ brach ein Feuer in einem Abschnitt aus, der nichts mit nuklearen Materialien zu tun hatte. 39 Mannschaftsmitglieder in diesem und angrenzenden Abschnitten starben an Verbrennungen und Vergiftungen. Das U-Boot konnte noch auftauchen und kehrte aus eigener Kraft in den Hafen zurück.

− − − 24. Mai 1968: An Bord des nukleargetriebenen Versuchs-U-Bootes K-27 mit Flüssigmetallkühlung ereignete sich erneut ein ernster Unfall, bei dem Strahlung freigesetzt wurde, als das Kühlmittel ›einfror‹. Die Mannschaft erhielt verschiedene Strahlungsdosen und neun Menschen starben. Das U-Boot kehrte zum Stützpunkt zurück, konnte jedoch nicht repariert werden. Es wurde später vor Nowaja Semlja mit seinen beiden brennstoffgefüllten Reaktoren versenkt.

− − − Januar oder Februar 1970: In der U-Boot-Werft Krasnoje Sormowo in Gorki ereignete sich ein unkontrollierter Start der Kettenreaktion im Reaktor des im Bau befindlichen nukleargetriebenen U-Bootes K-320. Ein Feuer brach aus, und Strahlung wurde freigesetzt.

− − − 12. April 1970: Im Atlantik, ca. 300 Meilen nordwestlich von Spanien, sank die K-8, der ›Halb-Automat‹, ein nukleargetriebenes U-Boot der November-Klasse. Ein Feuer im achtern gelegenen Elektrik-Abschnitt verursachte eine Schlagseite, die das Boot schließlich sinken ließ. 52 Mannschaftsmitglieder starben.

– – – 24. Februar 1972: Unter Wasser, ca. 600 Meilen nordöstlich von Neufundland im Atlantik, ereignete sich ein Großfeuer an Bord des U-Bootes K-19 ›Hiroshima‹ im achten und neunten Abschnitt. Das U-Boot mußte auftauchen und kehrte in langsamer Fahrt, begleitet von mehreren sowjetischen Schiffen, nach Rußland zurück. 28 Mannschaftsmitglieder starben.

– – – Dezember 1972 oder Januar 1973: Laut unbearbeiteter Aufklärungsberichte der CIA legte ein Unfall ein sowjetisches nukleargetriebenes U-Boot im Atlantik völlig lahm. Dem Bericht zufolge wurde das U-Boot »mit einer Geschwindigkeit von zwei bis drei Knoten« binnen sechs Wochen nach Seweromorsk auf der Kola-Halbinsel geschleppt, wo es im Februar 1973 ankam. Mehrere Männer starben, und Mannschaftsmitglieder litten an der Strahlenkrankheit.

– – – 14. Juni 1973: Das U-Boot K-56 kollidierte mit dem Forschungsschiff ›Akademik Berg‹ nahe der Küste im Pazifik. Die Akkumulatoren wurden zerstört, Chlorgas gelangte in die Mannschaftsunterkünfte, und 27 Mannschaftsmitglieder starben.

– – – 31. August 1973: An Bord des zur Nordflotte gehörenden Raketen-U-Bootes K-219 der Yankee-Klasse ereignete sich ein Unfall in einem Raketenschacht. Einige Mitglieder der Crew wurden durch Bestandteile des Raketentreibstoffes vergiftet.

– – – 5. September 1973: Das US-Verteidigungsministerium berichtete, ein beschädigtes sowjetisches nukleargetriebenes Cruise-Missile-U-Boot der Echo II-Klasse sei in der Karibik südlich von Kuba gesichtet worden, mit einem 2,40 m langen Riß im vorderen Backbord-Deck. Dieser stammte offenbar von einer Kollision mit einem anderen am Manöver der sowjetischen Eingreiftruppe Karibik beteiligten sowjetischen Schiff, möglicherweise einem Kreuzer, der sichtbare Schrammen am Rumpf aufwies.

– – – Oktober 1976: Aus unbearbeiteten CIA-Aufklärungsberichten geht hervor, daß der Startschacht-Abschnitt eines Raketen-U-Bootes (wahrscheinlich der Yankee-Klasse) im Atlantik Feuer fing. Den Angaben zufolge wurden drei Offiziere getötet. Das U-Boot konnte mit eigener Kraft in den Hafen zurückkehren.

– – – 1977: Laut unbearbeiteter CIA-Aufklärungsberichte brach im Indischen Ozean im Innern eines nukleargetriebenen U-Bootes ein Feuer aus. Für den Versuch, das Feuer zu löschen, mußte das U-Boot auftauchen. Es dauerte mehrere Tage, bis das Feuer unter

230

Kontrolle und gelöscht war. Ein sowjetischer Trawler schleppte das U-Boot daraufhin zu einem Hafen nahe Wladiwostok.

– – – 19. August 1978: Nahe der Rockall Bank, 140 Meilen nordwestlich von Schottland, wurde ein Cruise-Missile-U-Boot der Echo-II-Klasse, hilflos auf dem Meer treibend, gesichtet, nachdem es Probleme mit seiner Reaktoranlage bekommen hatte. Am 20. August beobachtete ein US-amerikanischer Seefernaufklärer vom Typ P-3 Orion südlich der Faröer Inseln, wie das U-Boot in die Sowjetunion zurückgeschleppt wurde. Die Ursache der Störung und die Zahl möglicher Opfer sind unbekannt.

– – – 21. August 1980: 85 Meilen vor der Ostküste Okinawas ereignete sich ein ernster Unglücksfall an Bord eines U-Bootes der Echo-II-Klasse. Es wurde manövrierunfähig. Mindestens neun Mannschaftsmitglieder starben vermutlich bei einem Feuer, das wahrscheinlich im Antriebsraum ausgebrochen war. Ein sowjetischer Frachter traf ein, um die Crew zu evakuieren, und ein Schlepper wurde bereitgestellt, um das U-Boot nach Wladiwostok zu schleppen, eskortiert von mehreren Kriegsschiffen. Spätere japanische Untersuchungen der Luft und des Wassers in diesem Gebiet wiesen eine radioaktive Verseuchung nach.

– – – Späte siebziger oder frühe achtziger Jahre: Nahe der russischen Küste im Pazifik warf ein Raketen-U-Boot versehentlich einen Nuklearsprengkopf im Notfallverfahren ab. Nach einer verzweifelten Suche wurde er letztlich geborgen.

– – – 1980: Bei einem Reaktorunfall auf einem Delta-III-Raketen-U-Boot wurden zwei Menschen getötet.

– – – September 1981: Laut unbearbeiteter CIA-Aufklärungsberichte wurde ein Nuklear-U-Boot auf einer Mission in der Ostsee »von einer Serie starker und plötzlicher Stöße erschüttert«. In der Folge war das U-Boot nicht mehr manövrierfähig und wurde nach Kaliningrad abgeschleppt. Die CIA-Quelle berichtete, alle Seeleute hätten Anzeichen unheilbarer Strahlenkrankheit gezeigt.

– – – 23. Juni 1983: Das nukleargetriebene, mit Cruise Missiles bestückte U-Boot der Charlie-Klasse, K-429, sank in seichten Gewässern kurz vor der Awytschinskaja Bucht nahe Petropawlowsk-Kamtschatski. Durch eine Unachtsamkeit der Crew blieb ein Luftschacht beim Untertauchen unverschlossen. 14 bis 16 Mannschaftsmitglieder sollen getötet worden sein. Mehrere Monate später wurde das U-Boot gehoben und auf der nahe gelegenen U-Boot-Werft repariert. Doch nach Abschluß der Reparaturarbeiten sank es erneut, noch im Dock, und wurde außer Dienst gestellt.

— — — 18. Juni 1984: An Bord der zur Nordflotte gehörenden K-131, wahrscheinlich ein Raketen-U-Boot der Yankee-Klasse, brach eine Großfeuer aus, das 13 Mannschaftsmitglieder tötete.

— — — 18. September 1984: Bei einer Kollision in der Straße von Gibraltar zwischen einem sowjetischen Tanker und einem nukleargetriebenen Angriffs-U-Boot der Viktor-I-Klasse wurde letzteres schwer beschädigt. Berichten zufolge fuhr das U-Boot im ›Geräusch-Schatten‹ des Tankers, als es das Mittelmeer verließ.

— — — 10. August 1985: 35 Meilen vor Wladiwostok im Pazifik explodierte der Reaktor eines U-Bootes der Viktor-I- oder II-Klasse in der Tshasma Bucht. Beim Nachladen nuklearen Brennstoffs zog der Kranführer die Kontrollstangen vom Reaktor ab, als er den unkorrekt angebrachten Reaktordeckel anhob. Der Reaktor wurde kritisch und verursachte eine Explosion und ein Feuer, das zehn Menschen im Reaktorraum sofort tötete. Das U-Boot sank im Hafen und wurde nie repariert.

Der Unfall setzte Hunderttausende von Curie radioaktiver Strahlung frei. Berichten zufolge reichte die Skala an den Meßgeräten in der Umgebung nicht aus; tödlich hohe Werte von 600 Röntgen pro Stunde wurden erreicht. Eine radioaktive Wolke bewegte sich Richtung Wladiwostok. Obwohl sie die Stadt nicht erreichte, hinterließ sie eine radioaktive Spur von sechs mal vier km in der Umgebung der Unfallstelle. In dieser Spur finden sich noch immer Verstrahlungswerte, die um mehr als das Hundertfache über der natürlichen Hintergrundstrahlung liegen. Nach Schätzungen der sowjetischen Marine wird es Jahre dauern, bis sich die Strahlungssituation in dieser Spur wieder normalisiert hat.

— — — Mitte der achtziger Jahre: Nach einem Zwischenfall mit dem Reaktor wurde der Reaktorabschnitt eines Angriffs-U-Bootes der Alfa-Klasse ersetzt.

— — — 13. Januar 1986: Ein Seeraumüberwachungsflugzeug der japanischen Marine entdeckte ein mit Cruise-Missile-bestücktes U-Boot der Echo-II-Klasse, das von einem sowjetischen Bergungsschiff mit nördlichem Kurs ca. 280 Meilen nordwestlich von Okinawa im Ostchinesischen Meer abgeschleppt wurde. An Bord des U-Bootes hatte sich offensichtlich ein Unglücksfall mit dem Antriebssystem ereignet.

––– 3. Oktober 1986: Vier Menschen starben bei einer Explosion und einem Feuer in einem der Raketenschächte an Bord des U-Bootes K-219, eines nukleargetriebenen raketenbestückten U-Bootes der Yankee-I-Klasse, 480 Meilen östlich von Bermuda. Am 6. Oktober sank das U-Boot während des Abschleppens 600 Meilen nordöstlich von Bermuda in mehrere Tausend Meter tiefem Wasser; mit ihm sanken 2 Atomreaktoren und 16 atomar bestückte Raketen.

––– 11. November 1987: Beim Festmachen in einem der Stützpunkte der Nordflotte rammte ein Raketen-U-Boot der Delta-III-Klasse eine anderes U-Boot. Beide Boote wurden leicht beschädigt.

––– 9. Mai 1988: Ein mit ballistischen Raketen bestücktes U-Boot der Delta-I-Klasse kollidierte mit dem unter Wasser liegenden Teil eines Eisbergs in der Arktis. Der Hauptabschnitt des U-Bootes wurde leicht beschädigt. Das Boot konnte seine Fahrt jedoch fortsetzen. Es kehrte nach erfolgter Mission zum Stützpunkt zurück.

––– 21. November 1988: Beim Auftauchen im Eis wurde der Kommandoturm eines Raketen-U-Bootes der Delta-I-Klasse leicht beschädigt. Das Boot setzte seine Fahrt aus eigener Kraft planmäßig fort und kehrte zum Stützpunkt zurück.

––– 7. April 1989: Das einzige Angriffs-U-Boot der neuen nukleargetriebenen Mike-Klasse sank in 2.800 Meter tiefem Wasser 270 Meilen nördlich der norwegischen Küste, nachdem ein Feuer nicht eingedämmt werden konnte. 42 Mannschaftsmitglieder wurden getötet.

––– 26. Juni 1989: Ein mit atomaren Marschflugkörpern bestücktes U-Boot der Echo-II-Klasse mußte in der Norwegensee auftauchen. Über dem Boot stand eine Rauchsäule. Der Reaktor mußte wegen eines Lecks in den Leitungen, die zum primären Kühlsystem des Reaktors führen, abgeschaltet werden. Das Boot wurde zum Marinestützpunkt Seweromorsk geschleppt. Die Crewmitglieder wurden ärztlich auf radioaktive Verstrahlung behandelt.

––– 16. Juli 1989: Vor der norwegischen Küste, in der Barentssee, wurde ein Angriffs-U-Boot der Alfa-Klasse an der Wasseroberfläche entdeckt, aus dessen Beobachtungsturm Rauch aufstieg. Es hatte ein Leck im Dampfrohrsystem.

— — — 5. Dezember 1989: Bei einem Raketen-Probestart im Weißen Meer ereignete sich ein Unfall an Bord eines Raketen-U-Bootes der Delta-IV-Klasse.

— — — 19. März 1990: In der Barentssee gelangten Schmiermittel in das Hochdruck-Luftsystem eines mit Raketen bestückten U-Bootes der Typhoon-Klasse. Das Boot kehrte zum Stützpunkt zurück.

— — — 21. Dezember 1990: An Bord eines unbekannten nukleargetriebenen U-Bootes brach während Reparaturarbeiten in Sewerodwinsk im Weißen Meer ein Feuer aus.

— — — 29. Januar 1991: An Bord desselben U-Bootes in der Sewerodwinsker Werft brach wiederum ein diesmal ernsthafteres Feuer aus. 16 Feuerwehreinheiten wurden zur Brandbekämpfung eingesetzt.

— — — 27. September 1991: Nahe Sewerodwinsk kam es zu einer Fehlfunktion bei einem Raketen-Test von Bord eines U-Bootes der Typhoon-Klasse. Berichten zufolge trug das U-Boot 18 Nuklearsprengköpfe und zwei Testraketen.

— — — 29. Mai 1992: Bei einer Explosion an Bord eines neuen Modells oder eines gerade fertiggestellten nukleargetriebenen U-Bootes wurden in Seweromorsk ein Offizier getötet und fünf Mannschaftsmitglieder verletzt.

Das tödliche Vermächtnis

Mehr als 30 Jahre nuklearer Einsätze der sowjetischen Marine haben ein tödliches Erbe hinterlassen. Man geht von mindestens 70 Todesopfern allein als Folge der Strahlungsunfälle auf U-Booten aus, Dutzende, wenn nicht gar Hunderte weiterer Seeleute waren im Dienst Strahlungsdosen ausgesetzt. Auf dem Meeresboden liegen 20 Kernreaktoren und rund 11.000 Faß radioaktiver Müll. Der Bestand an außer Dienst gestellten U-Booten, die auf eine sichere Entsorgung warten, wächst. Gebiete rund um die U-Boot-Werften und Stützpunkte auf der Kola-Halbinsel, im Weißen Meer und im Fernen Osten weisen nukleare Verseuchung auf. Mülldeponien an Land in der Nähe dieser Einrichtungen – so nimmt man an – füllen sich mehr und mehr oder befinden sich in einem desolaten Zustand. Und Reaktorunfälle haben die angrenzenden Land- und Wassergebiete verseucht.

Ein weiteres Problem besteht darin: Was soll mit den außer Dienst gestellten russischen Nuklear-U-Booten geschehen? Edward Sheafer, US-Konteradmiral und Direktor des Marinegeheimdienstes, erklärte im Februar 1992 gegenüber dem Kongreß, daß »die GUS noch keine Lösung für die Entsorgung von U-Boot-Reaktoren hat. Folglich wird die Zahl der jährlich verschrotteten nuklearen U-Boote wahrscheinlich gering bleiben. Schon jetzt aber gibt es über 60 Nuklear-U-Boote, die auf eine angemessene Lagerung und Entsorgung warten und ein wachsendes Umweltproblem für die Russen bilden, in deren Häfen sie liegen.«[3]

Einige Schätzungen gehen sogar von noch höheren Zahlen aus. Sie sprechen bereits von knapp 100 außer Dienst gestellten atomar angetriebenen U-Booten. Besondere Besorgnis haben kürzlich russische Presseberichte ausgelöst, nach denen drei der fast 40 U-Boote der Pazifik-Flotte, die zur Verschrottung anstehen, durch Unfälle so stark beschädigt seien, daß der Kernbrennstoff nicht mehr entfernt werden könne.[4] Auf jeden Fall müssen bis 1999 rund 160 U-Boote entsorgt werden. Insgesamt sind 300 U-Boot-Reaktoren außer Dienst zu stellen.

Einige Privatunternehmen in den USA haben um Unterstützung der US-Regierung nachgesucht, um sich an der Außerdienststellung russischer nukleargetriebener U-Boote zu beteiligen. Doch bis Mitte Juni 1992 hat die US-Regierung jede Beteiligung abgelehnt.

Sicherheitsrisiko ›Schiffsreaktor‹

Eine ganze Reihe wissenschaftlicher Beobachter haben festgestellt, daß die ungewöhnliche Umgebung, in der atomare Schiffsreaktoren funktionieren müssen, Sicherheitsprobleme hervorruft, die bei Atomkraftwerken an Land unbekannt sind. Mit den Worten zweier britischer Spezialisten:

»Die Antriebssysteme von U-Booten sind – aufgrund ihrer Größe, der Tatsache, daß sie sich mit dem U-Boot bewegen, und aufgrund der feindlichen Umgebung, in der sie funktionieren müssen –

erheblich größeren Risiken ausgesetzt als Kernkraftwerke an Land. Unfallsituationen sind signifikant häufiger wegen der Möglichkeit von Zusammenstößen, Feuer, des Aufgrundlaufens, des Strandens oder Sinkens, des Seegangs usw. usw. . . .«[5]

Im Falle der UdSSR ist zu beachten, daß das Sinken der drei nukleargetriebenen U-Boote, die nicht mehr gerettet werden konnten, wahrscheinlich nicht auf Fehlfunktionen der Reaktoranlage zurückzuführen war, sondern auf Feuer, Explosionen bzw. Wassereinbruch.

Trotzdem verursachen Schiffsreaktoren schon als Konsequenz ihrer Konstruktionsweise eine ganze Reihe von Sicherheitsrisiken. Auf U-Booten kann aus Platzgründen kein Reaktorcontainment untergebracht werden, eines der wesentlichen Schutzsysteme, das bei Unfällen mit Landreaktoren das Schlimmste verhüten soll. Auch werden Schiffsreaktoren mit erheblich höher angereichertem Uran betrieben als ihre Gegenstücke an Land und stellen damit trotz weit geringerer Brennstoffmenge ein erhebliches Strahlungspotential dar.

Hinzu kommen weitere konstruktionsbedingte Problemfaktoren: Nach Aussagen des ehemaligen Leiters des amerikanischen Programmes für militärische nukleare Schiffsantriebe, Admiral Kinnaird McKee, wird die Kettenreaktion im Reaktor, die bei Reaktoren an Land durch das Bewegen von Kontrollstäben reguliert wird, bei Schiffsreaktoren auch durch andere Methoden geregelt. Der Energieausstoß kann zum Beispiel auch vergrößert werden, indem mehr Dampf für die Maschinen angefordert wird und indem man kälteres Wasser durch den Reaktorkernbereich zirkulieren läßt. Diese Technik hat, sollte ein Leck im Dampfkreislauf nicht schnell genug repariert werden können, zur Folge, daß eine »erhöhte Kettenreaktion und damit ein großer, zusätzlicher Energieausstoß einsetzen kann«, ohne daß die Mannschaft auch nur irgend etwas angerührt hat. Ein solcher ›ernsthafter Energieschub‹ tritt auch ein, wenn eine Pumpe ausfällt und nicht richtig wieder zugeschaltet wird und deshalb ein Schwall kalten Wassers in den Reaktorkernbereich gelangt. Admiral McKee bringt das Risiko auf den Punkt:

»Generell haben sie auf einem U-Boot nur ungefähr . . . (Ziffer im Originaldokument aus Geheimhaltungsgründen gestrichen) Sekunden, um eine stabile Reaktorlage herzustellen. Nach Ablauf dieser Spanne bekommen sie ein ausgesprochen ernstes Problem.«[6]

Weil Schiffsreaktoren ziemlich klein sein müssen und mit relativ hoch angereichertem Uran betrieben werden, sind sie im Vergleich zu Atomkraftwerken an Land viel weniger in der Lage, plötzliche Steigerungen des Energieausstoßes zu absorbieren und zu verteilen. Vergleicht man einen U-Boot-Reaktor anhand der Energieleistung mit einem Druckwasserreaktor an Land, stellt sich heraus, daß die in der Aussage von Admiral McKee geheimgehaltene Zeitspanne für eine Reaktion der U-Boot-Mannschaft etwa zwischen 15 und 20 Sekunden liegen könnte.

Die zwölf U-Boot-Reaktoren, die die UdSSR vor Nowaja Semlja versenkt hat, und die Explosion an Bord des U-Bootes der Victor-Klasse nahe Wladiwostok deuten klar darauf hin, daß die sowjetische Marine Probleme hat, solch schnelle Reaktionen zu gewährleisten.

Ein falsches Verständnis von Bedrohung

Die sowjetische U-Boot-Streitmacht der Nachkriegszeit hat die USA und ihre Verbündeten Jahr um Jahr beschäftigt. Unmittelbar nach Ende des Zweiten Weltkriegs gab es unheilverkündende Vorhersagen über hohe Stückzahlen im sowjetischen U-Boot-Bau, die zu einer 1.200 Schiffe starken U-Boot-Flotte führen würden.[7] Die USA befürchteten, sowjetische U-Boote würden in der Lage sein, einen unbegrenzten U-Boot-Krieg gegen die Schiffe der westlichen Alliierten zu führen, so wie die Marine der Nazis während des Zweiten Weltkrieges.

Bis zur Mitte der fünfziger Jahre entwickelten sich nukleargetriebene U-Boote zu einem Hauptproblem. Das erste derartige U-Boot, die ›USS-Nautilus‹, lief 1955 vom Stapel. Einerseits verschafften die Nautilus und andere frühe atomgetriebene U-Boote den USA einen wichtigen militärischen Vorteil. Andererseits aber wurden große Schwierigkeiten vorhergesehen, als auch die Sowjetunion ihre eigenen schnellen, tieftauchenden nukleargetriebenen U-Boote erhielt.[8]

Von ähnlich schizophrener Wirkung waren amerikanische Pläne, Raketen auf U-Booten zu stationieren. Das amerikanische Polaris-

Raketen-U-Boot-Programm versprach zwar, das angenommene Problem der Überlebensfähigkeit landgestützter Raketen und Bomber zu lösen. Es bedeutete aber gleichzeitig, daß die USA größere Schwierigkeiten bei der eigenen Verteidigung haben würden, sobald die Sowjetunion ihrerseits über eigene U-Boot-gestützte Langstreckenraketen verfügte.[9]

Eine 1.200 Schiffe starke U-Boot-Flotte hat die UdSSR nie gebaut. Bis Ende der fünfziger Jahre hatte das sowjetische Nachkriegs-Bauprogramm einen Stand von nur ca. 450 U-Booten hervorgebracht.[10] Immer noch beträchtlich, aber nur ein Drittel der ursprünglich vermuteten Planziffern. Nichtsdestoweniger hatten die US-Marine und die Presse bis zum Ende der fünfziger Jahre ein Standardschema für die öffentlich propagierte Analyse der sowjetischen U-Boot-Flotte entwickelt. Ihre Größe, die groß angelegten Bauplanungen und die vermeintlichen technologischen Fortschritte wurden permanent betont, um die Ernsthaftigkeit der Bedrohung aufzuzeigen. Belege dafür, daß die Wirksamkeit der sowjetischen U-Boot-Streitmacht aufgrund ständiger Probleme unterminiert wurde, erlangten dagegen nur untergeordnete Aufmerksamkeit.

Anhand der Beweise, die jetzt zunehmend ans Tageslicht kommen, könnte sich herausstellen, daß sowjetische U-Boote, unter dem Strich betrachtet, ihre eigenen Seeleute genauso stark bedrohten wie die westlichen Seestreitkräfte. Mitte Juni 1992 standen noch immer ca. 130 nukleargetriebene U-Boote im Dienst der russischen Marine. Betrachtet man die Unfälle der Vergangenheit und die Praktiken bei der Beseitigung radioaktiven Abfalls zusammen mit den gegenwärtigen Problemen in Rußland, so gibt es beträchtlichen Anlaß zur Sorge über die Zukunft.

Washington, Juni 1992

**Nukleargetriebene U-Boot-Kräfte Rußlands
bzw. der GUS 1992 und 1999**

	Klasse	Reaktoren	U-Boote		Reaktoren	
			1992	1999*	1992	1999*
Ballist.-	Yankee I	2	7	0	14	0
Raketen-	Delta I	2	18	0	36	0
U-Boote	Delta II	2	4	0	8	0
(SSBN)	Delta III	2	14	8	28	16
	Delta IV	2	7	7	14	14
	Typhoon	2	6	6	12	12
SSBN gesamt			**56**	**21**	**112**	**42**
Cruise-Missile-						
U-Boote	Charlie II	1	6	0	6	0
(SSGN)	Oscar I/II	2	8	13	16	26
SSGN gesamt			**14**	**13**	**22**	**26**
Angriffs-	Victor I	2	15	0	30	0
U-Boote	Victor II	2	7	0	14	0
(SSN)	Victor III	2	26	26	52	52
	Akula/Sierra	2	10	12	20	24
SSN insgesamt			**58**	**38**	**116**	**76**
Summe			**128**	**72**	**250**	**144**

* Schätzung des Autors

Ausmusterungszahlen von atomgetriebenen Marine-U-Booten Rußlands bzw. der GUS 1992 und 1999

Klasse	gesamt gebaut	Reak- toren	U-Boote 1992	U-Boote 1999*	Reaktoren 1992	Reaktoren 1999*
Hotel (SSBN)	8	2	8	8	16	16
Yankee I/II(SSBN)	34**	2	26	33	52	66
Delta I (SSBN)	18	2	0	18	0	36
Delta II (SSBN)	4	2	0	4	0	8
Delta III (SSBN)	14	2	0	6	0	12
Echo II (SSGN/SSAN/SSON)	29	2	29	29	58	58
Charlie I/II(SSGN)	17	1	11	17	11	17
Papa (SSGN)	1	2	1	1	2	2
Echo I (SSN)	5	2	5	5	10	10
November (SSN)	13***	2	12	12	24	24
Victor I (SSN)	16	2	?	16	0	32
Victor II (SSN)	7	2	?	7	0	14
Alfa (SSN)	5****	2	5	5	10	10
gesamt	171		97	161	183	305

* Schätzung des Autors
** Ein Boot dieses Typs ging im Oktober 1986 unter.
*** Ein Boot dieses Typs ging im April 1970 unter.
**** Es könnten auch sechs oder sieben Alfa-U-Boote gebaut worden sein.

1 Vgl. Zdanyuk, V.: Ivan Kulakov Versus a Nuclear Reactor, in: Soviet Soldier, Mai 1991, S.28–31

2 Diese Liste ist ein Auszug aus: Handler, Joshua: Soviet/CIS Submarine Accidents: 1956–1992, 15. Juni 1992, Entwurf einer Auflistung der U-Boot-Unfälle, basierend auf westlichen und russischen Quellen

3 Stellungnahme von Edward D. Sheafer, Director Naval Intelligence, vor dem Verteidigungsausschuß des Repräsentantenhauses des Kongresses, 5.2.1992, S.21

4 Sobessednik, Nr. 12, März 1992

5 Edwards, J., and Tucker, K.F.: »Royal Navy Requirements and Achievements in Nuclear Training«; in: Journal of Naval Science, Juli 1978, 4.Jg., Nr.3, S.163f.

6 US-Congress, House Armed Services Committee, Naval Nuclear Propulsion Program FY 1985, S.7f.

7 Jan Breemer: Soviet Submarines: Design, Development and Tactics (Jane's Information Group 1989), S.81

8 Hanson W. Baldwin: Submarine Defense Gains: Developments in Science of Detection and Atomic Propulsion Lead in Advance, New York Times, 8.7.1954

9 Vgl. z.B. die Stellungnahme von Admiral Arleigh Burgh vor dem Haushaltsausschuß des Repräsentantenhauses; in: House Appropriation Committee, Part 1, FY 1960, S.640 und 690

10 Department of the Navy: Understanding Soviet Naval Developments, 5. Auflage, April 1985, S.6; Hansen W. Baldwin: »The New ›Battleship‹ – the A-Submarine«, New York Times Magazine, 16. März 1958, S.100

Die ›friedlichen‹ Atomexplosionen

Georgi Kaurow

Im Jahre 1990 ratifizierten die Sowjetunion und die USA den Vertrag und das Protokoll über unterirdische Nuklearexplosionen zu friedlichen Zwecken. Mit diesen Dokumenten behielten sie sich das Recht vor, außerhalb ihrer Kernwaffentestgelände an beliebigen Orten, die ihrer Gerichtsbarkeit oder Kontrolle unterstanden, friedliche Nuklearexplosionen durchzuführen. Darüber hinaus sollte es zulässig sein, derartige Explosionen auf Bitte anderer Staaten auf deren Territorien vorzunehmen, sich an solchen Projekten zu beteiligen bzw. sie zu unterstützen.

Das autoritäre Regime der Sowjetunion vor der Perestroika förderte die Realisierung eines Forschungsprogramms für die Nutzung friedlicher Nuklearexplosionen. Im Rahmen dieses Programms wurden Spezialkernladungen entwickelt, deren Verwendung die radioaktive Verseuchung der Umwelt auf ein Minimum begrenzt, sowie Untersuchungen durchgeführt, welche volkswirtschaftlichen Aufgaben sich mit Hilfe eines so spezifischen und wirkungsvollen Mittels wie der Nuklearexplosion lösen lassen. Auf beiden Gebieten wurden in der Sowjetunion beträchtliche Erfolge erzielt. So gelang es, Sprengvorrichtungen für Kernladungen zu entwikkeln, bei deren Einsatz nicht nur minimale Mengen radioaktiver Spaltprodukte anfallen, sondern sich auch das unerwünschte Entstehen des Isotops Tritium minimieren läßt. Die Erfolge bei der Entwicklung ›sauberer‹ Kernladungen bildeten die Voraussetzung für ein breitangelegtes Programm volkswirtschaftlicher Aufgaben, die mit Hilfe von Nuklearexplosionen gelöst werden können.

Friedliche Nuklearexplosionen mit oberirdischer Wirkung können z.B. bei der Vorbereitung des Abbaus von Rohstofflagerstätten im Tagebau eingesetzt werden, beim Bau von Kanälen und Häfen, von künstlich angelegten Seen, Dämmen, Wasserkraftwerken, Speichern für die technische Wasserversorgung, zum Ausheben von Gräben, zur Aufschüttung von Böschungen beim Bau von Eisenbahnstrecken und Straßen usw.

Als aussichtsreiche Gebiete für die industrielle Anwendung von Nuklearexplosionen mit ausschließlich unterirdischer Wirkung galten die Intensivierung des Abbaus von Erdöl- und Erdgaslagerstätten, die Schaffung von Speichern für Erdgas, Gaskondensat und Erdölprodukten, von unterirdischen Hohlräumen für die Endlagerung biologisch schädlicher Industrieabfälle, der Untertageabbau von Bodenschätzen, die Beseitigung von Erdgas- und Erdölausbrüchen, die seismische Tiefensondierung und anderes mehr.

In der Sowjetunion liefen in jedem Einzelfall vom Zeitpunkt der Festlegung der Aufgabe bis zur Auslösung der unterirdischen Nuklearexplosionen umfangreiche Vorbereitungsarbeiten. Ausgehend von der erforderlichen Stärke der Kernladung und der Beschaffenheit des jeweiligen Untergrunds sowie in Abhängigkeit davon, ob sich in der näheren Umgebung volkswirtschaftliche Objekte und Ortschaften befanden, waren im Arbeitsprojekt die gefahrlose Explosionstiefe und die Konstruktion des Bohrlochs, in das die Kernsprengladung eingebracht werden sollte, zu bestimmen. Jedes Arbeitsprojekt wurde durch die Akademie der Wissenschaften und das Ministerium für Gesundheitswesen sowie von Umwelt- und Naturschutzgremien begutachtet. Die Bevölkerung im Umkreis der vorgesehenen Explosionen erhielt keine detaillierten Informationen, doch in ausnahmslos allen Fällen war das Einverständnis der örtlichen Staats- und Parteiorgane einzuholen. Erst nach Vorliegen dieses Einverständnisses entschied die Regierung der UdSSR auf der Grundlage der Dokumente, die die Unbedenklichkeit der Explosion für die örtliche Bevölkerung und die Umwelt bestätigen mußten, über die Durchführung der Explosion. Nach Einschätzung von Prof. Oleg Kedrowski, einem der Leiter des Programms für die Nutzung von Nuklearexplosionen in der Volkswirtschaft, wurden zwischen 1965 und 1988 in der Sowjetunion 115 unterirdische Nuklearexplosionen durchgeführt:

Friedliche Nuklearexplosionen in der UdSSR 1965–1988

Lfd. Nr.	Technologische Richtung	Zahl der Explosionen
1.	Seismische Tiefensondierung	39
2.	Schaffung unterirdischer Reservoire	26
3.	Intensivierung der Erdöl- und Erdgaszuflüsse	21
4.	Beseitigung von Erdgasausbrüchen	5
5.	Unterirdische Endlagerung biologisch schädlicher Industrieabwässer	2
6.	Unterirdisches Erzbrechen	3
7.	Vorkehrungen gegen Gasstaubausbrüche	1
8.	Technologische Verbesserung der Schaffung unterirdischer Speicher	3
9.	Technologische Verbesserung des Baus von Schiffahrtskanälen	3
10.	Technologische Verbesserung der Anlage künstlicher Wasserreservoire	1
11.	Technologische Verbesserung des Dammbaus durch Lockerungssprengungen	1
12.	Versuchsexplosionen zur Entwicklung spezieller Sprengvorrichtungen und Vervollkommnung weiterer Technologien	4

Aus diesen Angaben geht hervor, daß 4 technologische Richtungen das Stadium der technischen Reife und bedeutsame Dimensionen erreicht haben: die seismische Tiefensondierung, der Bau unterirdischer Speicher, die Endlagerung schädlicher Industrieabwässer und die Beseitigung von Erdgasausbrüchen. Die übrigen technologischen Richtungen der Nutzung friedlicher Nuklearexplosionen befinden sich im Versuchs- bzw. Forschungsstadium. Am bekanntesten wurde die 1965 in Kasachstan am Tschagan durchgeführte Aushubsprengung. Durch sie entstand ein See von teils 100 Metern Tiefe und etwa 500 Metern Breite. Die Untersuchung der Kernstrahlungslage nach der Explosion ergab, daß bereits im darauffolgenden Sommer die Konzentration der künstlichen Radionuklide auf die laut Normen der Strahlungssicherheit (NRB 69) zulässigen Werte gesunken war, so daß der Minister für Mittleren Maschinenbau der UdSSR Jefim Slawski den See, der den Namen ›Atomkul‹ erhielt, zum Baden freigab. An seinen Ufern sind Erholungsstätten entstanden, kommerzieller Fischfang wird betrieben, und die Viehzüchter ziehen mit ihren zahlreichen Herden hierher zur Tränke. An die nukleare Herkunft des Sees erinnern lediglich die Anhäufungen von Gesteinsblöcken, zwischen denen sich eine unbefestigte Straße hindurchschlängelt, sowie die geringfügigen Schwankungen des Röntgenmeters im Mikroröntgenbereich.

Größere Bekanntheit erlangte auch die Gruppenaushubsprengung vom 23. März 1971 für die vorgesehene Trasse des Petschora-Kolwa-Kanals. Auf dem Versuchsabschnitt der Kanalbautrasse wurden in Bohrlöchern von 130 Metern Tiefe und mit 165 Metern Abstand drei ›saubere‹ Kernladungen gezündet.

Bereits nach acht Tagen betrug der Kernstrahlungswert auf einer Fläche von 90 km² nur noch 0,023–0,25 (mr/h), also das Doppelte des Normalwertes. Das Epizentrum der Explosion wurde im August 1990 eingehend untersucht. Die Messungen ergaben, daß der Verstrahlungswert im Epizentrum 0,02–0,2 mr/h betrug und die Fläche, auf der er den Mittelwert des europäischen Landesteils von 0,015 mr/h wesentlich übertraf, nicht größer als 1 km² war. Die Radioaktivität an der Wasseroberfläche lag im Epizentrum der Explosion unter dem laut Normen der Strahlungssicherheit NRB 76/87 in der UdSSR für Trinkwasser zulässigen Wert.

Die Anwendung von nuklearen Aushubsprengungen mußte dennoch eingestellt werden. Nuklearexplosionen mit ausschließlich unterirdischer Wirkung hingegen wurden in der Sowjetunion im Auftrag einer Reihe von Ministerien und anderen Behörden fortgesetzt. So wurden für das Ministerium für Geologie der UdSSR und die Akademie der Wissenschaften 39 Nuklearexplosionen auf 14 Profilen des seismischen Sondierens vorgenommen, die der Erforschung des geologischen Aufbaus der Erdrinde dienten. Durch die Nutzung der Kernexplosionen als mächtiger Quelle seismischer Signale konnten im Bereich der Jenissej-Chantangai-Senke und der Wiljuisker Synklinale über 20 Erdgas- und Gaskondensatlagerstätten erkundet werden. Nach Einschätzung des Ministeriums für Geologie der UdSSR belief sich der ökonomische

Nutzeffekt dieser Arbeiten allein durch erhöhte Qualität der gewonnenen Informationen auf mehrere hundert Millionen Rubel.

Eine wichtige Richtung der Nutzung friedlicher Nuklearexplosionen ist die Schaffung unterirdischer Reservoire. So wurden den Angaben von Prof. Kedrowski zufolge zwischen 1970 und 1985 im Bereich der Gaskondensatlagerstätten Orenburg, Astrachan und Karatschaganaksk (Gesamtförderung von Gas über 60 Mrd. m^3 pro Jahr, Gaskondensat 8,6 Mill. Tonnen pro Jahr und Schwefel 5,3 Mill. Tonnen pro Jahr) drei große Kavernen unterirdischer Steinsalzreservoire mit einem projektierten Gesamtvolumen von 866.000 m^3 geschaffen. Im Bereich der Lagerstätte Orenburg entstanden 3 Reservoire, die langfristig (bereits über 12 Jahre) als Gaskondensatspeicher genutzt werden und unwiederbringliche Verluste von über 1 Mill. t Erdölprodukte vermeiden halfen. Innerhalb des Gas-Chemiekomplexes Astrachan wurden zur Entlastung der technologischen Linie für die Herstellung von Schwefel und Gas Explosionen durchgeführt, bei denen 9 Reservoire und im Gaskondensatkomplex Karatschaganaksk 6 zur Gasseparation genutzte Reservoire mit einer jährlichen Gewinnung von jeweils 1 Mrd. m^3 Gas und 500 Kilotonnen Gaskondensat entstanden. Im Interesse einer verbesserten Schaffung unterirdischer Energiespeicher mit großem Fassungsvermögen wurden 1966 bis 1977 in Kasachstan auf dem Versuchsgelände ›Asgir‹ 9 Nuklearexplosionen durchgeführt. Sie erbrachten den Beweis für die Möglichkeit und wirtschaftliche Zweckmäßigkeit der Nutzung unterirdischer Nuklearexplosionen zur Schaffung unterirdischer Speicher mit großem Fassungsvermögen.

Ein wahres Unglück für einige Produktionen sind die anfallenden Industrieabwässer. Die Suche nach Wegen, wie sie unschädlich gemacht, wie ökologisch gefahrlose Speicher für derartige Abwässer geschaffen werden können, ist eine vordringliche Aufgabe. In der Sowjetunion gab es den Vorschlag, dafür Hohlräume zu nutzen, die bei der Durchführung von Nuklearexplosionen entstehen. Den Beweis für die Möglichkeit und die Effektivität einer solchen unterirdischen Endlagerung lieferte die Produktionsvereinigung ›Sada‹ im baschkirischen Sterlitamak. In dieser Produktionsvereinigung wurde ein ausgebautes Injektionsbohrloch niedergebracht, um in tiefliegende und von wasserführenden Horizonten sicher abgesperrte Erdschichten mit großem Fassungs-

Die »friedlichen« Atomexplosionen

80

70

60

170
160
150
140
130
120
110

47 77

• 24.08 78

• 09.08 78

• 12.08 79

06.09 79 • • 20.08 77   24.07 87 •
• 22.10 81   07 07 87 • 07 10 79
                05 11 76   07 10 78 10 10 82
                12 08 87 •

• 01 11.80

• 10.09 77

• 30.07 82

• 19.08 77

Vladivostok •

1 23.4 86   6 24.09 83
2 01.07 86   24.09 83
3 17.10 79   24.09 83
4 31.07 82   24.09 83
   27.10 84   24.09 83
   28.03 82   7 16.10 82
   01.10 82   16.10 82
   30.11 82   16.10 82
   27.10 82   16.10 82
   01.02 83   8 29.07 76
   24.02 83   9 30.09 77
   25.02 83   10 02.03 83
   27.10 84   11 16.12 79
5 26.09 81   17.01 79
   28.03 81   14.07 79
   08.10 80   24.07 79
   24.09 83

vermögen biologisch schädliche Industrieabwässer zu pumpen. Im Jahre 1973 wurde in diesen Schichten eine unterirdische Nuklearexplosion durchgeführt. Die industrielle Nutzung des geschaffenen Versuchsfeldes für unterirdische Endlagerung begann Ende 1976. In den folgenden 15 Jahren wurden unter der Erde über 20 Mill. m³ flüssiger Industrieabfälle mit einem Gesamtgehalt von über einer Kilotonne fester Substanzen zuverlässig isoliert.

1982 begann der Betrieb eines größeren ausgebauten Injektionsbohrlochs, das mit Hilfe einer unterirdischen Nuklearexplosion auf dem Versuchsfeld der Produktionsvereinigung ›Salawatnefteorgsintes‹ niedergebracht wurde. In das Bohrloch werden täglich 150–200 m³ hochtoxischer Industrieabwässer verpreßt.

Nach Einschätzung des Ministeriums für chemische Industrie der UdSSR gelang es durch die Nutzung dieser beiden Versuchsfelder, einen Umweltschaden von über 60 Mill. Rubel (Preise von 1987) zu vermeiden. Die Regierung der UdSSR beschloß deshalb, diese Methode der Beseitigung von Industrieabwässern verstärkt anzuwenden. Geplant waren Endlager für das Chemiewerk in Sterlitamak und die im Bau befindliche Katalysatorenfabrik in Ilimbai. Die veränderte politische Lage verhinderte jedoch die Realisierung dieses Beschlusses.

Ziemlich überraschend kam der Vorschlag, unterirdische Nuklearexplosionen für die Beseitigung von Erdgasausbrüchen zu nutzen. Die Effizienz, die sich damit erzielen ließ, war außerordentlich hoch. Zwischen 1966 und 1972 konnten im Bereich der Lagerstätten Urta-Bulak, Pamuk, Maiski und Krestischtschensk 4 derartige Ausbrüche, bei denen täglich über 14 Mill. m³ Erdgas verlorengegangen wären, beseitigt werden.

Eine zukunftsträchtige Richtung der Nutzung unterirdischer Nuklearexplosionen ist die Intensivierung der Erdöl- und Erdgasförderung. Zu diesem Zweck läuft seit 1976 im Bereich der Lagerstätte Sredne-Boshuobinsk in Jakutien ein industrielles Experiment zur zusätzlichen Erschließung von Erdöl- und Erdgasvorräten. Hier wurden 6 unterirdische Nuklearexplosionen durchgeführt.

Insgesamt fanden im Bereich der Lagerstätten Gratschow, Ossinsk, Gesh und Sredne-Balyk 13 unterirdische Nuklearexplosionen statt.

Die Möglichkeit, unterirdische Nuklearexplosionen für das unterirdische Erzbrechen zu nutzen, wurden im Bereich der Lagerstätte Kuslporr der Produktionsvereinigung ›Apatit‹ untersucht. 1972 und 1984 wurden hier 3 unterirdische Nuklearexplosionen durchgeführt. Sie sollten die Voraussetzungen dafür schaffen, daß in zwei Blöcken über 2 Mill. t Erz gebrochen werden können. Die Auswertung der Ergebnisse dieser Explosionen dauert an.

Im Jahre 1980 wurde in einer gasausbruchsgefährdeten Grube des Donbass, wo von 1959 bis 1972 bei 235 Ausbrüchen 60 Bergleute ums Leben kamen, eine unterirdische Nukleartestexplosion durchgeführt, um Gebirgsspannungen zu beheben und vier ausbruchsgefährdete Kohlenflöze mit einer Fördermenge von etwa 1 Mill. t pro Jahr zu entgasen. Die Ergebnisse des Experiments fielen positiv aus, und den Angaben von Fachleuten der Kohleindustrie zufolge hat es nach seiner Durchführung keine weiteren Ausbrüche gegeben, bei denen Menschen zu Schaden gekommen wären.

Behindert oder erschwert wird die Nutzung unterirdischer Nuklearexplosionen zu friedlichen Zwecken vor allem durch die Strahlungsgefahr, die mit der radioaktiven Verseuchung der natürlichen Medien zusammenhängt.

Der Untersuchung dieses Problems wurde deshalb große Aufmerksamkeit geschenkt. Die Forschungsergebnisse sowjetischer wie amerikanischer Wissenschaftler zeigen, daß es für seine Lösung keine unüberwindlichem Hindernisse gibt. Bereits 1970 stimmten Fachleute beider Länder darin überein, daß unterirdische Nuklearexplosionen im Rahmen der nationalen wie der allgemeinverbindlichen internationalen Sicherheitsnormen für den Strahlenschutz der Bevölkerung liegen. Zwanzig Jahre friedlicher Nuklearexplosionen in der Sowjetunion bekräftigen die Richtigkeit dieser Schlußfolgerung.

Die veränderte politische Situation und die nach der Katastrophe von Tschernobyl in der UdSSR aufgekommene Antiatombewegung machten jedoch alle Pläne für die weitere volkswirtschaftliche Nutzung von Nuklearexplosionen zunichte. Seit 1988 wurden in der Sowjetunion keine Explosionen mehr durchgeführt.

Moskau, Mai 1992

Atommüllberge für die Erben

Susanne Kopte

Seit dem Ende des Zweiten Weltkrieges haben die Großmächte USA und UdSSR sowie einige andere Länder mit Großmachtambitionen wie Frankreich, Großbritannien und China zielstrebig ihr militärisches Nuklearpotential aufgebaut. Mit der Rechtfertigung militärischer Abschreckung wurde dabei über Jahrzehnte im Namen eines selbstdefinierten Friedens ein grausamer Krieg gegen die Natur und gegen die Menschen geführt. Seine Ausmaße wurden lange totgeschwiegen. Heute gelangen immer neue Berichte über die langfristigen Folgen nuklearer Verseuchung in die Öffentlichkeit. Berge von Atommüll bilden die Hinterlassenschaft der Kalten Krieger.[1]

Zum ersten Mal seit Beginn des Atomzeitalters zeigt nun die Kurve der Atomwaffenproduktion nach unten, und Washington und Moskau beginnen, nach Wegen zu suchen, sich der gewaltigen Erblast dieser Zeit zu entledigen. Das Augenmerk richtet sich nun mehr auf die Beseitigung des nuklearen Erbes und die Sanierung des immensen Umweltdesasters, das das nukleare Wettrüsten hinterlassen hat.

Die Beseitigung der Atomsprengköpfe, die eine Verschrottung besonderer Art verlangen, ist die alles überragende Aufgabe. Während das Waffen-Uran zum Beispiel in einem relativ einfachen Prozeß so lange mit Natur-Uran (U-238) verdünnt werden kann, bis es nicht mehr für Atombomben geeignet ist, läßt sich Waffen-Plutonium viel schwerer und unwirtschaftlicher umarbeiten. Es kann zudem immer wieder relativ rasch für Nuklearwaffen verwendbar gemacht werden. Daher wurde vorgeschlagen, Plutonium mit anderen gefährlichen atomaren Abfällen in Glasblöcke einzuschließen und tief im Inneren der Erde kontrolliert zu lagern. Man könnte natürlich auch die Dienste einer Moskauer Firma namens Tschetek in Anspruch nehmen, die Sprengköpfe durch unterirdische Atomexplosionen vernichten will! Fachleute aus Ost und West sind überzeugt, daß die atomare Abrüstung die

Wachstumsbranche der Zukunft wird – teuer und aufwendig wie die Aufrüstung.

Noch kaum kalkulierbar erscheint dagegen die Beseitigung radioaktiver Verseuchungen. Anders als herkömmliche Fabriken können Atomanlagen nicht einfach außer Dienst gestellt werden. Ihre zum Teil über Tausende von Jahren lebensgefährlich strahlenden Bestandteile müssen sorgsam entnommen und sicher gelagert werden. Noch mehr Aufwand erfordert die Entseuchung der ausgedehnten Fertigungsgelände, in denen oft ohne ausreichende Sicherheitsvorkehrungen gearbeitet wurde. Die amerikanischen Schätzungen für die Kosten der atomaren Aufräumungsarbeiten im eigenen Land liegen zwischen 100 und 300 Milliarden US-Dollar. Allein im Atomzentrum Hanford im Bundesstaat Washington warten nach Angaben des ›Spiegel‹ (Nr.1/1992) auf Entsorgung: 177 große unterirdische Behälter mit Plutonium und anderen hochgiftigen radioaktiven Abfällen, neun Reaktoren, riesige Becken mit verbrauchten Atombrennstäben und über 200 Quadratkilometer Land mit verseuchtem Grundwasser.

Nach und nach sickern nun auch Horrormeldungen aus der Gemeinschaft Unabhängiger Staaten durch. Bislang geheimgehaltene Atomunfälle, schlampige Lagerung atomarer Abfälle, atomare Verseuchung großer Gebiete rund um Waffenproduktions- und Erprobungsstätten sind Ergebnisse erster Untersuchungen. Es ist zu befürchten, daß sie nur die Spitze des Eisberges ausmachen. Katastrophale Hinterlassenschaften finden sich

● auf den sowjetischen Atomtestgeländen Semipalatinsk und Nowaja Semlja;

● im Katastrophengebiet rund um die Plutoniumfabrik in Tscheljabinsk-40

● in den eisigen Gewässern um Nowaja Semlja.

Nowaja Semlja und Semipalatinsk – über Jahrzehnte verseucht

Nowaja Semlja, das ›Neue Land‹, mußte seit 1955 132 Kerntests über sich ergehen lassen. Unter Wasser, unter der Erdoberfläche und in der Luft. Am 30. Oktober 1961 explodierte über der Insel ein thermonuklearer Sprengstoff von 58 Megatonnen, die gewaltigste je von Menschenhand ausgelöste Detonation. Bis 1976 der

Höchstsatz der Sprengsätze durch das Partielle Teststoppabkommen auf 150 Kilotonnen begrenzt wurde, testeten die sowjetischen Militärs auf Nowaja Semlja in unterirdischen Versuchen nukleare Ladungen bis zu 3,5 Megatonnen, die mittelstarke Erdbeben auslösten. Insgesamt erschütterten 42 unterirdische Atomexplosionen dieses Gebiet.

Nowaja Semlja und die umliegenden Seegebiete, ein Areal von über 90.000 Quadratkilometern, unterliegen strengster Geheimhaltung. So ist bis heute nur sehr wenig über Unfälle auf dem Testgelände bekanntgeworden. Aber auch auf Nowaja Semlja konnte nicht alles geheimgehalten werden. So brach bei einem Test am 2. August 1987 das Bohrloch ein, und eine radioaktive Wolke entwich in die Atmosphäre. Der Wind stand ungünstig. Er trieb die Spaltprodukte über die Barentssee nach Skandinavien. In Nordnorwegen und Teilen Schwedens wurden die höchsten radioaktiven Hintergrundwerte seit 15 Jahren gemessen, nur beim Reaktorunfall von Tschernobyl 1986 waren sie noch höher. Hätte der Wind die Spaltprodukte über die Polarkappe getrieben, wäre dieses Ausblasen des Bohrloches, im Fachjargon als ›venting‹ bezeichnet, nie bekanntgeworden.

Nach pauschalen Angaben des russischen Ministers für Atomenergie, Viktor Michailow, wurden bei unterirdischen Atomversuchen in der Sowjetunion in 30 Prozent aller Fälle radioaktive Gase in die Umwelt freigesetzt.

In den siebziger und achtziger Jahren war das arktische Testgelände nur von untergeordneter Bedeutung für das sowjetische Militär. In diesem Zeitraum führte man in erster Linie in Semipalatinsk in Kasachstan die atomaren Testexplosionen durch – mit verheerenden Folgen für die Zivilbevölkerung. Auf einem internationalen Symposium über Atomwaffentests im schwedischen Lulea legte die Medizinprofessorin Maira Zjangelowa aus Semipalatinsk erschreckendes Zahlenmaterial vor: Bei einer Mehrheit der von Reihenuntersuchungen erfaßten, im Umkreis des Testgebietes lebenden Menschen sind Hinweise auf zum Teil schwere Schädigungen des körperlichen Immunabwehrsystems festgestellt worden. Die Rate einzelner Krebserkrankungen liegt um ein Mehrfaches höher als im Landesdurchschnitt, ebenso die Zahl der mit körperlichen Schäden geborenen Kinder.

Unter dem Eindruck der Fakten und dem Druck der Protestbewegung ist das Semipalatinsker Gebiet im Juni 1992 nun endgültig zum ökologischen Katastrophengebiet erklärt worden.

Nach der Beendigung der Tests in Semipalatinsk blieb nur noch Nowaja Semlja übrig. Um den Schleier der militärischen Geheimhaltung zu durchbrechen und gegen die Atomtests zu protestieren, wagte sich Greenpeace im September 1990 zum erstenmal in diese abgelegene und hochgradig radioaktiv verseuchte Region. Schon zu Beginn der Nordlandreise erhielt die Mannschaft der ›MS Greenpeace‹ während ihrer Stopps in Murmansk und Archangelsk von Besuchern, die an Bord gekommen waren, verschiedenste Informationen über das Testgelände. So berichtete ein Major der sowjetischen Streitkräfte in Murmansk, daß auf dem Grund der Barentssee ›etliche Tschernobyls‹ lauerten. Tonnenweise seien radioaktive Abfälle in der Umgebung von Nowaja Semlja versenkt worden. Eine Information, die Monate später von offizieller Seite in Moskau bestätigt wurde.

Ebenfalls in Murmansk stellte sich ein anderer Soldat den Greenpeacern als langjähriger Mitarbeiter des Testgeländes vor. Von ihm erhielt die Greenpeace-Crew Detailinformationen über Wetterbedingungen, Anlage der Testminen und Bewachung der Inselgruppe, die sich später durchweg als korrekt erwiesen. Er bestätigte auch den obengenannten Unfall vom August 1987. Die Passagierschiffe ›Bukowina‹ und ›Tartaria‹, die aus Sicherheitsgründen vor jedem Test aus Archangelsk in Richtung Norden auslaufen würden, hätten nach dem Ausblasen des Bohrloches die Militärsiedlung am Matotschkin Schar im Zentrum des Versuchsgeländes für zwei Monate evakuiert.

Die Einfahrt zum Matotschkin Schar war das Ziel der ›MS Greenpeace‹, das sie Tage später trotz der Drohungen und Abdrängungsversuche eines sowjetischen Eisbrechers erreichte. Nicht weit von der Militärsiedlung entfernt, gelang es nach einem Ablenkungsmanöver, mit einem Schlauchboot vier Greenpeacer an Land abzusetzen. Unter der Leitung von Björn Okern, einem im Strahlenschutz ausgebildeten Mediziner, bewegte sich der Trupp landeinwärts. Mit einem Geigerzähler überprüften sie die Radioaktivität. Hatte sie direkt an der Küste noch um 0,2 Becquerel pro Quadratzentimeter gelegen, so kletterte die Anzeige an einem Tunneleingang ca drei Kilometer weiter auf bis zu 50 Becquerel und erreichte damit die Grenze des Meßbereiches dieser Geräte.

Zwei Greenpeacer wagten sich in den Tunnel hinein, in dem verrostete Generatoren, Kabelrollen und allerlei nicht weiter identifizierbare Meßinstrumente verstreut herumlagen. Die Dosiszähler schlugen mit jedem Schritt weiter aus. Nach 30 Metern hörte der Tunnel auf. Er war eingebrochen. Die Zähler zeigten 32 Mikrosievert pro Stunde. Zum Vergleich: Ein Röntgenologe sollte nicht mehr als 10–12 Mikrosievert pro Jahr ausgesetzt sein. Nach elf Stunden wurden die vier von sowjetischen Offizieren festgenommen. Alle Proben und Ausrüstungsgegenstände wurden beschlagnahmt. Eine Analyse der Isotopenstruktur hätte Aufschluß über die Zusammensetzung der Sprengsätze geben können. Zweifellos war das Landungsteam in ein hochkritisches Gebiet eingedrungen.

Nur eine detaillierte wissenschaftliche Untersuchung könnte das gesamte Ausmaß der radioaktiven Verseuchung zutage bringen. Die wenigen bekannten Informationen zeigen jedoch, mit welch hanebüchener Gleichgültigkeit gegenüber allen internationalen Strahlenschutzbestimmungen sowjetische Politiker, Militärs und Wissenschaftler vorgegangen sind. Die Auswirkungen dieser atomaren Praktiken auf die Menschen, Tiere und Pflanzen in der Umgebung in diesen nordischen Breitengraden sind mit denen um Moruroa und Nevada vergleichbar. Der Unterschied besteht nur in der zeitlichen Verzögerung, mit der die Informationen bekanntwerden. In den ›Moscow News‹ vom Oktober 1989 berichteten erstmals zwei russische Volksdeputierte von dem verheerenden Gesundheitszustand der Bevölkerung auf der Tschuktschenhalbinsel, gegenüber von Nowaja Semlja auf dem Festland. Die Mortalität durch Speiseröhrenkrebs sei dort die höchste der Welt, die Leberkrebsmorbidität zehnmal höher als im Landesdurchschnitt. Darüber hinaus entstünden neue Formen bösartiger Tumore, Geschwülste des Knochengewebes sowie der Schilddrüse. Allgemein sei eine besorgniserregende Beeinträchtigung des Immunsystems festzustellen, vielfach auch als Atom-Aids bezeichnet.

Im September 1991 flimmerte ein aufsehenerregender Bericht über die Bildschirme des russischen Fernsehens. Er enthüllte die vorerst letzten Details über drei Atomkatastrophen, die sich zwischen 1957 und 1967 in der Nähe der Stadt Tscheljabinsk im Ural ereignet haben. Der Atomphysiker Anatoli Tsib äußerte in dieser Sendung die Vermutung, daß insgesamt 400.000 Menschen radioaktiver Strahlung ausgesetzt gewesen seien. Schon seit Jahren kursierten Gerüchte über diese Vorfälle in den verschiedensten Geheimdienstberichten. Was war passiert?

In den späten vierziger Jahren begann die UdSSR mit großer Hast, die Plutoniumfabrik Tscheljabinsk-40 zu bauen. Sie lag etwa 16 km östlich von der Industriestadt Kyschtym am Südufer des Kysyltasch-Sees. Die Atomwissenschaftler standen unter enormen Druck: Sie brauchten eine ausreichende Menge Plutonium, um noch vor Stalins 70. Geburtstag im Dezember 1949 den ersten russischen Atombombentest durchführen zu können.

Erste Hinweise auf Probleme in Tscheljabinsk tauchten in den späten fünfziger Jahren auf. In Kurzberichten der westeuropäischen Presse war von einem katastrophalen Unfall in der Sowjetunion die Rede, bei dem es große Mengen chemischen und radioaktiven Fallouts gegeben habe.

Erst im November 1976 wird dieser Unfall in einem Artikel im ›New Scientist‹ erwähnt. Der emigrierte russische Biochemiker Schores Medwedjew berichtete dort eher nebenbei von einer ›großen Katastrophe im Ural‹. Die Bemerkung löste ein solches Interesse aus, daß Medwedjew und andere Wissenschaftler weitere Nachforschungen anstellten. Dabei stießen sie auf Untersuchungen sowjetischer Ökologen, aus denen hervorging, daß Seen, Böden und über 200 Tier- und Pflanzenarten in einem nicht genannten Gebiet von mehreren tausend Quadratkilometern radioaktiv verseucht worden waren. In den Untersuchungsberichten tauchten immer wieder radioaktive Elemente, wie zum Beispiel Strontium-90, Cäsium-137, Cerium-144, auf, wie sie bei der Herstellung von waffenfähigem Plutonium anfallen. Die Vermutung der Wissenschaftler, daß sich die sowjetischen Untersuchungen auf Tscheljabinsk bezogen, bestätigte sich schließlich: Die sowjetischen Zensoren hatten in einem der Forschungsberichte die An-

gabe übersehen, daß die Proben aus der Gegend von Tscheljabinsk stammten.

Nach und nach fügten sich die Details zu einem vollständigeren
Bild.

Am 29. September 1957 um 16.20 Uhr Ortszeit hatte sich ein
Behälter mit 250–300 Kubikmetern radioaktiven Abfällen durch
einen Kühlungsausfall auf rund 350 Grad Celsius erhitzt und war
schließlich explodiert. Die Explosion hatte eine Stärke von 7–10
Tonnen TNT, andere Quellen gehen von 70 oder gar 500 Tonnen
TNT aus. Der meterdicke Tankdeckel aus Beton wurde 25 Meter
weit fortgeschleudert, mit ihm 70–80 Tonnen radioaktiven Abfalls;
20 Millionen Curie wurden freigesetzt. Andere Quellen – es soll
sich um eine geheime, offizielle Studie handeln – sprechen gar
von 1,2 Milliarden Curie – 24 mal soviel wie durch die Katastrophe
von Tschernobyl in die Umwelt gelangte.[2]

In 100 Meter Umkreis wurden Radioaktivitätslevel von 360 Röntgen pro Stunde überschritten; vom Explosionsort aus bildete sich
eine riesige radioaktive Wolke, die in Windrichtung ein Gebiet
von 300 km Länge und 10–15 km Breite verseuchte. Wurden am
Unglücksort allein bezogen auf Strontium-90 4.000 Curie pro
Quadratkilometer festgestellt (die Verseuchung durch alle Isotope
lag bei 150.000 Ci/km²)[3], so kamen auf 17km² Strontiumkon-
taminierungen von 1.000–4.000 Ci/km², auf 100km² solche von
100–1.000 Ci/km² und noch auf 15.000–23.000 km² Strontiumkon-
taminierungen von 0,1–2,0 Ci/km². Die ersten mehr als 1.000 Einwohner der Unfallumgebung wurden innerhalb von 7–10 Tage
nach dem Unglück evakuiert; weitere 6.500 erst nach rund acht
Monaten. Insgesamt wurden 10.700 Menschen evakuiert. Über
26.000 Hektar Ackerland wurden Jahre später untergepflügt, noch
heute werden 19.000 Hektar ›verbotene Zone‹ genutzt.

Diese Explosion war aber bereits der zweite Akt in der Atomtragö-
die. So erfuhren die Anwohner von Tscheljabinsk-40 erst vor
einem Jahr, daß während der ersten sechs Betriebsjahre hochgradig radioaktive Abfälle direkt in den Fluß Tetscha gepumpt worden waren. Schilder entlang des Flusses wiesen das Gebiet ohne
Angabe von Gründen lediglich als Sperrzone aus. Noch über
Jahre nutzten die Menschen den Fluß, schwammen, fischten und
tränkten ihr Vieh. Noch heute werden an den Ufern nach russischen Angaben bis zu mehr als 1.000 Mikroröntgen pro Stunde

gemessen, und auf einer Länge von 200 km sind die Trinkwasserentnahme, Baden und Angeln verboten. Da in die Tetscha außerdem noch Chemieabfälle eingeleitet wurden, wurden 7.500 der am Fluß lebenden 28.000 Menschen evakuiert.

Ab 1951 wurde der dortige See Karatschai als atomares Endlager mißbraucht. Tausende Tonnen verstrahlter Abfälle sorgten dafür, daß sich in dem See heute noch 120 Millionen Curie Radioaktivität (Strontium und Cäsium) befinden, obwohl bereits seit Jahren daran gearbeitet wird, ihn trockenzulegen und zu sanieren. Zum Vergleich: Der Tschernobyl-Unfall setzte ›nur‹ 1 Million Curie Cäsium und 0,22 Millionen Curie Strontium frei. 1967 war ein Teil des Wassers verdunstet und hatte den radioaktiven Schlick freigelegt. Die sibirische Sonne verwandelte ihn in Staub, und der Wind verteilte ihn in bis zu 75 km entfernte Gebiete auf insgesamt 1.800 km². Wieder ging es um 2 Millionen Curie. Heute ist das Grundwasser noch in zwei bis drei km Entfernung vom See radioaktiv verseucht, und der nahe gelegene Fluß Micheljak ist bedroht. Um die Wasseroberfläche zu verringern, wird der See zur Zeit mit Gestein und Betonklötzen zugeschüttet. Von den ehemals 45 Hektar sind noch 20 Hektar übriggeblieben. Die Radioaktivität wird jetzt mit 10 Röntgen pro Stunde gemessen, so daß die Kipperfahrer nur stundenweise in ihren zusätzlich gepanzerten Fahrerkabinen arbeiten können.

Seit 1951 wurden insgesamt 4 Staudämme im Fluß Tetscha gebaut, um das am schlimmsten verseuchte Wasser zu isolieren. Die 380 Millionen Kubikkilometer enthalten etwa 190.000 Curie.

Im Dezember kündigte der russische Umweltminister Danilow-Danilijan die Einsetzung einer Sonderkommission der russischen Regierung an, die die atomare Verseuchung dieses Gebietes untersuchen soll.

Atomares Endlager – Eismeer

Im Winter 1966/67 ereignete sich der schlimmste bislang bekannt gewordene Unfall auf einem atomgetriebenen Schiff: In einem der drei Druckwasserreaktoren, die den sowjetischen Eisbrecher ›Lenin‹ mit Energie versorgten, kam es zur Kernschmelze. Bei dem Unfall wurde das Schiff so verseucht, daß es nicht mehr betreten werden durfte und über ein Jahr lang verlassen im Eismeer vor Anker lag.

Der genaue Unfallort ist bis heute nicht bekannt. Einzelheiten zu dem Unfallverlauf wurden erstmals 1987 in einem CIA-Bericht veröffentlicht: In einem der drei Reaktoren hatten sich demnach bei einer Wartungsroutine die Brennstäbe verklemmt. Der atomare Kern war daraufhin zu einem strahlenden Klumpen verschmolzen. Ein zweiter Reaktor war bei dem Unfall schwer beschädigt worden, doch Freiwillige hatten dessen Brennstäbe noch rechtzeitig entfernen können. Fast ein Jahr später wurde die ›Lenin‹ dann in ein abgelegenes Hafenbecken von Murmansk geschleppt.

Erst 24 Jahre später klärte Andrej Solotkow, Volksdeputierter aus Murmansk, das weitere Schicksal der havarierten ›Lenin‹ auf: »Der Unglücksreaktor wurde Ende 1967 in einer Bucht vor Nowaja Semlja in flachem Wasser versenkt. Messungen über die Strahlung, die er permanent abgibt, wurden meines Wissens nie durchgeführt. Der zweite beschädigte Reaktor wurde auf hoher See mit Schweißbrennern aus dem Rumpf der ›Lenin‹ herausgeschnitten und versenkt.« Andrej Solotkow berichtete dies auf einer Konferenz in Moskau, die auf Initiative von Greenpeace International im September 1991 stattfand. Etwa 40 Delegierte aus sowjetischen Atomhäfen am Eismeer und am Pazifik sowie westliche Experten erörterten dort gemeinsam die Gefahren, die von der Sowjet-Flotte und ihren atomaren Waffensystemen ausgehen. Andrej Solotkow, der im Hauptberuf lange Zeit als Nuklearingenieur auf sowjetischen Atomeisbrechern gefahren war, übergab Greenpeace eine Karte, auf der er nach Logbuchangaben weitere Beispiele der sowjetischen Entsorgungspraxis eingetragen hatte. Zwischen 1964 und 1986 wurden mindestens 16.000 Tonnen radioaktive Flüssigkeiten in die Barents- und Karasee geleitet – Abfälle sowohl der Murmansker Eisbrecherflotte als auch der U-Boote der Nordflotte gelangten damit in sowjetische und nordeuropäische Fischereigründe. Schon Monate zuvor hatte Oleg Wolkow, ein russischer Journalist, andere Altlasten der sowjetischen Marine recherchiert. Im Juli 1991 veröffentlichte er in der ›Komsomolskaja Prawda‹ die ›Beichte eines Verantwortlichen‹ aus einem Stützpunkt der Eismeerflotte, der wegen angedrohter Repressalien nur seine Initialien gedruckt sehen wollte: »Wir sammelten das strahlende Zeug unter offenem Himmel in einfache Metall-Container und ließen es von Soldaten bewachen. Aber das Gelände war ein beliebter Spielplatz für die Kinder aus dem Dorf.«

Wenn genügend Abfall zusammengekommen war, wurde die ›Wolodarski‹ bestellt, berichtet der ranghohe Informant weiter, ein Entsorgungsschiff, von dem die Metall-Container dann in die Barentssee versenkt wurden. Wenn sie nicht sofort sanken, wurde des öfteren mit Gewehrsalven nachgeholfen. Mitunter sanken strahlende Container allerdings zu früh. Wolkow hat drei Fälle zwischen 1975 und 1983 dokumentiert, in denen Frachtschuten mit radioaktiven Abfällen bereits im Hafenbecken sanken.

Welche Mengen an radioaktiven Festabfällen insgesamt im Eismeer und in der Barentssee über Bord gingen, ist unklar. Daß es jedoch weit mehr sind als das verbrauchte Reaktorgehäuse des Atomeisbrechers ›Lenin‹ – immerhin 4.700 Tonnen verstrahlten Schrotts –, geht aus Recherchen eines Journalisten aus Archangelsk hervor. Unter dem Titel ›Das geheime Logbuch – Die zweite Entdeckung des Archipels‹ enthüllte Alexander Jemeljanenkow im ›Sobesednik‹ im Februar 1992, daß die sowjetische Marine in der Zeit von 1964 bis 1982 insgesamt 15 Atomreaktoren in der Nähe von Nowaja Semlja versenkt hat. Zwölf dieser Reaktoren stammten von verunglückten beziehungsweise ausgedienten U-Booten, die restlichen drei von der Eisbrecherflotte. Drei Reaktoren seien sogar mit den hochradioaktiven Brennstäben gedumpt worden. Alexander Jemeljanenkow benennt genau die Positionen der Atommüllhalden unter Wasser und die Namen der havarierten Atom-U-Boote, von denen die Reaktoren stammen.

Juri Timoschenko, der Leiter des Instituts für Ozeanographie und Seefischerei in Archangelsk, führt in einem Bericht die ersten Opfer dieser radioaktiven Verseuchung auf. Tausende von Robben seien bereits von Blutkrebs befallen. Als Ursache für diese Umweltkatastrophe macht Timoschenko ebenfalls die Atomtests auf Nowaja Semlja sowie die radioaktiven Abfälle, die über Jahrzehnte im Eismeer versenkt wurden, aus. Die Küstengewässer in dieser Region hätten sich in einen Teich radioaktiver Abfälle verwandelt, welcher die gesamte Unterwasserwelt bedrohe.

Diese Schreckensmeldungen über Atommüllhalden und U-Boot-Friedhöfe belegen auch, daß die UdSSR über Jahre hinweg das

Moratorium gegen das Versenken von radioaktiven Abfällen in das Meer mißachtet hat. Diesem Verzicht hatten sich auch die sowjetischen Kollegen auf der Londoner Dumping Conference im Jahr 1983 angeschlossen – die Vereinbarung von wirksamen Kontrollen war allerdings am Widerstand der Russen gescheitert. Noch 1988 hatte die UdSSR auf Anfrage der Internationalen Atomenergiebehörde in Wien unmißverständlich erklärt, niemals Abfälle auf hoher See entsorgt zu haben.

Epilog

Die Beispiele zu Atomtests, den Atomkatastrophen in Tscheljabinsk und Verklappung militärischen Atommülls auf hoher See zeigen die natur- und menschenverachtende Praxis jahrzehntelanger Abschreckungspolitik. Ganze Landstriche und regionale Seegebiete sind langfristig geschädigt worden. Die genauen Folgen sind vielfach noch nicht einmal abschätzbar.

Mit dem Zerfall der Sowjetunion und dem Übergang zu marktwirtschaftlichen Demokratien in Osteuropa hat die Abschreckungspolitik im Westen ein altes Feindbild verloren. Die Ruhe ist aber trügerisch und verdeckt, daß vieles in alter Manier fortgeführt wird. Die Atomtests sind nur befristet ausgesetzt, und in irgendwelchen Schubladen werden neue Pläne liegen, alte Sorgen loszuwerden. Wohin mit dem nuklearen Abrüstungsmüll? Es bleibt eine Aufgabe, die Menschen auch davor zu schützen.

Hamburg, Juli 1992

[1] Für die Erarbeitung dieses Beitrages wurden genutzt:
T. Cochran, W. Arkin, R. Norris: Soviet Nuclear Weapons. Nuclear Weapons Data Book, Vol.4, New York, 1989; International Physicians for the Prevention of Nuclear War (IPPNW), Institut für Energie- und Umweltforschung (IEER): Radioaktive Verseuchung von Himmel und Erde: Auswirkungen auf Gesundheit und Umwelt, IPPNW, Wissenschaftliche Reihe, Bd. 2, Berlin, 1992; Remi Parmentier: Ocean Dumping of Radioactive Wastes in the USSR? Greenpeace International. Division of International Treaties and Conventions, unveröffentlichtes Manuskript für das Seminar ›Violent Peace – Deadly Legacy‹ am 23.9.1991 in Moskau; Chochran, Thomas and Norris Robert S.: Russian/Soviet Nuclear Warhead Production, NWD-92-1, 2.4.1992, Washington DC; sowie: Ural neiswestny. Spezialny wypusk. Sowetskaja Rossija, Moskau, 1992

[2] Ein Memorandum des National Security News Service, Washington verweist darauf, daß der Volksdeputierte A.N.Penjagin, der früher selbst in Tscheljabinsk gearbeitet hat, über eine Kopie des Dokumentes verfügt. (Im Besitz der Autorin)

[3] Die meisten freigesetzten radioaktiven Stoffe hatten so kurze Halbwertzeiten, daß heute Strontium-90 99,3 Prozent der noch meßbaren Aktivität ausmacht; man weiß aber, daß Sr-90 nur rund 2,7 Prozent der ursprünglich freigesetzten Beta- und Gamma-Aktivität ausmachte, so daß die Gesamtaktivität, die damals freigesetzt wurde, rund 40mal so hoch gewesen sein muß.

Der Kampf um das nukleare Erbe

Vom Imperium zur Gemeinschaft?

Nikolai Stoljarow, Walentin Dawydow
und Sergej Grebenitschenko

Die sozialpolitische und wirtschaftliche Entwicklung in unserem gewaltigen euroasiatischen ›Feld der Instabilität‹ hat letztlich große Bedeutung für die gesamte Menschheit. Gelingt es, die neuen, unabhängigen Staaten in irgendeiner Form zusammenzuhalten, oder wird deren Desintegration siegen? Welchen Weg würden dann die verschiedenen Teile des ehemaligen kommunistischen Imperiums einschlagen? Könnte es nicht sogar zu einer solchen Kräfteumgruppierung kommen, die die Welt in die mittelalterlichen Glaubenskriege zurückversetzt?
Eine Wiedergeburt unseres Imperiums, d.h. eine Wiedergeburt des Totalitarismus unter nationalistisch-religiöser Flagge, wäre nicht nur eine Absage an den politischen Pragmatismus und die Demokratie, sondern heute auch bereits ohne Ströme von Blut unmöglich. Insofern zeigt die bisherige Entwicklung in der jungen ›Gemeinschaft Unabhängiger Staaten‹, daß es prinzipiell möglich ist, Konflikte politisch beizulegen, die Demokratie zu entwickeln, die Menschenrechte zu erweitern, radikale ökonomische Reformen einzuleiten und dabei auch die nationale Sicherheit zu garantieren sowie das geostrategische Gleichgewicht zu erhalten. Die GUS setzt auf die Abrüstung, und das nicht zuletzt aus ökonomischen Erwägungen.

Die Abrüstung – Der Griff ins Eingemachte

Bis zu ihren letzten Tagen hatte die UdSSR die im Verhältnis zum Bruttosozialprodukt größten Verteidigungsausgaben der Welt. Während die entwickelten Industriestaaten ständig das Verhältnis von Militärausgaben und wirtschaftlicher Konkurrenzfähigkeit beachteten, tat die UdSSR nichts dergleichen. Sie griff nach allen möglichen Krediten und humanitären Hilfen des Westens und gab doch weiterhin 15 Prozent der Staatseinnahmen für militärische Zwecke aus, ganz zu schweigen von den unbekannten Kosten für die Beschaffung von Waffen und Militärtechnik. Solche Ausgaben hatte das Sowjetvolk weder 1940 noch 1941 zu tragen. Die sich neu formierende steuerzahlende russische ›Mittelklasse‹ und deren Führer in Regierung und Parlament haben das alte, auf Ideologie und Militär basierende Staatsverständnis überwunden. Das trifft scheinbar auch auf eine immer größer werdende Anzahl einfacher Staatsbürger zu. Sie sehen, daß uns nur noch eine sich dynamisch entwickelnde Wirtschaft, eine offene Marktwirtschaft retten kann. Ohne sie werden wir unter der Last der Militärausgaben, der Auslandsverschuldung und der unrentablen Sozialprogramme für eine bereits murrende Bevölkerung zusammenbrechen.

Die jetzige russische Regierung hat also keine andere Wahl. Sie muß die wirtschaftliche Transformation mit einer erneuerten Sicherheitspolitik verbinden, so daß insbesondere die nukleare Abrüstung und die Konversion zu Schlüsselproblemen werden.

1991 besaß die UdSSR ein gewaltiges nukleares Abschreckungs- und Drohpotential: 2.500 strategische Kernwaffenträger mit 10.271 Sprengköpfen; darunter 6.612 Sprengköpfe für landgestützte Interkontinentalraketen, 2.804 für ballistische U-Boot-Raketen und seegestützte Marschflugkörper, 855 Sprengköpfe für luftgestützte Marschflugkörper und schwere Bomber. Bei einer Arbeitsproduktivität, die um das 6,3fache hinter der amerikanischen zurückbleibt (d.h. sie liegt bei knapp 16 Prozent – d. Hrsg), und einem Lebenstandard, bei dem drei Fünftel der Bevölkerung unter der Armutsgrenze leben, ist das ein an Absurdität grenzender militärischer Luxus.

Das ›goldene Zeitalter der Abrüstung‹ wurde von unseren drei Wegbereitern des neuen Denkens und des Staatskapitalismus – Jakowlew, Gorbatschow und Schewardnadse – eingeleitet. Der informationstechnologische Boom des Westens, der Verfall unserer Öl-Rubel und die Stagnation unseres geschlossenen, militarisierten Gesellschaftsmodells ließen keine andere Wahl.

Die nukleare Abrüstung erfolgte im Wechselspiel mit den USA und begann mit dem Vertrag über die Vernichtung der Mittelstreckenraketen. Die Vereinbarungen über den Truppenrückzug aus Osteuropa sowie über die Vernichtung der taktischen Nuklearwaffen erhöhten die Abrüstungsdynamik. Der amerikanische Kongreß stellte uns sogar 400 Millionen Dollar zur Verfügung, damit wir die Probleme mit unseren taktischen Kernwaffen lösen können.

Rußland, Belorußland, Kasachstan und die Ukraine einigten sich, diese Waffen unter gemeinsamer Kontrolle auf russischem Territorium zu vernichten, da nur dort die entsprechenden Einrichtungen vorhanden sind. Das hieße aber auch, daß entsprechende ausländische Finanzhilfen an Rußland gehen müßten. Wenn man jedoch das riesige Haushaltsdefizit sieht, dann stehen die vereinbarten Abrüstungstermine in den Sternen.

Auch deswegen hat Rußland weitere Abrüstungsschritte getan. Der Verpflichtung, auf den Ersteinsatz von Kernwaffen zu verzichten, folgten die Aufhebung der Zielprogrammierung für die strategische Triade, die Aussonderung der 99 mit Marschflugkörpern bestückten Bomber sowie die wenn auch archaische Beseitigung von 36 Prozent der ICBM mit 17,5 Prozent der Spengköpfe. Rußland war bereit, seine Kernwaffen bis auf eine Obergrenze von 2.500 Einheiten zu senken.

Im russischen Machtapparat werden die USA als Hauptabrüstungspartner betrachtet. Von dieser ›Freundschaft‹ hängen die ›Liebe‹ der Weltöffentlichkeit, der Zufluß ausländischer Hilfe, die schnelle Abrüstung der ehemaligen Brüder, die Überwindung innerer Streitigkeiten in der GUS und sogar die sparsame Modernisierung des russischen Kernwaffenschildes ab. Würde die Abrüstung nicht in Übereinstimmung mit den USA und den anderen europäischen Nuklearmächten erfolgen, so befürchten unsere Militärexperten, würde man uns schnell ›zur Ordnung rufen‹. Potentielle Konfliktsphären in den russisch-amerikanischen Beziehungen gibt es nicht wenige: Erstens bestehen Besorgnisse hinsichtlich eines unverhältnismäßigen Einmischens der USA in die sich abzeichnenden territorialen Streitigkeiten zwischen den GUS-Staaten, genauer gesagt, einer Unterstützung der schwächeren Staaten gegen die Russische Föderation.

Zweitens kann aber auch das künftige Abrüstungsverhalten Rußlands Irritationen bei den USA auslösen, falls die Russische Föderation die strategische Balance zerstören sollte, nachdem Belorußland, Kasachstan und die Ukraine kernwaffenfrei geworden sind. Ursachen für ein solches ›Abrüstungsverhalten‹ Rußlands könnten sein:

— die innere ökonomische Erschöpfung,

— die Nichtübereinstimmung der Reformversprechen mit der Gesetzgebung,

— die Zerstörung der Balance zwischen dem Zentrum der Föderation und den neuen regionalen Machtzentren zugunsten letzterer,

— die Notwendigkeit der nuklearen Modernisierung, wenn die Kernwaffen als einziger stabiler Trumpf Rußlands angesehen werden.

Während die USA derartige ›Rückfälle‹ Rußlands vor allem mit dem Blick auf eine mögliche politische Anarchie im ehemaligen Imperium als gefährlich ansehen, stehen die Westeuropäer diesem ›vertrauten‹ Gebahren des Ostens ruhiger gegenüber. Ihnen sind ›alte Machtpolitiker‹ offenbar lieber als unberechenbare ›neue Pazifisten‹. Die sozialen Nöte Rußlands sind jedoch so groß, daß die Abrüstung eine zwingende Notwendigkeit für jede russische Regierung ist.

Der Imperativ der Konversion

Der Irrationalismus der aufgewandten Mittel für den unstillbaren Appetit des Militär-Industrie-Komplexes ist seit langem offensichtlich. Was kostet es allein, jährlich bis zu 70 kosmische Flugkörper auf die Erdumlaufbahn zu bringen, von denen die meisten ausschließlich militärischen Zwecken dienen? Selbst Fachleute des Atomindustrie-Ministeriums sehen eine Verringerung auf 10 als ausreichend an. Wieviel Mittel haben allein die Riesenrakete ›Energija und der Raumgleiter Buran‹ verschlungen? Warum wird das militärisch sinnlose und riesige Summen verschlingende Raketenverteidigungssystem um Moskau nicht abgebaut? Fragen über Fragen . . .

Der Militär-Industrie-Komplex, das Lieblingskind des Realsozialismus, ist jedoch nicht einfach ein träger Schlingel, sondern ein komplizierter politischer Halbwüchsiger. Er war es, der im Herbst 1990 das Reform-Programm Schatalins vereitelte, gemeinsam mit zwei anderen Kameraden den ›Augustunfug‹ organisierte und gegenwärtig Knüppel in die Räder des ›Wirtschafts-Tandems‹ Jelzin/Gaidar wirft.

Dieser Militär-Industrie-Komplex war und ist der harte Kern des zentralisierten ökonomischen Kommando-Systems. Er ist Symbol der Unvereinbarkeit unserer ›Volkswirtschaft‹ mit der freien Marktwirtschaft Europas. Er ist das Synonym für Geheimniskrämerei, für Rohstoffmonopol, für Ressourcenverschwendung und für Staatsgarantien gegen Konkurrenten. Hinsichtlich der Erneuerung und der Elastizität der Wirtschaftsmechanismen ist er der rückständigste Teil der Wirtschaft überhaupt.

Gleichzeitig ist der Militär-Industrie-Komplex der bestorganisierteste und -entwickeltste Teil der Volkswirtschaft, insbesondere hinsichtlich seines technischen Niveaus und des intellektuellen Potentials seiner Arbeitskräfte. Keine geringe Rolle spielt auch die ›militarisierte‹ Arbeitsdisziplin.

Um einen wirklich zivilen Effekt zu erzielen, muß nicht nur ein zivil nutzbares Produkt erzeugt werden, sondern auch eine wissenschaftsorientierte Erneuerung der Produktionstechnologien erfolgen. Schon das vierte Jahr betreibt der Militär-Industrie-Komplex eine ›Selbstkonversion‹, und dieses Festhalten seiner Führungsleute an den alten widerwärtigen Strukturen löst immer größere Beunruhigung aus.

In den Jahren dieser sogenannten Konversion ist das zivile Produktionsvolumen um das 1,5fache gewachsen, darin eingeschlossen die dual use Produkte. Nach wie vor macht die militärische Produktion aber mehr als 50 Prozent aus. Für die zivile Produktion ausgegliederte Produktionsbereiche bleiben Bestandteil des Gesamtsystems und werden so von den eigentlichen Marktbeziehungen ferngehalten. Hinzu kommen noch dubiose Versuche, Teile aus der militärischen Erzeugnispalette, inklusive der Nukleartechnik, im Ausland zu verkaufen.

Eine wirkliche Konversion müßte jedoch die administrativ-bürokratischen Verbindungen zwischen den Produzenten und den Vertretern der Teilstreitkräfte und Waffengattungen zerstören sowie die Produktion effektiv und konkurrenzfähig auf zivile Erzeugnisse ausrichten. Entmilitarisierung, Entmonopolisierung und Privatisierung sind die wirklichen Voraussetzungen für Konversion.

Der Übergang zur Konversion braucht zwar Zeit, hat aber auch durchaus günstige Startbedingungen. So gibt es in den ›geschlossenen‹ Industriestädten des Militär-Industrie-Komplexes qualifizierte Fachleute, eine gute Infrastruktur, Wohnungen und gute soziale Bedingungen. Die Umprofilierung derartiger Städte hat bereits ausländische Investoren angelockt. Auch der amerikanische Außenminister hatte derartige Vorhaben bei seinem Besuch ›geschlossener‹ Städte Anfang 1992 unterstützt. Die Transformation des Militär-Industrie-Komplexes, der zwei Fünftel der Finanzmittel, ein Drittel der Rohstoffe und zwei Drittel der Arbeiter mit Fachschulabschluß verschlingt, ist eine lohnende Aufgabe.

Natürlich ist Konversion auch teuer. Experten der Volkspartei ›Freies Rußland‹ rechnen mit bis zu 180 Milliarden Rubel zu Preisen von 1990. Ohne Konversion werden wir jedoch unter der Last militärischer Ausgaben auch politisch zugrunde gehen.

Konversion ist untrennbar mit der militärischen Sicherheit Rußlands verbunden. Hier darf man nicht auf gut Glück handeln; wir leben in einer konfliktreichen Welt, in der niemand auf militärische Stärke als Komponente der Außenpolitik verzichtet. Wir müssen also die Mobilisierungsfähigkeit des militärischen Potentials unterstützen. Der amerikanische Vorschlag, die Waffen ständig weiterzuentwickeln, ohne sie jedoch in Serie zu produzieren, könnte auch in Rußland erfolgreich sein.

Konversion berührt aber auch Menschenschicksale und Lebensinteressen ganzer sozialer Schichten. Die ungewisse Auftragslage bindet einerseits Arbeitskräfte, ohne sie andererseits in ihrer Qualifizierung zu erhalten. Eine hohe Fluktuation junger Arbeitskräfte und eine Reduktion der wissenschaftlichen Arbeit sind deutlich spürbar. Alle Versuche, die Spezialisten, das ›Hirn‹ der Produktion, zu halten, sind letztlich nicht bezahlbar, weshalb auch die Abwerbungsversuche von Dritte-Welt-Staaten zunehmen und letztlich Erfolg haben könnten.

Konversion wirft zunächst nicht nur keinen Gewinn ab, sondern verlangt auch noch zusätzliche Investitionen. Hier könnte die Kooperation mehrerer Kernwaffenstaaten Erfolg bringen und den Aufwand reduzieren. Auf lange Sicht gesehen, ist die Gesundheit des sozialen Organismus Rußlands kein zu hoher Preis.

Den Ländern der GUS wird es ohne weltweite Hilfe nicht gelingen, aus der Krise herauszukommen. Gebraucht werden wirtschaftliche, finanzielle und technologische Hilfe sowie Unterstützung bei der Ausbildung von Managern. Gefragt ist aber auch diplomatische Hilfe, ohne die es keine schnelle Integration der ehemaligen sowjetischen Wirtschaft in den Weltmarkt geben kann. Hilfe brauchen wir auch zur Entwicklung unseres Exportes, inklusive des Waffenexportes, und sei es zum Zweck der Abrüstung und Delaborierung. Natürlich muß man auch die Möglichkeiten nutzen, die in der wissenschaftsintensiven Produktion unseres Militär-Industrie-Komplexes enthalten sind. Es ist durchaus für die Welt von Vorteil, wenn unsere High-Tech-Produkte auf den Weltmarkt kommen, wenn sich die Exportquoten unserer strategischen Materialien und Technologien erhöhen, wenn unsere Flugzeug- und Weltraum-Industrie große Aufträge, insbesondere beim Aufbau eines globalen Sicherheitssystems, erhält und unsere Wissenschaftler daran mitarbeiten.

Hauptsächlich brauchen wir jedoch methodologische Unterstützung für unsere Wirtschaftsreformen und die Privatisierung. Das Hauptproblem ist nicht so sehr die ökonomische Effizienz als vielmehr die Ausprägung einer breiten sozialen Basis für die Marktwirtschaft. Auch deshalb ist der Aufbau der russischen ›Mittelklasse‹ eine Voraussetzung für die Demokratie. Das kann der Welt nicht gleichgültig sein. Ein Mißerfolg unserer Reformen würde der Welt erneut ein Wettrüsten aufzwingen.

Die axiomatische Verbindung ökonomischer Reformen mit der Abrüstung und der geostrategischen Sicherheit ist offensichtlich. Das zeigt sich insbesondere am Verhalten der USA gegenüber Rußland bzw. vice versa. Abrüstung ohne Nachteil für die eigene Sicherheit, das ist die Logik der ›Jelzin- und der Bush-Initiativen‹. Gleichzeitig ist die Realisierung dieser Logik äußerst kompliziert. Wie kann man zum Beispiel die Fristen für die Vernichtung der strategischen Waffen verkürzen, da diese doch so ungeheuer kostenintensiv ist? Wie sollen die Trägermittel vernichtet werden, ohne Umweltschäden herbeizuführen? Und wie sollen Tausende nuklearer Sprengköpfe liquidiert werden, wenn wir außer unterirdischer Sprengungen keine andere Technologie kennen? Wo sind

273

die Atom-U-Boote gefährlicher für die internationale Sicherheit – in den Basen oder auf Patrouillenfahrten? Wie verhindert man die Weiterverbreitung militärischer Nukleartechnologien? Auch hier Fragen über Fragen ...

Erste Überlegungen der russischen Regierung, die für die vollständige Vernichtung der Kern- und anderen Massenvernichtungswaffen eintritt, sind folgende:

— Aufbau einer internationalen Agentur, die für die weltweite Liquidation der Kernwaffen verantwortlich gemacht wird. Sie müßte letztlich den gesamten nuklearen Produktionszyklus unter ihre Kontrolle bringen, angefangen vom Uranabbau und der Gewinnung von Deuterium und Tritium bis hin zur Beseitigung des Atommülls.

— Abbau der Satellitenbekämpfungssysteme und gemeinsame Entwicklung eines globalen militärischen Schutzsystems unter Nutzung der Strategischen Verteidigungsinitiative der USA und der russischen Hochtechnologie aus dem Militär-Industrie-Komplex. Ein erster Schritt könnte der Aufbau eines gemeinsamen Systems der Frühwarnung vor Kernwaffenüberfällen sein.

Die Möglichkeiten der Zusammenarbeit der Kernwaffenmächte zum allseitigen Nutzen sind außerordentlich groß. Das ist besonders wichtig im Hinblick auf die Weiterverbreitung der Nukleartechnologie. Das Erscheinen neuer Kernwaffenmächte birgt große Gefahren für die geopolitische Rolle des jetzigen Atomklubs. Deshalb ist es sinnvoll, das intellektuelle Potential der Atomwissenschaftler zusammenzuhalten und es für die Erarbeitung von Technologien zur Demontage, Aufbereitung, Lagerung und Entsorgung des bisherigen Nuklearpotentials einzusetzen.

Nicht weniger wichtig ist die Unterstützung der allgemeinen Abrüstung und Demobilisierung in den GUS-Staaten. Sinnvoll wäre es, verschiedene Fonds für die soziale Unterstützung demobilisierter Militärs, für Umschulung, Wohnungsbau und berufliche Starthilfe zu schaffen. Ausbildungshilfe brauchen insbesondere jene ehemaligen Militärs, die sich für die Landwirtschaft entschieden haben, und das sind nicht wenige. Gerade Rußland braucht eine moderne, am westlichen Standard orientierte Landwirtschaft. Die Gegenleistung für derartige Hilfeleistungen könnten nicht nur traditionelle Rohstofflieferungen sein, sondern auch zivil nutzbare Technologien aus der Verteidigungsindustrie.

274

Natürlich gibt es noch weitaus mehr Felder der internationalen Zusammenarbeit. So auch auf dem Gebiet der ökologischen Sicherheit. Warum soll man beispielsweise nicht die Zusammenarbeit der Militärs bei der Überwindung der Folgen von ökologischen Katastrophen erweitern? Immerhin haben sie ja auch die ›ökologische Kriegsführung‹ geprobt. Gerade die Organisiertheit und Disziplin der Streitkräfte, ihre Ausstattung mit Transport- und Schutzmitteln sowie verschiedenartiger Spezialtechnik bieten gute Voraussetzungen, sie in den Dienst zum Schutz des menschlichen Lebens zu stellen.

Interesse gibt es aber auch an einer militärisch-politischen Zusammenarbeit zwischen den GUS-Staaten und dem Nordatlantischen Bündnis. Bereits jetzt arbeiten 150 Wissenschaftler der GUS gemeinsam mit westlichen Kollegen in der NATO. Ein intensiver Austausch über die Prinzipien des Streitkräfteaufbaus, der Verteidigungsplanung und des Verteidigungshaushaltes sowie des Verhältnisses von Armee und Gesellschaft ist in Gang gekommen. In der Perspektive soll und muß man auch über die Entwicklung einer gemeinsamen Verteidigungsstrategie der neuen Verbündeten reden. Das geht um so leichter, da sich die GUS-Staaten von den früheren Militärdoktrinen verabschiedet haben. Verhinderung von Kriegen und militärischen Konflikten, Erhaltung des Weltfriedens und Beseitigung ausgebrochener militärischer Konflikte – das sind die militärdoktrinären Ziele der Gegenwart. Sie verpflichten die neuen Streitkräfte, gemeinsam mit den Armeen anderer Staaten zur geopolitischen Stabilität beizutragen.

Hauptaufgabe bleibt es aber, die von den Kernwaffen ausgehenden Gefahren zu minimieren und deren Nichtweiterverbreitung zu sichern. Zu Beginn des 21. Jahrhunderts werden etwa zwei Dutzend Staaten Kernwaffen produzieren können. Deshalb ist es sinnvoll, unter der Ägide der UNO einen internationalen Mechanismus zu schaffen, der die Einhaltung und die Ausweitung kernwaffenfreier Zonen stimuliert und kontrolliert. Dazu gehört auch die Unterbindung des ungesetzlichen Handels mit konventionellen und Nuklearwaffen. Die GUS-Staaten sind bereit, sich daran zu beteiligen und ein internationales Klima der Gewaltfreiheit zu unterstützen, denn sie sind ein organischer Bestandteil der Weltgemeinschaft zivilisierter Staaten.

Moskau, Mai 1992

Das nukleare Erbe

Sergej Blagowolin

Die Ereignisse, die zum Zerfall der UdSSR geführt haben, berühren auch unmittelbar die Problematik atomarer Waffen – eine der gefährlichsten und kompliziertesten Fragen in der Hinterlassenschaft der ehemaligen Sowjetunion. Ihr Ausmaß wird deutlich, wenn man sich das militärische nukleare Potential der UdSSR zu Beginn ihres Zerfalls vor Augen führt. Besondere Aufmerksamkeit gebührt dabei natürlich dem Problem der strategischen Kernwaffen. Ich werde jedoch zu beweisen versuchen, daß es bei all seiner Bedeutung nicht das Element in der gegenwärtigen Lage ist, das am meisten zur Beunruhigung Anlaß gibt.

Das strategische Erbe

Die strategischen Angriffswaffen der UdSSR gehören jetzt zu den Strategischen Kräften der GUS. Sie bestehen aus drei Hauptkomponenten: den land-, see- und luftgestützten Systemen. Übereinstimmend mit den offiziellen Angaben, die der amerikanischen Seite bei den Genfer Verhandlungen 1991 übergeben wurden und in einem Memorandum zu dem von den USA und der UdSSR unterzeichneten START-Vertrag aufgeführt sind, besaß die Sowjetunion folgende Angriffswaffen:

1.398 interkontinentale ballistische Raketen (ICBM), davon 321 mobile;

940 ballistische Raketen auf 62 U-Booten;

162 schwere Bombenflugzeuge, davon 99 für mit Atomsprengköpfen bestückte Marschflugkörper großer Reichweite.

Insgesamt hatte die UdSSR 2.500 strategische Kernwaffenträger, die unter START angerechnet werden. Für diese Systeme gibt es gemäß den Kategorien des Vertrages 10.271 Kernsprengköpfe mit Kernladungen, darunter 6.612 Gefechtsköpfe für interkontinentale ballistische Raketen, 618 davon auf mobilen Raketen; 2.804 Gefechtsköpfe für ballistische Raketen auf U-Booten sowie 855 atomare Waffen für schwere Bombenflugzeuge nach vereinbartem Berechnungsmodus. Darüber hinaus sind seegestützte Marschflugkörper freiwillig auf 880 Einheiten für jede Seite begrenzt worden.

In den letzten Jahren gehörte die Schaffung *landgestützter mobiler Raketen* zu den Prioritäten bei der Weiterentwicklung der interkontinentalen ballistischen Raketen, obwohl die Ausgaben bedeutend höher waren als bei der Stationierung in Silos. Die UdSSR besaß zwei solcher Systeme, und zwar die RS-12 M (SS-25) auf Radtransportfahrzeugen und die RS-22 (SS-24) mit 10 Gefechtsköpfen auf Eisenbahnwaggons.

Die mobile Stationierung weist allerdings große Unzulänglichkeiten auf, insbesondere was die Sicherheit betrifft. Die Wahrscheinlichkeit von Unfällen und das Diversionsrisiko gelten als ziemlich hoch.

Die *strategische Komponente der Seekriegsflotte* bestand Mitte 1991 aus 62 raketentragenden U-Booten mit sieben Klassen verschiedener Baujahre, auf denen sechs Typen ballistischer Raketen stationiert waren.

In dieser Kategorie strategischer Waffen nehmen die U-Boot-Klassen, die in den siebziger Jahren gebaut wurden, einen bedeutenden Platz ein – Nawaga (Yankee I); Nawaga M (Yankee-II); Murena und Murena M (Delta); Kalmar (Delta III). Ständig befanden sich nur etwa 20 bis 25 Prozent der strategischen U-Boote im Diensthabenden System, d.h. auf Patrouille. Die übrigen Kräfte sollen sich zur Generalüberholung oder laufenden Instandsetzung in den Heimatbasen befunden haben. Nach dem Zerfall der UdSSR ist der Prozentsatz der U-Boote auf Patrouille noch geringer.

Die *luftgestützte Komponente* der strategischen ›Triade‹ der UdSSR bestand aus 162 schweren Bombenflugzeugen, von denen 99 für luftgestützte, mit atomaren Sprengköpfen ausgerüstete Marschflugkörper großer Reichweite ausgerüstet waren. Die übrigen 63 Einheiten sind ebenfalls Kernwaffenträger.

In der Struktur der sowjetischen strategischen ›Triade‹ spielten die schweren Bomber eine bedeutend geringere Rolle als in den strategischen Kräften der USA. Der Grund liegt in der sowjetischerseits bereits Anfang der sechziger Jahre gezogenen Schlußfolgerung, daß in der Epoche der interkontinentalen ballistischen Raketen für strategische Bombenflugzeuge kein Platz mehr sei. Dieser Standpunkt wurde jedoch später wieder geändert.

Die strategischen Angriffswaffen sind auf dem Territorium von vier Mitgliedsstaaten der GUS stationiert: Rußland, Ukraine, Kasachstan und Belorußland. Der größte Teil, etwa drei Viertel der Gefechtsköpfe, befindet sich in Rußland, der kleinste dagegen, weniger als 1 Prozent, in Belorußland. Das restliche Viertel ist annähernd gleichmäßig auf die Ukraine und Kasachstan verteilt. Bei der Dislozierung der verschiedenen Komponenten sind wesentliche Besonderheiten zu verzeichnen. Während die ballistischen Raketen auf U-Booten nur auf dem Territorium Rußlands stationiert sind, gibt es die ICBM in allen vier Staaten. Die Basen der schweren Bombenflugzeuge liegen nur in Rußland, Kasachstan und in der Ukraine.

Die interkontinentalen ballistischen Raketen

Rußland verfügt über etwa 20 ICBM-Basen, vor allem in Zentralrußland, im Ural und entlang der Transsibirischen Eisenbahnlinie. In Rußland sind alle ICBM-Typen disloziert. Im Unterschied zu den anderen drei Staaten ist hier der Anteil veralteter Systeme groß. Dazu gehören die RS-10 (SS-11) und die RS-12 (SS-13) mit Einfach- sowie die RS-16 (SS-17) mit Mehrfachsprengköpfen. Andererseits sind nur in Rußland die neuen mobilen, schienengebundenen RS-22 (SS-24) stationiert. Ende der achtziger Jahre wurde in der Russischen Föderation mit der Entfaltung der mobilen ICBM mit Einfachsprengkopf RS-12 M (SS-25) begonnen.
In Rußland sind annähernd drei Viertel der Startrampen RS-12 M in sieben Räumen konzentriert. Häufig wurden diese Stationierungsräume auf Basen der demontierten Raketen mittlerer Reichweite RSD-10 (SS-20) eingerichtet, wie bei Nowosibirsk, oder auf Basen demontierter alter interkontinentaler Raketen. Das ermöglichte es, auf die vorhandene Infrastruktur und das speziell ausgebildete Personal zurückzugreifen.
Zwei Drittel der RS-20 (SS-18), der einzigen ICBM schweren Typs der Welt, sind ebenfalls in der Russischen Föderation basiert. Jede dieser Raketen ist in der Lage, 10 Gefechtsladungen der Megaton-

nenklasse ins Ziel zu bringen. Die Basen der RS-20 befinden sich alle im Gebiet zwischen der Gebirgskette des Ural und dem Jenissei, die größten im Gebiet Orenburg und Krasnojarsk.

Etwa 60 Prozent der ICBM RS-18 (SS-19), einer silogestützten Rakete, sind in Zentralrußland und im Wolgagebiet disloziert. Zu den größten Basen gehört die in Tatischtschewo, Gebiet Saratow. Hinsichtlich der Anzahl der stationierten ICBM-Trägersysteme ist sie die größte sowohl in Rußland als auch in der GUS. Die Russische Föderation ist der einzige Produzent von Gefechtsköpfen für alle Kernwaffentypen. Der bekannteste Betrieb liegt in der früher gesperrten Stadt Arsamas-16. Russische Betriebe gewährleisten auch die Produktion und Reparatur der RS-18 und der RS-12 M.

Die *Ukraine* nimmt hinter Rußland den zweiten Platz nach der Anzahl der Gefechtsladungen für ICBM ein. Hier sind mehr Gefechtsladungen konzentriert als in Großbritannien und Frankreich zusammengenommen.

Auf dem Territorium der Ukraine existieren zwei Basen für ICBM, eine davon im Gebiet Perwomaisk/Nikolajew. Neben der RS-18 ist dort der größte Teil – etwa 80 Prozent – der RS-22 (SS-24) in Startschächten stationiert. Zur anderen Basis, in der Umgebung von Chmelnizki, gehören nur ICBM RS-18. Beide Basen zählen zu den größten der GUS.

Es gibt auch zwei bedeutende Industriebetriebe zur Herstellung ballistischer Raketen. In Pawlograd, Gebiet Dnepropetrowsk, werden Raketen vom Typ RS-22 gebaut. In Dnepropetrowsk selbst produziert der Maschinenbaubetrieb Süd die ICBM RS-20. Gemeinsam mit Rußland, den USA, Frankreich und China zählt die Ukraine zu den fünf Ländern der Erde, die strategische ballistische Raketen produzieren. Einige Experten bezweifeln allerdings, daß sie – ohne Kooperation mit Rußland – zum eigenständigen Raketenbau in der Lage ist, da sich alle Kapazitäten zur Herstellung von Gefechtsköpfen in Rußland befinden. Außerdem können die in der Ukraine liegenden Startschächte für ballistische Raketen nicht für die ICBM RS-20 umgerüstet werden. Für deren Stationierung müßte man überaus teure neue Startschächte bauen. Auch verfügt die Ukraine weder über ein Versuchsgelände noch über Ausbildungszentren für Bedienungen an ICBM-Raketen.

Es gibt aber Experten, die der Meinung sind, daß die Ukraine in einigen Jahren diese Probleme durchaus lösen und sogar die Herstellung von Raketen eines neuen Typs aufnehmen könnte. In *Kasachstan* ist etwa ein Drittel der Gefechtsköpfe für die schweren ICBM RS-20 konzentriert. Es gibt zwei Basen: Dershawinsk, Gebiet Zelinograd, und Shangistoba, Gebiet Semipalatinsk, beide im nördlichen Teil der Republik, wo die slawische Bevölkerung vorherrscht. In beiden Basen befinden sich Raketen der letzten Modifikation.

Im Unterschied zur Ukraine verfügt Kasachstan nicht über ein eigenes Potential für die Produktion und Umrüstung von ICBM. Andererseits liegt dort das bedeutendste Versuchsgelände für ballistische Raketen im Komplex des Weltraumbahnhofs Baikonur.

Belorußland hat den geringsten Teil der Gefechtsladungen für ICBM, weniger als ein Prozent. Diese verhältnismäßig unbedeutende ›belorussische Beteiligung‹ darf nicht darüber hinwegtäuschen, daß es sich dennoch um ein durchaus beachtliches Kernwaffenpotential handelt.

Ballistische Raketen auf U-Booten

Alle Basen der strategischen U-Boot-Raketenträger wie auch alle Objekte zur Produktion, Erprobung, Wartung und Lagerung von ballistischen Raketen für U-Boote sind auf dem Territorium der Russischen Föderation disloziert. In Rußland gibt es jedoch nicht viele Buchten, die den Anforderungen eines natürlichen Hafens für strategische U-Boote entsprechen. Eisfreie und mit einem freien Zugang zum offenen Meer ausgestattete Buchten konzentrieren sich auf die Halbinsel Kola (Nordflotte) sowie auf Kamtschatka und Primorski Krai (Pazifikflotte).

Viele raketentragende U-Boote sind in den Basen auf Kola disloziert. Hier sind alle Typen von U-Booten und Raketen vertreten. Größte Bedeutung haben natürlich die neuesten Systeme – Taifun und Delphin (Delta IV). Sie sind mit den Raketen RSM-52 (SS-N-20) und RSM-54 (SS-N-23) ausgerüstet. Die Taifun ist das größte U-Boot der Welt. Es hat über 20 Abschußvorrichtungen für ballistische Raketen. Delphin ist schwerer durch die gegnerische

U-Boot-Abwehr zu entdecken, besitzt aber nur 16 Abschußvorrichtungen.

In den Pazifikbasen liegen bedeutend weniger U-Boote; sie gehören alle zu dem älteren Typen Nawaga, Murena und Kalmar
(Yankee I,II und Delta I,II und III).

Die ballistischen Raketen für U-Boote werden im Ural, im Betrieb
für Maschinenbau in Slatoust, und in Sibirien vom Maschinen-
baubetrieb in Krasnojarsk hergestellt. Jede Basis hat eine größere
Anzahl nicht entfalteter ballistischer Raketen für U-Boote. Auf
Kola existieren außerdem einige Lager zur Aufbewahrung solcher
Raketen.

Schwere Bombenflugzeuge

Dies ist die einzige Komponente der strategischen ›Triade‹, deren
Gefechtsladungen hauptsächlich außerhalb der russischen Grenzen untergebracht sind. In der GUS befinden sich fünf Basen
schwerer Bomber, drei davon im europäischen Teil. In Rußland
sind mehrere Typen schwerer Bomber disloziert, auch des Typs
M-4 (Bison B), der zwar ausgesondert, aber nicht vernichtet wurde.
Einsatzbereite modernste Bomber des Typs Tu-160 ›Blackjack‹,
die dem amerikanischen B-1-Bomber vergleichbar sind, gibt es
nur in Priluki in der Ukraine; in der Russischen Föderation
werden diese Flugzeuge hergestellt und erprobt. Die modernen
Bombertypen Tu-160 und Tu-95 mit Marschflugkörpern sind im
europäischen Teil der GUS sowie in Semipalatinsk, Kasachstan,
disloziert. Dagegen ist die einzige fernöstliche Basis nur mit Tu-95
ausgerüstet, die Atombomben an Bord haben.

Zugleich nimmt Rußland eine Monopolstellung in der Produktion und Erprobung schwerer Bombenflugzeuge sowie der Ausbildung des fliegenden Personals ein. Alle Produktionsstätten für
schwere Bomber befinden sich im Wolgagebiet. Die Kasaner Produktionsvereinigung für Luftfahrzeuge baut die Tu-160, die Kui-
byschewer Produktionsvereinigung für Luftfahrzeuge in Samara
die Tu-95. Der Test der schweren Bombenflugzeuge erfolgt in
Shukowsk bei Moskau, die Ausbildung des Personals in Rjasan.
Vor allem im Norden Rußlands wurden viele Flugplätze für
eine Dezentralisierung angelegt. Sie sollen im Konfliktfall genutzt

werden, um einem Gegner die Vernichtung der Bomber zu erschweren.

In der Ukraine befinden sich zwei Basen für schwere Bomber: Usin, Kiewer Gebiet, als Luftwaffenbasis für Tu-95 ›Bear‹, die teils mit Marschflugkörpern ausgerüstet sind; Priluki als einzige Einsatzbasis für den neuen, schweren Bomber Tu-160 ›Blackjack‹. Die Ukraine verfügt außerdem über einige wichtige Einrichtungen für die Reparatur und Umrüstung schwerer Bombenflugzeuge. Dazu gehört u.a. der Reparaturgroßbetrieb nahe der Luftwaffenbasis Usin.

Kasachstan nimmt nach dem Umfang der auf seinem Territorium gelagerten Gefechtsladungen für schwere Bomber den 3. Platz ein. In Semipalatinsk sind Tu-95 mit Marschflugkörpern stationiert. Nach der Zahl der Gefechtsladungen für schwere Bomber ist das die größte Luftwaffenbasis in der GUS.

Insgesamt erscheint die Zukunft der strategischen Luftwaffe noch ungewisser als die der seegestützten Komponente der Kernwaffenkräfte. In dieser Frage kam es auch zu einem ernsthaften Konflikt zwischen dem Verteidigungsministerium der Ukraine und der Luftwaffenführung der GUS.

Das taktische Erbe

Keine geringere, vielleicht sogar eine größere Bedrohung geht vom Nachlaß der UdSSR an taktischen Kernwaffen aus. Die strategischen Systeme befinden sich z.Z. unter ausreichend strenger zentraler Kontrolle. Die Gefahr eines nichtsanktionierten Einsatzes oder terroristischer Aktionen ist praktisch gleich Null.

Völlig anders steht es um die taktischen Kernwaffen, von denen es viele Typen gibt: Raketen geringer Reichweite, Bomben für Flugzeuge und Artilleriegeschosse. Ein Teil der Raketen der Luftverteidigung wurde ebenfalls mit atomaren Sprengköpfen ausgerüstet.

Vor dem Zerfall der UdSSR gab es auf den Territorien aller Republiken in diesem oder jenem Umfang taktische Atomwaffen. Bis zum 6. Mai 1992 wurden sie – nach offiziellen Meldungen – alle nach Rußland abgezogen, auch aus der Ukraine, die versucht hat, die Auslagerung zu einem komplizierten politischen Spiel zu machen. Lediglich die feste Position des Westens setzte diesem Problem scheinbar ein Ende.

Es gibt jedoch Gründe, diese Bewertung mit Vorsicht zur Kenntnis zu nehmen. Erstens tauchen ständig verschiedene Versionen zur ›Geographie‹ taktischer Kernwaffen auf. So sprach der Vizepräsident Rußlands, Ruzkoi, im März 1992 von der Existenz taktischer Kernwaffen in Transkaukasien. Danach präzisierte er allerdings, er habe an Kernwaffen der Luftverteidigung gedacht, die jetzt aber nicht mehr da seien. Es gab – später ebenfalls dementierte – Mitteilungen über taktische Kernwaffen in Kasachstan und über den ›Export‹ derartiger Waffen nach Iran.

Im Februar 1992 teilte der Stellvertreter des Vorsitzenden des Staatlichen Komitees für Verteidigungs- und Sicherheitsfragen, W.A. Zalko, mit, daß überhaupt niemand die genaue Zahl der Kernsprengköpfe kenne, die es auf dem Territorium der ehemaligen Union gebe. Es existierten mehrere Zählsysteme für produzierte und in die Streitkräfte übernommene Gefechtsköpfe. Die Anzahl letzterer widerspiegele keinesfalls vollständig die reale Sachlage. Wobei es nach seinen Worten nicht nur um einzelne oder Dutzende von Kernladungen, sondern um einige Tausend gehe. Diese Information wurde auch von den Leitern des Staatlichen Komitees für Kernenergie Rußlands bestätigt. Folglich können die offiziellen Angaben über vorhandene taktische Kernmunition – etwa 17.000 – stark angezweifelt werden. Und berechtigt ist damit auch die Frage, inwieweit man wirkllich von einem ›Abschluß‹ des Rückzuges dieser Waffen auf russisches Territorium sprechen kann.

Man muß leider eine wenig beruhigende Schlußfolgerung ziehen: Es gibt keine Garantie, daß nicht unerwartet taktische Kernladungen in irgendeinem Teil der ehemaligen Union auftauchen und sich in den Händen nationaler bewaffneter Kräfte oder – was noch schlimmer wäre – illegaler militärischer Formationen oder terroristischer Gruppen befinden. Natürlich ist es sehr schwierig, diese Waffen einzusetzen, denn sie sind durch entsprechende technische Vorrichtungen gesichert. Doch wenn man sogar bei den strategischen Waffen ein Auftauchen von ›parallelen‹ Führungssystemen nicht vollständig ausschließen kann, dann ist es bei den taktischen Kernwaffen noch wahrscheinlicher.

Moskau, Mai 1992

Die Bergung des nuklearen Strandgutes

Christian Neef

Das politische Szenario, das die ukrainischen Volksvertreter Anfang April 1992 im Parlament von Kiew durchspielten, schien einschlägiger Kriegsliteratur entlehnt. Die Wogen der Empörung, die durch den Saal am hauptstädtischen Krestschatik rollten, richteten sich nicht gegen den jahrzehntelang im westlichen Abendland fixierten Feind, sondern das benachbarte Rußland, das fünf Monate zuvor noch als slawische Bruderrepublik galt, innerhalb der ›unteilbaren‹ Großmacht Sowjetunion.

Zu Beginn der Notstandssitzung verabschiedeten die Abgeordneten eine Protestnote an die Regierung des Nachbarlandes. Vorschlag Nummer zwei sah die Abberufung des bevollmächtigten ukrainischen Vertreters aus Moskau vor, gefolgt vom Austritt Kleinrußlands aus dem eben gegründeten postsowjetischen Staatenbund GUS, einem Appell an den UN-Sicherheitsrat und einem strategischen Maßnahmepaket zur Erhöhung der ukrainischen Verteidigungsfähigkeit. Dafür hatte der Deputiertengeneral Tolubko bereits detaillierte Vorstellungen parat: Vor seinen Parlamentskollegen forderte er einen atomaren Schutzschild für seine Heimatrepublik, bestehend aus taktischen Kernwaffen sowie vier Dutzend strategischen Raketen mit einer Reichweite von 10.000 km. Dieser Schritt, so Tolubko, werde Rußland jegliche territoriale Gelüste austreiben – stehend spendete der Saal dem entschlossenen Militär Beifall.

Quelle atomarer Instabilität

Die Droh-Gebärden galten Rußlands Ansprüchen auf die Schwarzmeerflotte im ukrainischen Hafen Sewastopol und auf die 1954 von Chrustschow an Kiew ›verschenkte‹ Halbinsel Krim. Sie illustrierten zugleich, wie wenig der im Dezember 1991 gegründete Bund unabhängiger Staaten den Platz der alten Supermacht auszufüllen in der Lage war. Proklamierter Anspruch und politische Wirklichkeit blieben weit voneinander entfernt; zum politischen, rechtlichen und moralischen Chaos, das seit dem August-Putsch 1991 Platz zu greifen begann, gesellte sich sehr bald die Gefahr nuklearer Anarchie. Auch Beteuerungen des letzten sowjetischen Verteidigungsministers und späteren Oberkommandierenden der GUS, Jewgeni Schaposchnikow, änderten an diesem Eindruck nichts. Nur zwei Wochen nach den tumultartigen Vorgängen im Kiewer Parlament erklärte der Luftwaffenmarschall in Rom: »Die jetzt auf dem Territorium der vier Republiken befindlichen und dort voraussichtlich bis 1995–1997 verbleibenden Kernwaffen ... werden sich auch weiterhin unter einheitlichem Kommando befinden. Wir haben eine genaue Liste aller Kernwaffen, und bis jetzt ist bei uns nichts verschwunden.«[1]

Schon im Februar hatte Rußlands Präsident Jelzin, als heimlicher Gorbatschow-Nachfolger einer der wenigen Interessenten am Erhalt eines sowjetunionähnlichen Staatenbundes, weltweit abzuwiegeln versucht. »Das Gebiet der ehemaligen Union wird keine Quelle atomarer Instabilität«, erklärte er in einem ›Iswestija‹-Interview.[2] Im Rahmen der GUS-Gemeinschaft gebe es hinsichtlich der strategischen Streitkräfte eine einheitliche Politik. Die vor allem im Ausland sich mehrenden Orakel, Kernwaffen könnten künftig ein Faktor bei der Regelung der Beziehungen innerhalb der GUS sein, wies Jelzin als ›beleidigend‹ zurück – solche Behauptungen hätten nichts gemein mit der Realität.

Doch hinter der blieb im Februar 1992 selbst die gewagteste journalistische Spekulation noch zurück. Während der Oberkommandierende der GUS-Streitkräfte die Lage schönredete, kam im Moskauer Fernsehen der Kommandeur einer mobilen Raketen-Startanlage zu Wort. Beim gegenwärtigen Bewachungssystem, gab der Offizier zu Protokoll, könne eine guttrainierte Terroristengruppe durchaus seine Rakete in ihre Gewalt bringen.

Hartnäckig hielten sich zu gleicher Zeit Gerüchte, in Kasachstan seien bereits drei taktische Atomraketen abhanden gekommen und an Iran weiterverkauft. Das Moskauer Oberkommando stritt die Existenz von Nuklearwaffen in der umkämpften Kaukasus-Region ab; Alexander Ruzkoi – russischer Vizepräsident im Range eines Generalmajors und Vertrauensträger großer Kreise des Militärs – behauptete schlicht das Gegenteil.

Der Kollaps der sowjetischen Zentralgewalt, die Zunahme der Krisen innerhalb der Ex-Union und die Auflösung selbst der militärischen Disziplin – für CIA-Direktor Robert Gates waren dies bereits im Herbst 1991 Symptome dafür, daß sich das freudig begrüßte Ende des Kalten Krieges sehr bald als Pyrrhus-Sieg erweisen könnte. US-Außenminister Baker sah gar die Gefahr eines »Jugoslawien mit Atomwaffen« in der einstigen Sowjetunion heraufziehen.[3]

Im August putschte die bisher von Gorbatschow geführte Partei- und Staatsbürokratie. Die anfängliche Verwirrung um das Schicksal des Oberbefehlshabers und die Aufregung darüber, wer in dem plötzlich kopflos gewordenen Staat die Befehlsgewalt über die 27.000 Sprengköpfe des sowjetischen Atomwaffenpotentials habe, legte sich mit dem Scheitern des Staatsstreichversuchs zwar relativ schnell. Doch so, wie die Sowjetunion von Stund an nicht mehr die alte war, so plötzlich änderten sich die Prioritäten in der atomaren Abrüstungspolitik. Die Ängste um eine eventuelle interkontinentale Atomkonfrontation machten schlagartig der Sorge um die Nuklearkontrolle innerhalb der schlingernden Sowjetunion Platz.

Auch zwischen Moskau, Kiew und Alma-Ata herrschte Ende August 1991 heillose Verwirrung. Während Gorbatschow versicherte, die Atomwaffen stünden weiter unter seiner Aufsicht, jedoch eine neue Kommandostruktur – gemeinsam mit den Republiken – ankündigte, nahmen Gerüchte zu, Moskau forciere den bereits früher begonnenen Atomwaffenabzug in Richtung Rußland. Dies wiederum rief außerhalb Rußlands die Nationalisten auf den Plan, die – z.B. in Kiew – schon Anfang September die Nutzung der Atomwaffen als Unabhängigkeitspfand verlangten.

So kam nur zwei Monate nach Fertigstellung des START-Vertrags jene beispiellose amerikanische Abrüstungsinitiative vom 27. September 1991 zustande, die nuklearen Sprengköpfe für die taktischen Raketen und die Artillerie in die USA zurückzuholen und teilweise zu vernichten sowie die taktischen Nuklearwaffen von Bord der Schiffe und U-Boote zu nehmen. Bush versprach gleichzeitig, die strategischen Bomber aus der Gefechtsbereitschaft herauszulösen sowie die Entwicklung verschiedener neuer Raketenarten zu stoppen.

Die Erklärungen, die Bush für die überraschende Entscheidung angab – die Ost-West-Beziehungen hätten sich schneller als erwartet weiter entspannt – kaschierten nur mühsam den wohl wichtigsten Grund für diesen Abrüstungsschritt: Die Amerikaner waren durch den Moskauer Putsch und jene Signale vollends aufgeschreckt, die in der Sowjetunion stationierten Kernwaffen kämen fortan in ›örtliche Hand‹.

Für die Verschrottung der amerikanischen taktischen Waffen verlangte Bush von Moskau, seinerseits die entsprechenden Systeme sowie die (in US-Beständen nicht mehr vorhandenen) Atomsprengköpfe für Luftabwehrraketen und Atomminen abzubauen und die mobilen ballistischen Raketen in die Garnisons-Basen zurückzuführen. Gleichzeitig schlug er Gespräche über einen sicheren Rücktransport, die Lagerung und Vernichtung der Sprengköpfe vor.

Bushs Konzentration auf die taktischen Waffen – die strategische Modernisierung sollte durchaus fortgesetzt werden – war verständlich. Kein Wort erinnerte dabei daran, daß Moskau selbst bereits einmal die ›dritte Null-Lösung‹ für Europa vorgeschlagen hatte, aber in Washington auf wenig Gegenliebe gestoßen war.

Doch einerseits hatten Atomsprengköpfe für Artillerie oder Raketen kleinerer Reichweite mit der Auflösung des Warschauer Paktes ihren militärischen Sinn verloren, weil die in Ostdeutschland stationierten Waffen laut Verteidigungsminister Schaposchnikow bereits zum 31. August 1991 abgezogen waren. Zum anderen empfanden die Amerikaner nach dem Putsch gerade die operativ-taktischen Kernwaffen als Achillesferse.

Verwirrspiel im rechtsfreien Raum

Zwischen 11.000 und 15.000 operativ-taktischer nuklearer Sprengladungen befanden sich zu diesem Zeitpunkt über die Union verteilt bei den Streitkräften – vier Fünftel etwa in Rußland, der Rest in der Ukraine, Weißrußland und Kasachstan. Da das sowjetische Recht jedoch in den drei slawischen Republiken formal schon außer Kraft war, bestand keine völlige Sicherheit mehr hinsichtlich Befehls- und Kommandogewalt, hinsichtlich Bewachung und Beförderung.

Die nach dem Putsch einsetzende Flut der Unabhängigkeitserklärungen verwandelte ehemalige Sowjetrepubliken de facto zu selbständigen Nuklearmächten – allein die Ukraine rückte plötzlich mit ihrer Waffenzahl noch vor die alteingesessenen Atommächte Frankreich und Großbritannien. So hatten die Moskauer Putschisten wider Willen nicht nur die Erosion des Sowjetreiches beschleunigt, sondern die Mitgliederzahl des weltweiten Atomklubs auf acht erhöht.

Doch der innere Zerfall der östlichen Großmacht übertraf in seiner Geschwindigkeit noch die von den Amerikanern angeschobene atomare Abrüstung der zerbröselnden Sowjetunion. Am 8. Dezember 1991 besiegelten die Führer der drei slawischen Republiken Rußland, Ukraine und Belarus bei Minsk das Schicksal des todkranken Landes wie auch der Atommacht Sowjetunion. Verteidigungsminister Schaposchnikow war vorab vom Dreier-Plan informiert worden und sollte nach den Vorstellungen der GUS-Gründer (denen sich notgedrungen drei Wochen später die Chefs der meisten anderen ehemaligen Republiken anschlossen) künftig gemeinsam mit Jelzin, Krawtschuk und Schuschkjewitsch die Kontrolle über die sowjetischen Atomwaffen ausüben.

Zwar enthielt die Minsker Erklärung eine Garantie zur »Einhaltung internationaler Verpflichtungen« und zur »einheitlichen Kontrolle über die Kernwaffen und deren Nichtweiterverbreitung«, doch über das ›Wie‹ schwiegen sich die drei Commenwealthgründer aus.[4]

Ein Fakt, der in Washington Unbehagen hervorrufen mußte und Außenminister Baker sofort eine Reise in die neue GUS antreten ließ.

Die eigenartige Versicherung des Ukrainers Krawtschuk, die Atomknöpfe würden *»miteinander verbunden und nur wirksam sein, wenn sie alle drei zugleich gedrückt werden«*[5], vermittelte dem Westen durchaus kein größeres Sicherheitsgefühl. *»Wir wünschen keine Ausweitung unabhängiger Nuklearmächte in der Welt«*, warnte Bakers Sprecherin Margaret Tutiler.[6]

»Die Befürchtungen über die Geburt von vier Kernwaffenmächten sind unbegründet«, hielt Armeegeneral Juri Maximow, Oberkommandierender der ›Strategischen Kräfte‹, noch im Dezember 1991 dagegen.[7] Trotz Minsk befänden sich auch die taktischen Kernwaffen weiter unter Kontrolle des Unionspräsidenten, ungeachtet dessen, daß sie unmittelbar der Führung der Teilstreitkräfte zugeordnet seien.

Wieviel taktische Kernwaffen sich in diesem Moment in den ehemaligen Sowjetrepubliken befanden, läßt sich nicht mit Sicherheit sagen. Nach amerikanischen Angaben soll die Verteilung vor dem Zerfall der UdSSR etwa so ausgesehen haben[8]:

RUSSLAND	7855	TURKMENISTAN	125
UKRAINE	3056	USBEKISTAN	105
KASACHSTAN	650	TADSHIKISTAN	75
WEISSRUSSLAND	1112	KIRGISIEN	75
MOLDOWA	90	ESTLAND	270
GEORGIEN	320	LETTLAND	185
ARMENIEN	200	LITAUEN	325
ASERBAIDSHAN	300		

Bis einschließlich Juni 1992 war weder das Oberkommando der Vereinten Streitkräfte der GUS noch das russische Verteidigungsministerium bereit, exakte Angaben über die frühere Verteilung der taktischen Kernwaffen sowie über die Daten und Fakten ihres Rückzuges auf russisches Teritorium freizugeben.

Schwarzes Köfferchen übergeben

Beim GUS-Treffen von 11 der ehemaligen Republiken am 21. Dezember 1991 in Alma-Ata[9] hatten sich die Unabhängigkeitsführer über »gemeinsame Maßnahmen hinsichtlich der Kernwaffen« geeinigt – ein deutliches Kompromißdokument, an dem indirekt auch der Westen mitgeschrieben hatte: Wenn es keine Atomkontrolle gebe, gebe es auch keine diplomatische Anerkennung, lautete die kaum verhüllte Drohung. So war in der Vereinbarung schließlich nichts mehr von der ukrainischen Forderung hinsichtlich eines Veto-Rechts oder doppelter Atomknöpfe zu lesen. Die 11 Staaten einigten sich auf eine »gemeinschaftliche Politik in Nuklearfragen« und eine Anwendung der Atomwaffen nur nach »Abstimmung«. Artikel 6 verpflichtete die GUS-Staaten mit Atomwaffen, deren Umlagerung nach Rußland nicht zu behindern, wo sie unter »gemeinsamer Kontrolle« zu verschrotten seien. Als

Datum des endgültigen Abzuges wurde der 1. Juli 1992 genannt. Über diese Einigung unterrichtete Gipfelgastgeber Nasarbajew sofort US-Außenminister Baker.

Wenige Tage später war das ›Aus‹ der alten Union besiegelt. Am 25. Dezember erklärte Gorbatschow seinen Rücktritt. Boris Jelzin ließ sich im Beisein Marschall Schaposchnikows das schwarze Köfferchen mit den Atom-Codes aushändigen – um 19.32 Uhr Moskauer Zeit wurde auf der Kuppel des Kreml-Senats die rote Fahne gegen Jelzins weißblaurote ausgetauscht: Rußland war wiedererstanden, nunmehr Hauptmacht einer atomaren Quadriga.

Aber selbst die Vereinbarungen von Alma-Ata waren nicht mehr ohne weiteres in die Tat umzusetzen. Die innenpolitischen Entwicklungen in den Republiken, die Erosionsprozesse im Militär und das offen chauvinistische Gebaren Rußlands relativierten umgehend die Versprechen. Sowohl in Kasachstan als auch in Belarus und erst recht in der Ukraine wurden die Vorteile eigenen Kernwaffenbesitzes recht bald erkannt, der politische Poker mit dem verbliebenen Nuklearpotential begann.

Ein Tschernobyl reicht

Belarus ist nach dem Zerfall der Sowjetunion faktisch die kleinste Atommacht der Welt – rund zehn Million Einwohner leben auf 200.000 km². Die Möglichkeiten eigener Atompolitik sind freilich sehr begrenzt: Das Land besitzt keine Uran-Vorkommen, ebensowenig Anlagen zur Uran-Anreicherung oder zur Plutonium-Produktion. Zudem ist die Anbindung an Rußland besonders ausgeprägt.

Der Abzug der taktischen Nuklearsysteme begann Ende Januar 1992, beendet war er bereits Anfang Mai. Seitdem verfügt der westlichste GUS-Staat nur noch über strategische Mittel: 54 Anlagen mobiler RS-12M-Raketen (SS-25) mit je einem festen Sprengkopf, die in den Gebieten um Lida und Mosyr laut START stationiert sind (nach US-Angaben sind es inzwischen 72). Deren Abzug soll Ende 1994 vollzogen sein. Alle politischen Führer in Belarus haben seit dem Eintritt in die Unabhängigkeit wiederholt beteuert, ihr Land werde künftig kernwaffenfrei und neutral sein; *ein* Tschernobyl sei hinreichend genug.

Es dauerte nur wenige Wochen, bis sich andere Töne in diese Debatte einschlichen – bemerkenswerterweise nicht aus dem radikalen Lager (wie etwa in der Ukraine), sondern in offiziösen Medien.

»Lohnt es, die atomare Abrüstung zu forcieren?« zweifelte die Minsker ›Volkszeitung‹[10], Organ des noch von Kommunisten dominierten Parlaments. Verschiedene Politologen forderten den vorläufigen Verbleib der Waffen als »Schutzschild gegen nicht vorhersehbare Prozesse« und vom Westen Kompensationen für den freiwilligen Verzicht auf den Status einer Kernwaffenmacht. »Ohne Atomwaffen sinken wir auf das Niveau Obervoltas herab«, ahnte zugleich die ›Volkszeitung‹. Selbst der zwei Monate später ernannte erste belorussische Verteidigungsminister, Generalleutnant Pawel Koslowski (bislang örtlicher Stabschef der sowjetischen Luftabwehr), ließ in seiner parlamentarischen Antrittsrede die »besondere geostrategische Lage Belarus'« nicht unerwähnt.[11] Vor Offizieren des Wehrbezirks äußerte sogar Staatsoberhaupt Schuschkjewitsch, »mit Atomraketen im Rücken« fühle er sich auf allen internationalen Treffen »sehr sicher«[12] – ein deutlicher Versuch, durch einen Atomflirt westliche Zugeständnisse zu erlangen und so die trostlose wirtschaftliche Lage aufzubessern.

Als Hauptgrund für die beginnende Verzögerungspolitik wurden Zweifel an der Ehrlichkeit Rußlands genannt. Niemand wisse, was Rußland wirklich mit den auszuliefernden Raketen machen werde. Erhebliche Besorgnisse löste die soziale Zukunft der in Belarus verbleibenden Streitkräfte und deren Status aus. Schon der Kampf um den neuen Posten des Verteidigungsministers – der trotz seiner Berufung den Eid auf Belarus verweigerte – ließ den verborgenen Sprengstoff ahnen. Immerhin gibt es in Belarus dreimal so viele Soldaten pro Einwohner wie in der übrigen GUS, die Mehrheit will das vergleichsweise stabile Land nicht verlassen. Im Zuge des Raketenabbaus aber müssen riesige Truppenteile umstrukturiert und Offiziere umgesiedelt werden – ein Vorhaben, das kaum zu finanzieren ist.

Kasachstan, dem gewaltigen Pufferstaat zwischen Rußland und Mittelasien, mit 17 Millionen Einwohnern, einem Territorium größer als Westeuropa und unermeßlichen Naturreichtümern, mußte nach dem Zerfall der UdSSR zwangsläufig eine besondere Rolle zufallen. Daß Präsident Nursultan Nasarbajew, der Pragmatiker und Gorbatschow-Kritiker, bis zum Schluß an der Idee einer ›erneuerten Union‹ festhielt, dann aber die eigenständigste Atompolitik der vier Nuklear-Erben betrieb, ist nur auf den ersten Blick ein Widerspruch.

Nasarbajew – mit seinem unter inneren Spannungen wie äußerem Druck stehenden Land zum Lavieren gezwungen – hatte als erster unmißverständlich zu verstehen gegeben, er werde nicht ohne weiteres auf ›seine‹ Kernwaffen verzichten – zumal Kasachstan wesentlich an deren Bau und Erprobung beteiligt gewesen sei. Sein Land werde nicht zur ›nuklearen Geisel‹ Rußlands, erklärte Nasarbajew, nachdem mehrfach aus Moskau alte Gebietsansprüche gegenüber Alma-Ata laut geworden waren. Im Norden das unberechenbare Rußland, im Süden und Westen die Atommacht China (ebenfalls mit Gebietsforderungen) sowie die Schwellenmächte Indien und Pakistan und dazu die Wiedergeburt des islamischen Fundamentalismus – für Nasarbajew waren und sind das Vorsichtsgründe genug.

So verkündete der Kasache, im Unterschied zu Belarus und der Ukraine werde es auch nach 1994 – dem Abzugsdatum für die strategischen Waffen – noch Atomraketen in Kasachstan geben, das damit denselben Status wie die übrigen Atommächte beanspruche. De facto bedeutete das, daß Alma-Ata seine Raketen erst im Rahmen weltweiter Reduzierungsabkommen vernichten werde.

Zahlenmäßig betrifft das 108 Interkontinentalraketen vom Typ RS 20 (SS-18) in zwei Silo-Feldern sowie einen strategischen Bomber-Verband. Die taktischen Atomwaffen waren bereits bis Ende 1991 auf russisches Territorium zurückgeführt worden.

In einem Brief an US-Präsident George Bush zurrte Nasarbajew im Frühjahr 1992 seine Position fest: »Ich habe ihn gebeten, Kasachstan zeitweilig als Atommacht zu betrachten.«[13] Die von ihm gleichzeitig geforderte ›strategische Allianz‹ mit den USA entpuppte sich für Washington als delikate, weil gegen Rußland und China gerichtete Angelegenheit. Inzwischen zeigte der Druck Washingtons Wirkung auf Alma-Ata.

Kraftmeierei am Dnjepr

In der Ukraine erhob sich indessen Präsident Leonid Krawtschuk über seinen Kollegen in Alma-Ata: Kasachstan, das nicht einmal Kugelschreiber herstellen könne, werde nie zur Atomwaffenproduktion in der Lage sein, »Nasarbajews Erklärungen sind rein politisch«.[14] Doch während der Kasache noch strategische Überlegungen geltend machen konnte, war es Krawtschuk selbst, der ganz massiv sein Atomerbe im politischen Pokerspiel innerhalb der GUS einzusetzen begann.

In der Ukraine waren zum Zeitpunkt der GUS-Gründung 1.240 atomare Sprengköpfe für strategische Trägermittel und darüber hinaus vermutlich rund 3.000–4.000 taktische Atomwaffen stationiert. Die über 300 Militärwerke mitgerechnet, in denen auch Raketenteile und atomare Ersatzteile produziert werden, stellt das Land objektiv eine beträchtliche Macht dar.

Auch Kiew hatte anfangs erklärt, künftig kernwaffen- und blockfrei sein zu wollen. Doch der sich Anfang 1992 zuspitzende Streit mit Rußland um die Aufteilung des Unionserbes relativierte auch diese Erklärung schnell – ein Vorgang, der den Westen wegen seiner Unberechenbarkeit mehr in Aufruhr versetzte als die kasachische Atomposition.

Anlaß war der Streit um die Schwarzmeerflotte. Als Vater der nationalen Wiedergeburt angetreten, folgte Krawtschuk innenpolitischem Druck. Parteien wie die Ukrainische National-Essemble und die Republikanische Partei hatten zu Jahresbeginn angesichts ›Rußlands Aggressivität‹ gefordert, das Ziel ›kernwaffenfreier Status‹ zu überdenken.

Zum 100. Tag seiner Präsidentschaft zog Krawtschuk den atomaren Joker aus dem Ärmel: Er habe, so erklärte er am 12. März 1992, soeben Befehl gegeben, den auch auf ukrainischem Territorium inzwischen laufenden Abzug der taktischen Kernwaffen sofort zu stoppen. Die Begründung für den spektakulären Schritt ähnelte der belorussischen: Rußland verfüge gar nicht über die notwendigen

Kapazitäten zur Demontage und Vernichtung der Waffen in größerem Stil. Zugleich propagierte der Präsident sein Gegenprojekt: die Gründung eines internationalen Atomzentrums auf ukrainischem Territorium, in dem nicht nur Raketen vernichtet, sondern auch Abfälle aus Kernkraftwerken entsorgt werden könnten.

Eine Woche vor dem nächsten GUS-Gipfel (der Abzugsstop war freilich schon am 23. Februar erfolgt) mußte diese als Provokation gegenüber der russischen Führung gedachte Kraftmeierei nicht nur den Westen, sondern auch die Mit-Atommächte Belarus und Kasachstan beunruhigen. Immerhin befanden sich in diesem Moment laut Aussage des Moskauer Oberkommandos (Generalleutnant Selenzow) noch 43 Prozent der taktischen Atomwaffen auf ukrainischem Boden – 2.390 Sprengköpfe, eine Zahl, die für zusätzliche Verwirrung sorgte. Demnach wären ursprünglich etwa 5.560 taktische Atomwaffen auf ukrainischem Territorium stationiert gewesen. Das Versprechen, selbst für deren Vernichtung zu sorgen, konnte von Krawtschuk ebenso schnell gebrochen werden wie die GUS-Vereinbarung von Alma-Ata. Und Krawtschuks ›Entsorgungswerk‹ sahen dessen Gegner in Gedanken bereits in ein Werk zur Montage von Sprengköpfen umfunktioniert.

Die von Kiew ausgelöste Ungewißheit dauerte rund einen Monat. Unter starkem amerikanischem Druck kündigte Verteidigungsminister Morosow nach einem Treffen mit Baker in Washington den Rückzieher an. Im April wurde der Raketenabtransport schließlich fortgesetzt, doch selbst das Finale – in der Nacht zum 6. Mai 1992 – geriet noch einmal zur Tragikomödie: Während der für den Abzug verantwortliche Moskauer Stabsgeneral Sergej Selenzow erklärte, soeben (25 Tage früher als geplant) habe der letzte Zug mit Fliegerbomben sowie Sprengköpfen die ukrainische Grenze in Richtung Norden passiert[15], dementierte Krawtschuk aus dem fernen Washington.

Noch während seines USA-Besuches mußte sich der Ukrainer korrigieren – Offiziere seines eigenen Verteidigungsministeriums hatten das Beladen des letzten Atomzuges überwacht. Nicht ohne Trotz holte Krawtschuk – während seines Staatsbesuches als Oberhaupt einer Atommacht sichtlich hofiert – den letzten Trumpf hervor: Sämtliche Kernwaffen bis 1994 abzuziehen, wie von Rußland und später auch von Kiew versprochen, das allerdings verbiete sich aus technischer wie aus finanzieller Sicht.

Eines zumindest wurde mit der erfolgreichen Heimholung der taktischen Atomwaffen deutlich: Die Kontrolle über die Nuklearsysteme lag selbst fünf Monate nach GUS-Gründung fester in Moskauer und damit de facto russischer Hand als vielfach angenommen.

Abrüstungsinitiative – Werk von Propagandisten?

Rußland hatte somit per 6. Mai 1992 – zumindest nach den offiziellen Angaben des GUS-Oberkommandos – sämtliche taktischen Kernwaffen auf eigenem Territorium konzentriert. Einen Tag nach Abschluß der Rückführungsaktion unterzeichnete Boris Jelzin den Ukas zur Gründung einer eigenen, einer russischen Anderthalb-Millionen-Armee – der Aufschub dieser langerwarteten Entscheidung bis zu diesem Tag dürfte kein Zufall gewesen sein.

Jelzin seinerseits hatte schon am 29. Januar 1992 die russische Atompolitik umrissen und einseitig einen schnelleren Atomwaffenabbau angekündigt. Er versprach nicht nur Schritte bei der weiteren Reduzierung der strategischen Systeme noch vor Inkrafttreten des START-Vertrages, sondern zusätzlich bei den taktischen Waffen die Halbierung der luftgestützten Sprengköpfe sowie einige andere nicht ganz klar ›konditionierte‹ Maßnahmen. Die Aktion war mit Bush abgestimmt, der fast zur gleichen Zeit vor den US-Kongreß trat und wenige Tage später seinen neuen Counterpart in Camp David empfing. Der amerikanische Präsident kündigte seinerseits u.a. den Produktionsstop für B-2-Bomber, die Peacekeeper-Rakete und neue Sprengköpfe für seegestützte ballistische Raketen an, stellte gar die Vernichtung der ›Peacekeeper‹ sowie die Reduzierung der Sprengköpfe auf den Minuteman- sowie seegestützten Raketen in Aussicht.

Aber die Art und Weise selbst dieser über Nacht entstandenen Super-Abrüstungsinitiative (der Amerikaexperte Arbatow: »Niemand weiß, wer das geschrieben hat!«[16]) weckte Zweifel, daß wenigstens Rußland detaillierte Vorstellungen über die Zukunft der Kernwaffen besitzt. Vor allem die Verkürzung des START-Reduzierungszeitraumes von sieben auf drei Jahre und das Angebot eines globalen russisch-amerikanischen Verteidigungssystems schienen manchem Beobachter eher von Propagandisten, denn von Fachleuten erdacht.

Zumindest aber hatte die Moskauer Abzugslogistik im Fall der taktischen Atomwaffen offenbar Hand und Fuß – die Transporte waren sorgsam abgesichert, selbst die Presse wurde auf Distanz gehalten. Dafür läßt die Vernichtung des atomaren Erbes noch viele Fragen offen.

Kapazitäten für die einfache Demontage der taktischen Kernwaffen gibt es – laut Generalleutnant Selenzow – in Rußland genug, jedoch kaum Lager für das freigesetzte Uran oder Waffenplutonium. Während die nichtnuklearen Komponenten – konventioneller Sprengstoff, Elektronik usw. – leicht beseitigt werden könnten, müßten die Spaltstoffe entweder endgelagert oder nach und nach in zivilen Kernreaktoren verbrannt werden. Bei einer Totalabrüstung aller taktischen Kernwaffen (deren genaue Zahl die russische Seite offiziell noch immer nicht angibt) beträfe das nach Schätzungen des deutschen Kernforschers Gerhard Locke rund 50 t Plutonium und 250 bis 500 t hochangereichertes Uran (11.300 Waffen angenommen).[17] Im Fall des Urans würde Rußland 8 bis 16 Jahre für die Verbrennung benötigen – und rund zwei Mrd. Dollar, wie US-Experten berechnet haben.

Versprechen auf die Zukunft

Das erste Kapitel des Atomwaffenrückzugs aus den drei GUS-Staaten Belarus, Kasachstan und Ukraine war damit im Mai 1992 vielleicht Geschichte. Das zweite Kapitel aber hat gerade erst begonnen. Mit Zuckerbrot und Peitsche versucht der Westen seither, die drei nichtrussischen GUS-Staaten insgesamt als Atommächte auszuschalten. Da die ehemaligen Sowjetrepubliken bereits offiziell anerkannt sind, bleiben wirtschaftliche Hilfsangebote das wirksamste Lockmittel der einst gegnerischen Supermacht: Rußland (100 Millionen Dollar) und die Ukraine (10 Millionen Dollar) bekommen international oder von den US-Amerikanern finanzierte Zentren zur Beschäftigung von Atomwissenschaftlern.

Daß auch das probate Mittel der psychologischen Kriegführung mit im Spiel war, wie Jewgeni Primakow, der Chef der neuen russischen Auslandsaufklärung behauptet, liegt sicher in der Natur der Sache. Der westliche Medienlärm um den Ausverkauf des sowjetischen Atompotentials, so Primakow, sei eine von ›Geheimdiensten mehrerer Staaten‹ koordinierte Aktion, um die GUS als unsicheren Kantonisten zu verunglimpfen und eine strenge internationale Kontrolle zu fordern.[18] Tatsächlich hat es wohl nie eine günstigere Situation zur Ausschaltung der gegnerischen Großmacht gegeben als diese.

Eine entscheidende Nachricht kam am 18. Mai 1992 aus den USA: Auch Kasachstans Präsident Nasarbajew, seinem ukrainischen Kollegen Krawtschuk nach Washington folgend, hatte plötzlich die nukleare Wende vollzogen: Keine Sondergarantien für Kasachstans Sicherheit, aber das Versprechen, am START-Vertrag mitbeteiligt zu sein. Die Gegenleistung Alma-Atas: Vorabverzicht auf den Status einer Nuklearmacht.

Am Rande der GUS-Hilfskonferenz von 63 Staaten in Lissabon am 23. und 24. Mai 1992 gelang den Amerikanern dann der wesentliche Schritt: Baker, sein russischer Amtskollege Kosyrew sowie die Vertreter der drei übrigen Atom-Republiken unterzeichneten das vom Westen angestrebte Protokoll zum START-Vertrag: Die Ukraine, Belarus und Kasachstan verpflichten sich, dem Vertrag über die Nichtweitergabe von Kernwaffen beizutreten, was de facto der Anerkennung einer einfachen Tatsache gleichkam: Rußland bleibt die einzige Atommacht auf dem Gebiet der ehemaligen UdSSR – zur Zeit ein Versprechen auf die Zukunft.

Damit war klar, wer nunmehr Partner der USA bei der Verwirklichung des einst nur mit Präsident Gorbatschow unterschriebenen START-Vertrages ist. Die erfreuliche Folge: Beim ersten offiziellen Besuch Jelzins als Präsident der Russischen Föderation in den USA Mitte Juni 1992 vereinbarten beide Seiten den bisher weitesten Abrüstungssprung. Die nuklearen Sprengköpfe werden schrittweise bis zum Jahre 2003 auf ein Niveau verringert, das mehr als die Hälfte unter dem des START-Vertrages liegt (3.000 für Rußland und 3.500 für die USA). Ihre Absicht, gemeinsam den Aufbau eines weltweiten Schutzsystems gegen begrenzte Raketenangriffe (GPALS) als Ersatz für SDI zu diskutieren, wurde bekräftigt.

Auf dem Papier wurde die Bergung des nuklearen Strandgutes so gut wie beendet. In Wirklichkeit bleibt die GUS als Ganzes wie auch jeder noch kernwaffentragende Teilnehmerstaat ein politisch unsicherer Kandidat.

Moskau, Juni 1992

[1] ITAR-TASS, Moskau, 23. April 1992
[2] Iswestija, Moskau, 22.2.1992
[3] Der Spiegel, Hamburg, Nr.51/1991, S. 136
[4] Iswestija, Moskau, 9.12.1991
[5] Der Spiegel, Hamburg, Nr.51/1991, S. 136
[6] Ebenda
[7] Iswestija, Moskau, 10.12.1991
[8] Frankfurter Allgemeine Zeitung, Frankfurt/M.,18.12.1991
[9] Iswestija, Moskau, 23.12.1991, S.2
[10] Volkszeitung, Minsk, 6. 2.1992
[11] Nesawissimaja Gaseta, Moskau, 24.4.1992
[12] Ebenda
[13] ITAR-TASS, Moskau, 28.4.1992
[14] Die Zeit, Hamburg, 3.4.1992
[15] ITAR-Tass, Moskau, 6.5.1992
[16] Iswestija, Moskau, 30.1.1992
[17] Frankfurter Allgemeine Zeitung, Frankfurt/Main, 6.2.1992
[18] ITAR-Tass, Moskau, 17.3.1992

Atomares Quartett
Argumente im Streit über die Atomwaffenverfügung

Konstantin Sorokin

Kein Zweifel, mit dem Zerfall der UdSSR sind auf dem Gebiet der atomaren Abrüstung neue, gefährliche Problemfelder entstanden. *Erstens:* Anstelle einer atomaren Supermacht, der UdSSR, existieren nun gleich mehrere Staaten, auf deren Territorium sich Kernwaffen und Teile des nuklearen Rüstungskomplexes befinden.

Zweitens: Die UdSSR war in den letzten Jahren eine berechenbare Macht, die die internationale Sicherheit nicht gefährdet hat. Die neuen Staaten jedoch sind instabil, ihre Innen- und Außenpolitik sowie ihre militärischen Prioritäten sind noch nicht langfristig festgelegt.

Drittens: Viele der neuen Republiken sind zwar der Gemeinschaft Unabhängiger Staaten (GUS) beigetreten, doch ob und – wenn ja – in welchem Maße sie ihre Außen- und Militärpolitik aufeinander abstimmen werden, bleibt ungewiß. Darüber hinaus muß als ungewiß gelten, ob die GUS selbst noch lange bestehen wird.

Viertens: Die neuen Staaten erfüllen nicht immer gewissenhaft die von ihnen übernommenen Verpflichtungen, auch soweit diese die Abrüstung betreffen.

Unter diesen Umständen besteht der einzige vernünftige Weg, die entstehenden Unwägbarkeiten in Nuklearfragen zu verringern, darin, zumindest jene Staaten der GUS, die unmittelbaren Zugang zu Kernwaffen haben, in den Prozeß der atomaren Abrüstung einzubeziehen. Ob und wie das gelingen kann, hängt vor allem von den nuklearen Ambitionen der vier wichtigsten Republiken – Rußland, Ukraine, Weißrußland und Kasachstan – ab.

Fest steht bis jetzt, daß nicht eine der ›nichtrussischen‹ Republiken formal den Besitz der *taktischen Atomwaffen*, die bis zum Juli dieses Jahres hauptsächlich zum Zweck der Demontage auf das Territorium Rußlands verbracht worden sein sollen, verlangt. Die *strategischen Kernwaffen*, die zu den Strategischen Abschreckungskräften der GUS gehören, unterstehen einem Kommandierenden, der sowohl dem Rat der GUS-Staatsoberhäupter als auch dem Oberkommandierenden der GUS-Streitkräfte unterstellt ist. Noch wichtiger: Gemäß dem Vertrag von Alma-Ata (30. 12. 1991) wird die Entscheidung über einen eventuellen Einsatz der auf den Territorien der vier Republiken stationierten Kernwaffen vom Präsidenten Rußlands in Abstimmung mit den Staatschefs der Ukraine, Weißrußlands und Kasachstans sowie nach Konsultationen mit den anderen Mitgliedern der GUS getroffen.

Zugleich haben die ukrainischen, weißrussischen und kasachischen Führer schon mehrfach darauf hingewiesen, daß sie zwar eine physische Möglichkeit zur Kontrolle der ›atomaren‹ Beschlüsse des russischen Präsidenten hätten, daß ihnen jedoch die technischen Mittel zur »negativen oder positiven Kontrolle«[1] über die Kernwaffen in ihren Republiken fehlen. Neben der Teilnahme an den Konsultationen über einen eventuellen Kernwaffeneinsatz begrenzt sich ihr Handlungsspielraum auf die Mitwirkung in der Debatte über die Nuklearstrategie und Abrüstungspolitik sowie an der Kontrolle von Produktion, Demontage und Transport auf dem eigenem Territorium. Im Prinzip könnte eine solche Rolle in Friedenszeiten gute politische Dividenden bringen. Doch über den Umfang selbst dieser Mitbestimmung wird letztlich in Moskau entschieden, was in den anderen ›nationalen‹ Hauptstädten spürbar Unwillen hervorruft. Unter diesen Auspizien verdient natürlich die Haltung Rußlands besonderes Interesse.

RUSSLAND

In Rußlands Hauptstadt hat das Oberkommando der Vereinten Streitkräfte der GUS, das auch die strategischen und taktischen Kernwaffen kontrolliert, seinen 300köpfigen Stab im Gebäude des ehemaligen Oberkommandos des Warschauer Vertrages entfaltet. Solange Rußland, genauer die Russische Föderation, noch kein eigenes Verteidigungsministerium hatte, hat dieses Oberkommando die Interessen Rußlands in den anderen Republiken verteidigt und die Funktion einer noch nicht existenten Militärbehörde Rußlands ausgefüllt. Auch nach der Ernennung von Armeegeneral Gratschow zum russischen Verteidigungsminister ist die militärische Verbindung Rußlands mit der GUS undurchschaubar eng. Die Bedeutung der russischen Position wird nicht zuletzt dadurch bestimmt, daß auf Rußlands Territorium der größte Teil jener Werke und Konstruktionsbüros liegt, die Trägermittel für Kernwaffen produzieren, und alle führenden Laboratorien und Fabriken für Kernsprengköpfe hier angesiedelt wurden.

Die neue russische Führung hat noch keine eigenen, neuen Leitlinien für Außenpolitik und Abrüstung entwickelt. Jelzin selbst spricht sich für eine Welt ohne Atomwaffen aus und gibt der Hoffnung Ausdruck, daß die allgemeine ›Denuklearisierung‹ noch zu seinen Lebzeiten stattfinden wird. Gleichzeitig hält er es nicht für notwendig, diesen Prozeß übermäßig zu forcieren. Der russische Präsident tritt für atomare Abrüstung auf paritätischer Grundlage ein, wobei noch weniger als zu UdSSR-Zeiten die qualitativen Seiten einer nuklearen Parität berücksichtigt werden. Jelzin übernahm darüber hinaus das Versprechen Breshnews aus dem Jahre 1982, Kernwaffen nicht als erster einzusetzen, auch für Rußland. Faktisch stimmte er den Initiativen Gorbatschows vom Herbst 1991 zu.

Rußlands Präsident unterschrieb im Dezember 1991 das Abkommen von Alma-Ata, welches klar bestimmt, daß die Kernwaffen die kollektive Sicherheit *aller* Mitglieder der GUS, folglich auch Rußlands, sichern. Gleichzeitig haben jedoch offizielle Persönlichkeiten Rußlands und Jelzin selbst mehrfach Erklärungen abgegeben, denen zufolge sich Rußland als ›atomarer Nachfolger‹ der UdSSR versteht. Die Position Jelzins und seiner Mannschaft widerspiegelt die Meinung des Teils der russischen Gesellschaft, der dem Westen am freundlichsten gegenübersteht und keine prinzipiellen Einwände hat, wenn im Ergebnis der Bemühungen um immer weniger Massenvernichtungsmittel eine Welt ohne Kernwaffen entstehen würde. Auf noch liberalere und ›freundlichere‹ politische Führer kann der Westen nicht hoffen. Für sie gäbe es keine soziale Basis.

Im Gegenteil: Es ist zu beachten, daß eine starke Opposition zu dieser Linie existiert, die andere Auffassungen darüber vertritt, wie man sich mit der Außenwelt auseinandersetzen sollte. Am offensten werden sie von wiederbelebten Alt-Kommunisten, neo-bolschewistischen Bewegungen sowie von national-patriotischen Gruppen verschiedenster Schattierungen vertreten. Sie vereint
● die Idee einer gewaltsamen Wiederherstellung der UdSSR (oder Großrußlands in den Grenzen der UdSSR);

- eine feindliche Haltung gegenüber dem Westen und die Absicht, mit ihm in der Sprache der Stärke, auch der atomaren, zu reden;
- die Forderung nach starken, vereinten Streitkräften
- und heftige Kritik an den Abrüstungspaketen Gorbatschows und Jelzins.

Hinter diesen ›Roten und Braunen‹ stehen noch immer sehr einflußreiche Kräfte: ein großer Teil des Militär-Industrie-Komplexes einschließlich der Atomlobby, die Mehrheit des mittleren Offizierskorps, Teile der höchsten Generalität sowie schließlich die Generalität des ehemaligen KGB, die sich fast vollzählig in den neuen russischen Sicherheitsdienst hinüberretten konnte. Dieser harte ›Kern‹ erfreut sich breiten Zuspruchs bei der älteren Generation, vor allem bei politisch organisierten und aktiven Veteranen des zweiten Weltkrieges, der Partei und der Arbeit.

Sollte sich die Wirtschaftskrise weiter verschärfen, sollten sich die nationalen Konflikte in der Russischen Föderation noch zuspitzen oder sollte gar die GUS zerfallen, dann könnten sich Kommunisten und Nationalisten vereinen und sowohl mit gewaltsamen Mitteln als auch auf gesetzlichem Wege nach der Macht greifen. Wasser auf ihre Mühlen sind:

- *unkluge Äußerungen und nicht immer konsequente Schritte des Westens:* So haben Anfang 1992 die Äußerungen Bushs über den amerikanischen Sieg im Kalten Krieg, Informationen über Planspiele des Pentagon, Rußland bei einem Einmarsch in Litauen den Krieg zu erklären, die Kollision des amerikanischen U-Bootes ›Baton Rouge‹ mit einem russischen in den Territorialgewässern Rußlands sowie mehrere Pressemeldungen über die USA- und NATO-Aufklärung gegen Rußland und die GUS ein negatives Echo in Rußland ausgelöst;
- *bekannt werdende Einzelheiten über Fehleinschätzungen Gorbatschows in Abrüstungsfragen:* Dem letzten sowjetischen Präsidenten und seinem Außenminister Schewardnadse wird zum Beispiel vorgeworfen, daß sie sich durch ihre Inkompetenz mit einer Aufnahme der Raketenkomplexe ›Oka‹ (SS-23) in den Vertrag über die ›Doppelte Null-Lösung‹ für Raketen kurzer und mittlerer Reichweite einverstanden erklärten, obwohl diese Raketen durch ihre technischen Parameter vom Vertrag nicht betroffen gewesen wären. Sie werden ebenfalls beschuldigt, die schlechteste Variante

der Vernichtung der Raketen – ihre Sprengung – sanktioniert zu haben

● *und das Durcheinander in Jelzins Abrüstungspolitik,* wie es sich auch am Beispiel des Atomtestgeländes von Nowaja Semlja zeigt: Am 10. Oktober 1991 richtete das Russische Komitee zum Schutz des Friedens einen Brief an den Präsidenten der RSFSR, in dem es gemeinsam mit dem Friedenskomitee des Gebiets Archangelsk und der Organisation ›Nowaja Semlja – Nevada‹ dazu aufrief, das atomare Versuchsfeld zu schließen. Mit seiner Verfügung vom 26. Oktober ging Jelzin auf diesen Appell ein und ordnete ein einjähriges Moratorium für Kernwaffentests in der Russischen Föderation sowie die Schließung des Atomtestgeländes an. Es sollte fortan nur noch für zivile Forschungen genutzt werden. Mit dem Ukas Nr. 194 hat Jelzin im März 1992 diese Entscheidung zurückgenommen und die Wiederaufnahme militärischer und ziviler Nukleartests nach Ablauf des Moratoriums angeordnet.

Alles zusammen bewirkt, daß die Zahl der Anhänger des Gorbatschowschen Neuen Denkens und seiner Jelzinschen Fassung abnimmt.

Nehmen wir jedoch an, daß diese pessimistischste Variante nicht eintritt und Jelzin oder ein Freund ähnlich orientierter Politik sich auch weiter an der Macht befinden werden: In diesem Fall wird Rußland auf absehbare Zeit Atommacht bleiben und sich schrittweise und gemeinsam mit den anderen Mitgliedern des ›Atomklubs‹ über niedrigere und ›minimal für die Abschreckung notwendige‹ Niveaus der Kernwaffenpotentiale auf dem Weg der nuklearen Abrüstung fortbewegen. Wie glatt und in welchem Tempo diese Bewegung erfolgen wird, ist von den Wechselbeziehungen zwischen drei Faktorengruppen abhängig.

Die Faktoren der *ersten Gruppe* werden den Abrüstungsprozeß eindeutig fördern. Zu ihnen gehört vor allem die Beendigung der militärischen Konfrontation mit dem Westen, die einen bedeutenden Teil der atomaren Rüstung Rußlands und der GUS unnötig macht. Die schwierige ökonomische Situation Rußlands und seiner Bündnispartner fordert eine weitere Kürzung der Militärausgaben, was, im Zusammenhang mit der Umorientierung des Militärhaushaltes auf soziale Ziele, Moskau zu neuen Einschränkungen bei den atomaren Kräften drängen wird. Rußland benötigt zweifellos auch weiter ökonomische Unterstützung der westlichen

Länder, und die einzige ›konvertierbare Bezahlung‹ dafür kann nur eine konsequente Abrüstungspolitik sein. Die Unruhen auf einem großen Teil des Territoriums der ehemaligen UdSSR, u.a. auch in russischen Gebieten, werden sich noch lange fortsetzen. Auch sie machen ein kontinuierliches Interesse der russischen Führung an der Verringerung der Kernwaffen erforderlich, ganz nach dem Motto: ›Je weniger Waffen, desto weniger Probleme‹. Zugleich aber dürften selbst bei günstigster Entwicklung der Binnen-Beziehungen zwischen den Republiken der ehemaligen Sowjetunion die zutage getretenen Rivalitäten kaum bedeutend abnehmen. Deshalb ist die russische Führung bemüht, den anderen Republiken ihre potentiellen politischen und militärischen Trumpfkarten, in erster Linie die atomaren, abzunehmen. Am einfachsten erscheint dies im Rahmen eines internationalen Abrüstungsprozesses. Und schließlich sollte man auch nicht vergessen, daß Rußland erst im Aufbau seiner Eigenstaatlichkeit begriffen ist und noch lange Zeit um die volle internationale Anerkennung, um seinen Eintritt in die moderne zivilisierte Gemeinschaft der Nationen kämpfen wird. Eine konsequente Abrüstungspolitik ist ein starkes Instrument in diesem Kampf.

In der *zweiten Gruppe* sind Faktoren zusammengefaßt, die das Interesse der russischen Führung an atomarer Abrüstung mindern könnten. Das gilt insbesondere für die Tatsache, daß Kernwaffen noch lange Jahre der wichtigste, wenn nicht einzige Nachweis für den Status Rußlands als Großmacht und ständiges Mitglied im UN-Sicherheitsrat bleiben werden. Ein eigenes russisches Atomwaffenpotential wird den Westen – ob er will oder nicht – zwingen, stärker mit der Meinung Moskaus zu rechnen und einen aktiveren Beitrag zur Lösung der Probleme zu leisten. Atomare Waffen üben noch in anderer Hinsicht Anziehungskraft aus: Sie gelten als potentielles Argument der Stärke gegenüber einflußreichen Nachbarn, insbesondere der Ukraine, für den Fall einer plötzlichen Zuspitzung in den bilateralen Beziehungen. Andererseits können sie auch eine zementierende Grundlage für die auf wackligen Füßen stehende GUS werden, indem sie Rußland gestatten, sich als ein mit Atomwaffen ausgestatteter Sicherheitsgarant für die ›kleineren‹ Republiken auszugeben.

Das alles sind für russische Politiker jeglicher Couleur, die nach dem Zerfall der vertrauten sowjetischen Supermacht nun unter einem ›großmachttypischen Minderwertigkeitskomplex‹ leiden, sehr ernste Argumente. Ihnen kann sich auch Jelzin unter dem wachsenden Druck neokommunistischer und national-patriotischer Bewegungen nicht völlig verschließen.

Die *dritte Gruppe* sind potentiell negative Faktoren, die nur bei einem bestimmten Gang der geschichtlichen Ereignisse wirksam werden. Hierbei könnte es sich z.B. um militärtechnische ›Durchbrüche‹ wie etwa die Realisierung der weltraumgestützten Variante des SDI-Programmes durch die USA handeln; oder um ernste Probleme, die wahrscheinlich schon während der 1. Etappe der Verwirklichung der russischen Abrüstungsinitiativen entstehen und schwer ausräumbare Zweifel an der technischen Durchführbarkeit dieser Verpflichtungen säen werden. Weiterhin könnte Rußland bei einem Zerfall der Vereinten GUS-Streitkräfte oder besonders beim Bruch dieser Gemeinschaft durchaus versuchen, mehr Sicherheit durch mehr Orientierung auf Kernwaffen zu erreichen.

In diesem Zusammenhang erregten Anfang 1992 zwei Äußerungen Aufmerksamkeit. So bemerkte General N. Klotkow aus der Führung der Generalstabsakademie, daß die Verkleinerung der Streitkräfte und deren Aufteilung unter den GUS-Mitgliedern vor dem Hintergrund des unablässigen Wachstums des Militärpotentials einiger asiatischer Länder und deren Annäherung an eigenen Kernwaffenbesitz geeignet seien, die Situation »an der Südflanke« enorm zu verschärfen. Bliebe dagegen die Einheit der Armee erhalten, würden die asiatischen Kernwaffen keine ernste Bedrohung darstellen, »da der Versuch, sie gegen uns einzusetzen, Selbstmord wäre ... Im umgekehrten Fall ist jedoch ein völlig anderer Ausgang der Ereignisse nicht ausgeschlossen«.[2]

Die zweite Aussage stammt aus einem Interview mit dem stellvertretenden Ausschußvorsitzenden für Verteidigung und Sicherheit im Obersten Sowjet Rußlands, Kotenkow. Demnach werde Rußland bei einem Zerfall der GUS-Verteidigungsgemeinschaft an seiner West-, Nordwest- und Südwestflanke entblößt, da die stärksten konventionellen Streitkräftegruppierungen traditionell im ›abgespaltenen‹ Osteuropa, also in der Ukraine, in Weißrußland und im Baltikum stationiert waren.[3]

Aber kann Rußland denn selbständig konventionelle Streitkräfte zur Deckung dreier neuer strategischer Verteidigungsrichtungen aufstellen? Wahrscheinlich nicht. Einigen Statistiken zufolge werden die nationalen Streitkräfte Rußlands eine Stärke von einer Million Mann nicht überschreiten, und dies reicht offensichtlich nicht aus, um eine zuverlässige ›Rundumverteidigung‹ zu organisieren. Eine größere Armee kann das Land auf Grund wirtschaftlicher, demographischer und anderer Faktoren schwerlich aufbauen. Außerdem würden stärkere russische Streitkräfte ernsthafte Unruhe im Westen ebenso wie Gegenmaßnahmen in einigen Staaten auslösen. Eine Verteidigung mit starker Akzentuierung auf Atomwaffen – um vor einem hypothetischen Überfall abzuschrecken – wäre dagegen wesentlich billiger und würde die Einberufung von weniger Wehrpflichtigen erforderlich machen. In diesem Fall brauchte die Stärke der russischen Armee eine halbe Million Mann nicht zu überschreiten.

UKRAINE

In den letzten Jahren der UdSSR strebten die nationalistischen Bewegungen und ein wachsender Teil der ukrainischen Kommunisten nach Einschränkung der Vollmachten des Zentrums und Erweiterung der ukrainischen Autonomie. An volle staatliche Unabhängigkeit aber hatte noch im ersten Halbjahr 1991 niemand ernsthaft gedacht. Als dann die staatliche Souveränität verkündet wurde, kam denn auch zum Vorschein, daß die neue Führung noch keine konkreten Vorstellungen davon hatte, wie die ukrainische Außen-, Militär- und Abrüstungspolitik aussehen sollte. In Kiew handelte man auf gut Glück. Präsident Krawtschuk und seine Umgebung wollten sich – so ukrainische Wissenschaftler – zunächst die Kernwaffen auf eigenem Territorium sichern.
Schließlich gaben sie jedoch unter dem Druck mehrerer Faktoren ihren Plan schrittweise auf. Ende 1991 begann der neue, ›nichtatomare Standpunkt‹ Konturen anzunehmen. Anfang 1992 hatte sich die Abrüstungspolitik Kiews in groben Zügen herauskristallisiert: Die Ukraine
● strebt einen kernwaffenfreien Status an;
● wird den Vertrag über die Nichtweiterverbreitung von Kernwaffen einhalten;
● wird ihre Atomreaktoren unter IAEA-Kontrolle stellen;

308

● läßt die taktischen Kernwaffen von seinem Territorium bis Juli 1992 nach Rußland zur Demontage unter gemeinsamer Kontrolle abziehen;

● wird die strategischen Waffen bis spätestens sieben Jahre nach Inkrafttreten des START-Vertrages vernichten lassen.

Wo lagen die Gründe für diese 180-Grad-Wende in der ukrainischen Position? Wichtig war zunächst die deutliche Botschaft des Westens. Dieser machte Krawtschuk klar, daß er das Auftauchen eines neuen, unberechenbaren, mit Kernwaffen ausgerüsteten Staates in einer strategisch wichtigen Region – unweit Mitteleuropas und des Nahen Ostens – nicht dulden würde. Die Kosten der Nationalisierung der Kernwaffen durch die Ukraine wären zudem extrem hoch gewesen. In der Ukraine angestellte Berechnungen ergaben, daß die Schaffung eines eigenen Kommando- und Kontroll-Systems zur Lenkung der strategischen Raketen allein 10 Mrd. Rubel verschlingen würde. Es stellte sich außerdem heraus, daß die Ukraine keine ausreichenden Möglichkeiten für die technische Wartung, die dauerhafte Gewährleistung der Einsatzbereitschaft und die Modernisierung strategischer und taktischer Kernwaffen sowie für die Ausbildung aller nötigen Spezialisten besitzt. Zu berücksichtigen ist ferner, daß die ukrainische Bevölkerung heterogen zusammengesetzt ist und ein bedeutender Teil des Territoriums des jungen Staates von Nachbarstaaten beansprucht wird. In einigen strittigen Regionen können separatistische Bewegungen entstehen, wenn es sie nicht schon gibt (Krim, Süd- und Südostukraine, Teile der Westukraine). Unter diesen Bedingungen kann Kiew nicht sicher sein, ob man zu jeder Zeit gewährleisten kann, daß Atomwaffen nicht in die Hände von Separatisten oder ins Ausland gelangen würden.

In Kiew hoffte man ebenfalls, daß der Abzug der taktischen Kernwaffen viele militärische Einheiten, darunter die Schwarzmeerflotte, aus der Definition strategischer Streitkräfte herauslöst und sie zu konventionellen macht, deren Unterstellung unter nationale ukrainische Gesetzgebung möglich wäre. Ein bedeutender Teil der so erworbenen Waffen und Kriegstechnik könnte dann auf dem Weltmarkt verkauft werden, um der Staatskasse Valutaeinnahmen zu sichern. Die Vernichtung der strategischen Kernwaffen würde den Abzug einer starken militärischen Gruppierung bedeuten und könnte damit zur völligen Beendigung der

›ausländischen Militärpräsenz‹ auf dem Territorium der Republik führen.

Mit ihrem Einschwenken auf den Denuklearisierungskurs verbindet die Ukraine die Hoffnung auf massive wirtschaftliche Unterstützung durch westliche Staaten. Gestützt auf beträchtliche nationale Ressourcen, rechnet sich Kiew eine Wiederholung der japanischen oder westdeutschen Nachkriegsentwicklung aus – große ausländische Finanzzuflüsse plus kernwaffenfreier Status plus Erhalt starker konventioneller Streitkräfte. Nicht zufällig haben die atomaren Abrüstungsinitiativen Jelzins bei Krawtschuk ernsten Unwillen ausgelöst, da sie Kiew ›in den Schatten‹ stellen und seine Abrüstungsverdienste verdunkeln könnten.

Doch ist eine Rückkehr zu einer pro-atomaren Haltung durchaus noch möglich. In der Ukraine gibt es einflußreiche nationalistische Kräfte, die für den Atomwaffenbesitz des Landes eintreten. Derartige Meinungen herrschen im extremen Flügel der Organisation RUCH, in der kleinen, doch politisch enorm aktiven ›Ukrainischen Nationalversammlung‹, bei einzelnen Politikern sowie bei Teilen der ukrainischen Diaspora und des Militärs.

Es scheint, daß die Ende 1991 plötzlich eingenommene antinukleare Position auch bei Krawtschuk selbst nicht sonderlich stark ist. Davon zeugen die schlecht getarnten Versuche des offiziellen Kiew, Einheiten der strategischen Kräfte in der Ukraine unter seine Kontrolle zu bringen (die Charkower Schule der Raketentruppen, die Division schwerer Bomber in Usin), sowie der im Februar 1992 zunächst auf unbestimmte Zeit eingestellte Abzug der Kernwaffen nach Rußland, der später wieder aufgenommen wurde. Eine sich weiter verschlechternde ökonomische Lage der Republik, die durchaus wahrscheinliche Zuspitzung der Beziehungen zu Rußland und weitere innen- oder außenpolitische Krisenerscheinungen könnten der Wiedergeburt einer proatomaren Haltung des ukrainischen Präsidenten durchaus noch einmal Vorschub leisten.

Weißrußland wird seine Verpflichtung zur Umwandlung in einen kernwaffenfreien Staat wahrscheinlich erfüllen. Dafür sprechen folgende Umstände:

● ein im Vergleich mit Rußland oder der Ukraine wesentlich kleineres ökonomisches und technisches Potential;

● beschränkte natürliche Ressourcen;

● eine niedrigere Einwohnerzahl;

● die Existenz ernster innerer Probleme, darunter die Beseitigung der Folgen der Katastrophe von Tschernobyl, die jährlich 5–10 Mrd. Rubel verschlingt;

● das Fehlen großer spezialisierter Werke zur Herstellung und Wartung von Atomsprengköpfen und deren Trägersystemen (Ausnahmen sind hier ein Werk im Brester Gebiet zur Neuausrüstung und Zerlegung ballistischer Interkontinentalraketen und die Minsker pulvermetallurgische Fabrik, die Raketenkörper herstellt);

● eine starke Anti-Kernwaffen-Stimmung in der Republik und das faktische Fehlen von politischen Kräften, die für den Erhalt des Status einer Kernwaffenmacht eintreten.

Dies alles ist eine hinreichende Garantie dafür, daß die Führung Weißrußlands keine Ambitionen hat, die Befehlsgewalt über Atomwaffen auf ihrem Territorium zu erlangen. Sie wird den Abzug der Kernwaffen von ihrem Territorium nicht ernsthaft behindern, obwohl es durchaus möglich ist, daß Minsk, Kiew nachfolgend, auf seiner Teilnahme an der multilateralen Kontrolle der Vernichtung der nach Rußland verbrachten Atomwaffen bestehen wird. Zumindest in den nächsten Jahrzehnten dürfte die Republik keine Anstrengungen zur Schaffung eines eigenen Kernwaffenpotentials unternehmen. Die nationalen Streitkräfte Weißrußlands, die laut Plan 1992 bis 1994 geschaffen werden sollen, werden nicht mit Kernwaffen ausgerüstet sein.

KASACHSTAN

In den Monaten zwischen dem Augustputsch 1991 und Anfang 1992 waren aus Alma-Ata widersprüchliche Verlautbarungen sowohl bezüglich des eigenen Strebens nach einem kernwaffenfreien Status als auch nach einem wie immer gearteten Zugang zu Atomwaffen zu vernehmen.

Erst zum Frühjahr 1992 hat die kasachische Führung Farbe bekannt:

● für eine Nichtweiterverbreitung von Kernwaffen,
● für eine kernwaffenfreie Zone in Mittelasien und
● für den Abzug aller *taktischen* Kernwaffen vom kasachischen Territorium bis Juli 1992.

Gleichzeitig wurde jedoch mitgeteilt, daß die mittelasiatische Republik einer Liquidierung des *strategischen* Kernwaffenpotentials auf ihrem Territorium nicht zustimmen werde, solange ein solches in Rußland, China und den USA erhalten bleibe. Weiterhin erklärte sich Alma-Ata bereit, mit den Ländern des ›Südens‹ (in erster Linie Indien und Pakistan) bei der friedlichen Nutzung der Kernenergie zusammenzuarbeiten. Nasarbajew kritisierte Jelzins Abrüstungspolitik, indem er ihn beschuldigte, sich nicht mit den Oberhäuptern der anderen drei Kernwaffenrepubliken der GUS abgesprochen zu haben. Er klagte, die Realisierung dieser Initiativen könne das strategische Gleichgewicht zwischen den USA und der GUS gefährlich stören.

Die Position Alma-Atas steckt also weiterhin voller Widersprüche. Unvereinbar sind sowohl die Unterstützung einer kernwaffenfreien Zone und der langfristige Erhalt der strategischen Waffen als auch die Äußerungen zugunsten einer Nichtweiterverbreitung und die Zusammenarbeit auf atomarem Gebiet mit potentiellen künftigen Mitgliedern des ›Atomklubs‹.

Trotz aller Nebelhaftigkeit und Inkonsequenz lassen sich die realen Prioritäten der jetzigen Führung erraten. Sie will gewährleisten, daß die Republik an Kernwaffen ›angebunden‹ bleibt. Dabei geht es zur Zeit wohl nicht um deren Nationalisierung, sondern eher darum, daß GUS-Kernwaffen möglichst lange auf kasachischem Territorium weiterhin existent sind. Es bleibt abzuwarten, ob Kasachstan dieses Interesse auch im Rahmen der auf Druck der USA unterzeichneten Verpflichtung zu einer Vernichtung der strategischen Atomwaffen auf seinem Territorium binnen sieben Jahren nach Inkrafttreten des START-Vertrages ausreichend gewahrt sieht.

Warum aber hat Alma-Ata beschlossen, dieses recht riskante ›Atomspiel‹ mit ungewissem Ausgang überhaupt zu beginnen? Dafür gibt es anscheinend mehrere Ursachen. Kasachstan ist in bestimmtem Maße ein künstliches und innerlich instabiles Staatsgebilde. Seine nördlichen Gebiete gehörten traditionell zu Rußland und waren von kriegerischen Ural-Kosaken bewohnt. Auch im Süden gibt es ernsthafte Grenzprobleme. Einigen Quellen zufolge ist man nicht nur wegen potentieller territorialer Streitigkeiten mit Rußland, sondern auch mit China beunruhigt.

Unter diesen Umständen sucht Kasachstan ein Symbol – oder ein Kernstück – seiner Staatlichkeit, und die Anbindung an Kernwaffen scheint dafür geeignet zu sein. Die auf kasachischem Territorium stationierten Kernwaffen mäßigen, so der Gedankengang, territoriale Gelüste der Nachbarn. Sie erheben die Republik auf Großmachtniveau, stärken ihr Prestige und gestatten es, als Gravitationszentrum gegenüber den vier anderen mittelasiatischen ehemaligen Sowjetrepubliken aufzutreten. In diesem Zusammenhang sind Kernwaffen eine der Trumpfkarten im Wettbewerb mit den usbekischen Führern um den Einfluß in der Region. Als solches Gravitationszentrum hofft Alma-Ata, sich eine Mittlerrolle zwischen Rußland und Mittel- und Südasien sowie zwischen Asien und dem Westen zu sichern und zu einem wichtigen bzw. interessanten Partner für die großen Staaten Asiens und des Mittleren Ostens zu werden.

Nicht zuletzt gibt es Anhaltspunkte dafür, daß die kasachische Führung durch die Möglichkeit eines Zerfalls Rußlands und eines daraus folgenden Bürgerkriegs beunruhigt ist. In der Existenz von Kernwaffen in der Republik meint man ein Mittel zu haben, um nicht in innerrussische Konflikte hineingezogen zu werden. Dabei rechnet sich Alma-Ata aus, daß Rußland, solange es Interesse am Erhalt der GUS und der Verbindungen zwischen Rußland, Weißrußland und Kasachstan zeigt, die proatomare Position der kasachischen Führung nicht allzu stark kritisieren wird.

Wohin das Spiel mit dem ›Atomwaffenbesitz‹ in Kasachstan letztlich führen wird, ist nur schwer zu sagen. Zu hoffen ist, daß Alma-Ata dem Nichtweiterverbreitungsvertrag als nichtnuklearer Staat beitritt und den Washington gegenüber eingegangenen Verpflichtungen zum Abbau der in Kasachstan stationierten strategischen Atomwaffen im Kontext des START-Vertrages nachkommt.

Moskau, Juni 1992

[1] Unter positiver Kontrolle versteht man die Fähigkeit, die Ausführung eines Atomwaffeneinsatzbefehles sicherstellen zu können, unter negativer Kontrolle die Fähigkeit, den Einsatz atomarer Waffen real verhindern zu können.

[2] Krasnaja swesda, Moskau, 17. 1. 1992

[3] Krasnaja swesda, Moskau, 7. 2. 1992

Atomsöldner in der Dritten Welt: Wirklichkeit oder Chimäre?

Ruth Stanley und Petra Lehmann

Es ist schon paradox: Die ›sowjetische nukleare Bedrohung‹ scheint für westliche Beobachter bedrohlicher als je zuvor, obwohl die Sowjetunion gar nicht mehr existiert und obwohl die Nachfolgestaaten sich verpflichtet haben, die von der Sowjetunion eingegangenen Abrüstungsverpflichtungen einzuhalten.

Die neue nukleare Gefahr, so westliche Analysen, ergibt sich u.a. aus der Anwerbung stellenlos gewordener Atomwaffenkonstrukteure der ehemaligen Sowjetunion durch Möchtegern-Nuklearländer der Dritten Welt. Diese - so die Befürchtung - könnten dadurch in die Lage versetzt werden, eigene Atomwaffen zu bauen. Das Gespenst der Verbreitung von Nuklearwaffen in nicht gefügige Länder geht um.

Ein beängstigendes Szenario - um so mehr, da zu dem Bild, das für die Öffentlichkeit gemalt wird, auch dies gehört: die Staaten der Dritten Welt, die sich nach Aussagen westlicher Geheimdienste um die sowjetischen Waffenexperten bemühen, sind gerade diejenigen, von denen aus nördlicher Perspektive eher ein unberechenbares, anti-westliches Bild gezeichnet wird, eines, das zuweilen auch durch eine extreme Ideologisierung der Politik charakterisiert ist. Zu ihnen gehören Iran, Irak, Libyen, Nordkorea.

Die ›Iswestija‹ hat mehrfach über iranische und libysche Bemühungen berichtet, Atomwaffenkonstrukteure der GUS-Staaten anzuheuern.[1] Gemeldet wird unter anderem, daß im Rahmen eines Abkommens zwischen Iran und Kasachstan fünfzig Atomspezialisten bereits mit einem Monatsgehalt von 5.000 US-Dollar im Iran tätig seien. Nach einem Bericht der britischen ›Sunday Times‹ sind mindestens vier russische Atomwaffenexperten derzeit in Libyen mit dem Bau der ›islamischen Bombe‹ beschäftigt. Geheimdienste berichten auch, Atomwissenschaftler der ehemaligen Sowjetunion seien in Algerien beschäftigt.[2] 219 ehemals sowjetische Atomspezialisten sind, so ›Nucleonics Week‹, schon 1991 nach Israel eingewandert.[3]

In den Worten von Max Kampelman, ehemals Chef der US-Delegation bei den amerikanisch-sowjetischen Abrüstungsverhandlungen, besteht kein Zweifel, daß Irak, Iran, Libyen und Syrien ›aktive Anwerbungsversuche‹ unternommen haben.[4] Wjatscheslaw Rosanow, stellvertreter Direktor des Moskauer Kurtschatow-Instituts für Atomenergie, berichtete Anfang des Jahres von libyschen Angeboten an Atomwissenschaftler seines Instituts, am libyschen Nuklearforschungszentrum Tajura für ein Monatsgehalt von 2.000 US-Dollar zu arbeiten.[5] Auch Südkorea, Indien und Pakistan gehören zu den Ländern des Südens, die in diesem Zusammenhang genannt werden.

Bislang ist allerdings kein einziger Bericht über russische Atomwissenschaftler im Solde von nuklear ambitionierten Dritte-Welt-Ländern bestätigt worden. Die Möglichkeit einer solchen Entwicklung ist sicher nicht von der Hand zu weisen, doch handelt es sich – vorläufig – eben darum, um einen möglichen, nicht um einen schon eingetretenen Vorgang.

Angesichts der aufgeregten Pressemeldungen über das Atomsöldnertum scheint eine nüchterne Analyse der Problematik vonnöten. Was könnte Atomwissenschaftler aus der ehemaligen Sowjetunion veranlassen, Stellenangebote in Dritte-Welt-Ländern anzunehmen? Welches Interesse hätten solche Länder an den Atomwaffenexperten der GUS? Und sollte es tatsächlich zu einer Migration in Richtung Dritte Welt kommen: Was werden die Nuklearexperten der GUS dort anrichten können?

Und führe mich nicht in Versuchung . . .

An erster Stelle wird immer wieder die materielle Not hervorgehoben, die russische Rüstungstechniker heute erleiden müssen. In der Tat sind deren Arbeits- und Lebensbedingungen durch eine Reihe von Faktoren erheblich erschwert. Noch unter Gorbatschow wurden in den Abrüstungsverhandlungen mit den USA historische Durchbrüche erzielt, die geeignet waren, Arbeitsplätze in den Atomwaffenlabors der beiden Supermächte überflüssig zu machen. Während aber die US-amerikanischen Entwicklungslabors für Nuklearwaffen, das Los Alamos National Laboratory und das Lawrence Livermore Laboratory, zumindest mit stabilen Rahmenbedingungen bei der versuchten Umstellung auf andere Forschungs- und Entwicklungsarbeiten rechnen können, hat der militär-industrielle Sektor Rußlands zusätzlich unter dem Zerfall der alten Strukturen und den enormen ökonomischen Schwierigkeiten zu leiden.

Waffenentwicklungsingenieure der GUS, ehemals eine abgeschirmte und priviligierte Kaste, sehen sich zunehmend sowohl ihres materiellen Status als auch ihres gesellschaftlichen Ansehens beraubt.

Verschiedene Berichte in den russischen Medien haben diesen Aspekt hervorgehoben. Drastisch wird die Lage der notleidenden Atomwaffenexperten geschildert, die Migration als einziger Ausweg aus einer hoffnungslosen Situation dargestellt: »Was sonst kann ein Mann tun, der nur Atomwaffen bauen kann und sich in seiner Heimat überflüssig fühlt?« malt in einem Zeitungsinterview V.N. Michailow, der heutige russische Minister für Atomenergie und ehemalige Direktor des sowjetischen Atomwaffenprogramms, den Teufel beschwörend an die Wand. Nach seinen Aussagen ist das Durchschnittsgehalt eines Atomwaffenexperten nicht genug zum Leben, wohl aber zuviel zum Sterben.[6] Zum Zeitpunkt des Interviews – im November 1991 – lag das durchschnittliche Gehalt in den Atomanlagen bei 400 Rubel; bis März dieses Jahres wurde es auf ca. 1.000 Rubel angehoben, zu beiden Zeitpunkten machte es nur etwa die Hälfte des offiziellen ›Existenzminimums‹ aus.[7]

Allerdings – das Argument wird nicht ohne Eigeninteresse in den Vordergrund geschoben: der Hinweis auf materielle Not als treibende Kraft der Auswanderung und somit der Waffenproliferation soll auch dazu dienen, die Finanzierung der Waffenlabors sicherzustellen. Spitzenwissenschaftler in der GUS weisen die Unterstellung ihrer Funktionäre entrüstet von sich; so jüngst Sergej Kapiza, Mitglied in der russischen Akademie der Wissenschaften und Präsident der Physikalischen Gesellschaft.[8] Meinungsumfragen unter den betroffenen Wissenschaftlern selbst deuten dagegen eher darauf hin, daß das finanzielle Motiv bei einer potentiellen Auswanderung bestenfalls zweitrangig wäre. Als vorrangig wird der Wunsch genannt, sich weiterhin an herausfordernden Forschungsaufgaben zu beteiligen.[9]

Bei einer geschätzten Zahl von ca. 1.000 bis 2.000 Wissenschaftlern im Atomwaffenbau und weiteren ca. 5.000 im Bereich der Plutonium- bzw. angereicherten Urangewinnung, deren Wissen als potentiell höchst wertvoll oder – aus der anderen Perspektive: höchst gefährlich – eingeschätzt wird, ist gleichwohl nicht auszuschließen, daß lukrative Angebote aus Staaten der Dritten Welt, die Atomwaffen anstreben, vereinzelt auch angenommen werden. Jewgeni Awrorin, Direktor des militärischen Forschungszentrums Tscheljabinsk-70, sieht in seinem Zentrum allein mehrere Hundert Mitarbeiter, die fähig wären, fremden Staaten beim Bau von Kernsprengsätzen zum Durchbruch zu verhelfen.[10] Doch in der Praxis werden nach seiner Einschätzung nur wenige Forscher das erforderliche Profil aufweisen: »Sie müssen ein hohes, umfassendes Fachwissen besitzen, dürfen weder zu alt noch zu jung sein und keine engen Familien- oder Freundschaftsbande in unserem Land haben.«[11]

Tatsächlich sind die Barrieren gegen Auswanderung hoch. Nicht so sehr das immer weniger durchsetzbare und ohnehin den neuen, liberaldemokratischen Prinzipien zuwiderlaufende System der Ausreiseverbote für Wissenschaftler der Waffenlabors, sondern vielmehr deren eigenes Selbstverständnis wird sie größtenteils im Lande halten: Gerade diejenigen, die im Bereich der Atomwaffen arbeiteten, sind durch die Jahre des Kalten Krieges stark geprägt; ihnen wird eine ›Staatsmentalität‹[12] bescheinigt, die eine Auswanderung oder gar ein ›Söldnertum‹ unwahrscheinlich macht. Die besondere Sozialisierung dieser Wissenschaftler trägt zur Bildung einer spezifischen, hochmotivierten ›Kaste‹ mit einem elitären Kollektivbewußtsein bei, die dem Staat gegenüber extrem loyal ist.[13] Aber nicht allein der Patriotismus, sondern auch das Bewußtsein um die eigene hohe moralische Verantwortung wird die Atomwaffenexperten daran hindern, ohne weiteres ihr Wissen meistbietend zu verkaufen.[14]

Der Lockruf der Bombe

Welches Interesse haben aber die Dritte-Welt-Länder, solche Wissenschaftler anzuwerben? Das Motiv ist einfach: den Weg zur eigenen Atombombe zu verkürzen. Sicherlich kann bei nur wenigen Staaten der Dritten Welt unterstellt werden, solche Ambitionen würden entschieden verfolgt: dazu gehören Irak, Nordkorea, Iran, vielleicht Libyen. Auch Brasilien scheint seine Atomwaffenpläne nicht restlos aufgegeben zu haben, trotz des jüngsten Abkommens mit der Internationalen Atomenergiebehörde (IAEA). Einige dieser Staaten sind zwar dem nuklearen Nicht-Weiterverbreitungsvertrag (Non-Proliferation Treaty, NPT) beigetreten und haben sich somit völkerrechtlich verpflichtet, auf Atomwaffen zu verzichten. Doch wie das Beispiel des NPT-Mitglieds Irak in jüngster Zeit drastisch gezeigt hat, stellt der Vertrag bei entsprechendem politischen Willen der Herrschenden kein wirkliches Hindernis dar, an der Entwicklung eigener Nuklearwaffen zu arbeiten. Iraks Forschungs- und Entwicklungsanlagen für Nuklearwaffen, undeklariert und zum Teil unterirdisch versteckt, blieben trotz regelmäßiger Inspektionen der Atomenergiebehörde jahrelang unentdeckt. Nordkorea wiederum ist ebenfalls dem NPT beigetreten, hat aber bis heute keine Inspektionen zugelassen und wird weiterhin verdächtigt, Nuklearanlagen zu betreiben, die nur militärisch sinnvoll sind. Algeriens Nuklearforschungsprogramm ist nach Einschätzung US-amerikanischer Geheimdienste ein militärisches Projekt; mit chinesischer Unterstützung wird fernab des Stromnetzes ein Reaktor gebaut, der kaum zur Erzeugung von Elektrizität dienen wird. Sowohl in Libyen wie auch im Iran sind Stimmen laut geworden, die islamische Kooperation beim Bau der Atombombe als Antwort auf die Nuklearwaffen Israels fordern.[15] Brasilien wiederum hat sich zwar erst in jüngster Zeit gemeinsam mit dem traditionellen Konkurrenten Argentinien zu einem Verzicht auf Kernexplosionen verpflichtet und ein Kontrollabkommen mit der Atomenergiebehörde unterschrieben, doch bleibt der Wert dieser Verträge fraglich, denn sie wurden und werden von den brasilianischen Streitkräften, die alle ihre eigenen Nuklearforschungsprogramme unterhalten, heftig kritisiert. Inwiefern diese militärischen Forschungen durch die krisen- und skandalgeplagte Regierung Collors unterbunden werden, bleibt noch abzuwarten.[16] Im Falle von Indien, Pakistan, Südafrika und Israel wird sowohl der Atomwaffenbesitz wie auch ein Interesse an sowjetischer Atomwaffenforschung unterstellt werden können.

Interessenten gibt es also genug. Was könnten aber Nuklearwaffenexperten der ehemaligen Sowjetunion dort ausrichten? Selbst wenn sie in Richtung nuklear ambitionierter Staaten auswandern sollten, um dort ihre Arbeit fortzusetzen, würde dies nicht notwendigerweise eine Verbreitung von Nuklearwaffen zur Folge haben. Anders ausgedrückt: Für sich genommen, werden fünf russische Atomwaffenkonstrukteure in der Wüste Libyens kaum etwas Entscheidendes ausrichten können. Denn das Know-how der Atomwissenschaftler ist zwar eine notwendige, aber keine hinreichende Bedingung für den Atomwaffenbau. Das Vorhandensein einer industriell-technologischen Infrastruktur sowie der Zugang zu Technologie-Importen sind weitere Faktoren, die für das Gelingen eines eigenen Atomwaffenprojektes bestimmend sein werden.

Allerdings scheint auch die Unterstellung falsch, prinzipiell fehle es den Entwicklungsländern an eben dieser Infrastruktur. Auch industriell eher rückständige Länder wie Irak, Pakistan oder Nordkorea sind durchaus zu sehr beachtlichen Leistungen in ausgewählten Sektoren fähig, die besonders gefördert werden und die oft nicht zufällig von militärischer Bedeutung sind.[17]

Ebensowenig haltbar erscheint die Pauschalannahme, daß eine hochentwickelte Technologie sich nicht erfolgreich in ein vergleichsweise unterentwickeltes Umfeld transplantieren lasse. Historische Beispiele zeigen ein differenzierteres Bild. So gelang es deutschen Flugzeugingenieuren, die nach dem Zweiten Weltkrieg nach Argentinien auswanderten, eines der damals schnellsten Jagdflugzeuge der Welt zu bauen. Bereits im Frühjahr 1951 konnte der erste Prototyp des Düsenjägers ›Pulqui II‹ (der Name bedeutet Pfeil) der Weltöffentlichkeit vorgeführt werden. Dieses neuartige Flugzeug, für damalige Verhältnisse eine technologische Leistung der weltweiten Spitzenklasse, wurde in einem Land gebaut, dem die industrielle Basis dafür eigentlich fehlte: Eine Schwerindustrie entstand gerade erst; die Aluminiumherstellung reichte gerade einmal für die Produktion von Kochtöpfen aus. Die Fertigung der ›Pulqui‹-Prototypen erfolgte auf fast handwerklicher Basis.

Sicher ist richtig, daß bei fehlender industrieller Basis kein anhaltender Innovationsschub von einem Technologietransfer via Wissenschaftler-Migration zu erwarten ist. Auf der anderen Seite ist es durchaus möglich, fortschrittlichste Technologien nachzubauen – selbst in einem völlig andersgearteten und verhältnismäßig unterentwickelten technologisch-industriellen Umfeld. Übertragen auf die Gefahr der Kernwaffenverbreitung hieße dies, daß wohl kaum ein Land der Dritten Welt auf diesem Wege in die Lage versetzt werden wird, eine eigene, hochmoderne Serienproduktion atomarer Waffen einzuleiten. Sehr wohl aber könnte die Herstellung einer oder mehrerer relativ primitiver Atombomben durch das Know how sowjetischer Experten erleichtert werden. Sind die historischen Erfahrungen, die in anderen Staaten mit anderen Waffensystemen gemacht wurden, auf die Kernwaffenproliferation übertragbar? Sicherlich ist Vorsicht geboten. Die Rahmenbedingungen werden in jedem Fall andere sein, das Spezifische kann unter Umständen gewichtiger als das Verallgemeinerbare sein. Dennoch: In den frühen fünfziger Jahren war nur eine Handvoll Länder in der Lage, einen Düsenjäger zu bauen – nicht mehr an der Zahl als diejenigen, die heute über eigene Atomwaffen verfügen. Nach Schwierigkeitsgrad und zeitlicher Dimension dürfte heute die technische Herausforderung, eine Atomwaffe zu bauen, der damaligen ähneln, einen Düsenjäger zu konstruieren. Insofern besitzt die historische Erfahrung Relevanz. Zweitens: Die Technologie hat sich stark gewandelt, ist immer komplexer geworden und entzieht sich somit immer stärker dem Zugriff der aufholenden Länder. Auf der anderen Seite werden die sich daraus ergebenden Schwierigkeiten für industriell rückständige Länder zum Teil dadurch wettgemacht, daß zunehmend ›off-the-shelf‹-Technologien auf dem Markt oder Schwarzmarkt verfügbar sind, die lediglich in das jeweilige Artefakt eingepaßt werden müssen. Auch wiegt die Verbreitung von ›dual-use‹-Technologien weitgehend verschärfte Technologietransferkontrollen auf. Mit anderen Worten: Die heutigen Bedingungen für das Gelingen eines Technologietransfers durch Personentransfer sind anders, nicht aber unbedingt schwieriger geworden.

Wenn auch sensationelle Pressemeldungen über russische Atomsöldner noch unbewiesen sind, scheint trotzdem Unbekümmertheit angesichts der Proliferationsgefahr fehl am Platz. Maßnahmen der westlichen Industriestaaten, die dem brain-drain zuvorkommen sollen, spiegeln die Besorgnis um die Möglichkeit der unkontrollierten Verbreitung von Atomwaffen wider – aber auch das Eigeninteresse von technologisch hochentwickelten Ländern, die die Chance sehen, die Rosinen der sowjetischen Forschung herauszupicken.

Zwischen Proliferationsbekämpfung und Eigennutz

Zur Vorbeugung der Verbreitung von Nuklearwaffen wurde ein Plan entwickelt, der ebenso einfach wie billig ist: Um der Gefahr entgegenzuwirken, daß Wissenschaflter der GUS verführt sein könnten, ihre Fähigkeiten atomaren Schwellenländern anzubieten, gilt es, neue, zivile Arbeitsfelder zu schaffen und zu finanzieren. Ein wichtiger Schritt in diese Richtung wurde am Rande der EG-Außenminsterkonferenz in Lissabon im Februar 1992 unternommen: Mit ganzen 100 Millionen Dollar soll die Stiftung für das ›Internationale Wissenschafts- und Technologiezentrum‹ in Troizk bei Moskau ausgestattet sein, eine internationale Arbeitsbeschaffungsmaßnahme für russische Nuklearwissenschaftler.[18] Die USA bringen aus der vom Kongreß bewilligten 400 Millionen Dollar Finanzhilfe zur Abrüstung der sowjetischen Atomwaffen 25 Millionen Dollar ein, die EG hat denselben Betrag aus dem Fonds des technischen Hilfsprogramms für die GUS zugesagt. Ebenfalls beteiligt sind Japan mit zehn Millionen und Kanada mit einer Million Dollar. Bislang ist die Quelle der fehlenden 40 Millionen Dollar ungeklärt. Rußland stellt die für das Zentrum benötigte Infrastruktur zur Verfügung und übernimmt die anfallenden Kosten. Zielgruppe sind jene drei- bis fünftausend Wissenschaftler, die die Kenntnis zur Herstellung von Massenvernichtungswaffen – insbesondere von Atomwaffen –, ballistischen Flugkörpern und den fortschrittlichsten konventionellen Waffentechnologien besitzen. Jedem Forscher, dessen Projekt gefördert wird, winkt ein jährliches Budget von 20.000 bis 25.000 Dollar.[19]
Das Zentrum wird als Clearingstelle für zivile Projekte arbeiten, die die ehemals waffenproduzierenden Laboratorien und Institute der GUS einreichen. Angeboten werden u.a. schon Programme zur Verschrottung von Kern- und Chemiewaffen, wobei argumentiert wird, daß nur der Personenkreis, der die Waffen entwickelte, auch das nötige Know-how zu deren sorgsamer Beseitigung be-

sitzt. Weitere Vorschläge sind im Bereich Umweltschutz – etwa zur Behebung der durch das sowjetische Atomprogramm entstandenen Schäden – und der Konversion der Rüstungsindustrie angesiedelt. Gleichfalls gibt es Überlegungen zur Verbesserung der Sicherheitsstandards der Kernkraftwerke in den sowjetischen Folgestaaten.[20] Der langfristige Weiterbetrieb der mehr oder minder maroden Atomkraftwerke der GUS wird gleichwohl nicht in Frage gestellt, schon gar nicht von den Geldgebern des Zentrums, wie auf dem jüngsten G7-Gipfel deutlich wurde. Ein besonderes Interesse an ›Atomstrom‹ aus der GUS haben dabei die EG-Staaten.[21] Programmen, die auf eine Stillegung der Kernkraftwerke und die dafür erforderlichen Technologien hinauslaufen, dürfte daher wenig Aussicht auf Förderung beschieden sein.

Im Lenkungsausschuß des Zentrums werden alle Staaten vertreten sein, die an der Finanzierung und Entwicklung des Zentrums beteiligt sind. Der Lenkungsauschuß entscheidet, welche Projekte gefördert werden. Seine Mitglieder können kontrollieren, daß alle geförderten Projekte über die gewünschte Transparenz verfügen, daß der Zugang zu Forschungsstellen, -einrichtungen und -personal gewährleistet wird.[22] Offiziell wird dies damit begründet, daß nur so sichergestellt werden könne, daß die Mittel tatsächlich für diejenigen Rüstungsforscher verwendet werden, »um die man sich Sorgen macht«.[23] Im Klartext: Solche Strukturen bedeuten, die neue Forschungspolitik und den Zugang zu den Forschungsergebnissen seitens der Geldgeber kontrollieren zu können.

Ein zweites, wenngleich kleineres Technologiezentrum dieser Art wird in Kiew eingerichtet, worauf sich im April die USA und die Ukraine verständigten. Die USA sind an diesem bilateralen Projekt mit 10 Millionen Dollar aus dem obenerwähnten 400 Millionen-Fond beteiligt. Auch hier sollen der gleichen Zielgruppe an Wissenschaftlern Arbeitsmöglichkeiten an zivilen Projekten geboten werden.[24]

Auch die Gründung von Joint-ventures zwischen westlichen Firmen und russischen Nukleareinrichtungen wird als Möglichkeit betrachtet, die Abwanderung ehemals sowjetischer Spezialisten zu verhindern.[25] Interesse dazu ist auch auf russischer Seite vorhanden. Anläßlich eines Besuchs von Außenminister Baker in Tscheljabinsk-70 übergab Direktor Jewgeni N. Aworin eine Liste von Produkten – z.B. Computer-Software oder nuklear-medizinischen Apparaturen –, deren Entwicklung innerhalb des Rahmens von Joint-ventures zwischen russischen Rüstungswissenschaftlern und westlichen Investoren möglich wäre.[26]

Neben einer allgemeinen Bejahung solcher Maßnahmen gibt es aber auch skeptische Stimmen. Aufgeworfen wird z.B. die Frage, ob derartige Maßnahmen überhaupt greifen können. Kritiker wenden ein, daß Wissenschaftler, die in der GUS zu guten örtlichen Löhnen arbeiten, aber von ausländischem Kapital abhängig sind, willentlich oder nicht, es den geldgebenden Staaten oder kommerziellen Unternehmen ermöglichen, wissenschaftlich-technisches Spitzen-know-how der ehemaligen UdSSR zu Billigstpreisen aufzukaufen, und zwar sowohl im militärischen als auch im zivilen Bereich.

Ein Beispiel: Zwischen dem US-Außenministerium und dem Moskauer Kurtschatow-Institut wurde ein Forschungsvertrag unterzeichnet. Nach Angaben der ›International Herald Tribune‹ führen 116 russischen Wissenschaftler ein Jahr lang – zu einem von den USA gezahlten Monatsgehalt von 65 Dollar – Forschungen zur Kernfusion, einem Gebiet, auf dem russische Forscher bislang führend sind, in Moskau durch. Die gewonnenen Erkennntnisse werden schließlich in die USA übermittelt.[27] Kostenpunkt aus amerikanischer Sicht: 90.000 US-Dollar. Ein Schnäppchen! Wäre ein vergleichbarer Vertrag in den USA zu dort gängigen Preisen zustande gekommen, hätte er 10 bis 15 Millionen Dollar gekostet. Nach Abschluß des Vertrages brachte Allan Bromley, Berater des US Präsidenten Bush in Wissenschafts- und Technikfragen, seine Genugtuung darüber zum Ausdruck, daß der Kernfusionsforschung der USA auf diese Weise Zugang zu wichtigen Forschungsergebnissen ›zu einem sehr bescheidenen Preis‹ gesichert werden könnte.[28]

Es ist aber nicht nur kostengünstiger, Forschungsprojekte direkt in der GUS zu finanzieren. Dort verbleibende Wissenschaftler werden die Kontakte zu ihrer nationalen Scientific Community aufrecht erhalten und können derart den ausländischen Staaten und Unternehmen den Zugang auch zu anderen neuesten wissenschaftlichen Entwicklungen verschaffen.[29] So berichtete die ›Iswestija‹, daß künftig das 50-köpfige Labor von Boris Babajan – einem der ›Väter‹ des sowjetischen ›Supercomputers‹ — mit der US-Firma Sun Microsystems zusammenarbeiten wird.

Auch China, Südkorea und Indien sowie einige arabische Staaten haben ein gezieltes Interesse an ehemals sowjetischer militärisch nutzbarer Hochtechnologie und sind dementsprechend eifrig bei der Gründung von Joint-ventures. Da in der GUS bislang jede Rechtsgrundlage fehlt, um intellektuelles Eigentum wirksam zu schützen, muß aus russischer Sicht befürchtet werden, daß weniger kontrolliertes militärisch-technisches Personal die Erkenntnisse und Entwicklungen eines gesamten Labors den neuen Partnern zur Verfügung stellt. Die Gefahr, die durch diese Art des unkontrollierten Exports von militärischen Technologien und Know-how erwachsen kann, mag also größer sein als die Gefahr der Verbreitung durch emigrierende Wissenschaftler. Und es ist eine doppelte Gefahr: Zum einen die der militärischen Hochtechnologie-Proliferation, zum anderen aber auch die der längerfristigen Schwächung der technologischen Basis dafür, die aus der UdSSR hervorgegangenen Staaten auf dem Weltmarkt konkurrenzfähig machen zu können.

Bei den Bemühungen westlicher Industriestaaten mit dem Ziel, die Verbreitung militärischen Know-hows zu verhindern, können zwei, sich mitunter überschneidende Zielgruppen unterschieden werden. Zum einen sind diejenigen Wissenschaftler im Blickfeld, von denen befürchtet wird, daß sie einen Beitrag zur Verbreitung von insbesondere Atomwaffen leisten könnten. Um dem vorzubeugen, sollen die ehemals priviligierten Forscher erneut in den Genuß von Sonderkonditionen gelangen. Im Januar kam für eine US-Studie in Betracht, ausgesuchten Wissenschaftlern mit ›kritischem‹ Know-how für einen beschränkten Zeitraum einen Forschungsaufenthalt in den USA zu finanzieren.[30] Angesichts der hohen Kosten eines solchen Modells wurde die Gründung der Wissenschafts- und Technologiezentren bevorzugt – was allerdings die westlichen Industriestaaten nicht daran hindern wird, sich die Rosinen herauszupicken und eine begrenzte Zahl von Wissenschaftlern eine Zeitlang im Westen forschen zu lassen.

Die zweite Gruppe umfaßt Wissenschaftler, deren ziviles oder militärisches Know-how zu politisch und finanziell günstigen Bedingungen durch wissenschaftlich-technische Kooperation mit den westlichen Industriestaaten genutzt werden soll. US-Interesse an billig zu erwerbenden Erkenntnissen der Grundlagenforschung besteht neben der Kernfusionsforschung auch auf anderen Gebieten, etwa der Mathematik. Gleichfalls haben ehemals sowjetische Labors entscheidende Durchbrüche z.B. bei der Erarbeitung von analytischen Methoden und Algorithmen zur Lösung von umfangreichen Problemstellungen erzielt. Ein gleiches gilt für verschiedene Bereiche der angewandten Wissenschaft, so u.a. die Laser- und Nukleartechnik.

Eine solche Zusammenarbeit ermöglicht es aber nicht nur, in die abgeschirmten Bereiche von Forschung und Entwicklung der ehemaligen Sowjetunion vorzudringen. Nach US-Einschätzungen kann eine wissenschaftliche Zusammenarbeit zwischen den sowjetischen Folgestaaten und den USA auch dazu beitragen, den künftig möglicherweise größten Markt für die US-Industrie zu erschließen.[31] In ausgesuchten Bereichen, z.B. der kommerziellen Raumfahrt, könnte der Aufbau derartiger Verflechtungen zwischen amerikanischen und russischen Unternehmen auch dazu dienen, den europäischen oder japanischen Konkurrenten bestimmte Technologien – etwa russische Entwicklungen für nukleare Energiequellen für Weltraumflüge[32] – vorzuenthalten. Auch ist der US-amerikanischen Weltraumbehörde NASA daran gelegen, daß die Schwerlastentransportkapazitäten der ehemaligen Sowjetunion nicht dem europäischen Konkurrenzunternehmen ESA (European Space Agency) zugute kommen. Die Besorgnis um die Verbreitung von Atomwaffen dient auch als Vorwand, sich den Zugriff zu kommerziell verwertbaren Technologien zu sichern.

Auch bietet der wiederholte Verweis auf potentiell migrierende Nuklearwissenschaftler den USA Gelegenheit, den Wissensstand im Nuklearprogramm Rußlands zu erkunden und dessen Weiterentwicklung zu kontrollieren. Als deklarierter Atomwaffenstaat genießt Rußland als Nachfolgestaat der Sowjetunion denselben priviligierten Status unter dem nuklearen Nicht-Verbreitungsvertrag wie die anderen Atomwaffenstaaten, die den Vertrag unterzeichnet haben: USA, Großbritannien, und Frankreich.[33] Demnach werden die Nuklearanlagen der Atomwaffenstaaten – im Gegensatz zu denen der nuklearen ›have nots‹ – nicht kontrolliert. Die Aufregung um die Verbreitungsgefahr durch eine Auswanderung von Atomwaffenexperten oder aber durch den illegalen Export von nuklearem Material dient auch als Vorwand für eine Überwachung der gesamten Atomindustrie der GUS – eine Maßnahme, die sich die anderen etablierten Atommächte nicht gefallen lassen.

Die Gefahr, daß migrierende Rüstungswissenschaftler und Techniker zur Verbreitung von Massenvernichtungswaffen in Staaten der Dritten Welt beitragen können, ist nicht unbegründet. Das gilt um so mehr, falls komplette Labors oder Forschungsteams abwandern und sich zusätzlich ein verstärkter Handel mit dem benötigten Material entwickeln sollte.[34] Gleichzeitig können sich westliche Industriestaaten – unter Verweis auf eine solche Gefahr – in Form von gemeinsamen Forschungsprojekten oder Joint-ventures ausgeprochen kostengünstig begehrter Erkenntnissen der Forschung bedienen und sich als Kontrollinstanz einen völkerrechtlich bislang nicht abgesicherten Zugang zur Atomindustrie der GUS verschaffen. In der aktuellen Diskussion wird zwar immer wieder auf die Verbreitung von Waffentechnologien in Dritte-Welt-Länder verwiesen; aber unter ebendiesem Vorwand sichern sich auch westliche Staaten (allen voran die USA) den Zugang zu militärisch verwendbaren Technologien – auch dies eine bedenkliche Verbreitung von Waffenpotentialen.

Berlin, Juli 1992

[1] Iswestija, 14.1., 21.1. und 24.1.1992
[2] Washington Times, 24.2.1992
[3] Vgl. Nucleonics Week, 28.11.1991
[4] USA Today, 8.1.1992
[5] Ebenda
[6] Interview in: Komsomolskaja Prawda vom 27.11.1991
[7] Vgl. Nicht nur Geld hält die Atomforscher in Rußland fest; In: Frankfurter Rundschau, 20.3.1992
[8] Kapiza, Sergej: Soviet scientists: Low pay, no pay, now insults; In: Bulletin of the Atomic Scientists, Mai 1992, S.8–9
[9] Vgl. Muchina; A.: Die neue Odyssee, In: Poisk, 7.-13.3.1992
[10] Nicht nur Geld hält die Atomforscher in Rußland fest, Frankfurter Rundschau, 20.3.1992
[11] So Awrorin in Moskowskije Nowosti, zitiert nach: Frankfurter Rundschau, 20.3.1992
[12] Illesh, A.: Unser brain-drain ist mit dem Export einer Atombombe gleichwertig; In: Iswestija, 14.1.1992
[13] Vgl. Lagunina, I./Wischnjakow, O.: Wieviel werden die Vereinigten Staaten für unser friedliches Atom bezahlen?; In: Nowoje Wremja, Nr. 8 (Februar 1992), S. 42–45

[14] Vgl. den Artikel von Kapiza, Sergej: Soviet scientists: Low pay, no pay, now insults; In: Bulletin of the Atomic Scientists, Mai 1992, S. 8–9

[15] Vgl. Albright, Davis, Hibbs, Mark: Spotlight shifts to Iran; In: Bulletin of the Atomic Scientists, März 1992, S.9–11

[16] Zu den Hintergründen der nuklearen Annäherung zwischen Argentinien und Brasilien siehe: Stanley, Ruth: Cooperation and control: the new approach to nuclear non-proliferation in Argentina and Brazil; In: Arms Control, 1992, Bd.13, Nr. 2

[17] Die Entschlossenheit und Einfallsreichtum, mit dem Irak sein geheimes Nuklearprogramm trotz beschränkten Zugangs zu den notwendigen Technologieimporten verfolgte, ist neulich beschrieben worden in: Albright, David/Hibbs, Mark: Iraq's shop-till-you-drop nuclear program, Bulletin of the Atomic Scientists, April 1992

[18] Vgl. Schröder, M.: Abwanderung der GUS-Experten soll verhindert werden; In: Süddeutsche Zeitung, 18.2.1992

[19] Vgl. Nicht nur Geld hält die Atomforscher in Rußland fest, Frankfurter Rundschau, 20.3.1992

[20] Vgl. Aussage von Robert L. Galucci, Senior Coordinator for the Deputy Secretary, for Senate Foreign Relations Committee, 17.3.1992

[21] Vgl. dazu Dräger, K.: Nagelprobe nach Rio; In: Freitag, 10.7.1992; Das EG-Programm ›Technische Hilfe GUS‹ (TACIS) verfügt für 1991 und 1992 über einen Gesamtbetrag von 1,7 Milliarden DM, wovon rund 115 Millionen DM für Maßnahmen im Bereich Nukleare Sicherheit in Rußland, der Ukraine, Armenien und Belorußland verwendet wurden.

[22] Vgl. Testimony of Robert L. Galucci, for Senate Foreign Relations Committee, 17.3.1992

[23] Robert L. Galucci, Senior Coordinator for the Deputy Secretary vor dem Washingtoner Council on Non-Proliferation, 20.3.1992, S.7. Nachdem Rußland nicht auf Kernwaffen verzichten will, wird in ein gewisser Prozentsatz von Wissenschaftlern auch künftig an Waffenprojekten weiterarbeiten, die dann nicht unfreiwillig von den Geldgebern des Zentrums finanziert werden sollen.

[24] Vgl. U.S. to Contribute $10 Millionen To Science Center in Ukraine; In: Washington Post, 7.4.1992

[25] Vgl. Congressional Research Service, CRS-Report for Congress, Nuclear Proliferation from Russia: Options for Control, 30.3.1992

[26] Vgl. Hoffman, D.; Atom Scientists At Ex-Soviet Lab Seek Help, in: Washington Post, 15.2.1992

[27] Vgl. Broad, W. J.: U.S. Signs Up 116 Russian Experts For Fusion Project, at Bargain Pay; In: International Herald Tribune, 7/8.3.1992

[28] A. Bromley: Statement before the committee on foreign relations, US Senate, 11.3.1992

[29] Vgl. Kamensky, A.: Foreign Jobs Raise Brain Drain Fears; In: Current Digest of the Soviet Press, Jhg. 42, Nr. 14 (1990), S. 7

[30] Vgl. Congressional Research Service, CRS Issue Brief: Nuclear Scientists of the Former Soviet Union: Nonproliferation Issues, 28.1.1992. Als Fallbeispiel siehe Portjanksi, A.: Unsere Wissenschaftler werden in den USA arbeiten; In: Iswestija, 31.3.1992. 300 Wissenschaftler sollen für insgesamt 2,5 Millionen Dollar zwischen drei Monaten und einem halben Jahr in den USA forschen.

[31] Vgl. A. Bromley: Statement before the committee on foreign relations, US Senate, 11.3.1992

[32] Vgl. Nicht nur Geld hält die Atomforscher in Rußland fest, Frankfurter Rundschau, 20.3.1992

[33] Zu den deklarierten Atomwaffenstaaten gehört auch die VR China, die aber den NPT-Vertrag nicht unterschrieben hat; daneben gibt es eine Reihe von nuklearen Schwellenländern, bei denen man entweder Atomwaffenbesitz unterstellt (u.a. Indien, Pakistan, Israel, Südafrika) oder vermuten kann (Brasilien), die dies aber nie zugegeben haben.

[34] Vgl. Illesh, A.,: Unser brain-drain ist mit dem Export einer Atombombe gleichwertig; In: Iswestija, 14.1.1992

Atomares Roulette
Zwischen Weiterverbreitung,
Wiederverwendung und
Endlagerung

Andreas Heinemann-Grüder

»Rußland verkauft seine Raketenabwehrtechnik in alle Welt«, »Uran für die islamische Bombe?«, »Alles außer Kontrolle«, »Der Iran besitzt die Atomwaffe« – die Horrormeldungen gipfelten in der Überschrift eines Zeitungskommentars: »Ein Bomben-Jahrzehnt«.[1] Der Damm scheint gebrochen.

Kein Worstcase-Scenario des Kalten Krieges reicht an die Schreckbilder der postsowjetischen Nuklearepidemie heran. Harvard-Professor Graham Allison hielt während eines Hearings über sowjetische Atomwaffen den Zerfall der Sowjetunion für »die einzige ernsthafte Bedrohung für Amerikas nationale Interessen seit dem 2. Weltkrieg«.[2]

Nuklearproliferation ist im postsowjetischen Fall der Terminus technicus für den Zerfall eines organisatorischen Machtkerns, der die Entscheidungsvollmacht über das sowjetische Atompotential ausübte. Befürchtete Folge: Atomwaffen breiten sich ungezügelt aus. Im Unterschied zu den atomaren Strategiespielen der Militärs, die beiden Kontrahenten Rationalität unterstellten, sind der atomare Zauberlehrling aus der GUS und sein außer Kontrolle geratenes Element nicht durch Abschreckung zu bändigen. Selbst das sonst allmächtige Hartgeld ist plötzlich ohnmächtig. Fast scheint es, die Gefährdungen des atomaren Terrorfriedens seien geringere gewesen als jene der nuklearen Anarchie sein werden. Der bündigste Vorschlag, die Proliferationsgefahren aus der Welt zu schaffen, kam von der ›Wirtschaftswoche‹: »Der Westen wird Tausende Nuklearsprengköpfe der Ex-Sowjetunion kaufen müssen«.[3] Doch selbst wenn die Russen verkaufen würden – Proliferationsgefahren erfordern etwas spezifischere Antworten.

Grundsätzlich sind zwei Methoden der Zugangsbeschränkung zu atomwaffenrelevanten Ressourcen denkbar: die Kontrolle ihrer

Verfügbarkeit und die Schaffung von Anreizen, um diese Ressourcen nur zivil oder besser noch gar nicht mehr zu nutzen.[4]
Dieser Beitrag behandelt die Proliferationsgefahren aus der GUS mit Schwerpunkt Rußland und fragt nach Möglichkeiten, sie zu mindern.

Aus der atomaren Gerüchteküche

Seit Frühjahr 1991, so verlauten Pressemeldungen und interessierte Geheimdienste unisono, sind iranische Emissäre in der Ukraine, in Aserbaidshan, Tadshikistan und Kasachstan vorstellig geworden, um sowjetische Nuklearwaffen zu beschaffen. Pakistan, Israel, Libyen, der Iran und andere bemühen sich, russische Atomwissenschaftler anzuheuern oder materielle Hilfen für ihre atomaren Programme zu ergattern. Der Bundesnachrichtendienst meldet, aus Kasachstan seien zwei Atomsprengköpfe samt Trägerraketen in den Iran gelangt. Das Bonner Kabinett tröstet sich mit der Annahme, Teheran verfüge noch nicht über die Geheimcodes zum Scharfmachen der Sprengköpfe. Der russische KGB informiert die amerikanische CIA, zwei oder drei Atomsprengköpfe für SCUD-Raketen seien aus Kasachstan in den Iran geliefert worden.[5]
Konnte auch keiner der Berichte über erfolgte Lieferungen atomarer Sprengköpfe bisher bestätigt werden,[6] so ist doch sicher: das Bayerische Landeskriminalamt beschlagnahmte am 5. März 1992 1,2 Kilogramm leicht angereichertes Uran, das von zwei deutschen Aussiedlern aus der früheren UdSSR für 1,9 Millionen DM feilgeboten wurde. Eine geringste Menge Plutonium konnte einem Geschäftsmann in der Schweiz im Oktober 1991 abgenommen werden. Gut 30 Kilo wenig angereichertes Uran und weniger als eine Kleinstmenge Plutonium sowjetischen Ursprungs stellte ein italienischer Staatsanwalt im November 1991 sicher. Und vom spurlosen Verschwinden von Nuklearmaterial wird wiederholt in russische Zeitungen berichtet.
Selbst wenn atomwaffentaugliche Schwarzmarktangebote bisweilen auf Gerüchten basieren und selbst wenn sie – wie im Falle des berühmten, gar nicht existenten ›Roten Quecksilbers‹[7] – manchmal gar auf Geheimdienste zurückgehen könnten, die potentielle

Käufer ans Tageslicht locken wollen – »absence of evidence does not mean evidence of absence«.

Sowjetisches Uran wird derzeit ganz offiziell zu Dumpingpreisen auf den Weltmarkt geworfen. Die russische Firma ›Uran-Service‹ möchte Plutonium-238 in die USA exportieren, stößt damit allerdings auf Importbeschränkungen. Für einen Nuklearreaktor, der als Antrieb für Raketen entwickelt wurde (›Topas-2‹), suchen die Russen gleichfalls Käufer in den USA – erneut stehen bislang Importbeschränkungen im Wege. Bereits vereinbart hatte die russische Trägerorganisation für Weltraumforschungen, ›Glawkosmos‹, den Verkauf von Brennkammern für die letzte Stufe einer Weltraumrakete an Indien. Die USA drohten mit Wirtschaftssanktionen. Die Durchsicht der Meldungen aus dem Frühjahr 1992 verdeutlicht:

In der Vergangenheit regelten das Moskauer Ministerium für Atomindustrie und das Ministerium für Außenhandel den Export von Nuklearmaterialien zentral über die Firma Techsnabexport und in Absprache mit der Wiener Atomenergiebehörde (IAEO), der ›Nuclear Suppliers Group‹ und dem ›Nuclear Exporters Committee‹ sowie den Überprüfungskonferenzen des Nichtweiterverbreitungsvertrages. Doch diese zentrale Exportkontrolle ist offensichtlich nicht mehr gegeben. Faktisch regulieren die dem Moskauer Atomministerium unterstehenden Unternehmen ihre Exporte zunehmend auch in eigener Regie. Private Firmen und Schwarzhändler vermarkten z.B. Zirkonium, Beryllium, Graphit, aber auch angereichertes Uran und Kleinstmengen Plutonium.[8] Das Moskauer Atomministerium orientiert sich am Markt, d.h. auch an der Profitabilität von Exporten, und läßt private Firmen, die z.T. direkt aus dem Ministerium heraus gegründet wurden, beim Export sensitiver Materialien oder Technologien gewähren. Der stellvertretende Atomminister Rußlands, Boris Nikipelow, gab rundheraus zu:»Wir sehen keine technischen oder politischen Gründe gegen die Nutzung des Materials.«[9] Gemeint war der Verkauf von Spaltmaterial. Bis zu 800 Millionen Dollar hofft Boris Jelzins Berater für Konversion, Michail Malej, jährlich durch den Verkauf von angereichertem Uran erwirtschaften zu können.[10] Gerade weil über diese Materialien Hartwährung, nicht zuletzt auch von nichtrussischen Republiken, eingefahren werden kann, ist die Exportwilligkeit geradezu eine lockende Versuchung.

Zachary Davis und Jonathan Medalia, zwei beim Wissenschaftlichen Dienst des amerikanischen Kongresses angestellte Forscher, verfielen deshalb auf die wenig originelle Idee, die USA sollten das angereicherte Uran, Plutonium-239 und Tritium in Rußland aufkaufen, um den Markt zu räumen und en passant auch noch die amerikanische Uranindustrie vor den russischen Dumpingpreisen zu schützen.[11] Hintersinnig an dem Einfall ist nicht zuletzt der vorgeschlagene Tritiumkauf: In den USA wird der Bau einer neuen Tritium-Produktionsanlage seit Jahren aufgrund politischen Widerstandes verhindert.

Zwischen Verfügung und Weiterverbreitung – Die Kontrolle des Spaltmaterials

Einer der sensitivsten Bereiche nuklearer Proliferation ist die Kontrolle über das waffenfähige Nuklearmaterial. Entsprechend der Konvention über die physische Sicherheit von Nuklearmaterialien hat sich die Sowjetunion – und als ihr Rechtsnachfolger auch Rußland – verpflichtet, spezifische Sicherheitsmaßnahmen (safeguards) einzuhalten. Doch schon der bestehende physische Schutz von Kernkraftwerken, von Anlagen zur Wiederaufbereitung und Brennelementeherstellung gilt als unzureichend.

Die Menge des zu lagernden und sichernden waffentauglichen Nuklearmaterials wird in den nächsten Jahren durch die abzurüstenden rund 19.000 Atomwaffen zusätzlich aufgestockt. Insgesamt vielleicht 100 Tonnen Plutonium und 500–1.000 Tonnen hochangereichertes Uran werden in den Atomwaffen der GUS vermutet. Mit deren Bewachung und Entsorgung ist die russische Föderation, auf deren Territorium das Potential zusammengezogen wird, zur Zeit eindeutig überfordert.

Die Verhinderung unbefugter Zündung – und zwar sowohl der strategischen als auch der taktischen Atomwaffen – mit Hilfe elektronischer Sperrmechanismen (Permissive Action Links – PAL) wird von westlichen Autoren als amerikanischen Standards vergleichbar eingestuft.[12] Ob die Sperrmechanismen jedoch tatsächlich die ihnen attestierte Effektivität aufweisen, entzieht sich wegen der Geheimhaltung jeglicher Überprüfbarkeit.

Präzise Detail-Informationen über die Zahl der vorhandenen

Atomsprengköpfe, die Anzahl der taktischen Atomwaffen, die nicht zur Delaborierung vorgesehen ist, oder über die Mengen der in Atomwaffen enthaltenen nuklearen Materialien geben bisher weder die amerikanischen noch die russischen Militärs preis. Auf russischer Seite ist sogar unsicher, ob solche Zahlen überhaupt vollständig verfügbar sind. Eine zentrale Bestandsaufnahme der Atomwaffen, ihrer Lagerungsorte und der bestehenden Sicherheitsvorkehrungen stellt zweifellos die elementarste Sicherheitsaufgabe dar. Nimmt man die widersprüchlichen russischen Angaben vom Jahresanfang 1992 zum Abzug taktischer Atomwaffen aus den kaukasischen Republiken als Beispiel, dann scheint erst im Zuge der Verlegung aller taktischen Atomwaffen nach Rußland zwischen Ende 1989 und Mai 1992 eine Art aktueller Generalinventur vorgenommen worden zu sein.

Während des Abtransportes der taktischen Atomwaffen aus allen nichtrussischen Republiken bis Mai 1992 galt das Hauptaugenmerk der Transportsicherung vor Überfällen von Terroristen und paramilitärischen bzw. nationalistischen Verbänden. Auf die Erhöhung der physischen Sicherheit sind denn auch im ersten Halbjahr 1992 alle westlichen Sorgen gerichtet gewesen. Von amerikanischer Seite wurde eigens eine Sonderdelegation für die Sicherheit, den Schutz und die Zerlegung von Atomwaffen gebildet, um Kenntnisse über die amerikanischen Zerlegungsroutinen zu vermitteln, Hilfe beim Bau von dringend benötigten Lagerstätten zu leisten, ein Unfallwarnsystem zu installieren und eine staatliche Kontrollbehörde für Nuklearmaterial in Rußland aufbauen zu helfen.[13] Beschlossen wurde auch, 250 amerikanische Container und 25 Waggons einer inzwischen ausgemusterten älteren Generation für den Transport von Atomwaffen zur Verfügung zu stellen. Auch Großbritannien offerierte Hilfe an speziellen Transportmitteln. Eine auf Initiative der Bundesregierung einberufene Ad-hoc-Gruppe des NATO-Rates (konstituierende Sitzung 18.3. 1992) hat es sich ebenfalls zur Aufgabe gemacht, mit dem Transport, der Lagerung und der Zerlegung von Atomwaffen und der künftigen Verwendung des Kernmaterials zusammenhängende Fragen zu behandeln. Ganz agile amerikanische Rüstungsfirmen wittern derweil in der Delaborierung von sowjetisch-russischen Atomwaffen das große Geschäft. Die International Disarmament Corporation, ein schnell aus der Taufe gehobenes Joint-venture aus Lockheed, Olin Ordnance und McDermott International malte sich schon Aufträge über 1 Milliarde Dollar aus.[14] Der GUS-ländische Nuklearalarm rüttelt die westliche Nuklearindustrie ohnehin gehörig wach, sehen doch amerikanische, japanische, deutsche, britische und französische Firmen nicht nur bei der Zerlegung von Atomwaffen, sondern auch bei der Wiederaufarbeitung von waffenfähigem Uran und Plutonium ungeahnte Märkte aufscheinen, die sie in den bei der Umweltthematik sensiblen heimischen Gesellschaften schon verloren gegeben hatten. Neben angereichertem Uran und Plutonium dürften auch Tritium und Deuterium (Schwerer Wasserstoff), nicht angereichertes Uran, Lithium sowie reines Graphit, Spezialstahle und einige Explosivstoffe für potentielle Bombenanwärter von Interesse sein. Mit Tritium wird die Zerstörungswirkung von Plutoniumbomben drastisch erhöht, was dann die Miniaturisierung der Bombe erlaubt, oder es wird in großen strategischen Atomwaffen für die Kernfusion gebraucht. Die möglichen Quellen für den unautorisierten Bezug dieser Nuklearmaterialien sind aufgrund der weiten Verzweigung ihrer Produktionsstätten äußerst vielfältig.

Nuklearmaterialien könnten von den Uranminen über die Fabriken, die Uranerz zu Uranoxyd bzw. Uranhexafluorid verarbeiten, über die Urananreicherungsanlagen und die Fabriken, in denen Uran aus delaborierten Waffen wiederverwendet wird, bis hin zu den Uranreaktoren abgezweigt werden. Bei Plutonium bestehen Zugangsmöglichkeiten in Reaktoren, die aus Uran-238 Plutonium ›erbrüten‹, sowie in Fabriken, die Plutonium abtrennen, und in Endlagern für Plutonium. Die Spaltstoffkontrolle ist ganz offenkundig im zivilen Bereich ebenso wie bei den abzurüstenden Atomwaffen nur unbefriedigend gewährleistet.

Lagerungsprobleme

Defizite lassen sich beim sicheren Transport, der Lagerung und hinsichtlich der Verhinderung von unkontrollierten Technologietransfers ausmachen. Ein gewichtiges Problem bei der Delaborierung von Atomwaffen liegt bei der sicheren Zwischen- oder Endlagerung des aus Waffen entnommenen angereicherten Urans und Plutoniums vor der Weiterverwendung.

336

Die technische Zerlegung der Atomwaffen ist nach Auskunft von Vertretern des russischen Atomministeriums eine aus eigener Kraft zu bewältigende Aufgabe. Da Nuklearwaffen mit Tritiumtargets generell der Notwendigkeit eines routinemäßigen Erneuerungszyklus unterliegen und bei russischen Plutoniumwaffen in Ermangelung der Technologie für die Aufarbeitung gebrauchten Plutoniums zur Reduzierung der Americum-241 Konzentration regelmäßig das in der Waffe enthaltene Plutonium mit neu produziertem verschnitten werden muß[15], dürften Zerlegungsroutinen durchaus eingespielt sein. Doch mit dem Hinweis auf hinlängliche Kapazitäten, ihre Atomwaffen zu zerlegen, möchten sich die Russen selbstverständlich auch allzu tiefe Einblicke in den inneren Aufbau ihrer Atomwaffen ersparen.

Das russische Ministerium für Atomenergie möchte den Bärenanteil, ja möglichst die Gesamtsumme der vom amerikanischen Kongreß für die Delaborierung von sowjetischen Atomwaffen bewilligten 400 Millionen Dollar dem Bau einer sicheren Lagerstätte für das Bombenmaterial in Tscheljabinsk-65 oder Tomsk-7 zukommen lassen.[16]

Die russische Regierung wäre bereit, eine internationale Überwachung von zerlegten, aber noch nicht vom Nuklearmaterial befreiten Sprengköpfen zuzulassen, um eine Wiederverwendung des Sprengmaterials in neuen Atomwaffen auszuschließen.[17] Eine entsprechende Übereinkunft scheiterte indes bisher an der Weigerung des amerikanischen Verteidigungsministeriums, auch die eigenen Nuklearsprengköpfe entsprechenden Überwachungen zu unterwerfen. Die Option der Wiederverwendung möchte das Pentagon zwar bei den Russen, nicht jedoch im eigenen Land ausschalten.[18]

Dem Vorschlag von Gorbatschow, die Produktion von Plutonium und angereichertem Uran für Sprengköpfe gänzlich einzustellen und alles Spaltmaterial sowie den gesamten nuklearen Brennstoffkreislauf unter internationale Kontrolle zu stellen, wollte sich das um seine atomare Souveränität bangende Pentagon ebenfalls lange nicht zu eigen machen.[19] Am 13.7.1992 aber kündigte der amerikanische Präsident George Bush an, die USA würden die Produktion von waffenfähigem Plutonium und hochangereichertem Uran unilateral einstellen.[20] Die früher wie ein Mantra beschworene ›Vor-Ort-Verifikation‹ ist für das Pentagon bei der

Atomwaffenzerlegung kein Thema. Die Zweiseitigkeit der Verifikation könnte in der Tat den Grundstein für ein globales Inspektionsregime unter der Ägide des UN-Sicherheitsrates für die Verifikation der Atomwaffenzerlegung werden.[21]

Zwischen Weiterverwendung und Weiterverbreitung

Aus ökologischer und ökonomischer Sicht bereitet die Lagerung des Waffenurans und insbesondere des langstrahlenden und hochgiftigen Plutoniums die heikelsten Probleme. Mitarbeiter des russischen Atomministeriums klagen bereits, daß sich kaum eine Kommune findet, die die längerfristige Lagerung von Plutonium genehmigen will. Immer wieder wird aber auch auf ein anderes Argument verwiesen: Die Produktion des Waffenplutoniums habe so viel Geld gekostet und das Material stelle einen so hohen Wert dar, daß man es jetzt nicht einfach ungenutzt lassen könne. Präferiert wird deshalb die Nutzung von Waffenuran in U-Boot- und Schiffsreaktoren oder aber in zivilen Kernkraftwerken. Eine abschließende Entscheidung über die Verwendung des Kernmaterials ist bisher auf russischer Seite noch nicht getroffen worden – sowohl die Langzeitlagerung als auch die Wiederverwendung als Kernbrennstoff stehen zur Diskussion.[22]

Für den Einsatz in Reaktoren wäre das metallische hochangereicherte Uran in Uranhexafluorid rückzuverwandeln und damit für Waffen untauglich – eine technisch lösbare Aufgabe.

Plutonium wäre dagegen in Uran-Plutonium-Mischoxyd-Elemente (MOX-Brennelement) zu ›konvertieren‹, um somit eine unmittelbare Wiederverwendung als Bombensprengstoff auszuschließen.

Von den 15.000 bis 17.000 taktischen Atomwaffen in Rußland werden nach den jüngsten Abrüstungsinitiativen etwa 5.300 übrigbleiben, von den 10.000 strategischen Atomraketen etwa 3.000. Geht man von einer routinemäßigen Verschrottung von jährlich mehr als 2.000 Nuklearsprengköpfen[23] in der GUS aus, dann müßten für die Verbrennung des Atommaterials aus rund 19.000 Sprengköpfen die zivilen Verbrennungskapazitäten erheblich ausgebaut werden, wenn das Plutonium schnell in den Brennstoffkreislauf eingebracht werden soll. Die GUS-Kapazitäten zur Verbrennung von zu MOX-Brennelementen verarbeitetem Plutonium liegen in den 16 derzeit verfügbaren Leichtwasserreaktoren bei nur etwa 7 Tonnen Waffenplutonium jährlich.[24] Zu verbrennen (oder anders zu entsorgen) wären mittelfristig jedoch ingesamt bis zu 80 Tonnen Plutonium und bis zu 800 Tonnen angereichertes Uran.[25]

Die Wiederverwendung von Nuklearsprengstoff hätte den kostspieligen und von russischer Seite allein nicht zu finanzierenden Aufbau von MOX-Fertigungsanlagen – von denen bisher in der GUS keine einzige existiert – zur Bedingung. Vertreter des Moskauer Atomministeriums haben deshalb um eine Finanzierungshilfe in Höhe von 170 Millionen Dollar für die Fertigstellung einer Wiederaufarbeitungsanlage für Plutonium in Tscheljabinsk-65 nachgesucht.[26] Die Hanauer Atomfabrik von Siemens wartet schon mit Offerten zur Lösung des Plutonium-Problems auf, genauso wie British Nuclear Fuel oder japanische Konkurrenten.

Bei Plutonium bliebe allerdings das enorme Sicherheitsrisiko im Falle der Einspeisung in den zivilen Brennstoffkreislauf bestehen. Erstens: Die MOX-Technik verbraucht nur etwa 40 Prozent des spaltbaren Plutoniums, wobei sich das verbrannte Plutonium in andere extreme Gifte umwandelt. Zweitens: Die Verwendung des Bombenplutoniums in Kernkraftwerken birgt unbeherrschte Risiken für die Reaktorsicherheit. Die stichhaltigsten Einwände gegen die MOX-Technik werden deshalb bezüglich der Störanfälligkeit MOX-betriebener Reaktoren vorgebracht.[27] In den USA wird diese Risiko-Technik nicht angewandt. Insbesondere die Gefahren einer höheren Belastung der Brennstabhüllen und einer schnelleren Materialermüdung durch Versprödung, die die Lebensdauer der Reaktoren erheblich reduzieren kann, wird für zu eklatant gehalten. Weshalb dieses Risiko bei den bekanntermaßen störanfälligen russischen Kernkraftwerken vertretbar sein sollte, gehört zu den Geheimnissen jener Firmen, die Rußland diese Technik großzügig unter dem Vorzeichen der Hilfe anbieten.

Alternative Empfehlungen zum Umgang mit dem Waffenplutonium sehen eine Verbrennung bzw. Verunreinigung des Plutoniums in Reaktoren und die anschließende Verglasung vor. Aus dem russischen Laboratorium in Arsamas-16 kam derweil die Idee, bis zu 20.000 Plutoniumkomponenten aus Atomwaffen mit Hilfe einer einzigen unterirdischen Atomexplosion von 100 Kilotonnen Sprengkraft zu einem Glasamalgam zu verschmelzen.[28] Der dritte Vorschlag, im übrigen der kostspieligste, besteht in der Verschießung des Plutoniums in den Sonnenorbit.[29] Der amerikanische ›Natural Resources Defense Council‹ bevorzugt dagegen eine unterirdische Endlagerung des Plutoniums.[30]

Eine ökologisch saubere und zugleich ökonomisch vertretbare Wiederverwertung bzw. Entsorgung des nuklearen Sprengmaterials dürfte nicht zu finden sein. Das Recycling von angereichertem Uran und Plutonium für zivile Energiegewinnung ist die wahrscheinlichste Variante, obschon beide waffenfähigen Materialien für zivile Nuklearprogramme eigentlich nicht mehr benötigt werden. Auf Jahre hinaus werden so waffenfähige Spaltstoffe im Umlauf bleiben.

Nukleartechnologie und Know-how

Gerätschaften und Apparaturen wie Trennkaskaden für die Urananreicherung, Meßapparaturen, computergesteuerte Werkzeugmaschinen, Hochgeschwindigkeitskameras, Roboter und große Computer, die zur Herstellung von Atomwaffen benötigt werden, aber auch Komponenten von Atomwaffen (neutronenreflektierendes Beryllium, Hartmetalle, Detonatoren, Neutronengeneratoren und Tritiumbehältnisse, Lithium-6 etc.) sind ebenfalls, wie der Fall Irak belegt, ein bevorzugtes Ziel von Anwärtern auf eine Atombombe.

So wie die erste sowjetische Atombombe maßgeblich von Spionage aus dem ›Manhattan-Project‹ und vom Know-how-Transfer aus Deutschland profitierte, können nun auch Informationen aus der GUS zu einer Proliferationsgefahr werden.

Die unauthorisierte Weitergabe von technischen Informationen und Dokumentationen über die Produktion und den Aufbau von Atomwaffen würde potentiellen nuklearen Newcomern entscheidende Handreichungen für den Bombenbau bereitstellen. Für schlecht bezahlte Nuklearwissenschaftler und -techniker oder auch Mitarbeiter des Wachpersonals dürfte die Versuchung existieren, technische Dokumentationen für Hartwährung zu verkaufen.

Besonders im Bereich der Technologien für die Urananreicherung

und geeignete Zündmechanismen für Atomsprengköpfe – zwei
Bereiche, in denen etliche atomare Aspiranten mit Problemen
kämpfen – liegt hier ein besonderes Risiko.

Zwischenbilanz

Seit der Auflösung der UdSSR im Dezember 1991 sind in bezug auf die Proliferationsgefahren durchaus eine Reihe positiver
Nachrichten zu vermelden. Sämtliche taktischen Atomwaffen außerhalb Rußlands sind deaktiviert, ohne Verluste nach Rußland
verlegt und in zentralen, von besonderen Einheiten bewachten
Lagerstätten zusammengezogen worden. Die Mehrzahl soll später delaboriert werden. Die Wahrscheinlichkeit, daß komplette
Atomwaffen, gleich welcher Kategorie, durch Diebstahl, terrori-
stische Überfälle, Schmuggel oder unkontrollierten Verkauf abhanden kommen, dürfte vorläufig eher hypothetischer Natur sein.
Die seit dem Augustputsch 1991 befürchtete Fragmentierung der
sowjetischen Nuklearwaffen in vielen Nachfolgestaaten ist zumindest im Bereich der Kurzstreckensysteme eingedämmt. Bis Mitte
1992 konnte darüber hinaus kein Fall einer erfolgreichen Abwer-
bung von Atomwissenschaftlern belegt werden. Optimistisch darf
auch stimmen, daß Belarus, die Ukraine und schließlich auch
Kasachstan dem Nichtweiterverbreitungsvertrag beitreten wollen – selbst wenn zwischen deklarierter Politik und der tatsächlichen Umsetzung solcher Versprechen zu unterscheiden ist.
Schließlich sollte im Kontext der globalen Nuklearproliferation
einer Projektion aller Gefahren auf die GUS vorgebeugt werden.
Bis dato haben sich andere Länder, China und im Falle des Irak
nicht zuletzt auch die Bundesrepublik, weitaus lieferfreudiger und
unkontrollierter gegenüber nuklearen Schwellenländern verhalten als die UdSSR oder ihre Nachfolgestaaten.
Für eine optimistische Perspektive ist es jedoch verfrüht. Die
beunruhigendsten Proliferationsgefährdungen resultieren aktuell
aus einer Exportpraxis, die zwischen den GUS-Staaten unzu-
länglich koordiniert und immer mehr vom Gewinnstreben frisch
gegründeter Privatfirmen diktiert ist. Letztlich hängt die Eindämmung der Proliferationsgefahren aus der GUS – paradoxerweise –
davon ab, ob jene Institutionen und Unternehmen, die in den

341

Herstellungszyklus von Atomwaffen involviert gewesen sind, eine neue Aufgabe finden, mithin überleben können. Ohne eine solche Aussicht werden Moral und Disziplin schwerlich aufrechtzuerhalten sein. Völlig hilflos müssen die technisch-organisatorischen Ratschläge westlicher Provenienz gegenüber den Unwägbarkeiten des Zerfalls von Wirtschaftsbeziehungen bzw. ihrer Regression auf das Niveau von Naturalientausch wirken. Wie sehr der postsowjetische Wirtschaftsalltag z.B. auf die Lagerungsprobleme für Atomabfall einwirkt, mag die Weigerung der Krasnojarkser Region illustrieren, weiterhin AKW-Abfälle aus der Ukraine abzunehmen, bevor die Ukraine nicht wenigstens Butter- und Zuckerlieferungen in Höhe des Umfangs von 1991 garantiert.[31] Neue Proliferationsrisiken können im Zuge der Abrüstung strategischer Waffen entstehen, deren operative Einsatzkontrolle zwar dem GUS-Oberkommando, deren Bewachung und Verwaltung jedoch, wie im Fall der Ukraine, nicht mehr zentraler Obhut unterliegt.

Wie weiter? – Erste Ansätze für Lösungswege

Zu gewährleisten ist zuvörderst der physische Schutz der Atomwaffen. Dies gilt insbesondere auch für alle Etappen der Delaborierung taktischer und strategischer Atomwaffen: von der Unbrauchbarmachung der Sprengköpfe am Stationierungsort über den Transport, am Zerlegungsort selbst und während der Lagerung der zerlegten Komponenten.

Die bisher unzureichende Spaltstoffkontrolle wäre sowohl durch nationale Maßnahmen in den GUS-Staaten (Überwachung der Spaltstoffbewegungen und -inventare) als auch durch internationale Sicherheitsmaßnahmen zu erhöhen. Schnellstmöglich zu bilden wären zentrale Behörden der GUS-Staaten für Gefahrenabwehrmaßnahmen, bei deren Aufbau westliche Staaten beratend, technisch und finanziell behilflich sein könnten.[32] Während die Kontrolle von nichtnuklearen Materialien, die für einen Bombenbau relevant sind, erhebliche Schwierigkeiten bereitet, ist es durch die Konzentration von Produktionsstätten für angereichertes Uran, Plutonium und Tritium in Rußland – mit Ausnahme einer Urananreicherungsanlage in Kasachstan[33] – zumindest möglich, die potentiellen Schlupflöcher einer einheitlichen und zentralen Kontrolle zu unterwerfen.

Am sinnvollsten wäre gewiß, die Produktion von waffenfähigen Materialien auf Dauer grundsätzlich zu unterbinden. Die UdSSR hat die Anreicherung waffenfähigen Urans nach eigenen Angaben bereits 1989 eingestellt und beabsichtigt, bis zur Jahrtausendwende auch die Plutonium-Produktion einzustellen. Doch einem internationalen Stop der Herstellung waffenfähiger Nuklearmaterialien stehen auch trotz der jüngsten amerikanischen Initiative die Interessen der Nuklearindustrie im Westen sowie die Haltungen anderer Nuklearmächte entgegen. Bis ein internationaler Konsens für ein Nutzungsverbot von waffenfähigen Materialien in zivilen Reaktoren gefunden ist, wird auch der Handel mit diesen Materialien weitergehen.[34]

Eine Inventur und Markierung der sensiblen Apparaturen bzw. Komponenten bei ihren Herstellern und in den Atominstituten und -fabriken könnte den Schutz vor unerlaubtem Verkauf bzw. Diebstahl erhöhen. Eine weitere Möglichkeit des Schutzes bestünde in strengen Exportkontrollen und dem Aufbau dazu befähigter Institutionen. Das von den USA, Rußland und der Bundesrepublik mit Unterstützung der EG und Japans zu gründende Zentrum für Wissenschaft und Technologie soll, den Initiatoren zufolge, auch die Verbreitung von Know-how über Atomwaffen durch Abwanderung von Atomwissenschaftlern verhindern helfen. So bescheiden sich die finanzielle Ausstattung des in Gründung befindlichen Technologiezentrums auch ausnimmt und sosehr es auf eine Verhinderung des ›brain-drain‹ konzentriert zu sein scheint – das Zentrum könnte auch zur Erhöhung der Transparenz, etwa der Erstellung von Registern waffenrelevanter Materialien, beitragen.[35]

Um unkontrollierten Exporten zu begegnen, müßten die nichtrussischen Nachfolgestaaten der Sowjetunion dazu gedrängt werden, dem Nichtweiterverbreitungsvertrag als Nicht-Atommächte beizutreten. Nach langem Tauziehen, insbesondere mit Kasachstan, sind diesbezügliche Bereitschaftserklärungen von ukrainischer, belorussischer und kasachischer Seite offiziell proklamiert worden.

Bei der Formulierung von wirksamen Exportkontrollgesetzen und -mechanismen ihrer Durchsetzung könnten die USA, aber auch

Kanada, Großbritannien, die Bundesrepublik sowie die Wiener Atomenergiebehörde assistieren. Dies gilt auch für die Ausbildung von Fachleuten für die Exportkontrolle in Rußland, der Ukraine, Belarus und Kasachstan.

Selbst wenn Rußland als Atommacht sich den Sicherheitsüberprüfungen der IAEO nur freiwillig unterwerfen kann, sollte auf umfassende Safeguards als Bedingung für Exporte gedrängt werden. Da die Grenzen zwischen den GUS-Staaten offen sind und auch an den Außengrenzen der GUS keine wirksamen Barrieren aufgerichtet sind, wird eine unkontrollierte interne Weiterverbreitung zuallererst zu verhindern sein.

Ein wichtiger Schritt zur Eindämmung der unkontrollierten Weitergabe von waffenrelevanten Informationen bestünde im Aufbau einer computergestützten Datenbank, die den Aufbewahrungsort, die Bewegung und die Zerstörung von Dokumenten erfaßt. Eine Konzentration der technischen Dokumentationen an wenigen Orten und eine Verschärfung der Zugangsberechtigung würde den Aufwand für die Kontrolle der Informationsflüsse erheblich vermindern.

Die Sicherheits- und Kontrollregime sind in den GUS-Staaten erst im Aufbau befindlich. Und da der Vertrag über die Nichtweiterverbreitung von Atomwaffen den Export potentiell zivil und militärisch nutzbarer Nuklearressourcen ausdrücklich zuläßt, kann das Proliferationsrisiko durch die Einbeziehung der GUS-Staaten in die Sicherheitsmaßnahmen der ›Nuclear Suppliers' Group‹ und des ›Nuclear Exporters Committee‹ bestenfalls vermindert werden.[36] Die Bundesrepublik, um nur ein Beispiel zu nennen, ist durch die Mitgliedschaft in den genannten Komitees bis Anfang der neunziger Jahre auch nicht an Exporten in den Irak gehindert worden.

Bis heute ist das Proliferationsproblem im Westen, trotz aller Geschäftigkeit, in seiner ganzen Tragweite nicht erfaßt worden. Geheimdienstinformationen über unautorisierte Exporte von Nuklearressourcen fallen eher beiläufig an. Eine sinnvolle Aufgabe für die nach dem Ende des Ost-West-Gegensatzes eigentlich obsolet gewordenen Geheimdienste könnte in der internationalen Koordination der Nachrichtenauswertung bestehen, möglicherweise gar im Aufbau einer gemeinsamen nuklearen ›Interpol‹. Freilich, das Pentagon und einflußreiche amerikanische

Senatsmitglieder möchten das Proliferationsproblem allzu gern als einseitiges, nämlich als Problem der GUS-Staaten angesehen wissen. Vertan wird so die wohl einmalige Chance, wirksame internationale Verifikationsregime bei der weltweiten Zerstörung von Atomwaffen wie bei der Non-Proliferation zu schaffen.

Die Konzentration der Aufmerksamkeit auf Rußland ist zwar wegen der dortigen Zusammenziehung der taktischen Atomwaffen verständlich. Jedoch gilt es zugleich, alle GUS-Staaten, die sensitive Nuklearmaterialien bzw. Bombenkomponenten herstellen oder lagern, in die Bildung von einheitlichen Sicherheitsvorkehrungen und Exportregeln einzubeziehen. Statt vielfältiger Einzelaktivitäten der USA, Großbritanniens, Frankreichs, Italiens, Japans und der Bundesrepublik wäre es geboten, eine neue internationale Agentur für die Atomwaffenzerstörung zu schaffen, die technisch-organisatorische Hilfestellung gewährt, ein Verifikationsregime für die Atomwaffenzerstörung institutionalisiert und dafür Sorge trägt, daß keine neuen Atomwaffenstaaten entstehen. Die russischen Erfahrungen könnten gleichsam als Probelauf für eine solche International Agency for the Destruction of Nuclear Weapons dienen.

Überdies müßten die Vereinten Nationen mit neuen Kompetenzen ausgestattet werden, um Staaten, die Material oder Technologien zur Herstellung von Atomwaffen erwerben wollen, zu sanktionieren. Die von Interessen der Nuklearindustrie dominierte und mit ihren landläufigen Safeguards heillos überforderte Wiener Atomenergiebehörde wäre so zu stärken, daß sie die Überwachung von Spaltstoffflüssen ausweiten und nachdrücklich wirksam werden lassen kann. Dazu würde vor allem auch eine Aufhebung der Begrenzungen von Zugangsrechten der IAEO sowohl bei nicht-nuklearen wie bei nuklearen Teilnehmerstaaten des NPT gehören.

Tatkräftiger Förderung bedarf in diesem Zusammenhang die Idee, eine international kontrollierte Lagerung und Sicherung von (End)Lagerstätten mit atomarem Bombenmaterial – z.B. unter UN-Ägide – zu bilden.[37]

Gesetzgebung, Exportgenehmigungsverfahren, Zollkontrollen und Ermittlungsinstrumente wären im Nichtweiterverbreitungsregime durch die Vereinheitlichung nationaler Exportkontrolllisten zu stärken. Die Exportpolitik der ›Full Scope Safeguards‹, die kerntechnische Exporte nur noch in Länder erlaubt, deren Anlagen internationaler Überwachung unterstehen, und auf die sich die meisten Lieferländer geeinigt haben, bedarf nun vor allem der Zustimmung durch die Nachfolgestaaten der Sowjetunion.[38] Mit Ausnahme Chinas haben mittlerweile alle Nuklearnationen zugestimmt, kein Nuklearmaterial an Staaten zu verkaufen, die ihre Einrichtungen der Inspektion durch die IAEO entziehen. Da lieferbereite Atommächte jedoch nur verpflichtet sind, jene Anlagen inspizieren zu lassen, die ihre Exporte ausdrücklich deklarieren, konnten in der Vergangenheit Schlupflöcher für Staaten wie Pakistan, Indien, Algerien und Israel entstehen, die alle den Nichtweiterverbreitungsvertrag nicht unterzeichnet haben. Eine Zusatzvereinbarung zum Vertrag über die Nichtweiterverbreitung von Atomwaffen hätte diese Schlupflöcher zu stopfen, indem nämlich ein einheitliches Inspektionsregime vereinbart wird, dem sich nicht nur die nuklearen Habenichtse, sondern auch die Atommächte zu unterwerfen hätten. Letztlich steht der Aufbau einer internationalen Behörde zur Kontrolle aller Nuklearangelegenheiten und zur Verhinderung weiterer militärischen Gebrauchs von Nuklearressourcen auf der Tagesordnung. Der Baruch-Plan von 1946, der seinerzeit an der vorgesehenen Festschreibung des Atommonopols der USA scheiterte, bedürfte einer aktualisierten Wiederbelebung. Dem stehen jedoch bisher gerade die Interessen der westlichen Atomindustrien entgegen. Soll die Beschwörung der Proliferationsgefahren aus der GUS nicht nur das Klima für eine weitgehende Nuklearabrüstung Rußlands schaffen und die Markt- und Exportinteressen der westlichen Atomindustrien schützen bzw. fördern helfen, dann ist die Preisgabe atomarer Souveränitäten auch auf westlicher Seite gefragt.

Trotz positiver Entwicklungen bei der Stärkung des Nichtverbreitungsregimes im vergangenen Jahr sollte davor gewarnt werden, das Ende des nuklearen Zeitalters frühzeitig auszurufen. Auch wenn die Attraktivität der Atomwaffen als Mittel der internationalen Politik und als Ausweis nationalen Prestiges nach dem Ende des militärischen Ost-West-Gegensatzes abgenommen hat, könnte der Golf-Krieg auch zum Stimulans für Bombenanwärter werden. Erstens erwies sich schlagend die Kraftlosigkeit der derzeitigen IAEO-Inspektionen. Zweitens könnte die konventionelle

Überlegenheit der Anti-Saddam-Koalitition gerade zum Anlaß werden, die militärtechnologische Lücke künftig atomar zu schließen. Und drittens dürfte die unsichere Übergangsperiode in den GUS-Staaten die bisherigen Beschaffungsprobleme deutlich mindern.

Berlin, Juli 1992

1 Überschriften aus: Frankfurter Rundschau, 28.2.1992, Moscow News, 3/1992, Stern, 19.3.1992, The European, 1.5.1992 und Süddeutsche Zeitung, 17.3.1992

2 Hearing of the House Armed Services Committee: Subject: Fate of Soviet Nuclear Weapons, 13.12.1991

3 Wirtschaftswoche, 51/52/19.12.1991, 34ff.

4 Zachary Davis, Jonathan Medalia: Nuclear Proliferation from Russia: Options for Control, Congressional Research Service, Washington D.C., 30.3.1992

5 Faligot, Roger und Mather, Ian: Iran has the N-bomb, The European, 1.5.1992

6 Vgl. No arms to Iran, in: The Independent, 17.3.1992; Iran, in: Trust and Verify No 28, May 1992; Sandler, Neil: Nuclear know how transfer denied, in: Janes Defense Weekly, 20.6.1992, S.1055; Atomwaffenlieferung dementiert, in: Frankfurter Allgemeine, 18.3.1992

7 Vgl u.a. Rotes Gift, in: Wiener, Dezember 1991, S.245–247, Österreichische Ausgabe

8 Vgl. William C. Potter: Exports and Experts: Proliferation Risks from the New Commonwealth, in: Arms Control Today Jan/Feb. 1992, 32.; vgl. auch Washington Post, 3.2.1992.

9 Carla Anne Robbins: The Nuclear Epidemic, in: U.S. News World Report, 16.3.1992, S. 44

10 Frankfurter Rundschau, 2.3.1992

11 Davis, Medalia: a.a.O.,S. 11

12 Karl-Heinz Kamp: Die Sicherheit der sowjetischen Atomwaffen, in: Europa-Archiv 46. Jg., 20 Folge, 25.10.1991, S.593–600

13 Vgl. Opening Statement of the Honorable William F. Burns, before House Armed Services Committee, 26.3.1992

14 Aviation Week Space Technology 10.2.1992, 23.; International Disarmament Corporation, President Troy E. Wade II, unveröffentlichtes Projektangebot, Washington 1992.

15 Federation of American Scientists and Natural Ressources Defense Council: Report on the Fourth International Workshop on Nuclear Warhead Elimination and Nonproliferation, Washington, 26.-27.2.1992, S.III und S.11

16 Ebd. S.8f. Die USA haben eine vergleichbare, etwas mehr als halb so große Lagerstätte für weniger als 40 Mio Dollar gebaut. Der damals stellvertretende russische Atomminster Michailow ging bei einem früheren Expertenseminar davon aus, daß zwischen 10 und 100 Mio Dollar allein für die Ruhigstellung der örtlichen Bevölkerung auszugeben seien. Vgl. Natural Ressources Defense Council: Report on the Third International Workshop on Verified Storage and Destruc-

tion of Nuclear Warheads, Moscow, Kiew, 16.-20.12.1991, S.13f. Vgl.auch: Hearing of the Senate Armed Services Committee, Subject: Dismantling of the Former Soviet Union's Nucelar Weapons, Aussagen von Reginald Bartholomew.

[17] Vgl ebd., S.14

[18] Als Vorbedingung für amerikanische Assistenz beim Zerstören von Atomwaffen wurde vom Pentagon explizit der Ausschluß von militärischer Wiederverwendung von nuklearem Sprengstoff genannt, vgl. Memorandum for Director of the Office of Management and Budget, The Deputy Secretary of Defense, Washington, D.C. 20301–1.000, 14.4.1992.

[19] Frank von Hippel, Control and Disposition of Nuclear-weapons Materials, Fuel Cycle 92, Conference-paper, Council for Energy Awareness, Charleston, South Carolina, 24.3.1992.

[20] Smith, Jeffrey: Bush Formalizes Halt to Nuclear Production; Washington Post, 14.7.1992; Gordon, Michael R.: It's Official: U.S. Stops Making Material for Nuclear Warheads, New York Times, 14.7.1992. Mehrere Punkte dieser Initiative machen jedoch stutzig: Erstens produzieren die USA seit 1964 kein hoch angereichertes Uran und seit 1988 kein Plutonium mehr, weigerten sich aber immer, einen formellen Verzicht einzugehen. Zweitens ist kein Angebot eines vertraglichen Verbotes mit dem einseitigen Schritt verbunden; dies erlaubt theoretisch den jederzeitigen Widerruf. Drittens verwundert der Vorstoß so kurz nach dem Gipfel mit Boris Jelzin über tiefe Einschnitte bei den strategischen Atomwaffen; nicht ausgeschlossen ist, daß die Bush-Administration jenen Jelzin/Kosyrew-Kritikern den Wind aus den Segeln nehmen will, die klagen, Jelzin sei Bush zu weit und ungleichgewichtig entgegengekommen. Jene aber könnten Jelzin jetzt hindern, mit Gorbatschows Angebot der Einstellung der Plutonium-Produktion ernst zu machen – sie könnten argumentieren, daß allein die USA die Technologie der Plutoniumaufarbeitung für neue Sprengköpfe besitzen (s.o.).

[21] Christopher Paine, Thomas B. Cochran: So little time, so many weapons, so much to do, in: The Bulletin of the Atomic Scientist, Jan./Febr. 1992, 14.; Verifikationsmaßnahmen, v.a. um die Zerstörung von Attrappen, die für Atomwaffen ausgegeben werden, auszuschließen, beschreiben Theodore B. Taylor und Lev P. Feoktistov: Verified Elimination of Nuclear Warheads and Deposition of Contained Nuclear Materials, Paper der Pugwash Study Group ›Desirability and Feasibility of a Nuclear-Free World‹.

[22] Kabinettbericht über Maßnahmen gegen den unerlaubten Umgang mit Kernbrennstoffen aus GUS-Staaten, Ausschuß für Umwelt, Naturschutz und Reaktorsicherheit des Deutschen Bundestages, 12. Wahlperiode, Ausschuß-Drucksache 0200.

[23] Russische Offizielle schwanken in ihren Angaben zwischen 1.500 (Jahresleistung 1991) und 8.000 Sprengköpfen (mögliche Jahresleistung, wenn keine neuen Sprengköpfe mehr gebaut würden), die jährlich delaboriert werden können. Für die erste Zahl steht General Batenin (vgl.: NRDC: Report on the Third International Workshop, a.a.O. S. 12); für die zweite der Erste Stellvertretende Minister für Atomenergie, Nikepelow (vgl. FAS/NRDC: Report on the Fourth International Workshop, a.a.O. S.7)

[24] Cochran, Norris, a.a.O., 18; die Angabe einer Verbrennungskapazität von 30 Tonnen angereichertem Uran bzw. 40 Tonnen Plutonium jährlich von Gerhard Locke,

Wohin mit dem nuklearen Material der GUS? In: Frankfurter Allgemeine 6.2.1992, dürfte weit überzogen sein.

[25] Dies unter der Annahme, daß rund 100 Tonnen Pu und rund 1.000 Tonnen Uran in der Gesamtheit aller Waffen enthalten sind. Es ist davon auszugehen, daß prozentual mehr nukleare Waffenmaterialien frei werden als Sprengköpfe abgerüstet werden, da unter den Sprengköpfen viele alte, mit hoher Sprengkraft und großen Mengen Nuklearmaterial sind. Über die jährlichen Verbrennungskapazitäten ziviler Reaktoren für angereichertes Uran liegen keine zuverlässigen Angaben vor.

[26] Senate Armed Services Committee Delegation's Visit to Russia, Kazakhstan and Ukraine, 15.-20.1.1992, Trip Report.

[27] Vgl. Leichtfertiges Spiel, Experten warnen vor der Verwendung von Plutonium in den Brennstäben westdeutscher Kernkraftwerke: Der Bombenstoff berge ungeahnte Risiken, in: Der Spiegel 7/1992, S.43–45

[28] So der Erste Stellvertretende Wissenschaftliche Direktor von Arsamas 16, Mitglied der Akademie der Wissenschaften, Juri Trutnew. Vgl.NRDC: Report on the Third International Workshop, a.a.O., S.22

[29] Vgl. von Hippel: a.a.O.; eine Darstellung der verschiedenen Vorschläge zum Umgang mit dem sowjetisch-russischen Bombenplutoniums findet sich bei Gero von Randow: Der Fluch des Bombenplutoniums, in: Die Zeit 1.5.1992

[30] David C. Morrison: Heavy Metal, in: National Journal 3/14/1992, S.662

[31] London Financial Times 12.2.1992

[32] Ein Katalog von Maßnahmen wird in dem Kabinettsbericht über Maßnahmen gegen den unerlaubten Umgang mit Kernbrennstoffen, a.a.O., diskutiert, vgl. insbes. 19ff.

[33] Aussage von Viktor Sliptschenko vor dem Washington Council on Non-Proliferation, Treffen vom 20.3.1992

[34] Paul L. Leventhal: Plugging the Leaks in Nuclear Export Controls: Why Bother?, in: Orbis, Spring 1992, 178f.

[35] Testimony of Robert L. Gallucci, Senior Coordinator for the Deputy Secretary, before the Senate Foreign Relations Committee, 17.3.1992

[36] William C. Potter: The New Nuclear Suppliers, in: Orbis, Spring 1992, S.209

[37] Vgl. den Beitrag von Roland Timerbajew während Treffens vom 20.3.1992 des Washington Council on Non-des Proliferation

[38] Harald Müller: Das nukleare Nichtverbreitungsregime im Wandel, in: Europa-Archiv 2/1992, 53ff.

Der Blick in die Zukunft

Der Anspruch auf die Bombe

Sergej Blagowolin

Die Unionsstrukturen der UdSSR sind bedauerlicherweise so schnell und chaotisch zerfallen, daß für die strategischen und taktischen Kernwaffen wie auch für die konventionell bewaffneten Streitkräfte eine völlig paradoxe Situation entstand: Sie wurden einfach ›nationalisiert‹, d.h. von den Republiken angeeignet, auf deren Territorien sie sich gerade befanden. Meines Erachtens hätte der Zerfall des Imperiums nicht vom Verlust des gesunden Menschenverstandes begleitet werden dürfen.

Selbstverständlich war, als diese Zeilen geschrieben wurden, schon bekannt, daß auch die Ukraine und Belorußland mehrfach ihre Bestrebungen unterstrichen hatten, kernwaffenfrei zu werden. Es gab und gibt aber in diesen Positionen so viele Nuancen, daß Änderungen unter bestimmten Vorwänden bis 1994, also bis die Kernwaffen auf ihren Territorien liquidiert sein sollen, nicht ausgeschlossen werden können. Auch Kasachstan hatte, bis zur Reise von Präsident Nasarbajew nach Washington im Mai 1992, seine Absicht erklärt, die auf seinem Territorium stationierten Kernwaffen noch für einen längeren, überschaubaren Zeitraum zu behalten.

Ich bin leider nicht davon überzeugt, daß die Führungen der drei ›neuen‹ Kernwaffenstaaten in der Kernwaffe eine schwere Belastung sehen und sie unter den heutigen geopolitischen Bedingungen für überflüssig halten. Unterschwellig hört man, diese Waffen könnten auch so etwas wie eine Garantie gegen militärischen und anderen Druck Moskaus sein. Es ist aber völlig offensichtlich, daß jede expansionistische Politik für Rußland unannehmbar ist, weil sie sehr schnell alle Hoffnungen auf tatsächlich neue Beziehungen Rußlands zum Westen durchkreuzen und das Verhältnis zu den Entwicklungsländern zuspitzen würde. Mit anderen Worten: Rußland würde sich politisch und ökonomisch isolieren.

Häufig taucht die Frage auf, ob nicht auch Rußland ein kernwaffenfreies Land werden sollte. Davon sprach u.a. der Präsident der

Ukraine, Krawtschuk. Die Ukraine gäbe, wie er sagt, mit dem Beginn der Atomwaffenliquidierung anderen ein positives Beispiel. Ich glaube, es handelt sich hier um eine zutiefst falsche Vorstellung. Die Atomwaffen haben ihre stabilisierende Rolle noch nicht zu Ende gespielt. Erstens garantieren sie weiterhin die Stabilität in der gegenwärtigen Übergangsphase, in der sich die Zusammenarbeit zwischen dem Westen und dem ehemaligen Osten gerade erst zu entwickeln beginnt. Und zweitens werden die russischen Kernwaffen, wenn solche Beziehungen hergestellt sind, Teil des allgemeinen nuklearen Garantiesystems gegen alle denkbaren Kriegsgefahren einschließlich der Atomkriegsgefahr sein. Damit wirken sie dann so ähnlich wie jetzt die Kernwaffen der USA, Frankreichs und Großbritanniens. Als ein zentraler Teilnehmer in einem künftigen Sicherheitssystems ›von Vancouver bis Wladiwostok‹ muß Rußland eine ganz bestimmte Rolle als Atommacht spielen, bis im Ergebnis politischer, ökonomischer und militärtechnischer und anderer Entwicklungen die Atomwaffen auch weltweit beseitigt sein werden. Dieser Prozeß wird sich jedoch sehr langsam vollziehen. Außerdem darf man die geopolitische Lage Rußlands nicht außer acht lassen, die gegenwärtig sehr ungünstig und potentiell gefährdet ist.

Bei einer positiven Entwicklung der GUS könnte Rußland jenen Mitgliedern eine atomare Garantie anbieten, die daran interessiert sind. Die Erfahrungen westlicher Länder mit der Nukleargarantie der USA sind ein Beleg dafür, daß eine solche Sicherheit durchaus ein sehr effektives Mittel sein kann, um Stabilität aufrechtzuerhalten. Sie ist zugleich ökonomisch und politisch vorteilhaft für jene Länder, die sie nutzen.

Wenn nun statt einer ehemals sowjetischen Atommacht vier oder auch nur zwei auftauchen würden, dann wäre das ein vernichtender Schlag gegen das Nichtweiterverbreitungsprinzip. Neue Atommächte in Europa – das hätte einfach katastrophale Konsequenzen für die internationale Stabilität. Folglich wäre es am besten, wenn wir zu einer Situation zurückkehrten, wo es auf dem Territorium der heutigen GUS nur eine atomare Macht gibt, nämlich Rußland als Rechtsnachfolger der UdSSR.

In diesem Zusammenhang sollte man auch bedenken, daß die außerhalb der russischen Grenzen dislozierten strategischen Kernwaffen ihre Gefährlichkeit nicht eingebüßt haben. Selbst wenn es derzeit nur in Rußland ein Führungssystem für diese Waffen gibt, so muß dies ja nicht immer so bleiben. Es ist vielmehr eine Frage der Zeit und der Ressourcen. Und die Gefahr der Schaffung ›paralleler‹ oder ›autonomer‹ Führungsmittel auch in anderen Republiken ist gar nicht so unrealistisch. Das wäre ein weiterer Grund, warum die vollständige Beseitigung strategischer Kernwaffen in der GUS außerhalb der Grenzen Rußlands bis 1994 für die ganze Weltöffentlichkeit so wichtig ist. Die Auffassungen der Weltgemeinschaft, in erster Linie der westlichen Länder, spielen hierbei eine sehr bedeutsame Rolle.

In Kasachstan gelangte man zu der Ansicht, daß die Liquidierung der dortigen Kernwaffen völlig im Interesse dieses Landes und seiner Beziehungen zum internationalen Umfeld liegt. Zweifelsohne ist das zugleich ein Resultat einer entschlossenen und durchdachten Politik des Westens und die Bestätigung eines klugen, ausgewogenen Kurses des kasachischen Präsidenten Nasarbajew.

Demgegenüber prägen sich gegenwärtig die Besonderheiten der Ukraine immer stärker aus. Es geht nicht einmal so sehr darum, ob Kiew den Non-Proliferationsvertrag als Kernwaffenmacht oder Nicht-Kernwaffenmacht unterschreibt (davon kann in gewissem Maße der Zeitplan für die Liquidierung der auf ihrem Territorium verbleibenden Kernwaffen abhängen). Das Wichtigste ist vielmehr die eskalierende innenpolitische ukrainischen Debatte über die Zweckmäßigkeit eines Nichtkernwaffenstatus. Die Ansicht, dieser Status sei unzweckmäßig, findet nicht nur Anhänger unter den wichtigsten oppositionellen Kräften, in der RUCH, sondern auch unter jenen, die Präsident Krawtschuk unterstützen. Bisher gibt es keinen Anlaß anzunehmen, die Gegner einer ›kernwaffenfreien‹ Ukraine würden eine Mehrheit bilden. Doch wird deren Argumentation in dem Maß neue Anhänger finden, in dem sich die verschiedenen anstehenden Konflikte mit Rußland zuspitzen. Ziemlich populär ist schon die Auffassung, die Ablehnung von Kernwaffen wäre eine durch und durch romantische Idee. .

Noch vor kurzem stützten sich die ukrainischen Verfechter dieser Meinung auf Kasachstan. Nach den letzten Beschlüssen der kasachischen Führung ist das aber nicht mehr möglich, und eine andere Sichtweise rückt in den Vordergrund. Der zufolge gelang es Alma-Ata erstens nicht, sich einer Nukleargarantie der USA zu versichern; zweitens setzt Kasachstan auf enge Zusammenarbeit mit Rußland, die über die im Mai 1992 in Taschkent abgeschlossene Vereinbarung über kollektive Sicherheit hinausgeht; drittens hängt die Sicherheit Kasachstans aus den genannten Gründen jetzt maßgebend von der Kernwaffengarantie Rußlands ab. Dieser Umstand würde einerseits die politische Unabhängigkeit des Landes begrenzen. Andererseits wäre die Lage, angesichts der unklaren Situation in Rußland selbst, nicht stabil genug.

Es ist ziemlich kompliziert, die künftigen Entwicklungen der Situation und Diskussion in der Ukraine zu beurteilen. Je zugespitzter die Beziehungen mit Rußland sich entwickeln, um so schwieriger wird eine Vorhersage. Die Gefahr besteht darin, daß politische Kräfte – aus innenpolitischen Gründen – in die Versuchung geraten könnten, die Beziehungen zu Rußland vorsätzlich zu verschärfen, um möglichst große Teile der Bevölkerung auf ihre Seite zu ziehen. Noch vor kurzem rechneten die Experten damit, daß der Status einer Atommacht für die Ukraine wegen des ›Tschernobyl-Syndroms‹ undenkbar wäre.

Meines Erachtens hat unter den gegenwärtigen Bedingungen die Position des Westens besonderes Gewicht. Man kann dort wie in der Ukraine recht häufig die Auffassung antreffen, daß man die Kritik an den Atomwaffenbefürwortern nicht ›überziehen‹ dürfe, weil sonst eine gegenläufige Reaktion in dieser Republik ausgelöst werden könnte. Dem kann ich nicht zustimmen. Der Einsatz ist viel zu hoch, zumal Kiew bereits die Verpflichtung eingegangen ist, der Weltgemeinschaft als kernwaffenfreie Macht angehören zu wollen.

In Belorußland ist in dieser Hinsicht die Lage zur Zeit weitaus klarer. Aber zugleich sind erstens ernsthafte Veränderungen in der politischen Konstellation in Belorußland nicht auszuschließen; und zweitens darf man den Einfluß der Entscheidung nicht unterschätzen, die die Ukraine schließlich treffen wird.

Die eigentliche Garantie gegen unvorhersehbare Situationen ist die Festigung der inneren Stabilität in den Ländern der GUS und die Vermeidung von Konflikten zwischen ihnen. Hier spielt auch der Zerfall der ›herkömmlichen‹ bewaffneten Kräfte der ehemaligen Union eine große Rolle. Auf dem Treffen der Staatsoberhäupter der GUS in Kiew am 20. März 1992 gelang es, einige der damit zusammenhängenden Probleme zu lösen. Insgesamt ist man allerdings von einem befriedigenden Ergebnis noch weit entfernt. Selbst die Unterzeichnung des Abkommens über kollektive Sicherheit in Taschkent verschärfte, meiner Ansicht nach, in gewisser Hinsicht die Situation, weil die Kontroll- und Befehlsgewalt über den Hauptteil der ›Kräfte allgemeiner Bestimmung‹ außerhalb Rußlands nicht im geringsten verstärkt wurde.

Wie auf allen anderen Gebieten hängt in der GUS auch im militärischen Bereich alles Wesentliche davon ab, wie sich die innenpolitische und wirtschaftliche Lage entwickeln wird. Schreitet der Destabilisierungsprozeß weiter voran, so wird der Verlust der Kontrolle über die ›Kräfte allgemeiner Bestimmung‹, die im Sommer 1992 bereits kernwaffenfrei sein sollen, zu einer immer größeren Gefahr.

Gerade bei einer Verstärkung der Instabilität könnte die Versuchung entstehen, Kernwaffen zu unterschlagen und zur Erpressung einzusetzen. Anlässe gäbe es genug. Man darf auch nicht vergessen, daß – abgesehen von der möglichen Existenz versteckter (oder vergessener) Gefechtsköpfe – in vielen Teilen der ehemaligen Union die Köpfe und Hände, die Technologie und das Material für den Bau von Kernwaffen vorhanden sind.

Schon jetzt muß man aber auch über die etwas fernere Zukunft nachdenken. Die im Juni 1992 in Washington während des Jelzin-Besuchs mit den USA erzielte Übereinkunft über den weiteren substantiellen Abbau bei strategischen Offensivwaffen und über die Zusammenarbeit hinsichtlich einer Antiraketenverteidigung spiegelt die vorherrschende Tendenz der Diskussion unter den Verantwortlichen in Rußland wider. Beide Staaten haben noch große Reserven zur einseitigen Reduzierung ihrer Kernwaffen.

Gleichzeitig können Schritte in dieser Richtung nicht unternommen werden, ohne die mögliche äußere Gefahr zu berücksichtigen, die für Rußland und die Länder des Westens gleichermaßen bedeutsam ist. Unter diesem Blickwinkel hat sich auch eine lebhafte Diskussion über die Zweckmäßigkeit der Teilnahme an der gemeinsamen Ausarbeitung eines Systems der Antiraketenverteidigung mit den USA und wahrscheinlich einigen ihrer Verbündeten entwickelt. Den Vorschlag dazu hatte bekanntlich Präsident Jelzin bereits im Januar 1992 gemacht.

Gestritten wird dabei in verschiedener Hinsicht – unter dem Aspekt der politischen und ökonomischen Zweckmäßigkeit, der

›Treue‹ zum Vertrag über die Antiraketenverteidigung von 1972 usw. Ich gehe davon aus, daß dieser Vorschlag des Präsidenten Rußlands zu den wichtigsten des gesamten ›Pakets‹ seiner Initiativen gehört, sowohl unter militärischen und militärtechnischen als auch unter politischen Gesichtspunkten. Ich will begründen, warum ich die gemeinsame Ausarbeitung eines solchen Systems prinzipiell unterstütze:

Die voraussichtlichen Bedrohungen, die mit der Weiterverbreitung der Atom- und Raketenwaffen verbunden sind, werden zunehmen. Nach unterschiedlichen Quellen wird es zum Ende des Jahrhunderts ungefähr zehn weitere Länder geben, die sowohl die einen wie die anderen Mittel besitzen. Deshalb ist die Schaffung eines begrenzten Systems der Antiraketenverteidigung (in den USA heißt es G-PALS) ein notwendiges Element der Absicherung. Seine Bedeutung ist sowohl für den Schutz des Territoriums jener Länder sehr groß, die am Aufbau eines solchen Systems teilnehmen werden, als auch für die mögliche Verteidigung anderer befreundeter Staaten, die durch einen Überfall mit atomaren Raketen gefährdet wären. Von besonderem Interesse ist die Fähigkeit von G-PALS, taktische und operativ-taktische ballistische Raketen zu vernichten, über die zum Beispiel der Irak, Syrien und einige andere Staaten verfügen.

Die Hauptbestandteile von G-PALS sollen im Weltraum stationierte Sensoren sowie Anti-Raketen-Raketen wie ERINT und ARROW sein. Westliche Experten sehen in den neuesten Raketen, die in unserem Land entwickelt und im Sommer 1991 auf der Ausstellung in Le Bourget vorgestellt wurden, eine mögliche Komponente dieses Systems. Es gab auch Meldungen darüber, daß das Verteidigungsministerium der USA daran interessiert ist, über 50 Technologien, die in der ehemaligen UdSSR, und zwar fast alle in russischen wissenschaftlichen Forschungsorganisationen, erarbeitet wurden, für G-PALS zu nutzen.

In der gegenwärtigen Situation ist es für Rußland besonders wichtig, daß sich seine Teilnahme an diesem Programm nicht auf die Rolle eines Juniorpartners oder Bittstellers reduziert.

Die mobilen Anti-Raketenkomplexe, die ein System wie G-PALS vorsieht, könnten bei Bedarf verhältnismäßig leicht und schnell in verschiedenen Regionen der Welt stationiert werden. Der Preis eines Systemelements, das für die Fähigkeit berechnet ist, ungefähr 200 Gefechtsköpfe abzufangen, beträgt 40 bis 60 Mrd. Dollar unter Berücksichtigung der bereits für die Entwicklung ausgegebenen Milliarden.

Schon deshalb wäre ein solches System auch für Rußland annehmbar: Es wäre mit jenen Ausgaben vergleichbar, die auch für die Schaffung anderer Waffenarten notwendig wären, mit denen wir uns zukünftig gegen die Raketenkernwaffen ›dritter‹ Länder schützen müßten. Hinzu kommt, daß auf diesem Wege die Entwicklung einer Reihe perspektivisch wichtiger Militärtechnologien in Rußland gesichert werden kann.

In militärpolitischer Hinsicht wird diese gemeinsame Forschungsarbeit mit den USA zu einer völlig neuen Qualität unserer Beziehungen führen und den Grad der gegenseitigen militärischen Abhängigkeit erhöhen. Sehr nützlich wäre es auch, wenn Rußland andere Staaten für die Teilnahme an diesem Projekt gewinnen könnte. Mehrere europäische Staaten, Südkorea, möglicherweise sogar Japan wie auch einige Anrainer des Persischen Golfs zeigen schon Interesse. Ihre Teilnahme würde eine ausreichend breite, internationale Unterstützung des Projektes sichern und helfen, die Ausgaben für seine Realisierung zu senken.

In Rußland gibt es Pro und Kontra:

Erstens könnten die nichtrussischen GUS-Staaten dieses System als Bedrohung auffassen. Das ist insofern falsch, als es in den anderen GUS-Ländern – außer Kasachstan – schon ab 1994 keine Raketenkernwaffen mehr geben wird. Sollte sich die Lage jedoch ändern, so wäre dies nur ein Beweis mehr für die Notwendigkeit einer Antiraketenverteidigung.

Zweitens vermuten manche hinter dieser Idee eine Verschwörung des amerikanischen und russischen Militär-Industrie-Komplexes. Die Ausgaben für ein solches Raketenabwehrsystem liegen dagegen in einer Größenordnung, die die Verteidigungsausgaben der USA im Jahre 1995 nicht über einen Anteil von 3 Prozent des Bruttosozialprodukts ansteigen läßt. Verteidigungsausgaben in dieser Größenordnung sind aber völlig unumgänglich, wenn man ein effektives Militärpotential erhalten will. Von einer Verschwörung der militärisch-industriellen Komplexe kann dabei nicht die Rede sein.

Drittens, so wird argumentiert, könnte ein Anti-Raketensystem nicht vor Nuklearterrorismus schützen, da es andere Transportmöglichkeiten für atomare Sprengsätze gibt. Dieses Argument geht völlig am Ziel vorbei, da es bei einem solchen Abwehrsystem doch gar nicht um den Schutz vor Terroristen geht, sondern um den Schutz vor solchen Waffen, um die sich viele Staaten sehr aktiv und erfolgreich bemühen.

Ein vierter und letzter Einwand lautet: Die Entwicklung eines solchen Systems wäre mit dem Vertrag über die Anti-Raketenverteidigung nicht vereinbar und könnte den USA zu einer strategischen Überlegenheit verhelfen. Doch auch dieses Argument ist unhaltbar; denn gerade dieser Vertrag, der ein Dokument aus der Zeit der Ost-West-Konfrontation ist, veraltet zusehends. Wenn man schon über das wichtigste langfristige politische Ziel der Gegenwart spricht, dann kann dieses heute nur darin bestehen, Schritt für Schritt Bündnisbeziehungen mit dem Westen herzustellen. In einem solchen Kontext wird selbst die Vorstellung strategischer Parität genauso sinnlos, wie sie in den Beziehungen zwischen den USA und Westeuropa völlig gegenstandslos ist.

Es gibt noch ein weiteres Argument, das für ein gemeinsames Verteidigungssystem gegen Raketen spricht: Zweifelsfrei wird es das internationale Ansehen und die Autorität Rußlands sprunghaft vergrößern. Auch für die Weltgemeinschaft wäre es äußerst wichtig, daß das neue, demokratische Rußland nicht ein isoliertes, provinziell denkendes und in seinen inneren Widersprüchen hoffnungslos verstricktes Land bleibt. Denn in einem solchen Falle wäre die Atomwaffen-Hinterlassenschaft der ehemaligen UdSSR besonders gefährlich. Und obwohl Rußland den Status einer militärischen Supermacht endgültig verloren hat und es sinnlos ist, dem nachzutrauern, muß es eine aktive politische und ökonomische Rolle in der Welt spielen. Rußland gehört zu den wichtigsten Stützen jenes allgemeinen Sicherheitssystems von Vancouver bis Wladiwostok, dessen Aufbau gegenwärtig soviel Hoffnungen weckt.

Moskau, Mai 1992

Kernwaffen und neue Weltordnung

Oleg Bykow

Seit Kernwaffen existieren, sind sie zum festen Bestandteil von Politik und Strategie geworden, so daß man sich heute weder ihre vollständige Beseitigung noch eine wesentliche Änderung ihrer Funktion vorstellen kann.

Aber die Welt von heute unterscheidet sich frappierend von der vergangener Jahre.

Die Beendigung des Kalten Krieges, die Überwindung der Spaltung Europas, der Zerfall des sowjetischen Imperiums sowie der Sowjetunion selbst verändern grundlegend das globale politische Bild und erfordern ein Überdenken der Rolle und des Platzes von Kernwaffen.

Die bipolare Struktur der Welt wurde überwunden. Bei der Reduzierung strategischer Angriffswaffen der beiden Kernwaffen-Supermächte und der Kürzung konventioneller Kräfte in Europa konnten Übereinkünfte erreicht werden. Der Ausbruch eines bewaffneten Konflikts großen Maßstabs, um so mehr eines Atomkrieges, ist sehr unwahrscheilich. Die Konturen eines neuen Systems internationaler Sicherheit zeichnen sich ab.

Nukleare Konfrontation in der postkonfrontativen Welt

Die totale Konfrontation ist beendet, aber die ihretwegen geschaffenen Strukturen existieren noch: So lagern in den USA 18.000 Sprengköpfe, in der ehemaligen UdSSR mindestens 32.000. Der Zerfall und die Desorganisation der Streitkräfte der ehemaligen UdSSR sind für beide Seiten beunruhigend, denn es besteht die reale Gefahr, die Kontrolle über diese Waffen zu verlieren. Die notwendige Reduzierung strategischer und taktischer Kernwaffen ist somit zu einem elementaren Sicherheitserfordernis geworden. Aber auch unter wirtschaftlichem Aspekt ist ein Abbau der geschaffenen Strukturen für beide atomaren Supermächte von Bedeutung. Obwohl die USA heute nur noch 4,5 Prozent ihres Bruttosozialprodukts für militärische Zwecke ausgeben, ist es notwendig, diese unproduktiven Ausgaben zu kürzen und sie für zivile Zwecke einzusetzen. In der ehemaligen Sowjetunion hat diese Frage existentielle Bedeutung erlangt. Dies gilt insbesondere für Rußland, das unter den Bedingungen des wirtschaftlichen Zerfalls gezwungen ist, die Last für den Unterhalt der Streitkräfte der GUS fast allein zu übernehmen. Diese Ausgaben machen mindestens ein Drittel des sich ständig verringernden Bruttosozialprodukts Rußlands aus.

In diesem Zusammenhang sei noch einmal die Bedeutung der bereits beschlossenen außerordentlich weitreichenden Maßnahmen zur Reduzierung der Kernwaffen hervorgehoben. Dennoch, so wichtig eine einfache zahlenmäßige Reduzierung auch sein mag, sie verändert in rein militärischem Verständnis die globale Situation nicht prinzipiell. Die USA und Rußland/GUS besitzen auch nach der vorgesehenen Verringerung ihrer Kernwaffen die Fähigkeit, sich gegenseitig und auch die ganze Menschheit zu vernichten.

Nicht außer acht lassen darf man auch die Wirkung solcher Faktoren wie der engen Verflechtung der beiden nuklearen Supermächte und die gewaltigen technischen Schwierigkeiten, die mit der Vernichtung der Kernwaffen verbunden sind. Auch hinsichtlich der Interessen der Militär-Industrie-Komplexe an der Fortsetzung ihrer Produktion und wissenschaftlich-technischen Forschung kann man bei beiden Kernwaffen-Supermächten von einer objektiven Deckungsgleichheit sprechen. So sind seitens der USA Bestrebungen zu beobachten, ihre Führung in der westlichen Welt als größte Atommacht zu festigen. Rußland braucht Kernwaffen, um seine internationale Position zu behaupten, als Ausgleich für die sinkende Kampffähigkeit der allgemeinen Truppenverbände sowie zur Stabilisierung der Beziehungen mit den anderen GUS-Mitgliedsstaaten.

Die traditionellen Konzeptionen, die durch die Kernwaffenära entstanden sind, können heute nicht mehr der universelle Leitfaden für Politik und Strategie unserer Zeit sein. Ihnen fehlt der grundlegende Inhalt, wenn es auf beiden Seiten keine Gefahr für einen beliebigen sowjetisch-amerikanischen Zusammenstoß mehr gibt. Unter den neuen Bedingungen tauchen dagegen völlig andere Gefahren auf, wie Nationalitätenkonflikte, Bürgerkriege, Terroranschläge u.a. Für ihre Neutralisierung sind Kernwaffen kaum geeignet.

Die gegenseitige Abschreckung, die Dreh- und Angelpunkt der Militärdoktrinen beider atomaren Supermächte geworden war, macht jetzt der Zusammenarbeit und sogar Freundschaft Platz. Damit erübrigt sich im Prinzip die gegenseitige Abschreckung. Es ist sicher nicht möglich, in einem einzigen Zug das Gleichgewicht der Nuklearpotentiale der USA und Rußlands/GUS zu verändern. Eine bedeutende Reduzierung der Kernwaffen und ihre Überführung in eine für die andere Seite weniger bedrohliche Position erfordert von beiden Seiten, selbst bei günstigsten Bedingungen, schon große Anstrengungen. Gleichzeitig sind die USA und die NATO durch die Labilität der Situation in der ehemaligen UdSSR ernsthaft beunruhigt. Dieser Umstand zwingt sie, die Reduzierung ihrer Kernwaffen aus Sicherheitsgründen zu bremsen.

Die strategische Parität, die sich zwischen der UdSSR und den USA entwickelt hatte, ist eng mit der gegenseitigen Abschreckung verknüpft. Sie wird in den nächsten Jahren sowohl durch die Prinzipien der Gegenseitigkeit und Vergleichbarkeit als auch durch die Reduzierung der Kernwaffen gewährleistet. Aber selbst wenn das Gleichgewicht bei der Reduzierung nicht zugunsten Rußlands ausfällt, sollte das kein Hinderungsgrund sein, die eigene Militärreform in Übereinstimmung mit den neuen Möglichkeiten und Notwendigkeiten durchzuführen. Dazu gehört dann auch eine vorauseilende, einseitige Reduzierung der Kernwaffen. Alles andere überstiege die ökonomischen Möglichkeiten Rußlands.

Rußland braucht keine Parität, auch nicht im Interesse der militärischen Sicherheit. Die Zahl der strategischen Kräfte der GUS ist völlig ausreichend, um einen Kernwaffenüberfall oder eine Erpressung zu unterbinden.

Der Verzicht auf den Ersteinsatz der Kernwaffe ist ein weiteres überlebtes Konzept der konfrontativen Vergangenheit. Diese propagandistisch Erfolg versprechende Konzeption wurde seitens der Sowjetunion vor allem in Europa praktiziert, da hier der Warschauer Vertrag ein wesentliches Übergewicht an konventionellen Kräften gegenüber der NATO besaß. Dieses Ungleichgewicht sollte nicht durch die Ungewißheit bei der Kernwaffenanwendung kompensiert werden.

Rußland, das nicht die militärische Überlegenheit der ehemaligen Sowjetunion besitzt und keine Absichten eines Überfalls auf Europa verfolgt, benötigt keine Konzeption zum Verzicht auf den Ersteinsatz der Kernwaffe. Die Entwicklung einer allseitigen Partnerschaft zwischen Ost und West führt dazu, daß selbst bei weiterer Existenz atomarer Potentiale die Möglichkeit eines Krieges zwischen den USA und Rußland ebenso unwahrscheinlich ist wie ein militärischer Konflikt zwischen den USA und Großbritannien oder Frankreich.

Die Adaption an die neuen Bedingungen

In der Konfrontationsperiode entstanden viele Ideen, die darauf abzielten, der Anhäufung von Massenvernichtungsmitteln Grenzen zu setzen und mit ihrem schrittweisen Abbau zu beginnen. Obwohl sie von beiden Seiten als naiv, utopisch und für die internationale Sicherheit schädlich angesehen wurde, setzte sich die ›Antikernwaffen‹-Logik in der öffentlichen Meinung durch und formulierte alternative Lösungswege.

Die Ablehnung der Kernwaffen wird in der Hauptsache mit dem Begriff Pazifismus identifiziert. Viele Staaten haben sich für einen kernwaffenfreien Status entschieden. Heute geht es dabei nicht mehr nur um Länder an der Peripherie der atomaren Konfrontation, sondern auch um jene im Epizentrum.

In diesem Zusammenhang ist die Entscheidung der Ukraine, Belorußlands und anderer ehemaliger Sowjetrepubliken, künftig keine Kernwaffen auf ihrem Territorium zu stationieren, von besonderer Bedeutung. Positiv war auch die Haltung Rußlands in dieser Frage, da Rußland nicht nur dem Austritt seiner Nachbarn aus der Welt der Nuklearmächte zustimmte, sondern auch die

Schwierigkeiten im Zusammenhang mit der Umdislozierung der Kernwaffen in Kauf nahm.

Die Schaffung kernwaffenfreier Zonen wurde während des Kalten Krieges nicht nur von der friedliebenden Öffentlichkeit begrüßt. Widerwillig wurde sie auch von den führenden Kernwaffenmächten anerkannt – allerdings unter der Bedingung, daß die Sphäre der unmittelbaren Konfrontation nicht berührt würde. So kam es zur Schaffung kernwaffenfreier Zonen in Lateinamerika und Afrika, aber Europa, das im Zentrum der atomaren Konfrontation stand, war absolut tabu.

Durch die Beendigung des sowjetisch-amerikanischen nuklearen Konkurrenzkampfes wurde das Haupthindernis für die Schaffung kernwaffenfreier Zonen in Europa beseitigt. Dadurch konnten sich reale Bedingungen für die Umwandlung des zentralen und östlichen Teils Europas in umfassende kernwaffenfreie Zonen entwickeln. Eine Denuklearisierung Europas könnte eine weitere geographische Begrenzung für die Kernwaffendislozierung in anderen Teilen der Welt stimulieren, darunter auch in Krisengebieten.

Die minimale Abschreckung als Modell der beiderseitigen Reduzierung von Kernwaffen sagte den sich gegenüberstehenden Supermächten nicht zu. Vereinbarungen über geringfügige Begrenzungen von Kernwaffen änderten nichts an dieser Tatsache, sie regulierten lediglich, konnten aber die Anhebung der atomaren Konfrontation auf eine immer höhere Stufe nicht aufhalten. In der heutigen, prinzipiell neuen Situation ist die Reduzierung der Kernwaffen eine unerläßliche Bedingung für die weitere Gestaltung der russisch-amerikanischen Beziehungen – bis zu jenem Zeitpunkt hin, an dem sie vom Erbe des sowjetisch-amerikanischen Antagonismus vollständig befreit sind.

Die quantitativen Parameter zeigen, daß die USA bereit sind, die Zahl ihrer strategischen Sprengköpfe um mehr als die Hälfte zu reduzieren und Rußland/GUS um drei Viertel. Aber die quantitative Beurteilung ist nur ein Aspekt der Reduzierung, ebenso wichtig sind qualitative Kriterien. Das bedeutet, daß für die minimale Abschreckung nicht nur eine radikale Kürzung der Atomwaffenzahlen erforderlich ist, sondern auch ihre Umstrukturierung, die sie für beide Seiten weniger gefährlich machen würde. Dafür wäre ein Paket von Maßnahmen zur Senkung des Risikos von Kernwaffenzwischenfällen, zur Optimierung geeigneter Gegenmaßnahmen, zur Herabsetzung des Bereitschaftsgrades usw. erforderlich. Das Ziel sollte in Folgendem bestehen: die verbleibenden strategischen Kräfte dürfen nicht mehr fähig sein, einen Atomkrieg zu führen, ihre Aufgabe besteht allein darin, einen jeden beliebigen Krieg zu verhindern.

Neues Herangehen an die Nuklearkriegsgefahr

Die Entstehung und Aufrechterhaltung der neuen Weltordnung muß vor allem mit politischen Mitteln, vorrangig unter der Ägide der UNO, auf dem festen Fundament des Rechts, der Gerechtigkeit und des Humanismus verwirklicht werden. Da aber die Mannigfaltigkeit der Welt, selbst bei konsequenter Entmilitarisierung, noch lange Widersprüche und Zwistigkeiten mit sich bringt, ist es notwendig, auch den militärischen Faktor, einschließlich der atomaren Waffen, als zusätzliche Stabilitätsgarantie einzubeziehen. Dies geschieht aber nicht mehr als Überbleibsel der Vergangenheit, sondern als neues Mittel einer neuen Politik unter neuen Bedingungen.

Verschiebungen bei der Verteilung der Kernwaffen sind unausbleiblich. Die Kernwaffenära, in der die USA und die UdSSR dominierten, gehört der Vergangenheit an. Für die Menschheit wäre es jedoch tragisch, wenn das Kernwaffengleichgewicht durch ein äußerst instabiles polyzentrisches Kernwaffensystem ersetzt würde; es würde zum Chaos führen. Glücklicherweise wird die Hauptrichtung der Weltentwicklung von den mächtigen demokratischen Staaten bestimmt, die durch allgemein humanistische Werte verbunden sind. Neben großem politischem Einfluß und ökonomischer Stärke verfügen sie nahezu über das gesamte Kernwaffenarsenal. Selbst bei radikaler Reduzierung unter Kontrolle der Demokratien bleibt ein bedeutendes Abschreckungspotential erhalten, mit dessen Hilfe jede denkbare Gefahr für die allgemeine Sicherheit abgewandt und jeder beliebige Störenfried der internationalen Stabilität in die Schranken gewiesen werden könnte. Unter diesem Aspekt erwies sich die Überwindung der Golfkrise als zukunfträchtiges Modell für verantwortungsbewußtes Verhalten der Weltöffentlichkeit bei UNO-Sanktionen gegenüber einer Aggression.

Die Kernwaffenmacht China ist gesondert zu sehen, da China einerseits das Gleichgewicht zu Rußland/GUS, andererseits zu den USA anstrebt. Zukünftig kann China in Abhängigkeit von einer konkreten Situation eine neutrale, unterstützende oder entgegengesetzte Position einnehmen. Aber auch in einer Reihe anderer Länder können destabilisierende Kernwaffenpotentiale auftauchen – ebenso in der Hand verantwortungsloser Politiker, Militärs oder Terroristen.

Und dennoch geht die Welt von der Bipolarität der Kernwaffe zur Kernwaffenkoalition demokratischer Staaten über, zu einer Koalition im weitesten Sinne. Die Spezifik der Atomwaffe schließt eine straffe Integration und eine zentralisierte Führung sogar im strategischen Zusammenwirken zwischen den USA, Großbritannien und Frankreich im Nordatlantischen Bündnis aus, ganz abgesehen von Rußland, das gerade erst die Partnerschaft mit der NATO aufnimmt. Diese Koalition verlangt außerordentliche Beweglichkeit ihrer souveränen Teilnehmer, da sie Besitzer unabhängiger Kernwaffenpotentiale sind, die für die Gewährleistung ihrer nationalen Sicherheit bestimmt sind. Aber die sich vertiefende Gemeinsamkeit der militärpolitischen Interessen der demokratischen Staaten wird zunehmend eine gewisse Unterordnung all ihrer nuklearen Potentiale unter die Erfordernisse der internationalen Stabilität verlangen.

Die Umbewertung und Umorientierung der stabilisierenden Kernwaffenkräfte erlaubt den beiden größten Atommächten, den größeren Teil der Ziele ihrer reduzierten strategischen Kräfte in Abstimmung mit den anderen Koalitionskräften in jene Regionen zu verlagern, die eine Gefahr für die Verletzung der Stabilität darstellen. Dazu ist eine entsprechende Umstrukturierung erforderlich, damit auch die technischen Möglichkeiten flexibel ausgenutzt werden können. In dieser Beziehung ist die amerikanische strategische Triade, die ihre Hauptbasis in der seegestützten Komponente hat, beweglicher als die russische, deren Rückgrat die landgestützten, interkontinentalen ballistischen Raketen geblieben sind. Die abschreckenden Möglichkeiten der Kernwaffenkräfte sollten wesentlich durch die Entwicklung kompakter, technisch hochwertiger, beweglicher Kräfte allgemeiner Bestimmung verstärkt werden, die in der Lage sind, Aufgaben, ähnlich denen der Operation ›Wüstensturm‹, effektiv zu lösen. Notwendig ist ein

Mechanismus, der ein schnelles Reagieren gestattet und der mit dem Sicherheitsrat der UNO an jedem beliebigen Ort der Erde zusammenarbeiten könnte.

Die Anti-Raketen-Verteidigung, die in den sowjetisch-amerikanischen Beziehungen ein Stein des Anstoßes war, entwickelt sich nun zu einem Feld der Zusammenarbeit. Zunächst begann Präsident Bush eine Überprüfung der ursprünglichen Zielbestimmungen für SDI: An die Stelle des Schutzes vor einem massierten Nuklearangriff seitens der UdSSR trat der Schutz vor zufällig abgeschossenen einzelnen Raketen oder einem begrenzten Schlag durch solche Regime wie Irak, Iran oder Libyen (G-PALS-System). Daraufhin schlug Präsident Jelzin die Umgestaltung des SDI-Programms in ein internationales Projekt unter Berücksichtigung technologischer Ausarbeitungen Rußlands vor. Es entstand die Möglichkeit, ein globales System der weltraumgestützten Anti-Raketen-Verteidigung zu schaffen. Damit wurde die Lösung einer der kompliziertesten Fragen der Kernwaffenabrüstung möglich: die Vereinbarkeit von SDI und dem Vertrag über die Anti-Raketen-Verteidigung. Auch wenn zwischen Rußland und den USA bislang keine vollständige Übereinkunft erzielt werden konnte, so ist doch die Konstruktivität des Grundgedankens zur Festigung der militärpolitischen Grundlage einer Koalition demokratischer Staaten offensichtlich.

Die Nichtweiterverbreitung von Kernwaffen ist unter den neuen Bedingungen nicht nur eine aktuelle Aufgabe, sie ist auch praktisch durchaus lösbar. Die einstigen atomaren Gegner können heute gemeinsam handeln, und das mit aktiver Unterstützung der übergroßen Mehrheit der Länder der Welt. Das Prinzip der Nichtweiterverbreitung von Kernwaffen kann und muß zum absolutem Politikum erhoben werden, dessen Verwirklichung unwiderruflich ist und dessen Mißachtung direkte Sanktionen und präventive militärische Maßnahmen einschließt. Niemandem werden Ausnahmen gestattet oder wird Nachsicht gewährt. Für Nichtkernwaffenstaaten ist es nicht zulässig, einen Kernwaffenstatus zu erwerben; ebenso unzulässig ist das Entstehen einer regionalen nuklearen Konfrontation indo-pakistanischer oder israelisch-arabischer Art. Bezüglich der GUS bedeutet dies, daß jede Verletzung der zentralisierten Kontrolle der GUS-Kernwaffenkräfte sowie ein ›Versickern‹ von Kernwaffen oder Verluste von nuklearem

Material bzw. Technologien nachdrücklich abgewendet werden müssen.

Wesentliche Hilfe für die Vervollkommnung des Regimes zur Nichtweiterverbreitung von Kernwaffen könnten die USA und Rußland, zum Beispiel durch die gemeinsame Nutzung des Kosmos zur globalen Beobachtung, leisten.

Die Kernwaffenkomponente in der Weltpolitik wird in den nächsten Jahrzehnten durch den gesunden Menschenverstand und den rauhen Realismus bestimmt. Die Nuklearwaffen können – in dem sich entwickelnden System internationaler Beziehungen und bei konsequenter Kürzung und strategischer Umorientierung – eine wichtige Ergänzung des grundsätzlichsten sicherheitspolitischen Instrumentariums darstellen. In den Händen der zivilisierten Weltgemeinschaft werden die Kernwaffen nie Katalysator einer Konfrontation sein. Vielmehr sollen sie – als spezifischer Bestandteil im Komplex friedenserhaltener Mittel – Bedingungen für die Beseitigung von Konfrontationsgründen sichern. Mit ihrer Hilfe sollen unter der Ägide der UNO Rückfälle zur Politik der Stärke abgewendet, Versuche, Konflikte zu entfesseln, blockiert und die Oberhoheit des Rechts in den internationalen Beziehungen bekräftigt werden.

In organischer Verbindung mit der globalen Rechtsordnung ist die politisch kontrollierte Atomwaffe dazu berufen, die Institutionalisierung der zwischenstaatlichen Zusammenarbeit, die Beseitigung der Grenzen zwischen Ost und West, Nord und Süd in internationalen Angelegenheiten und die Konsolidierung der zivilisierten Welt als Ganzes zu fördern. Dadurch wird langfristig der Existenz von Kernwaffen die notwendige Grundlage entzogen. Die Schaffung einer neuen Weltordnung ermöglicht die vollständige Kernwaffenabrüstung und befreit die Menschheit von der Gefahr ihrer Vernichtung.

Moskau, Mai 1992

Die Zukunft der Nuklearwaffen

Frank Blackaby

Heute ist es an der Zeit, ganz zum Anfang zurückzukehren und über die Atomwaffen erneut grundsätzlich nachzudenken. Lange vor dem Zerfall der Sowjetunion mußten bereits grundlegende Fragen gestellt werden. Das Wettrüsten zwischen Ost und West im Bereich der Nuklearwaffen war außer Kontrolle geraten: Es trotzte jeder rationalen Erklärung. Es war unmöglich, irgendeine Rechtfertigung für einen Gesamtbestand von über 50.000 Nuklearsprengköpfen auf beiden Seiten zu finden. Sogar professionelle Nuklearstrategen vermochten nicht mehr, diese Zahl noch zu verteidigen. Und trotzdem: Der wahnwitzige Wettlauf bei der Entwicklung neuer Nuklearwaffensysteme, bei der Verbesserung von Reichweite und Zielgenauigkeit hielt an. Versuche, diesen Prozeß einzugrenzen, brauchten Jahre, in denen von Gegnerschaft geprägte Verhandlungen geführt wurden.

Dann kam der Zerfall der Sowjetunion. Sie wurde durch eine Reihe von Staaten ersetzt, die besorgt bemüht waren, als Freunde und nicht als Gegner der westlichen Staaten betrachtet zu werden. Die ideologische Basis des nuklearen Rüstungswettlaufs löste sich auf, verschwand. Viele der neuen Republiken signalisierten ihre Bereitschaft, auf Atomwaffen zu verzichten, Nicht-Nuklear-Staaten zu werden. Alle suchten nach westlicher Hilfe, und in der Tat stellt mittlerweile ein Konsortium westlicher Staaten nun auch beträchtliche Summen bereit. Es mutet kurios an, einerseits beim Aufbau eines besseren Produktionssystems zu helfen und andererseits zur gleichen Zeit eine immense Zahl von atomaren Sprengköpfen bereitzuhalten, die innerhalb einer halben Stunde die völlige Vernichtung und Verwüstung ebendieses Systems bewirken könnten.

Die alte atomare Ost-West-Konfrontation paßt einfach nicht mehr zur weltpolitischen Lage. Mehr noch: sie ist heute bereits auf eine gefährliche Weise instabil. Inwieweit sind die 25.000 oder 27.000 Nuklearsprengköpfe der ehemaligen Sowjetunion unter sicherer

Kontrolle? Es wäre eindeutig besser, wenn sie überhaupt nicht existierten. Doch wenn es sie nicht gäbe, welchen Sinn hätten dann noch die US-amerikanischen, britischen, französischen oder chinesischen Systeme?

Neue Bedrohung: Atomare Weiterverbreitung

›Nukleare Bedrohung‹ hat heute also eine völlig andere Bedeutung. Niemand spricht mehr über die Gefahr eines russischen Erstschlags gegen den Westen – oder gar eines westlichen Erstschlags gegen irgendeine der neuen, ehemals sowjetischen Republiken. Die Risiken, die diskutiert werden, sind andersartig: Atomare Unfälle, die Gefahr von Nuklearwaffen unter nordkoreanischer oder iranischer oder libyscher Kontrolle oder gar in der Hand von terroristischen Gruppen. Dies sind die neuartigen Bedrohungen, die uns präsentiert werden. Wie soll man mit ihnen umgehen?

Der einfache Einsatz militärischer Macht seitens der existierenden Nuklearmächte ist wohl kaum die Lösung. Das irakische Potential zum Kernwaffenbau konnte zerstört werden, da Irak töricht genug war, Kuwait anzugreifen. Doch die USA können kaum so weitermachen und verdächtige Einrichtungen überall dort in die Luft jagen, wo sie in Staaten der Dritten Welt auftauchen. Langfristig ist die Doktrin des *Quod licet Iovi, non licet bovi* (Uns ist es erlaubt, Atomwaffen zu besitzen, Euch aber ist es verboten) einfach nicht durchsetzbar. Das Weiterverbreitungsverbot hat bis heute erstaunlich gut gehalten. Es kann nicht auf ewig in der gegenwärtigen Form überleben. Wenn die bestehenden Atommächte auf Dauer darauf beharren, daß Nuklearwaffen für ihre Sicherheit notwendig sind, werden auf lange Sicht auch einige andere Staaten zu demselben Schluß kommen. Entweder bewegen wir uns auf eine nuklearwaffenfreie Welt zu oder auf eine Welt, in der eine große Zahl von Staaten diese Waffen besitzt. Dann allerdings werden sie früher oder später in die Hände eines wahnsinnigen Herrschers fallen, der sich von keiner nuklearen Vergeltungsdrohung abschrecken läßt.

Solange es noch Nuklearwaffen gibt, ist es also derzeit das Hauptziel, deren Weiterverbreitung zu stoppen. Der beste Weg – langfristig wohl der einzige – ist eine weltweite Ächtung dieser Waffen. Es sind nicht nur die Anhänger der Friedensbewegung, die zu diesem Schluß gelangen. Les Aspin, ein Mitglied des US-Kongresses, das sich auf sicherheitspolitische Fragen spezialisiert hat, sagte kürzlich, wenn er mit einem Zauberstab sämtliche Nuklearwaffen für immer von der Erde verbannen könnte, würde er dies jetzt tun. Dies war auch die gemeinsame Schlußfolgerung zu Beginn der Nuklearwaffenära, noch bevor der Kalte Krieg einsetzte. Die allererste Resolution der Generalversammlung der Vereinten Nationen, die im Januar 1946 einstimmig verabschiedet wurde, rief zur Beseitigung der Atomwaffen aus den nationalen Rüstungsbeständen auf. In der damaligen Weltpresse gab es keinerlei Dissens in dieser Frage.

Es ist also an der Zeit, die Debatte über eine nuklearwaffenfreie Welt neu anzufangen, die 1946 schon einmal begann und wegen des Kalten Krieges auf Eis gelegt wurde. Viele werden zustimmen, daß eine nuklearwaffenfreie Welt wünschenswert wäre, werden jedoch die Machbarkeit bezweifeln. Dies ist die Kernfrage, die es zu lösen gilt.

Die Machbarkeitsfrage

Der Haupteinwand hinsichtlich der Durchführbarkeit wird gewöhnlich so formuliert: Nuklearwaffen können nicht wieder hinwegerfunden werden. Die verbreitete Metapher: Der böse Geist ist der Flasche entwichen; er läßt sich nicht wieder hineinzwingen. Stellen diese Behauptungen unüberwindliche Schwierigkeiten dar? Möglicherweise nicht.

Erstens würde eine nuklearwaffenfreie Welt nur dann zustande kommen, wenn alle fünf wichtigen Nuklearmächte zu der Einschätzung gelangten, daß sie in ihrem Interesse liegt. Zudem könnte sie nur realisiert werden, wenn sich die Vorstellung, einen Krieg zwischen bedeutenden Industrienationen führen zu können, in Luft aufgelöst hat und selbst der pure Gedanke, Streitigkeiten mit militärischer Gewalt zu lösen, absurd geworden ist. Unter solchen Umständen könnten die fünf Atommächte sehr wohl zu dem Schluß gelangen, daß sie in einer Welt sicherer wären, in der kein Staat mehr Nuklearwaffen besitzt. Für keinen dieser Staaten würde es einen Sinn ergeben, den Vertrag über eine nuklearwaffenfreie Welt mit der klaren Absicht zu unterzeichnen, die anderen zu betrügen.

Zum zweiten ist der Aufbau eines adäquaten Verifikationssystems nicht unmöglich, denn man könnte sehr wohl eine überwachte und gesicherte Einfriedung um alle jene Stützpunkte errichten, auf denen waffentaugliches Material – Plutonium oder Uran-235 – vorhanden ist. Die Internationale Atomenergiebehörde (IAEO) verfügt bereits über beträchtliche Sachkenntnisse darüber, wie Kontrollen dieser Art im Umfeld ziviler Kernkraftanlagen aufrechterhalten werden können. Atomreaktoren produzieren eine große Menge waffentauglichen Materials – und in der Tat sind die zivilen Lagerbestände weit größer als die Gesamtmenge des in Nuklearwaffen enthaltenen spaltbaren Materials. Die Probleme bei der Überwachung und dem Schutz der Stützpunkte, auf denen Nuklearsprengköpfe demontiert werden, weichen nicht grundsätzlich von denen der Überwachung von Kernreaktoren ab. Die IAEO müßte mit weit größerer Macht ausgestattet werden, als sie gegenwärtig besitzt, und natürlich auch mit weit umfangreicheren Ressourcen. Mit größerer Macht und verbesserten Möglichkeiten aber wäre es ihr gewiß möglich, einen Sicherheitsring um all jene Standorte zu errichten, von denen man weiß, daß dort atomwaffentaugliches Material lagert. Alle diese Standorte müßten inspiziert, überwacht und gesichert werden.

Darüber hinaus müßte es ein weltweites Recht zur Durchführung von Inspektionen ›zu jeder Zeit und an jedem Ort‹ geben, wenn aus irgendeinem Grund der Verdacht aufkäme, es würde an Atomwaffen gebaut. Glücklicherweise erfordert die Schaffung oder Beibehaltung von Nuklearwaffenkapazitäten umfangreiche Bauten, beträchtliche technologische Sachkenntnisse und die Versorgung mit waffentauglichem Material. Kein derartiger Standort dürfte außerhalb der Kontrollmöglichkeiten verbleiben. Die Erfahrungen mit dem Irak zeigen, daß lediglich gelegentliche und angekündigte Inspektionen völlig unzureichend wären. Inspektionen ›zu jeder Zeit und an jedem Ort‹ würden wahrscheinlich das Ende militärischer Geheimhaltung bedeuten. In Anbetracht des heute existenten Konsenses aber, daß Transparenz in militärischen Angelegenheiten wesentlich zur Sicherheit aller beiträgt, wäre dies keine schlechte Sache.

374

Drittens müßte der formale Prozeß von Inspektion, Überwachung und Schutz durch eine ›gesellschaftliche Verifikation‹ ergänzt werden. In den Vertrag über eine nuklearwaffenfreie Welt müßte die Verpflichtung jedes Bürgers aufgenommen werden, einer internationalen Behörde jede verdächtige Aktivität zu melden. Dies sollte auch in die nationalen Gesetzgebungen aufgenommen werden. Ebenso müßte Bürgern autoritärer Staaten, die derartige Informationen weitergegeben haben, ggf.die Möglichkeit politischen Asyls angeboten werden. Hier könnten internationale wissenschaftliche Organisationen sehr hilfreich sein. Die allgemeine Abneigung gegen Nuklearwaffen geht so weit, daß eine gesellschaftliche Verifikation eine starke zusätzliche Abschreckung für jeden Staat bedeuten würde, der mit dem Gedanken spielt, einen solchen Vertrag zu brechen.

Viertens wäre es wahrscheinlich am besten, eine längere Übergangsperiode vorzusehen, während der die Kontrolle eines kleinen verbleibenden Bestandes an Nuklearwaffen einer internationalen Organisation, z.B. der UNO, zu übertragen wäre. Obwohl noch nicht in nationale Doktrinen aufgenommen, wird bereits heute weitgehend anerkannt, daß die einzig mögliche Funktion von Nuklearwaffen die Abschreckung des Einsatzes dieser Waffen durch einen anderen Staat ist. Es sollte eine Zwischenphase geben, in der diese Abschreckungsrolle nicht mehr von Nationalstaaten, sondern von einer internationalen Autorität übernommen wird. Der Sicherheitsrat der Vereinten Nationen in seiner jetzigen Form kann diese Rolle nicht ausüben, da die fünf Ständigen Mitglieder ein Vetorecht besitzen. Selbstverständlich wäre es keiner Frage wert, daß diese internationale Autorität nie als erste Nuklearwaffen einsetzen würde. Ihre einzige Funktion wäre die einer beständigen Mahnung und Warnung, daß jeder Staat, der solche Waffen einsetzt, eine vergeltende nukleare Antwort durch diese internationale Struktur riskiert. Rechtzeitig, wenn vollständiges Vertrauen durch das internationale Verifikationssystem aufgebaut worden ist, könnte die internationale Autorität schließlich ihre eigenen nuklearen Sprengköpfe abbauen.

Der Vertrag über eine nuklearwaffenfreie Welt müßte sich in vielerlei Hinsicht von älteren Rüstungskontroll- oder Abrüstungsabkommen unterscheiden.

Erstens müßte er weltweite Gültgkeit haben. Sobald genügend Ratifizierungen vorliegen, müßten die Vereinbarungen für alle Staaten verbindlich und gegenüber allen Staaten durchsetzbar sein. Es könnte keinem Staat mehr erlaubt werden, sich durch die Vertragsvereinbarungen nicht gebunden zu fühlen. Daher dürfte es keine Klausel geben, die den Austritt aus diesem Vertrag ermöglicht. Er müßte universell und auf unbegrenzte Zeit gültig sein.

Zweitens müßte er Details über die Verifikationserfordernisse enthalten, einschließlich der bereits beschriebenen gesellschaftlichen Verifikation.

Drittens müßte er Maßnahmen zur Erzwingung der Durchsetzung der Vertragsvereinbarungen einschließen. Auch in diesem Punkt würde er sich von allen bisherigen Rüstungskontrollabkommen unterscheiden. Der Sicherheitsrat wäre verpflichtet, sicherzustellen, daß die Vertragsbestimmungen eingehalten werden. Sollte sich z.B. ein Staat weigern, die internationale Inspektion einer Einrichtung zuzulassen, dann müßte dies als Bedrohung der weltweiten Sicherheit gewertet werden, und der Sicherheitsrat müßte die notwendigen Maßnahmen ergreifen, die die Durchführung der Inspektion ermöglichen. Gewiß könnte dieser Zwang mit militärischen Mitteln ausgeübt werden. Doch würden derartige Maßnahmen des Sicherheitsrates niemals den Einsatz von Nuklearwaffen beinhalten. Der einzig mögliche Gebrauch von Nuklearwaffen durch eine internationale Behörde wäre die Vergeltung eines Ersteinsatzes seitens eines vom Vertrag abweichenden Staates.

Im Hinblick auf atomare Waffen gibt es heute zwei Möglichkeiten. Die eine: Die vorhandenen Nuklearmächte bestehen auf der Beibehaltung ihrer nuklearen Kapazitäten, wenngleich bei reduzierten Sprengkopfzahlen. Dann werden sich ihnen früher oder später weitere Nuklearmächte hinzugesellen. Wir werden dann bei einer Welt enden, in der vielleicht 20 oder 30 Staaten Atomwaffen in ihren nationalen Rüstungsbeständen haben und in der konsequenterweise schließlich wieder eine Atomwaffe eingesetzt werden wird.

Die andere Möglichkeit besteht darin, daß wir uns auf die Eliminierung dieser Waffen aus allen nationalen Militärarsenalen und schließlich auf eine nuklearwaffenfreie Welt zubewegen. Ein rigider Vertrag wäre dazu vonnöten und ein gewaltiges Verifikationssystem einschließlich der gesellschaftlichen Verifikation. Während diese neuen Strukturen und Systeme funktionsfähig gemacht und eingerichtet werden, müßte es für alle Staaten bereits völkerrechtswidrig werden, weiterhin Atomwaffen zu besitzen. Die Funktion der nuklearen Abschreckung müßte auf eine internationale Autorität und Organisation übertragen werden. Die einzige Aufgabe dieser Autorität bestünde in purer nuklearer Abschreckung: In der möglichen nuklearen Vergeltung gegen jeden Staat, der diese Waffen einsetzt. Sobald die Zeit gekommen ist, daß ein hinlängliches Vertrauen in die Verifikationssysteme besteht, kann diese internationale Autorität ihrerseits das atomare Arsenal ebenfalls verschrotten. Am Ende hätten wir eine Welt ohne atomare Waffen.

Es gibt nur diese beiden Möglichkeiten: Entweder die Atomwaffen finden weitere Verbreitung, oder sie werden aus nationalen Rüstungsbeständen entfernt. Ein dritter Weg existiert nicht.

London, Juni 1992

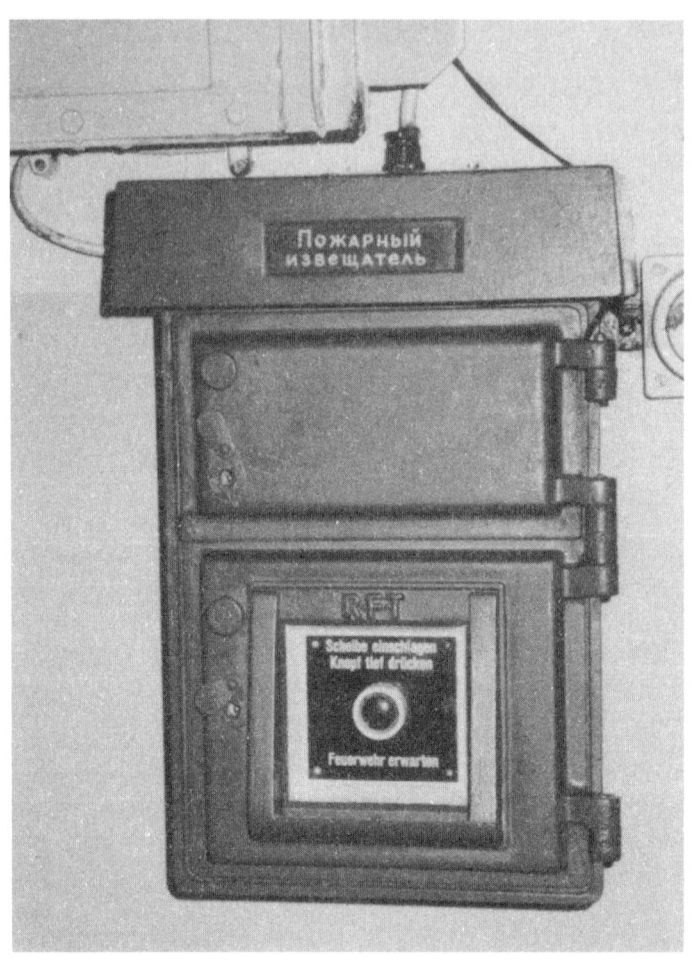

Feuermelder in einem sowjetischen Atomwaffenlager in der ehemaligen DDR

Sowjetische Nuklearwaffen im Überblick

Konstantin Sorokin

Tabelle 1
Interkontinentale ballistische Raketen der UdSSR

Name	Entw./ Stat.*	Menge/ Stärke der Spreng- ladung	Reich- weite in km	mittl. Ziel- abwei- chung	Status
		Erste Generation			
SS-6 Sapwood	 1960	1/ einige Megaton- nen (MT)	?	einige km	außer Dienst 1968
		Zweite Generation			
SS-7 Saddler	 1962	1/5 MT	11.000	einige km	außer Dienst 1978
SS-8 Sasin	 1963	1/5 MT	11.000	einige km	außer Dienst 1978
		Dritte Generation			
SS-9 Scarp	 1967				
Mod. 1		1/20 MT	11.500	ca. 1.000m	außer Dienst 1980
Mod. 2	1971	3/5 MT (MRV)	8.000	ca. 1.000m	außer Dienst
SS-11 Sego	1955 1966				
Mod. 1		1/1 MT	11.000	ca. 1.000m	außer Dienst
Mod. 2	1973	1/1 MT	13.000	1.100– 1.300m	wahrscheinlich außer Dienst
Mod. 3	1973	3/200 kt (MRV)	10.600		(5.10. 1991)**
SS-13 Savage	1958 1969	750 kt	9.400	1.500– 1.800m	wahrscheinlich außer Dienst (5.10. 1991)

381

Name	Entw./ Stat.*	Menge/ Stärke der Spreng- ladung	Reich- weite in km	mittl. Ziel- abwei- chung	Status
Vierte Generation					
SS-17 Spanker	1964				
Mod. 1	1975	4/750 kt (MIRV)	10.000	502m	außer Dienst 1983
Mod. 2	1979	1/>1 MT	10.000	462m	außer Dienst 1984
Mod. 3	1982	4/380 kt (MIRV)	10.000	300m	wahrscheinlich außer Dienst (5.10. 1991)
SS-18 Satan	1965				
Mod. 1	1974	1/24 MT	11.000	470m	außer Dienst 1983
Mod. 2	1976	10/1 MT	11.000	440m	außer Dienst
Mod. A	?	8/0,9 MT	11.000	420m	1985
Mod. B	?	10/550 kt	11.000	420m	
Mod. 3	1976	1/15^{20} MT	11.000	350m	außer Dienst 1983
Mod. 4	1979	10/550 kt	11.000	260m	im Dienst/ Außerdienst- stellung geplant bis spätestens 2003**
Mod. 5	1985?	10/750 kt	11.000	250m	im Dienst/ Außerdienst- stellung geplant bis spätestens 2003
Mod. 6		1/ x MT			

Name	Entw./ Stat.*	Menge/ Stärke der Spreng- ladung	Reich- weite in km	mittl. Ziel- abwei- chung	Status
SS-19	1964				
Stiletto	1973				
Mod. 1	1974/75	6/550 kt	10.000	600m	außer Dienst 1984
Mod. 2	1977	6/550 kt	10.000	400m	außer Dienst 1985
Mod. 3	1979	6/550 kt	10.000	400m	wird z.Zt. außer Dienst gestellt; Ziel: bis 2003

Fünfte Generation

Name	Entw./ Stat.*	Menge/ Stärke der Spreng- ladung	Reich- weite in km	mittl. Ziel- abwei- chung	Status
SS-24	1974	10/100– 500 kt	10.000		im Dienst/ Außerdienst-
Scalpel					
Mod. 1	1987	10/100– 500 kt		>250m	stellung ge- plant bis 2003
Mod. 2	1989	10/100– 500 kt	10.000	>250m	im Dienst/ Außerdienst- stellung geplant bis 2003
SS-25	1974	1/550 kt	10.500	>250m	wird weiter
Sicle	1985				stationiert

* Erste Ziffer – Beginn der Entwicklung des Projekts, zweite Ziffer – Beginn der Stationierung. (Eine Ziffer weist auf das Jahr des Beginns der Stationierung der in dieser Zeile
erwähnten ICBM-Modifikation.)

** Der 5.10.1991 bezeichnet die Inititative des damaligen sowjetischen Präsidenten
Gorbatschow, einseitig mehrere Hundert strategische Atomwaffen aus jeder Alarmbereitschaft herauszunehmen. Die Jahreszahl 2003 kennzeichnet, daß Waffensysteme
im Rahmen der Übereinkunft zwischen den Präsidenten Bush und Jelzin zur Eliminierung bis 2003 oder im Falle amerikanischer Unterstützung für die russische Republik
auch bereits zum Jahre 2000 vorgesehen sind.

Quellen: Nuclear Weapons Data Book. Vol. IV. Soviet Nuclear Weapons. N.Y., Harper
and Row, 1989; Armaments and Disarmament in the Nuclear Age. A Handbook. SIPRI.
Stockholm, Almqvist and Wiksell. 1976; Jane's Weapons Systems 1969–1970; Military
Technology, 1, 1989, p. 295–302; Military Technology, 3, 1989, p. 112–121; Military
Technology, 6, 1989, 77–87, Angaben des Autors.

Tabelle 2
Sowjetische Ballistische Raketen mittlerer, geringerer und kurzer Reichweite

Name	Einfüh-rungs-jahr	Atomare Ladung	Reich-weite in km	Zielge-nauigkeit in m	Status*
SS-1a Scunner	1951	?	300	„1.000	außer Dienst
SS-2 Sibling	1951(?)	?	600	„1.000	außer Dienst frühe 50er Jahre
SS-3 Shyster	1955	?	1.200	„1.000	außer Dienst 1968–1969
SS-4 Sandal	1958	1–3 MT	2.000	„2.500	außer Dienst (INF, 1990)
SS-5 Skean	1961	1 MT	3.700	1.250	außer Dienst (INF, 1983)
SS-20 Saber					außer Dienst, (INF, 1991)
Mod. 1	1977/78	1,5 MT	5.000	760	
Mod. 2	?	3 MIRV (75, 250 und 600 kt)	4.000	400	
Mod. 3	Beginn der 80er Jahre	50–100	>5.000	>300	
SS-1a SCUD	1953 oder 1955	?	?	?	außer Dienst
SS-1b SCUD A	1957	<10kt	100	>1.000	außer Dienst 1977
SS-1c SCUD B	1965	1–10 kt	300	930	wird außer Dienst gestellt (29. 1. 92)
SS-12 Scaleboard	1969	1 MT	800	700–900	außer Dienst, gemäß INF

Name	Einfüh-rungs-jahr	Atomare Ladung	Reich-weite in km	Zielge-nauigkeit in m	Status*
SS-12M Scaleboard B	1979	0,5 MT	900	300–370	außer Dienst, gemäß INF
SS-21 Scarab	1976	10 kt und 100 kt	14–120	300	wird außer Dienst gestellt (29. 1. 92)
SS-23 Spider	1985	100 kt	500?	370	außer Dienst, gemäß INF
FROG-1	1957	einige kt	70	?	außer Dienst um 1970
FROG-2	1957	einige -zig kt	30	?	außer Dienst um 1970
FROG-3	1960	einige -zig kt	40	?	außer Dienst um 1970
FROG -4/5	1964	einige -zig kt	50	?	außer Dienst um 1980
FROG-7	1965	3–200 kt	12–70	500–700	wird außer Dienst gestellt (29. 1. 92)

* Alle Waffensysteme in dieser Tabelle verlieren ihre nukleare Funktion; gemäß den Ankündigungen Gorbatschows (5. 10. 91) und Jelzins (29. 1. 92) werden alle landge-stützten TNF unilateral abgerüstet. Die Sprengköpfe befinden sich bereits in zentralen Lagerstätten in Rußland und sind »disabled«.

Quellen: Nuclear Weapons Data Book. Vol. IV. Soviet Nuclear Weapons. N.Y., Harper and Row; 1989; World Armements and Disarmement, SIPRI Yearbook, 1980; Jane's Weapon's Systems 1969–1970; International Defense Review, 12, 1985, p. 1909–1914; Tekhnika i Wo'oruschenija 11, 1991; Angaben des Autors.

Tabelle 3
Sowjetische nuklearfähige Artillerie

Name	Einführungsjahr	Reichweite in km	Atomare Ladung	Art
D-20	1955	17–18	einige kt	gezogene 152–mm-Haubitze möglicherweise atomar einsetzbar
M-240	1955	ca. 10	einige kt	gezogener 240-mm-Granatwerfer, früher möglicherweise atomar einsetzbar
M-1955	1955	ca. 30	einige kt	Selbstfahrende 203–mm-Kanonen-Haubitze möglicherweise atomar einsetzbar
M-1957	1957	?	einige -zig kt	Selbstfahrende 310–mm-Kanone
M-1957	1957	?	einige -zig kt	Selbstfahrender (?) 420–mm-Granatwerfer
2S4* (M-1975)	1975/76	ca.10	einige kt	Selbstfahrender 240–mm-Granatwerfer
2S7* (M-1975)	1975/77	30	einige kt kt	Selbstfahrende 203–mm-Kanone
2S3*	1973/78	17–27	einige kt	Selbstfahrende 152–mm-Kanonen-Haubitze möglicherweise atomar einsetzbar

Name	Einfüh-rungs-jahr	Reich-weite in km	Ato-mare Ladung	Art
M-1980*	1980	21–30	einige kt	Selbstfahrende 203–mm-Haubitze.
2S5*	1981	30	?	Selbstfahrende 152–mm-Kanone
M-1976*	1976/83	30		gezogene 152–mm-Kanone.

* Hauptsächliche Aufgabe: nichtatomare Feuerunterstützung der Truppen. Nukleare Funktion zweitrangig.

Quellen: Nuclear Weapons Data Book. Vol. IV. Soviet Nuclear Weapons. N.Y., Harper and Row; 1989; World Armements and Disarmement, SIPRI Yearbook, 1980; Jane's Weapon's Systems 1969–1970; International Defense Review, 12, 1985, p. 1909–1914; Tekhnika i Wo'oruschenija 11, 1991; Angaben des Autors.

Alle Waffensysteme dieser Tabelle verlieren ihre nuklearen Aufgaben im Rahmen der Realisierung der durch die Präsidenten Gorbatschow (5. 10. 1991) und Jelzin (29. 1. 1992) angekündigten Abrüstungsschritte.

Tabelle 4
Nuklearwaffentragende Flugzeuge und
Marschflugkörper der UdSSR

Name	Einfüh- rungs- jahr	Einsatz- radius in km	Waffentyp	Status
			Flugzeuge	
Il-28	1948	2.400[1]	A-Bombe	außer Dienst 1976–1978
Tu-4	1947		A-Bombe	außer Dienst 1964
Tu-16 A/C/G	1954	3.100 5.700[1]	4 atomare Ladungen (Bomben oder Raketen AS-2, AS-5, AS-6)	außer Dienst 70er Jahre
Tu-22 A	1962	2.900	2 A-Bomben	im Dienst[3]
B	1967	3.300	4 atomare Ladungen (mit Raketen AS-4)	im Dienst[3]
Tu-26 Tu-22M (Backfire) A/B/C	1974	4.000– 5.000	2 atomare Ladungen (Bomben oder Raketen AS-4, AS-6)	im Dienst (B)[3] wird stationiert (C)
Tu-95				
A	1955	8.500	2 A-Bomben	im Dienst[2]
B	1961		B,C: 4 Bomben	im Dienst[2]
C	1963		oder 1 AS-3	im Dienst[2]
G	1984		2 AS-4	im Dienst[2]
H	1984		6 AS-16	im Dienst[3]
F	1970	11.300	atomare Tor- pedos und Wasser- bomben	im Dienst[3]

Name	Einfüh-rungs-jahr	Einsatz-radius in km	Waffentyp	Status
Tu-160	1988	7500	A-Bomben, 12 AS-15 oder deren Kombination	im Dienst/ Zukunft unsicher
M-4 201 M	1955	5.500	A-Bomben,	außer Dienst (nuklear)
Su-7b	1959	250– 350	A-Bombe	außer Dienst
MiG-21 J K	1969 1971	750	A-Bombe	werden außer Dienst gestellt
Su-17 C D	1973 1976	650	2 A-Bomben	werden außer Dienst gestellt
MiG-23 B G	1972 1976	1.150	A-Bombe	werden außer Dienst gestellt
MiG-27 D J	1975 1981	600	2 A-Bomben	im Dienst[4] im Dienst[4]
Su-24 A B C D E	1974 1975 1981 1983 1986	1.300	2 A-Bomben oder Raketen	im Dienst/ Stückzahl- reduzierung[4]
Il-38	1968	2.540 8.500[1]	A-Torpedos Wasserbomben	im Dienst[3]
Be-12	1966	4.000[1]	A-Torpedos Wasserbomben	im Dienst[2]

Name	Einfüh-rungs-jahr	Einsatz-radius in km	Waffentyp	Status
Luft-Boden Waffen				
AS-2	1961	185–210	200–600 KT	im Dienst[5]
AS-3	1962	500–650	3 MT	im Dienst[5]
AS-4	1967	280–560	1 MT	im Dienst[5]
AS-5	1965	180–220	1 MT	im Dienst[5]
AS-6	1970	280–460	350 KT –1 MT	im Dienst[5]
AS-15	1984	3.000	250 KT	wird stationiert[5]
AS-16	1989/90	?	?	wird stationiert[5]
Seegestützte taktische Flugkörper				
SS-N-1	1958	100	500(?) KT	außer Dienst 1977
SS-N-3				
C	1960	400–	880 KT	außer Dienst ?
A/B	1962	–450	350 KT	im Dienst[6]
SS-N-7	1968	60	200 KT	im Dienst[6]
SS-N-9	1969	100	200 KT	im Dienst[6]
SS-N-12	1973(?)	550	300 KT	im Dienst[6]
SS-N-19	1980	550	500 KT	im Dienst[7]
SS-N-21	1987	3.000	200 KT	wird stationiert[7]
SS-N-22	1981	100	200 KT	im Dienst[7]
SS-1b	1962	400–450	bis 350 KT	im Dienst[6]

[1] Maximale Reichweite im Ein-Weg-Verfahren
[2] Nukleare Rolle wird aufgegeben
[3] Atomare Rolle wird reduziert
[4] Zukunft der nuklearen Rolle im Rahmen der Abrüstungsinitiativen unsicher
[5] Zukunft im Rahmen der Abrüstungsinitiativen unsicher; zentral eingelagert und ganz oder teilweise zur Demontage vorgesehen.
[6] An Land zentral eingelagert und ganz oder teilweise zur Demontage vorgesehen.
[7] Im Frieden an Land eingelagert; Auswirkungen der Abrüstungsinitiativen unklar.

Quellen: Nuclear Weapons Data Book, Vol. IV. Soviet Nuclear Weapons. N.Y., Harper and Row, 1989; Jane's Weapons Systems 1969–1970; Jane's All the World Aircraft 1969–1970; Wosduschnaja moschtsch Rodiny, M., Wojennoje Isdatjelstwo, 1988; Angaben des Autors.

Tabelle 5
Sowjetische ballistische Raketen auf U-Booten

Name	Ein- füh- rungs- jahr	Reich- weite in km	Menge/ Gefechts- kopf- stärke	Genauig- keit (mittl. Abweich. in m)	Status
Erste Generation					
SS-N-4 Sark	1960	600	1/2 MT	einige km	außer Dienst 1980
Zweite Generation					
SS-N-5 Serb	1963	1.000– 1.500(?)	1/2 MT	einige km	außer Dienst
Dritte Generation					
SS-N-6 Serb					
Mod. 1	1968	2.400	1/600– 1.200 KT	1.500– 2.000 m	außer Dienst- stellung ange- gelaufen
Mod. 2	1973	3.000	1/600– 1.200 KT		
Mod. 3	1973	3.000	2 (MRV)/ 350 KT – 1 MT		
Vierte Generation					
SS-N-8 Sawfly Mod. 1	1973	7.800	1/1–1,5	900–	im Dienst[1]
Mod. 2	1977	9.100	MT	1.500	im Dienst[1]

392

Name	Ein-führungs-jahr	Reich-weite in km	Menge/Gefechts-kopf-stärke	Genauig-keit (mittl. Abweich. in m)	Status
Fünfte Generation					
SS-N-17					außer Dienst
Snipe	1980	3.900	1/500 KT	1.400	1991
SS-N-18					
Stingray					
Mod. 1	1978	6.500	3(MIRV)/ 200–500 KT	900– 1.400	im Dienst
Mod. 2	1977	8.000	1/500 KT – 1 MT		im Dienst[2]
Mod. 3	1978	6.500	7(MIRV)/ 200–500 KT		im Dienst nur noch 3 SPK
Sechste Generation					
SS-N-20	1983	8.300	10(MIRV)/ 100 KT	600	im Dienst[3]
Sturgeon					
SS-N-23	1985	8.300	4(MIRV)/ 100 KT	400– 500	im Dienst
Skiff					

[1] Außerdienststellung vorgesehen oder bereits angelaufen.

[2] Außerdienststellung spätestens im Rahmen der Bush-Jelzin Übereinkunft aus dem Juni 1992 absehbar.

[3] Das erste mit dieser Waffe ausgerüstete Typhoon U-Boote soll sich in Umrüstung auf ein neues Raketensystem befinden. Ein Teil oder alle SS-N-20 könnten also zur außer Dienst Stellung vorgesehen sein.

Quellen: Nuclear Weapons Data Book. Vol. IV. Soviet Nuclear Weapons. N.Y., Harper and Row, 1989; Jane's Weapons Systems 1969–1970; Angaben des Autors.

Verzeichnis der Autoren

ALMQUIST, Peter, Dr., geboren 1957, freiberuflicher Forscher und Publizist (Washington)

BLACKABY, Frank, 1981–1986 Direktor des Stockholm International Peace Research Institute, heute tätig als Berater des British American Security Information Council (London)

BLAGOWOLIN, Sergej E., Prof. Dr. hab. oec., geboren 1939, Direktor des Instituts für nationale Sicherheit und strategische Studien (Moskau)

BYKOW, Oleg N., Prof. Dr. hab. hist, geboren 1926, Direktor des Instituts für Weltwirtschaft und internationale Beziehungen (Moskau)

DAWYDOW, Walentin P., Dr. hab. phil., geboren 1942, arbeitet im Ministerium für Verteidigung, Wissenschaftler und Publizist (Moskau)

FISCHER, Siegfried, Dr. phil., geboren 1948, Kapitän zur See a. D., Wissenschaftler und Publizist, Ko-Direktor des Berliner Informationszentrums für Transatlantische Sicherheit (Berlin)

GREBENITSCHENKO, Sergej F., Dr. hist., geboren 1962, arbeitet im Ministerium für Verteidigung (Moskau)

HANDLER, Joshua, M.A., geboren 1960, Koordinator der Wissenschaftlichen Forschungsgruppe der Greenpeace-Kampagne ›Atomfreie Meere‹ (Washington)

HEINEMANN-GRÜDER, Andreas, Dr., geboren 1957, arbeitet als Wissenschaftlicher Mitarbeiter des Berghof-Institutes für Friedens- und Konfliktforschung (Berlin)

IWANUSCHKIN, Wassili M., geboren 1933, war Offizier der Strategischen Raketentruppen der UdSSR, arbeitete im Generalstab der sowjetischen Armee (Moskau)

KAUROW, Georgi A., Dr. ing., geboren 1933, war bis 1975 Tester im Kernwaffen-Testzentrum Nowaja Semlja, seit 1989 ist er Leiter des Informationszentrums für Atomenergie (Moskau)

KIESSLICH-KÖCHER, Harald, Dr. sc. mil., geboren 1934, Oberst a. D., Wissenschaftler und Publizist (Dresden)

KOPTE, Susanne, geboren 1956, Leiterin der Abrüstungskampagnen bei Greenpeace e. V. (Hamburg)

KUTSCHMASSOW, Wladimir J., geboren 1955, Oberstleutnant, war bis 1984 als Baupionier auf dem Testgelände Semipalatinsk eingesetzt, Lehrer an der Philosophischen und Militärpädagogischen Hochschule (Minsk)

LEHMANN, Petra, geboren 1965, Politologin, arbeitet derzeit im Berghof-Institut (Berlin)

LOCKWOOD, Dunbar, M.A., geboren 1960, Leitender Wissenschaftler der Arms Control Association (Washington)

NASSAUER, Otfried, geboren 1956, Friedensforscher und Publizist, Ko-Direktor des Berliner Informationszentrums für Transatlantische Sicherheit (Hamburg/Berlin)

NEEF, Christian, Dr. rer. pol., geboren 1952, Journalist, SPIEGEL-Korrespondent (Moskau)

SHARIKOW, Andrej D., geboren 1921, von 1940 bis 1976 Angehöriger der Sowjetischen Streitkräfte, ehemals Arbeitsgruppenleiter im Atomtestzentrum Semipalatinsk, Schriftsteller (Moskau)

SOROKIN, Konstantin E., Dr. hist., geboren 1959, Mitarbeiter des Europa-Institutes (Moskau)

STANLEY, Ruth, geboren 1954, wissenschaftliche Mitarbeiterin des Berghof-Institutes (Berlin)

STOLJAROW, Nikolai S., Dr. phil., geboren 1947, Generalmajor, im August 1991 wurde er Stellvertretender Vorsitzender des KGB der UdSSR, seit 1992 Gehilfe des Oberbefehlshabers der Vereinigten Streitkräfte der GUS für die Arbeit mit dem Personalbestand (Moskau)

TRENIN, Dimitri V., Dr. hist., geboren 1955, Oberstleutnant, seit 1983 arbeitet er am Militärinstitut des Verteidigungsministeriums, Wissenschaftler und Publizist (Moskau)

Bildnachweis

Georgi Kaurow, Moskau
  S. 84, 85, 86

Harald Kießlich-Köcher, Dresden
  S. 199, 201

Dieter Vennemann, Hamburg
  S. 153, 200, 208, 213, 378

Greenpeace-Archiv, Hamburg
  S. 166, 193, 211